U0883535

# 工科本科
# 专业介绍与未来职业发展

主　编　丁兆罡
副主编　韩玉洁

合肥工業大學出版社

# 前　言

填报高考志愿是人生最重要的选择之一。然而大部分高中生在志愿填报时，对各类专业的了解仅停留在刻板印象或脱离实际的想象，对于专业的发展背景、主要研究内容、核心课程及毕业后未来职业发展情况知之甚少，由此导致部分高中生高考志愿填报的盲目性，进入大学后对所学专业产生焦虑和迷茫，进而引发了厌学等适应性问题。对于专业内涵的知识盲区同样存在于大学新生，大一是养成良好学习习惯，塑造终生学习能力的重要阶段，部分学生由于对所学专业缺乏系统了解，无法进行合理的学业规划，从而诱发了无目标、无意义的学业迷茫感。由此可见，对本科专业的详细了解是高中生科学填报志愿的基础，是大学新生合理规划学业的前提。

工科类专业与我们的生活息息相关，也是莘莘学子选择较多的专业类别。工学相较于理学、文学，其专业领域细分的态势更加显著，如果缺乏对专业内涵的了解，就难以树立专业自信，更谈不上科学合理的生涯规划。为了服务广大学生，本书详细介绍了高校工科类本科专业的专业内涵、未来职业发展和毕业生就业方向等方面的内容，旨在帮助读者较为全面地了解高校工科的专业设置及专业框架，为青年学子们专业选择、专业学习、专业规划、专业成长乃至人生规划提供帮助。

2020 年，教育部公布了最新的《普通高等学校本科专业目录（2020 年版）》，将普通高等教育分为 12 个学科门类，92 个专业类，703 种专业；另有编号 11 为“军事学”学科门类预留。这 12 个学科门类的“地位”是相同的，但包含的专业数量相差较大。从专业设置中可以看出，目前我国工学学科门类共包括 31 个专业类，设置了 231 个专业，涵盖了工程技术的方方面面，为了便于论述，本书从工学 31 个专业类入手，向读者展开介绍。

视野决定选择，本书致力于为身处岔路口的同学和家长提供引导。本书既可以作为大学生职业生涯规划和就业指导课辅助教材，又可以为高中生填报高考志愿提供参考。

本书编写过程中借鉴和参考了国内外职业发展和学科专业介绍领域的大量文献资料，以及近年来出版的有关专著，在此向原作者表示诚挚的谢意。因水平有限，书中难免存在不足和遗漏之处，敬请谅解。

编　者

2021 年 7 月

# 目　录

# 一、力学类

《趣味力学》的作者，苏联卓越的科普大师别莱利曼有一句名言：力学是认识自然的一把钥匙，是很多学科的基础。

力学的发展始终和人类的生产活动密切相关。2000 多年前，我国的《墨经》上就有简单的杠杆原理；古希腊的阿基米德也对静力学做出了一些系统的论述。17 世纪初，随着欧洲资本主义萌芽，一些著名的科学家（伽利略、开普勒、牛顿等）开展了力学的奠基工作。后来，力学成为一门学科，同时推动了微积分的发展。此后，随着工业化进程不断向前推进，逐渐出现了水力学、材料力学、结构力学、弹道学、流体力学、分析力学、弹性力学等分支。

力学同物理学、数学等学科一样，是一门基础科学，它所阐明的规律带有普遍的性质。力学又是一门技术科学，它是许多工程技术的理论基础，同时又在广泛的应用过程中不断得到发展，工程学中许多关键性的进展都依赖力学中有关运动规律、强度、刚度等问题的解决，比如随着人类对工程材料刚度的深入理解，草房子、泥房子、砖块房子与钢筋混凝土房子不断更新迭代。无论是历史较久的土木工程、建筑工程、水利工程、机械工程、船舶工程等传统学科，还是近代的航空工程、航天工程、核技术工程、生物医学工程等新兴学科，都有力学施展的舞台。力学的发展也受益于其他学科的成果，例如，现代航天技术中的高速高温气流往往伴有复杂的物理、化学过程，需要物理、化学方面的知识支撑[1]。

## （一）专业类简介

力学是关于力、运动及其关系的科学，主要研究介质运动、变形、流动的宏微观行为，揭示力学过程及其与物理学、化学、生物学等过程的相互作用规律。作为一门基础学科，力学具有完整的学科体系，其主要特点是：（1）力学是一门既经典又现代的基础学科，它以机理性、定量化地认识自然、生命与工程中的规律为目标；（2）力学是工程科学的先导和基础，为开辟新的工程领域提供概念和理论，为工程设计提供有效的方法，是科学技术创新和发展的重要推动力；（3）力学是一门交叉研究突出的学科，具有开拓新研究领域的能力，不断涌现新的学科生长点。

力学类专业的主干学科包括动力学与控制、固体力学、流体力学、工程力学、基础力学和交叉力学。内容涵盖系统动态特征、动态行为与激励之间的关系及其调节，固体介质及其结构系统的受力、变形、破坏以及相关变化和效应，流体介质的特性、状态和在各种力的驱动下发生的流动及其质量、动量、能量输运规律，以及与工程密切相关的力学问题。另外，力学类专业还可以通过与其他学科交叉融合，发展力学的新概念、新理论和新方法，形成诸如物理力学、生物力学、爆炸力学、环境力学以及等离子体动力学等。力学是基础科学，又是技术科学，其发展横跨理工，与各行业的结合都非常密切。与力学相关的基础学科有数学、物理学、化学、天文学、地球科学及生命科学等，与力学相关的工程学科有土木、机械、航空航天、水利、船舶、能源、交通、化工、生物医学、环境、信息等。力学类专业的建设和发展充分体现了国民经济和科技发展的需求。[2]

培养力学人才的原则是知识、能力、素质协调发展，要求毕业生具有较扎实的数学、物理学基础和力学专业知识，较强的力学建模、工程计算和实验的能力，并具有必要的工程知识与工程技能训练。

**参考文献：**

[1] 李海阳，申志彬．固体力学原理［M］．北京：国防工业出版社，2016：1－3.

[2] 教育部高等学校教育指导委员会．普通高等学校本科专业类教学质量国家标准［M］．2018 年 3 月第一版．北京：高等教育出版社，2018：264.

## （二）本科专业介绍

根据《普通高等学校本科专业目录（2020 年版）》所列，力学类（0801）专业类下设理论与应用力学、工程力学两个本科专业，介绍如下。[1]

### 1. 080101 理论与应用力学

**培养目标：**本专业培养适应我国社会主义现代化建设需要，德、智、体、美、劳全面发展，具有较为扎实的数理基础、力学建模、实验技能和数值计算能力，能够在力学及相关科学或工程领域从事科学研究、技术开发及技术管理工作，或继续攻读硕士、博士学位的力学及相关学科的高层次研究人才或高校教师。

**培养要求：**本专业学生主要学习工程力学的基本理论和基本知识，接受必要的工程技能训练，具有应用计算机和现代实验技术手段解决与力学有关的工程问题的基本能力。

毕业生应获得以下几方面的知识和能力：

（1）热爱祖国，具有良好的思想道德素质、强烈的民族自豪感和社会责任感，遵纪守法；

（2）崇尚科学，热爱科学，具有较强的自我获取知识的能力，具有一定的创新意识和开拓精神，具有团队意识、合作精神和可持续发展能力，专业基础扎实，知识面广，知识结构合理；

(3) 具有良好的身体素质和健全的人格，具有勇于进取和不屈不挠的品质；

(4) 具有科学的世界观，具有较为扎实的数学、物理等自然科学基础，具有良好的人文、艺术和社会科学基础，有较强的文字表达能力；

(5) 系统掌握本专业领域动力学、固体力学、流体力学、计算力学和实验力学等基础知识；

(6) 具有初步的解决与力学有关的工程技术问题的能力，特别是力学建模的能力，了解学科前沿及发展趋势；

(7) 具有较强的计算机应用能力和初步的工程计算分析与大型工程软件的应用和开发能力，能熟练掌握一种计算机编程语言；

(8) 熟练掌握一门外语，较熟练地掌握文献查阅的方法。

**主干学科：**力学。

**核心知识领域：**理论力学、材料力学、弹性力学、流体力学、连续介质力学、实验力学、计算力学等。

**主要实践性教学环节：**社会实践、科研训练、计算机应用实习、力学问题软件实习、毕业论文等。

**主要专业实验：**固体力学实验、流体力学实验、动力学实验等。

**修业年限：**四年。

**授予学位：**工学学士或理学学士。

## 2. 080102 工程力学

**培养目标：**本专业培养适应我国社会主义现代化建设需要，德、智、体、美、劳全面发展，掌握工程力学专业的基础理论以及计算技术与实验技能，能够在有关工程领域中从事与力学问题相关的工程设计与分析技术开发及技术管理工作，或继续攻读硕士、博士学位的工程力学及相关专业的高层次研究人才或高校教师。

**培养要求：**本专业学生主要学习工程力学的基本理论和基本知识，接受必要的工程技能训练；具有应用计算机和现代实验技术手段解决与力学有关的工程问题的基本能力。

毕业生应获得以下几方面的知识和能力：

(1) 具有良好的思想道德素质、强烈的民族自豪感和社会责任感，身心健康；

(2) 具有较好的人文、艺术和社会科学基础及较强的文字表达能力；

(3) 具有较扎实的数学和其他相关的自然科学以及工程技术的基础理论知识；

(4) 具有较系统的工程力学专业基础知识，较扎实的综合实验能力、工程实践能力和力学建模的能力；

(5) 具有初步的解决与力学有关的工程技术问题的能力，了解学科前沿与发展趋势；

(6) 具有初步的与力学有关的工程计算与分析能力，以及大型工程软件的应用与开发的能力；

（7）具有自学能力、创新意识、团队精神和发展潜力；

（8）具有外语听、说、读、写的综合运用能力及查阅外文科技文献的能力。

**主干学科：**力学。

**核心知识领域：**理论力学、材料力学、弹性力学、流体力学、实验力学、计算力学、振动力学。

**主要实践性教学环节：**课程设计、综合大作业或小论文，金工实习、与应用背景有关的知识实习以及专业（生产）实习、毕业论文（设计）等。

**主要专业实验：**固体力学实验、流体力学实验、动力学实验。

**修业年限：**四年。

**授予学位：**工学学士。

**参考文献：**

[1] 中华人民共和国教育部高等教育司．普通高等学校本科专业目录和专业介绍[M]．2012年10月第一版．北京：高等教育出版社，2012：159－160.

## （三）未来职业发展

### 1. CAE（计算机辅助工程）工程师

**职业定义：**从事应用计算机软件辅助求解分析复杂工程结（机）构和工业产品的力学性能以及对其优化结构、指导结构设计、工程施工和产品开发的工程技术人才。

工作内容：

（1）应用相关计算机软件对工程结构进行力学分析和结构优化，指导结构设计，保障工程安全；

（2）应用相关计算机软件对机械结构进行仿真模拟，指导机械产品设计；

（3）应用相关计算机软件对工业产品进行数值模拟实验，指导新产品研发；

（4）应用力学原理和计算机语言，研发CAE软件或对现有软件进行二次开发。

能力要求：

具有扎实的专业知识和深厚的理论知识，包括力学理论（对于结构有限元分析工程师）和有限元理论；具有较强的软件操作能力和丰富的工程实践经验，对常用的商业有限元分析程序能够熟练应用，对不同的工程问题能够准确地做出判断，确定分析方案；具备良好的学习能力、沟通协调能力和团队协作能力。

### 2. 土木工程师

**职业定义：**从事普通工业与民用建筑物、构筑物建造施工的设计，组织并监督施工的工程技术人才。

工作内容：

（1）计算、设计建筑结构并编制成本概要、施工计划和规格说明，确定材料的种类、施工设备等；

（2）编制工程进度表，并指导施工；计划、组织和监督建筑物的维护和修理；

（3）研究与开发在特殊地质条件和困难施工条件下新的施工方法；

（4）对建筑施工进行监督和检查。

能力要求：

熟悉土木工程行业专业知识、技术规范、施工工艺及工程造价的预决算方法，并能独立完成实践操作；具有较强的图纸审核能力和计算机操作技能，能熟练运用CAD等制图软件；具备良好的组织管理能力、临场应变能力、分析规划能力、统筹协调能力、沟通表达能力等。

### 3. 结构工程师

**职业定义**：从事合理建立和布置建筑物的结构承重体系（包括水平承重体系的楼、屋盖等和垂直承重体系的砌体、柱子、剪力墙等），以满足房屋的承载力、安全、稳定和使用等方面工作的高级技术人才。结构工程师必须取得相应的资质，即考取结构工程师资格。

工作内容：

（1）结构工程设计；

（2）结构工程设计技术咨询；

（3）建筑物、构筑物、工程设施等调查和鉴定；

（4）对施工图设计进行审核，协调解决其他专业问题，控制钢筋和砼用量，提出优化意见。

能力要求：

熟悉结构设计开发流程，了解工程结构相关的新技术、新工艺；能够熟练使用CAD软件，同时根据企业需要熟练使用Inventor、Fro/E、UG和Solid works等三维辅助设计软件；工作积极主动，有责任心，做事仔细有条理，逻辑思维能力强。

## （四）就业方向

力学是研究型专业，而且力学是所有工科的基础。力学类毕业生可在国内外高等学校或研究机构从事力学教育与科研工作，也可在工业部门从事与力学相关的工程设计和应用技术研究工作。相关行业的发展和国民经济与科学技术的进步，使得力学在其中多个领域的发展中发挥着至关重要的作用。因此，力学类毕业生具有宽口径就业的显著特征。

毕业生主要前往企事业单位，从事产品的检测或研发工作，此类企业以机械、建筑等重工业行业为主；也可以在土木、水利工程类单位从事设计、计算和强度分析等工作；还可以在研制工程应用软件的高新技术公司中从事软件设计工作，在科技、教育部门从事科研、教学工作等。

**推荐升学院校：**北京大学、清华大学、北京航空航天大学、大连理工大学、南京航空航天大学、天津大学、哈尔滨工业大学、西安交通大学等。

**推荐行业：**建筑、建材、工程、新能源机械、设备、房地产、汽车及零配件、仪器仪表、工业自动化、电子技术、半导体、集成电路行业等。

# 二、机械类

机械工程是与人们生产活动关系最为密切的学科之一，第一次工业革命、第二次工业革命乃至当前的信息革命，无不直接或间接地同机械工程的发展息息相关[1]。

古代，中国已在指南车上应用了复杂的齿轮系统。古希腊也有圆柱齿轮、圆锥齿轮和蜗杆传动的记载。18 世纪以前的机械工匠和师傅全凭经验、直觉和手艺进行机械制作，未形成科学理论。第一次工业革命时期，机械制造业开始形成，开创了以机器为主导的制造业新纪元。19 世纪中叶，电磁场理论的建立推动了机械制造技术的变革，机械加工包括铸造、锻压、钣金、焊接、热处理技术、切削加工技术等得到迅速发展，保证了各产业发展生产所需要的机械装备的供应。

第二次世界大战以后，微电子技术、电子计算机和集成电路的出现，以及运筹学、现代控制论、系统工程等基础理论和软科学的诞生和发展，推动机械工程制造技术的又一次飞跃。20 世纪 80 年代以来，为适应全球化进程，机械工程领域提出了许多新的制造理念和生产模式，如计算机集成制造、精益生产、智能制造、快速原型制造、并行工程、协同设计和协同制造等。进入 21 世纪，机械工程科学技术正向数字化、微型化、综合化、智能化、网络化、绿色化、精密化、仿生化等方向发展[2]。

## （一）专业类简介

机械工业是国家工业体系的核心产业，在发展国民经济中处于主导地位。没有先进的机械工业，就没有发达的农业和工业，更不可能实现国防现代化。机械工业担负着向国民经济各部门提供技术装备的任务，国民经济各部门的生产技术水平与经济效益，在很大程度上取决于机械工业所能提供装备的技术性能、质量和可靠性。因此，机械工业的技术水平与规模是衡量一个国家工业化程度和国民经济综合实力的重要标志。

机械类专业包括机械工程、机械设计制造及其自动化、材料成型及控制工程、机械电子工程、工业设计、过程装备与控制工程、车辆工程、汽车服务工程等。主干学科包括机械工程、材料科学与工程、动力工程及工程热物理。机械类专业承担着机械工业专业人才的培养重任，直接影响着我国机械科学与技术的发展，进而影响着我国的经济建设与社会发展。同时，机械类专业人才培养所提供的相关教育，对其他工程类专业人才的培养也具有基础性的意义。另外，机械类专业的大规模、多需求以及社会的高度认可，使其成为供需两旺的专业类。

机械学科的主要任务是将各种知识、信息融人设计、制造和控制中，应用现代工程知识和各种技术（包括设计、制造及加工技术，维修理论及技术，材料科学与技术，电子技术，信息处理技术，计算机技术和网络技术等），使设计制造的机械系统和产品能满足使用要求，并且具有市场竞争力。

机械学科的主要内容包括机械的基本理论、各类机械系统及产品的设计理论与方法、制造原理与技术、测控原理与技术、自动化技术、材料加工、性能分析与实验、工程控制与管理等。机械学科及相关学科的飞速发展和相互交叉、渗透、融合，极大地充实和丰富了机械学科基础，拓展和发展了机械学科的研究领域。[3]

总体来说，机械类专业更加强调学生自然科学、工程科学以及机械学科及相关学科专业知识的融合，更加强调毕业生知识和能力的融合，强调毕业生在设计、创新和工程技术应用方面的能力。

**参考文献：**

[1] 国务院学位委员会办公室，教育部研究生工作办公室．授予博士硕士学位和培养研究生的学科专业简介［M］．北京：高等教育出版社，1999：30.

[2] 李玉滨．机械发展前景及其新的技术［J］．科技与企业，2012（2）：173.

[3] 教育部高等学校教育指导委员会．普通高等学校本科专业类教学质量国家标准［M］．2018 年 3 月第一版．北京：高等教育出版社，2018：264.

## （二）本科专业介绍

根据《普通高等学校本科专业目录（2020 年版）》所列，机械类（0802）专业类下设 8 个基本专业和 8 个特设专业。基本专业介绍如下。[1]

### 1. 080201 机械工程

**培养目标：**机械工程是一个宽口径的机械类专业。本专业培养具有宽厚的机械工程基本理论和基础知识，能在机械工程领域从事工程设计、机械制造、技术开发、科学研究、生产组织管理等方面工作的复合型高级工程技术人才。

**培养要求：**本专业学生主要学习数学和其他相关的自然科学知识以及机械设计、机械制造、控制的基本理论和基本知识，接受机械工程师的基本训练，具备在机械工程领域里从事设计、制造技术开发科学研究、生产组织与管理的基本能力。

毕业生应获得以下几方面的知识和能力：

（1）掌握从事机械工程工作所需的数学和其他相关的自然科学知识以及一定的经济管理知识；

（2）掌握机械工程基础理论和专业知识，了解机械工程前沿发展现状和趋势；

（3）具有综合运用所学科学理论和技术方法对于机械工程问题进行系统表达、建立模型、综合分析并提出解决方案的基本能力；

（4）掌握在机械工程实践中基本工艺操作等各种技术、技能，具有使用现代化工程工具的能力；

（5）具有较强的创新意识和对机械工业新产品、新工艺、新技术和新设备进行研究、开发和设计的初步能力；

（6）具有较好的人文社会科学素养、较强的社会责任感，较强的语言文字表达能力、团队合作精神、一定的组织管理能力和良好的工程职业道德；

（7）了解与机械工程相关的法律、法规，具有环境保护和可持续发展等方面的意识，具有一定的国际视野，正确认识机械工程对于客观世界和社会的影响；

（8）具有终身学习的意识和继续学习的能力。

**主干学科：**机械工程、力学、动力工程及工程热物理。

**核心知识领域：**工程图学、工程力学、流体力学、传热学、工程热力学、电工电子学、控制工程基础、工程材料及成型基础、机械设计基础、机械制造工程与技术、机电传动与控制等。

**主要实践性教学环节：**金工实习、课程实验、课程设计、生产实习、科技创新与社会实践、毕业实习、毕业设计（论文）等。

**主要专业实验：**工程力学实验、机械设计基础实验、工程测控实验、电工与电子技术实验、传动与控制技术实验、机械制造基础实验、互换性测量技术基础实验、材料成型技术基础实验、制造装备和过程自动化技术实验。

**修业年限：**四年。

**授予学位：**工学学士。

### 2. 080202 机械设计制造及其自动化

**培养目标：**本专业培养具备机械设计制造基础知识及应用能力，能在机械制造领域从事设计制造、科技开发、应用研究、运行管理等方面工作的复合型高级工程技术人才。

**培养要求：**本专业学生主要学习机械设计、机械制造、机械电子及自动化等方面的基础理论和基本知识，接受现代机械工程师的基本训练，具有机械产品设计、制造、设备控制及生产组织管理等方面的基本能力。

毕业生应获得以下几方面的知识和能力：

（1）具有数学及其他相关的自然科学知识，具有机械工程科学的知识和应用能力；

（2）具有制订实验方案，进行实验、处理和分析数据的能力；

（3）具有设计机械系统、部件和工艺的能力；

（4）具有对于机械工程问题进行系统表达、建立模型、分析求解和论证的初步能力；

（5）初步掌握机械工程实践中的各种技术和技能，具有使用现代化工程工具的能力；

(6) 具有社会责任感和良好的职业道德；

(7) 具有团队合作精神和较强的交流沟通能力；

(8) 具有国际视野、终身教育的意识和继续学习的能力。

**主干学科：**力学、机械工程。

**核心知识领域：**机械设计原理与方法（含形体设计原理与方法、机构运动与动力设计原理、结构与强度设计原理与方法、精度设计原理与方法、现代设计理论与方法）、机械制造工程原理与技术（含材料科学基础、机械制造技术、现代制造技术）、机械系统中的传动与控制（含机械电子学、控制理论、传动与控制技术）、计算机应用技术（含计算机技术基础、计算机辅助技术）、热流体（含热力学、流体力学、传热学）。

**核心课程示例：**

示例一：工程制图（40＋32 学时）、材料力学（56 学时）、理论力学（60 学时）、机械原理（56 学时）、机械设计（56 学时）、电路理论（40 学时）、模拟电子技术（40 学时）、数字电路（32 学时）、微机原理（40 学时）、机电传动控制（64 学时）、工程材料学（32 学时）、机械制造技术基础（40 学时）。

示例二：理论力学（64 学时）、材料力学（64 学时）、机械工程制图（48＋64 学时）、机械原理（64 学时）、机械设计（64 学时）、电工技术基础（64 学时）、电子技术基础（64 学时）、工程材料（32 学时）、热工基础（48 学时）、机械制造技术基础（64 学时）、控制工程基础（48 学时）。

示例三：

(1) 工程机械方向：机械制图（32＋48 学时）、机械原理（48 学时）、机械设计（48 学时）、发动机构造与原理（32 学时）、液压与液力机械传动（48 学时）、工程机械底盘（40 学时）、现代工程机械（48 学时）、工程机械设计（32 学时）、工程机械运用技术（32 学时）。

(2) 机电一体化方向：机械制图（32＋48 学时）、机械原理（48 学时）、机械设计（48 学时）、控制工程基础（40 学时）、机械电子学（48 学时）、机制工艺学（48 学时）、机电传动控制（40 学时）、液压传动（40 学时）、CAD/CAM（40 学时）。

**主要实践性教学环节：**金工实习、电工（电子）实习、认识实习、生产实习、课程设计、科技创新与社会实践、毕业设计（论文）。

**主要专业实验：**工程力学实验、机械设计基础实验、互换性测量技术基础实验、工程测控实验、电工与电子技术实验、机械制造基础实验、机电传动与控制实验。

**修业年限：**四年。

**授予学位：**工学学士。

### 3. 080203 材料成型及控制工程

**培养目标：**本专业培养适应 21 世纪现代化建设需要，德、智、体、美、劳全面发展，具有强烈的爱国敬业精神、社会责任感、良好的工程素质、职业道德和人文科学素质，具备机械科学、材料科学、自动化及计算机基础知识和应用能力，能够在材料加工理论、材料成型过程自动控制、成型工艺过程及装备设计及先进材料工程等领域从事科学研究、技术开发、设计制造、生产组织与管理，具有实践能力和创新意识的复合型高级工程科技人才。

**培养要求：**本专业学生主要学习自然科学及机械工程、材料科学、材料成型加工工艺及技术和装备的设计方法与控制理论等方面的基本理论和专业基础知识，接受工程素质和人文科学素质的基本培养和工程师的基本训练，具备在本专业领域从事设计、制造技术开发、科学研究、生产组织与管理等方面的基本能力。

毕业生应获得以下几方面的知识和能力：

（1）较系统地掌握本专业领域宽广的基础理论与基本知识，主要包括力学、机械学、电工与电子技术、材料科学、自动化、基础材料成型与控制基础、市场经济及企业管理等基础知识；

（2）掌握较扎实的自然科学基础、社会科学和经济管理方面的基本理论知识，具有一定的文学艺术修养和较好的人文科学素养；

（3）具有较强的自学能力和信息获取、处理、分析、总结和表达能力，具有计算机和外语应用能力，具备初步从事与本专业有关的产品与工艺研究、设计、开发和生产组织与管理能力；

（4）了解国家有关行业和企业管理与发展的重大方针、政策和法规以及本专业相关的职业和行业的生产、设计、研究与开发、环境保护和可持续发展等方面的方针、政策和法律、法规以及技术标准，能正确认识工程对于客观世界和社会的影响；

（5）了解材料成型及控制工程领域最新的发展动态，包括新工艺、新方法、先进的成型设备和控制方法以及新的成型理论知识；

（6）掌握基本的创新方法，具有追求创新的态度和意识，具有综合运用理论和技术手段设计系统和过程的能力，设计过程中能综合考虑经济、环境、法律、安全、健康、伦理等因素；

（7）具有初步的组织管理能力，较强的交流沟通、环境适应和团队合作能力，以及终身学习能力；

（8）具有全球意识、国际视野和跨文化交流能力，了解全球化背景下工程技术问题对环境和社会的影响。

**主干学科：**材料科学与工程、机械工程及自动化、力学。

**核心知识领域：**工程图学、工程力学、机械设计基础、电工电子基础、控制工程基础、材料成型技术基础、金属凝固原理及技术、金属塑性成型原理、材料连接原理与技术、材料成型设备、材料加工 CAD/CAE/CAM 技术基础、先进材料成型技术与理论、热加传输原理等。

**主要实践性教学环节：**金属工艺实习、电子工艺实习等工程训练以及机械设计课程设计、专业课程设计、认识实习、生产实习、毕业设计（论文）、科技创新与社会实践等。

**主要专业实验：**

(1) 工程力学实验、机械设计基础实验、电工电子技术基础实验、传动与控制技术实验等专业基础实验；

(2) 热处理原理与工艺实验，包括退火、正火淬火、回火等基本热处理工艺，以及钢铁热处理后的各种主要的组织形态及性能实验等；

(3) 金属液态成型工艺实验，包括液态金属流动性测试、铸件温度场测试和定向凝固测试等；

(4) 塑性加工力学实验，包括真实应力——应变曲线测试、摩擦因子的测定、平面变形抗力的测定和硬化曲线的测定等；

(5) 焊接原理实验，包括焊接热循环测定、焊接过程中的变形测定、焊接接头中残余应力的测定等；

(6) 模具设计实验，包括模具拆装和模具 CAD/CAM 设计等；

(7) 材料成型过程的计算机模拟实验；

(8) 材料成型设备实验；

(9) 特种热加工成型工艺实验。

**修业年限：**四年。

**授予学位：**工学学士。

### 4. 080204 机械电子工程

**培养目标：**本专业培养具备机械电子、控制等学科的基本理论和基础知识，能在机电行业及相关领域从事机电一体化产品和系统的设计制造、研究开发、工程应用、运行管理等方面工作的高素质复合型工程技术人才。

**培养要求：**本专业学生主要学习机械工程、电子技术、控制理论与技术等方面的基本理论和基础知识，接受机械电子工程师的基本训练，培养机电一体化产品和系统的设计、制造、服务，以及性能测试与仿真、运行控制与管理等方面的基本能力。

毕业生应获得以下几方面的知识和能力：

(1) 掌握本专业所需的相关数学和机械电子学等基本理论和基础知识，了解本专业领域的发展现状和趋势；

(2) 掌握文献检索、资料查询及运用现代信息技术获取信息的基本方法，具有综合运用所学理论知识和技术设计机电体化系统、部件和过程的能力；

(3) 掌握科学的思维方法，具有制订实验方案完成实验、处理和分析数据的能力；

(4) 具有对机电工程问题进行系统表达建立模型分析、求解、论证优化和过程管理的初步能力；

(5) 具有较强的创新意识和进行机电一体化产品与系统开发和设计、技术改造与创新的初步能力；

(6) 具有较好的人文科学素养、较强的社会责任感和良好的工程职业道德，熟悉与本专业相关的法律法规，能正确认识本专业对客观世界和社会的影响；

(7) 具有一定的组织管理能力、较强的表达能力和人际交往能力；

(8) 具有一定的国际视野和跨文化交流、竞争与合作的初步能力，具有终身教育的意识和继续学习的能力。

**主干学科：**机械工程、控制科学与工程。

**核心知识领域：**工程图学、工程力学、电路原理、工程电子技术、控制工程基础、传感与检测技术、机械设计基础、机械制造技术基础、微型计算机原理与应用、机电系统设计、机电传动与控制等。

**主要实践性教学环节：**认识实习、金工实习、生产实习、机电系统综合实践课程设计、科研创新与社会实践、毕业设计（论文）等。

**主要专业实验：**工程力学实验、电路与电子技术系列实验、机电系统测控实验、微型计算机原理与应用系列实验、机电控制基础实验、传动与控制技术系列实验，电子机械综合实验等。

**修业年限：**四年。

**授予学位：**工学学士。

### 5. 080205 工业设计

**培养目标：**本专业培养具备坚实的工业设计基础理论、基本知识与应用能力，具有国际化视野和社会责任感、综合性的创新思维方式和团队合作精神，能在企事业单位、专业设计机构和科学研究单位从事工业产品创新设计及相关的服务模式和商业模式设计、传播设计、人机交互设计、环境与展示设计等领域的开发、研究策划、教育和管理工作的复合型工业设计师后备人才。

**培养要求：**本专业学生主要学习工业设计的基础理论与基本知识，接受工业设计的原理、程序、方法以及设计表达等方面的基本训练，具备适当处理工业设计与环境、用户市场功能、造型、色彩、结构、材料、工艺的相互关系，并将这些关系综合地表现在产品及服务设计上的基本能力。

毕业生应获得以下几方面的知识和能力：

(1) 具有良好的工业设计职业道德、坚定的追求创新与卓越的态度、强烈的爱国敬业精神、社会责任感和丰富的人文艺术素养；

(2) 具有从事工业设计工作所需的自然科学和社会科学知识，了解相关的技术和社会发展趋势；

(3) 较系统地掌握本专业领域宽广的理论基础知识，主要包括设计基础、工业设计工程基础、设计表现、设计历史及理论、人机交互、设计材料及加工、数字及实体模型制作、可持续设计、服务模式及商业模式设计等基础知识；

(4) 有较强的设计表现技能、动手能力、美学鉴赏与创造能力，以及较强的计算机、互联网、多媒体和外语应用能力；

(5) 具有在了解社会和消费者需求的基础上，综合应用所学的科学理论，具备分析、提出和解决问题的能力，能够参与产品或服务全生命周期的策划、设计、运行和维护的能力；

（6）熟悉工业设计相关的知识产权法规、安全及环保的政策规范和标准；

（7）具有较强的信息获取和职业发展学习能力，了解工业设计的发展趋势与理论前沿；

（8）具有较好的设计管理能力、不同专业和学科间交流沟通能力、团队合作能力和应对危机与突发事件的初步能力；

（9）具有一定的国际视野和跨文化环境下的交流、竞争与合作的能力。

**主干学科：**设计学机械工程。

**核心知识领域：**本专业知识体系由4个核心知识领域构成，即基础知识领域，包括工业设计的基本原理、工业设计的程序与方法、工业设计表达；理论知识领域，包括工业设计历史与理论、人机工程学与设计心理学、知识产权保护、设计管理；技术知识领域，包括工业设计工程基础、工业设计材料与成型工艺、工业设计的安全性；实践知识领域，包括工业设计实践。

**核心课程示例：**

示例一：设计概论（32学时）、人机工程学（48学时）、工业设计史（32学时）、计算机辅助工业设计（64学时）、设计心理学（32学时）、设计程序与方法（48学时）、设计快速表现（48学时）、材料成型与工艺（40学时）、产品形态设计（48学时）、结构设计（64学时）、系统设计（48学时）、设计管理（32学时）、设计研究基础（32学时）、产品开发设计（48学时）、专题设计（48学时）。

示例二：设计概论（32学时）、人机工程学（32学时）、工业设计史（32学时）、计算机辅助工业设计（64学时）、产品设计原理与方法（120学时）、综合设计表达（64学时）、材料与工艺（40学时）、产品系统设计（120学时）、设计美学（32学时）、民族艺术考察与设计（64学时）、设计管理（40学时）、产品开发设计（120学时）、专题设计（120学时）。

示例三：设计心理学（40学时）、人机工程学（60学时）、工业设计史（80学时）、计算机辅助设计（CAD）（80学时）、材料与技术（240学时）、综合构造（80学时）、专业绘画（80学时）、专业方向设计（80学时）、社会实践1（传统文化与设计）（60学时）、社会实践2（现代工业与设计）（60学时）、专题设计（80学时）。

**主要实践性教学环节：**认识实习、生产实习、社会实践、课程设计、专题设计、毕业设计（论文）等。

**主要专业实验：**设计基础实验、人机工程学实验、模型及样机制作、影像实验等。

**修业年限：**四年。

**授予学位：**工学学士。

## 6. 080206 过程装备与控制工程

**培养目标：**本专业培养具备自然科学基础知识、工程技术与科学基本知识以及过程装备与控制工程专业知识和实践能力，能在化工石油、化工冶金、轻工、能源、制药、环保建材等领域从事过程装备的研究开发、设计制造、监测控制、安全保障、运行维护等工程技术，以及教育、管理工作或进入相关学科继续深造的高素质复合型工程科技专门人才。

**培养要求：** 本专业学生主要学习机械工程、热能工程、工艺过程及控制等方面的基本理论和基本知识，接受计算机技术、机械工程技术、过程（化学）工程技术、监测控制技术等方面的基本训练，掌握机械设计、过程装备与控制设计等方面的基本能力。

毕业生应获得以下几方面的知识和能力：

(1) 掌握力学、工程图学、机械设计、工程材料、过程原理、电工电子技术、检测与控制技术、过程装备技术等方面的基本理论和基本知识；

(2) 熟悉过程装备特别是压力容器的设计方法和相关标准，能根据工艺要求进行过程装备的设计、制造、监控、评估和管理；

(3) 熟悉机械加工过程及机械设计方法和相关设计标准；

(4) 了解过程装备与控制的现代设计方法、学科前沿、国内外发展动态和行业需求，具有对先进过程装备及其成套技术进行开发的初步能力；

(5) 具有安全意识、环保意识和可持续发展意识，具有保证过程装备安全可靠性的基本知识；

(6) 具有良好的身心素质和人文社会科学素养，具有较强的社会责任感和职业道德；

(7) 能运用现代信息技术获取相关信息，具有拓展知识面和跨专业、跨文化的学习交流能力，具有终身学习的意识和能力；

(8) 具有一定的科学研究和解决工程实际问题能力，具有一定的批判性思维能力，具有一定的国际视野和国际交流能力。

**主干学科：** 机械工程、动力工程及工程热物理、化学工程与技术、安全科学与工程。

**核心知识领域：** 本专业将“过程”、“装备”与“控制”这 3 个相关知识领域有机紧密地结合在起，是以机械为主，工艺与控制为辅的“一机两翼”的复合型交叉专业。本专业核心知识领域涉及机械工程、热能工程、工艺过程及控制等方面的基本理论和基本知识，包括工程力学、工程图学、机械设计、工程材料、化工（或其他工业）过程、检测与控制技术、过程装备技术等知识领域。此外，本专业还涉及机械加工及机械设计、过程装备特别是压力容器设计等工程技术。

**核心课程示例：**

示例一：工程图学（40 学时）、工程训练（24 学时）、工程化学（32 学时）、机械制图及 CAD 基础（24 学时）、材料力学（64 学时）、材料力学实验（8 学时）、理论力学（64 学时）、机械设计（72 学时）、过程工程原理（64 学时）、过程工程原理实验（16 学时）、控制工程基础（48 学时）、工程热力学（32 学时）、工程材料（32 学时）、机械制造基础（32学时）、过程装备CAD（32学时）、过程装备控制技术（48学时）、过程设备设计（48学时）、过程机械（48学时）。

示例二：现代工程图学（96学时）、理论力学（56学时）、工程材料（32学时）、材料力学（72学时）、机械原理（56学时）、机械制造技术（40学时）、化工原理（112学时）、机械设计（64学时）、公差配合与技术测量（24学时）、流体及粉体力学基础（40学时）、工程热力学（56学时）、工业化学（32学时）、过程设备设计（72学时）、过程装备与控制工程专业实验（20学时）、过程流体机械（48学时）、过程装备控制技术及应用（40学时）。

示例三：工程图学（96学时）、理论力学（72学时）、材料力学（72学时）、化学工程基础（48学时）、互换性与测量技术（40学时）、工程材料及热处理（32学时）、工程材料成型技术（32学时）、机械设计基础（72学时）、流体力学（48学时）、工程热力学（64学时）、自动控制原理（64学时）、过程流体机械（64学时）、过程装备设计基础（64学时）、过程装备制造工艺（40学时）、过程控制及仪表（48学时）、化工过程（40学时）、过程装备成套技术（32学时）、真空技术基础（48学时）。

**主要实践性教学环节：**金工实习、认识实习、生产实习、毕业实习、课程设计（过程原理、机械设计、过程装备设计等）、毕业设计（论文）、科技创新及社会实践等。

**主要专业实验：**过程原理实验、工程力学实验、电工电子实验、机械基础实验、压力容器强度实验、压力容器稳定性实验、过程流体机械性能测试与监控实验、过程设备性能测试与监控实验等。

**修业年限：**四年。

**授予学位：**工学学士。

### 7. 080207 车辆工程

**培养目标：**本专业培养具备车辆工程基础知识和专业技能，能在企业、高校及科研院所从事车辆设计、制造、实验、检测、管理、科研及教学等工作的车辆工程领域复合型高级工程技术人才。

**培养要求：**本专业学生主要学习机械工程、电工电子技术、车辆构造与原理、车辆设计与理论、车辆试验测试技术和车辆电子控制等方面的基本理论和专业知识，接受车辆工程师基本训练，具备从事车辆设计、制造、实验、检测及管理等工作的基本能力。

毕业生应获得以下几方面的知识和能力：

（1）掌握机械工程、工程力学、电工电子技术、计算机应用技术、自动化、测试技术、市场经济及企业管理等机械工程基本理论和基本知识；

（2）掌握车辆构造、理论、设计、电子控制等专业知识和车辆产品设计制造方法；

（3）具有工程制图、计算、试验、测试、计算机应用、文献检索的基本能力，并具备一定的综合运用所学知识分析和解决车辆产品的设计开发、技术升级改造与创新的能力；

（4）了解机械工程和车辆工程学科的前沿技术、发展动态和行业需求；

（5）了解国家车辆工程领域的技术标准，相关行业的政策、法律和法规；

（6）具有一定的车辆工程相关领域科学研究、科技开发、组织管理能力；

（7）具有一定的自然科学、人文社会科学和工业美学的知识基础；

（8）具有一定的国际视野和较强的交流沟通能力；

（9）具有终身教育的意识和继续学习的能力。

**主干学科：**机械工程、力学、控制科学与工程。

**核心知识领域：**工程图学、工程力学、机械设计基础、机械制造基础、控制工程基础、车辆理论、车辆设计、车辆构造、车辆试验学等。

**主要实践性教学环节：**金工实习、市场调查与商务实习、课程设计、生产实习、科技创新与社会实践、毕业设计（论文）等。

**主要专业实验：**车辆构造拆装实习、发动机台架试验、车辆液压与气压传动实验、车辆电器与电子技术实验、车辆性能台架试验、车辆道路性能综合实验等。

**修业年限：**四年。

**授予学位：**工学学士。

### 8. 080208 汽车服务工程

**培养目标：**本专业培养具备扎实的汽车服务理论基础，掌握现代信息技术和经营管理知识，熟悉相关法律法规，具备“懂技术、会经营、善服务”的基本素质和能力，能够在汽车技术服务、汽车营销服务、汽车金融保险服务、汽车相关产品规划等领域从事技术或管理工作的复合型工程技术人才。

**培养要求：**本专业学生主要学习汽车服务技术、汽车市场营销、汽车金融保险等方面的基本理论和基础知识，接受汽车检测诊断与维修、汽车市场分析、汽车营销策划、汽车事故勘查和汽车相关产品规划等方面的基本训练，具有汽车技术服务、汽车营销服务、汽车金融保险服务和汽车相关产品企划等方面的基本技能。

毕业生应获得以下几方面的知识和能力：

（1）具备较宽厚的自然科学、人文社会科学和工程技术基础；

（2）掌握汽车服务技术、汽车市场营销、汽车金融保险、产品规划等领域的基本理论和基础知识；

（3）掌握汽车检测诊断与维修、汽车市场分析、汽车营销、车损查勘和产品规划等基本方法；

（4）具有从事汽车技术服务、汽车市场研究与营销策划、车损勘查、金融保险服务和汽车相关产品企划等工作的基本能力；

（5）具有较强的信息处理能力和外语应用能力，并具有良好的交流沟通能力；

（6）熟悉本专业领域涉及的国家有关方针政策和法规法律，了解相关国际规则和惯例；

(7) 具有一定的国际视野，了解本学科领域的发展动态，具有初步的科学研究能力和较强的创新意识；

(8) 具备良好的团队意识、职业道德、敬业精神和身心素质。

**主干学科：**机械工程、交通运输工程。

**核心知识领域：**工程图学、工程力学、机械设计基础、电工与电子技术基础、汽车构造、汽车理论、发动机原理、汽车服务工程、汽车电子控制技术、汽车检测诊断技术、汽车维修工程、汽车服务企业管理、汽车服务系统规划、汽车营销、汽车保险与理赔等。

**主要实践性教学环节：**工程实训、电工电子实习、课程设计、汽车拆装实习、汽车驾驶实训（本专业学生一般应获得机动车驾驶证）、汽车市场调查与营销商务实习、汽车检测与维修实习、汽车勘查与定损实训（实习）、毕业实习、毕业论文（设计）。

**主要专业实验：**发动机性能实验、汽车使用性能实验、汽车诊断实验、汽车检测实验、汽车电子控制实验。

**修业年限：**四年。

**授予学位：**工学学士。

**参考文献：**

[1] 中华人民共和国教育部高等教育司．普通高等学校本科专业目录和专业介绍[M]．2012年10月第一版．北京：高等教育出版社，2012：160－169.

## （三）未来职业发展

### 1. 机械设计工程师

**职业定义：**从事机械产品的研究、开发、设计、新技术推广与应用和标准化等工作的高级工程技术人才。

工作内容：

(1) 研究和设计机械设备；

(2) 研究和设计机械零部件；

(3) 研究和设计流体传动与控制系统；

(4) 研究和设计电力拖动和控制系统；

(5) 研究和设计机电一体化系统；

(6) 负责机械工程成套设计。负责机械加工类、家电类、工具类产品的结构设计，包括外部、内部结构及工装设计，使产品符合可靠性、可生产性、可维修性和成本的要求；

(7) 根据市场、生产的需要，对产品的设计提出改进方案并及时执行；制定机械设备整体综合性能测定方案与规范，确定检测的主要技术参数，测试与试验；

(8) 推广与应用新技术；实施产品的结构件的可靠性实验，并做好零部件的评估和验证工作及产品结构风险分析；

(9) 编制、推广标准；及时完成相关的设计技术文档。

能力要求：

具备机械制图、机械原理及设计、力学、机械创新设计、制造技术基础等相关专业的知识；熟练掌握制图、设计、计算、检测与控制、调研、查阅文献等技能；熟悉电子产品生产通用设备及工艺流程；熟悉 PCB 板设计软件及熟练使用 Auto CAD 等机械设计软件，熟悉 PLC 等编程控制技术；同时，要具有良好的学习能力、创新精神、团队协作能力、沟通能力等。

### 2. 机械工艺工程师

**职业定义：** 从事机械制造加工工艺、检测方法及其工艺装备的开发、设计等工作的高级工程技术人才。

工作内容：

(1) 研究和开发工艺技术；

(2) 编制工艺规划，设计平面布置方案；

(3) 进行工艺设计和编写工艺文件；

(4) 进行工艺管理；

(5) 设计、制造、装配、安装和调试工艺装备；

(6) 研究、设计测量几何尺寸的方法；

(7) 对制造过程的质量进行监控，并分析失效原因

(8) 进行材料、毛坯、零部件的无损检测和设备的无损检测及可靠性分析与评估；

(9) 研究、开发、推广、应用加工和测试的新技术

(10) 编制、推广、应用加工工艺、测试方法及所需装备的标准；

(11) 进行设备的技术鉴定、评估和仲裁等；

(12) 对材料和毛坯进行化学分析、力学性能测试、金属材料的金相组织及冶炼质量的检验。

能力要求：

具备机械制图、现代加工技术及实验、制造技术基础、工程材料及热处理、数控技术等相关专业的知识；熟悉机械加工工艺流程、模具加工工艺；熟悉产品性能、产品结构；掌握 IE、SPC、FMEA 等常用工艺工程方法与工具，熟练使用 Auto CAD 软件；能够阅读并解释、运用各类技术文件及说明；同时，具有良好的学习能力、善于发现并解决问题的能力、团队协作能力、沟通能力；等等。

### 3. 机电设备工程师

**职业定义：** 从事生产设备、动力设备和数控设备的规划与设计、调查与购置、安

装与调试、运行、维修、改造、更新和报废等工作的高级工程技术人才。

工作内容：

(1) 进行设备与资产评估；

(2) 进行设备技术鉴定；

(3) 进行设备润滑监测；

(4) 管理设备备品和备件；

(5) 监控设备运行，编制设备预防性维修计划和修理计划；

(6) 监控设备安全运行，分析与处理事故，采取改进和预防措施；

(7) 调节动力负荷和电控运行；

(8) 处理设备运行和维护修理中的机械、电气、动力、控制的技术问题；

(9) 进行技术改造的规划、设计和自制专用设备、设施的设计、制造、安装和调试；

(10) 诊断设备故障；

(11) 进行电气及控制试验；

(12) 参与工厂建设的制造工艺设备的调查、设施规划、总体设计和平面布置等工作；

(13) 参与生产车间和实验室的规划与设计；

(14) 进行技术改造规划与设计；

(15) 推广、应用新技术等。

能力要求：

具备机械制图、机械装备设计、机械装备电气与PLC控制技术、机电一体化系统设计等相关专业的知识；具备扎实的专业基础；熟悉设备设计过程和应用、设备检测和维修等；能够阅读并解释、运用各类技术文件及说明；具备设备电气控制与维修、机电设备安装与维修、计算机辅助设备管理等能力；同时，具有良好的学习能力、动手操作能力、团队协作能力、沟通能力等。

#### 4. 真空工程师

**职业定义：**从事工业自动化真空获得设备、真空系统、真空冶金、真空包装、真空系统设计等行业的产品或系统的研究、开发、设计、制造、运行、维护等工作的高级工程技术人才。

工作内容：

(1) 研究和设计各种真空获得设备（真空泵）；

(2) 研究和开发真空测量仪器、真空阀门、真空压力容器技术，研究和开发真空密封技术、真空系统及真空检漏系统；

(3) 监测和修理真空设备，创新探索真空系统，同时进行管理、鉴定和维护；

(4) 深入研究真空干燥、蒸馏、包装、输送等主要技术；

(5) 推广与应用新技术，对真空技术的物理基础进行培训；

(6) 编制、推广、应用真空产品及其系统的标准。

能力要求：

具备机械装备设计、真空获得设备、真空系统设计、真空测量、机电一体化设计等相关专业的知识；具有扎实的专业基础知识；熟悉真空获得设备的现场安装、维护、保养；具有开发和设计真空设备、系统的能力和创新真空技术的能力；同时，具有良好的学习创新能力、维护检测能力、团队协作能力、沟通能力等。

### 5. IE（工业工程）工程师

**职业定义：**从事对某个系统整体提高工作和生产效率，降低消耗的工作和程序等进行规划、设计、改进与实施等工作的高级工程技术人才。

工作内容：

（1）研究、设计与改进组织、工作方法和运营程序；

（2）优化生产工艺和生产流程以提高效率，确定生产排线及人力配置、场地安排；

（3）评估产品标准工时与产能、制造提前期及人力成本和目标人均率，提高生产效率，降低生产成本；

（4）负责生产各工序 IE 及精益生产改善项目；负责生产各工序动作分析、布局；负责工厂布局规划及改善；

（5）负责组装工时测量、动作分析、生产线布局、产线平衡、物料码放，人力产能分析及现场合理化改善；负责生产所需的人才，机器的短、中期规划；

（6）标准工时的制定和维护；负责制定作业标准和标准工时，包括新品的工时预测，负责产能分析及改进之方案设计，不断提高产能；

（7）负责规划生产线，进行物流设计、作业分析，努力提高工作效率，不断降低人工成本。

能力要求：

具备机械工程、管理科学与工程、运筹学、基础工业工程等相关专业的知识；具备观察试验、调查研究、综合分析、集成规划设计能力；有较强的协调、社交能力，能适应各种复杂局面；具有计算机中级应用能力和外语阅读能力；善于提出新见解、新思路；同时，具有良好的学习创新能力、团队协作能力、沟通能力等。

### 6. 生产组织与管理工程师

**职业定义：**从事生产系统的空间和时间组织、计划、控制与管理等工作的高级工程技术人才。

工作内容：

（1）设计科学的组织结构，使整个部门的潜能得到充分发挥；

（2）根据产品需求预测做出产能规划，编制年度生产计划、生产作业计划，进行生产调度、管理和控制；

（3）对生产、物流及服务、辅助系统进行设计、改进与评价；进行计算机辅助生产管理信息系统的设计、改善与实施；

(4) 懂得管理库存等工作，做好成本管理工作。

能力要求：

具备机械工程、管理科学与工程、运筹学、生产计划与控制、工程经济等相关专业的知识；具备面向实际管理系统开发与设计方面的基本能力；具有为企业设计经济高效的运行系统，并进行管理和不断改进的能力；具有较强的自学能力、终身教育的意识和继续学习的能力；同时，具有良好的决策能力、团队协作能力、沟通能力等。

### 7. 质量管理与可靠性控制工程师

**职业定义：**从事产品及工作过程系统的质量及可靠性设计、控制、鉴定和检验等工作的高级工程技术人才。

工作内容：

(1) 对产品质量进行规划、设计与管理；设计、改善、检验与实施质量管理体系及系统可靠性；

(2) 研究、制定与实施质量标准并监督实施；进行质量控制、检查、检验、分析、鉴定、咨询、审核；

(3) 进行质量与可靠性信息系统的设计、实施、改进与评价等；

(4) 调解质量纠纷，组织对重大质量事故的调查分析。

能力要求：

具备机械工程、管理科学与工程、运筹学、质量管理与可靠性等相关专业的知识；具有确定生产设备和各道工序的能力；熟练掌握工序检验、供应检验、最后检验和产品检验的相关知识；需要保证正确的装配，具备编制检验标准、手册、程序、检查偶然性缺陷原因、报告检验结果等能力；具备进行定性、定量的可靠性分析能力和可靠性评价能力；同时，具有良好的学习创新能力、团队协作能力、沟通能力等。

## (四) 就业方向

机械类专业的社会需求度在所有专业中排名靠前，就业面广。毕业生可进入各种制造企业担任机械工程师或参与管理工作，也可以从事设备维护、数控维修等工作，还可以成为相关行业的营销人员。中国是一个制造业大国，并且把装备制造业列为重要的振兴产业，具有机械工程背景的技术人才未来大有用武之地。

毕业生主要前往国家有关部门、科研院所、高等院校、高新技术公司、应用CAD及分析软件公司就业，可以从事各种机电产品、机电自动控制系统和设备的研究、设计、制造等工作，如：进行工业机器人、微机电系统、智能装置等高新技术产品与系统的设计、制造、开发、试验与研究工作。

**推荐行业：**设备、汽车、船舶、航空航天、电子、仪表等制造行业。

**推荐企业：**中国航空工业集团有限公司、京东方科技集团股份有限公司、东风汽车集团有限公司、中国机械工业集团有限公司、中国中车集团有限公司、中国兵器工业集团有限公司、中国第一汽车集团公司等以制造业为主的公司。

# 三、仪器类

俄国化学家门捷列夫说过："科学是从测量开始的。"而测量是从仪器开始的，科学本身的发展需求为仪器科学与技术的发展奠定了基础。

仪器学科是一门古老而又极具生命力的学科，它的萌生伴随着人类最早的生产和社会活动。早期的仪器仪表主要采用机械结构，之后在仪器的设计中引入了光学技术；随后电子技术逐渐成为仪器技术的重要组成部分；后来在仪器的设计中又不断地引入先进的光电技术与激光技术，使得仪器朝着光、机、电相结合的集成化方向发展。

随着计算机技术的出现，仪器仪表向着智能化的方向迈进。互联网技术的普及又促使仪器仪表向着网络化的方向发展，一些现代化的尖端仪器还引入了生物技术、材料技术以及物化技术。仪器仪表的用途也从单纯的信息获取发展为融数据采集、信号传输、信号处理以及反馈控制于一体的复杂测量与控制过程。21 世纪以来，随着计算机网络技术、软件技术、微纳米技术的发展，仪器技术呈现了虚拟化、远程化和微型化的发展趋势[1]。在科学技术高度发达的今天，仪器工程技术人员更加注重通过建模、仿真分析、优化设计、测量与控制的结合，保证信息获取和利用的真实、可靠、稳定、精确，以适应柔性、动态、在线、极端条件、多样化应用的需求。

## （一）专业类简介

仪器科学与技术是信息科学与技术的重要组成部分，是信息的源头，是认识世界的工具。仪器科学与技术是对客观事物提供检测、计量、监测和控制的重要手段，是为人类社会法制化提供物质技术保障的一门知识密集、技术密集的综合性学科。随着高新技术的研究与发展，各类基础研究与实验工作，国民经济建设中的现代国防、现代工业、现代农业和人类的社会生活，都离不开仪器仪表及其技术，因此，仪器科学与技术在国民经济中起着十分重要的作用。

仪器类专业以仪器科学与技术学科为基础，研究物质世界中信息获取、处理、传输和利用的理论、方法和实现途径，运用物理、化学或生物学等方法，获取对象状态、属性及变化信息，并将其转换处理成易于表达和利用的形式，涉及计量学、物理学、化学、生物学、材料学、机械学、电学、光学、计算机、自动控制、通信等多学科知识，多学科交叉和技术集成特点明显。仪器类专业的核心知识领域包括传感机理及传感器应用、测量理论与测量技术、测控系统实现与工程应用等方面。仪器类专业培养在仪器及相关领域从事科学研究、技术开发与管理、工程应用、生产制造、运行维护等工作的专业技术人才。[2]

**参考文献：**

［1］王中宇，许东，韩邦成，等．精密仪器设计原理［M］．北京：北京航空航天大学出版社，2013：1－5.

［2］教育部高等学校教育指导委员会．普通高等学校本科专业类教学质量国家标准［M］．2018 年 3 月第一版．北京：高等教育出版社，2018：277.

## （二）本科专业介绍

根据《普通高等学校本科专业目录（2020 年版）》所列，仪器类（0803）专业类下设 1 个基本专业和 2 个特设专业。基本专业介如下。[1]

### 1. 080301 测控技术与仪器

**培养目标：** 本专业培养专业知识、实践能力、综合素质全面发展，掌握测量、控制和仪器领域的基础理论、专门知识和专业技能，掌握信息获取、传输、处理和应用的技术方法，具有测量控制领域技术集成和仪器综合设计应用能力的复合型工程科技人才，能在国民经济各部门从事测量控制与仪器领域的科学研究、设计制造、技术开发、应用研究、质量控制和生产管理等工作。

**培养要求：** 本专业学生主要学习测量理论、仪器设计与测控系统集成技术基础，学习测量、控制和仪器相关的光学、机械工程、电子与计算机科学、自动控制等理论与技术基础，通过多种教学环节和工程实践，接受现代测控技术等基础训练，具有测控系统和仪器设计、开发及集成应用能力。

毕业生应获得以下几方面的知识和能力：

（1）掌握测量理论、测量控制技术、测控系统和仪器分析、设计与集成应用的基本理论和专业；

（2）掌握分析和解决测量、控制和仪器领域实际问题的基本技能和方法，具有综合应用光学、机械、电子、计算机技术、控制等领域知识的能力；

（3）具有批判性思维、创新意识和科学研究的基本能力；

（4）熟悉国内外产品质量控制和安全生产的政策、法规，对目前国内外本专业常用的技术规范和标准有一定的了解，熟悉市场经济、企业管理等基本知识；

（5）至少掌握一门外语，能熟练阅读本专业外文资料，具有国际视野和跨文化环境下的沟通与交流的初步能力；

（6）具有良好的职业道德、敬业精神和社会责任感；

(7) 具有较扎实的自然科学基础，较好的人文素养，较强的语言文字表达、交流沟通和团队合作的能力；

(8) 具有终身学习意识和获取新知识的能力。

**主干学科：**仪器科学与技术、控制科学与工程、光学工程、信息与通信工程。

**核心知识领域：**数理基础、传感与信息获取、测量理论与测试技术、测试信号处理、计算术、测控总线及数据通信、控制理论与控制技术、仪器设计与制造、仪器性能测试与评价、测控系统分析、设计及集成等。

**核心课程示例：**

示例一：电路基础（64 学时）、计算机结构与逻辑设计（64 学时）、电子电路基础（64 学时）、信号与系统（48 学时）、自动控制原理（52 学时）、微机系统与接口（48 学时）、工程力学（54 时）、工程光学（56 学时）、信息通信网络概论（56 学时）、仪器科学与技术概论（16 学时）、传感器技术（56 学时）、精密机械设计基础（64 学时）、智能仪器设计技术（56 学时）、测试信号分析与处理（48 学时）、误差理论与数据处理（34 学时）、现代控制理论（34 学时）、导航定位控制与应用（32 学时），学科及专业选修课不少于 12 学分。

示例二：电路分析基础（68 学时）、信号与系统（68 学时）、电路信号与系统实验（15 学时）、模拟电子技术基础（60 学时）、数字电路与逻辑设计（46 学时）、C 语言程序设计（45 学时）、微机原理与系统设计（78 学时）、电子线路实验（Ⅰ、Ⅱ、Ⅲ学时）（23 学时）、数字信号处理（46 学时）、电磁场与电磁波（46 学时）、射频模拟电路（46 学时）、自动控制理论基础（46 学时）、传感器与信号调理（60 学时）、电子测量技术（54 学时）、单片机原理与程序设计（54 学时）、自动测试技术（54 学时）、软件技术基础（54 学时）、测量控制与仪器仪表新技术讲座（16 学时），学科及专业选修课不少于 22 学分。

示例三：工程力学（51 学时）、工程图学（80 学时）、机械设计基础（85 学时）、电路与电子技术（128 学时）、自动控制原理（40 学时）、微机原理及其应用（56 学时）、传感器技术（48 学时）、误差理论与数据处理（32 学时）、工程流体力学（40 学时）、热工基础（48 学时）、仪表电路设计（40 学时）、应用光学（40 学时）、物理光学（48 学时）、测控电路（40 学时）、热工过程控制系统（40 学时）、自动检测技术（80 学时）、精密仪器设计（40 学时）、精密测量技术（80 学时），学科及专业选修课不少于 20.5 学分。

**主要实践性教学环节：**金工实习、电子实习、生产企业实习、课程实验、课程设计、创新实践工程设计、毕业设计（论文）、社会实践调查等。

**主要专业实验：**传感器技术实验、测试理论与检测技术实验、仪器设计实验、测量系统建模与数据处理实验、智能化仪器与网络化仪器实验、测控系统综合设计实验、仪器性能测试与评价等。

**修业年限：**四年。

**授予学位：**工学学士。

**参考文献：**

[1] 中华人民共和国教育部高等教育司．普通高等学校本科专业目录和专业介绍[M]．2012年10月第一版．北京：高等教育出版社，2012：169－170.

## （三）未来职业发展

### 1. 仪器仪表工程师

**职业定义：**从事工业自动化仪表与控制系统、科学仪器、电子测量与电工测量仪器、医疗仪器、各类传感器与仪器仪表元器件及功能材料等行业仪器仪表的设计、研究、应用、安装、管理、保养等工作的高级工程技术人才。

工作内容：

（1）确定工程项目中的仪器仪表方案，并按照相应的规范进行设计；

（2）指导并进行仪器仪表的现场安装；

（3）对现有的仪器仪表组织进行维护、保养；

（4）参与仪器仪表事故的调查，实施整改防范措施；

（5）协助进行仪器仪表成套合同的执行及商务谈判；

（6）组织仪器仪表专业人才学习业务技术，不断提高技术能力和业务水平，开展技术培训活动。

能力要求：

具备测控技术与仪器、生物医学工程、自动化等相关专业的知识；能够开展仪表的设计方案审查及编制、设备材料验收、现场仪表安装及监督，精通仪表选型安装调试，专业技术娴熟；能够熟练地应用计算机进行操作，工作认真，责任心强。同时，具有良好的学习能力、团队协作能力、沟通能力等。

### 2. 机械工程师

**职业定义：**从事机械工程领域内的设计、制造过程的控制以及机械设备和动力设备维护工作的高级工程技术人才。

工作内容：

（1）开发与设计机械零部件；

（2）绘制产品装配图及零部件图；

（3）负责从设备调试到设备大故障维修，内容包括设备基本情况、维修书、改善报告书等相关文件组织填写、归档存位和定期整理；

（4）对图纸、说明书、产品样本进行分类管理，测绘备件、修改图纸并确认；

(5) 制订安装计划，验收、调试新设备，解决安装过程中存在的问题；

(6) 制订维修作业计划，制订周、月、年预防维修日历计划，制订预防计划；

(7) 制定零部件维修内容、修理方案及技术要求，负责维修车间零部件维修管理工作；

(8) 指导、协调生产部操作员工对设备进行日常操作、保养、维修活动，以取得机器设备的优化利用；

(9) 参与新设备引进或重大零部件采购的技术谈判等。

能力要求：

具备在专业工作中解决复杂技术问题、一定的竞争意识和开拓创新等方面的能力，能够熟练地运用计算机开展工作，认真负责，责任心强。同时，具有良好的学习能力、团队协作能力、沟通能力等。

### 3. 嵌入式硬件工程师

**职业定义：** 从事编写嵌入式系统硬件总体方案和详细方案，要求理解嵌入式系统架构，具备C语言基础，熟悉ARM、PROTEL设计软件，有四层板开发经验的高级专门人才。

工作内容：

(1) 编写嵌入式系统硬件总体方案和详细方案，进行硬件选型（单片机、DSP或者其他处理器）及系统分析；

(2) 负责硬件详细设计及实现，包含原理设计、PCB layout、硬件调试；

(3) 参与系统移植以及驱动的开发调试；

(4) 编写产品技术说明书；

(5) 负责对客户的技术支持。

能力要求：

具备由需求分析至总体方案、详细设计的规划能力；熟练运用设计工具、设计原理图、PCB板的能力；熟练运用单片机、DSP、PLD、FPGA等进行软硬件开发调试的能力；熟练运用仿真工具、示波器、信号发生器、逻辑分析仪等调测硬件的能力；掌握常用的标准电路的设计能力，如复位电路、常用滤波器电路、功放电路、高速信号传输线的匹配电路等；具备故障定位、解决问题的能力；具有设计文档的组织编写技能。

### 4. 激光工程师

**职业定义：** 从事产品的切割和激光设备的保养，以及产品的切割治具设计和切割程序的设计等工作的高级工程技术人才。

工作内容：

(1) 负责激光器样机的设计、实验和开发；

(2) 为激光器产品的制造提供技术支持；

(3) 积极改进、更新产品，以满足不同客户的性能及价格的要求；

(4) 从概念到产品，积极开拓新领域和开发新技术；

(5) 产品可靠性分析，成本分析；

(6) 工作计划的制订和定期报告。

能力要求：

熟练使用CAD等画图软件，能独立设计切割治具；精通激光设备的工作原理，能独立编制切割程序；熟悉物理、激光、机械相关知识，具有电子电路设计经验；熟悉VB、VC等开发语言；工作有责任心，诚信度高，具有团队合作精神、良好的语言沟通及表达能力，逻辑思维清晰，有良好的工作素养。

### 5. 通信工程师

**职业定义：** 从事研究、设计、制造、运营及在国民经济各部门和国防工业中从事开发、应用通信技术与设备工作的高级工程技术人才。

工作内容：

(1) 研究、开发、设计、生产和使用通信装备与系统、光纤光缆等；

(2) 研究、开发、设计、生产和维护无线和移动通信系统与装备、无线寻呼系统、无绳电话、数字蜂窝移动通信系统、通信交换装备与系统、综合业务数字网组网技术、传真机等；

(3) 研究、开发、设计、生产和维护综合业务数字网系统、网络接口技术与装配、数字终端设备、宽带综合业务数字网模型、电子数据交换系统等；

(4) 研究、规划、施工、运行、维护载波传输、数字传输和电、光缆传输通信线路；

(5) 负责技术平台使用的意见反馈，客户使用满意度反馈，工程质量及运转情况反馈，及时组织解决相关问题，为客户应用提供建议。

能力要求：

扎实掌握计算机网络和通信基础知识，对移动通信技术有所了解；有建立软件产品架构的能力，具有独立分析和处理计算机及网络故障能力；精通局域网的维护及网络安全；具有良好的沟通与表达能力、优秀的团队合作和敬业精神及技术沟通能力；具有较好的文字表达能力和文档组织能力，工作踏实、积极上进、肯吃苦；勇于创新及钻研、工作认真负责等。

### 6. 无线电工程师

**职业定义：** 从事研究、开发、维护无线通信、传输设备，广播视听设备和电子仪器、仪表等工作，对新知识、新技术有强烈求知欲的高级工程技术人才。

工作内容：

(1) 研究、开发、调试无线通信、传输设备的部件和整机；

(2) 研究、开发、调试电视机、收音机、音响设备等视听设备；

(3) 调试、维护微波通信、卫星通信、移动通信等无线通信、传输设备；

(4) 负责系统无线指标测试以及相关认证等工作；
(5) 参与系统的可靠性方案设计，配合可靠性试验；
(6) 负责相关单板物料准备、料单整理以及相关器件代码申请等工作。

能力要求：

熟悉无线电技术及无线电测试仪表；熟悉计算机硬件与软件知识，具有较全面的计算机软件语言和硬件知识；具备一定的电工理论，较多的电路设计维修经验；能够熟练运用 PROTEL 软件绘制 PCB 板，会简单电路板打样、测试和维修；会编制电路板生产文件，以及产品规格书和说明书；工作勤勉踏实，责任心强，思维敏捷，工作细致，爱钻研。

### 7. 电子设备工程师

**职业定义：**从事电子设备的研究、开发、设计、生产、使用和维护等相关工作的高级专门人才。

工作内容：

(1) 研究、开发、设计、生产和使用维护电子设备；
(2) 研究、开发、设计、生产和使用维护电子设备中的功能模块；
(3) 对电子设备或模块进行综合测试；
(4) 编写电子仪器设备产品文档，管理相关软件文档；
(5) 为产品用户提供电子设备的产品解决方案和后期技术支持。

能力要求：

具备电子工程、信息工程等相关专业的知识，熟练掌握电子电路设计技术，熟练掌握编程技术。同时，具有良好的学习能力、团队协作能力、沟通能力等。

## （四）就业方向

仪器专业毕业生除部分继续攻读硕士、博士学位外，主要前往国民经济各部门从事测量与控制领域内有关技术、仪器与系统的设计制造、科技开发、应用研究、运行管理等方面的工作，或者进入科研院所、高等院校及高新技术企业从事教学、研究、工程设计、产品开发和技术管理工作。

**推荐行业：**医疗仪器、医院、电子信息、电子通信、汽车、仪表灯等行业。

**推荐企业：**深圳迈瑞生物医疗电子股份有限公司、上海联影医疗科技开发有限公司、乐普（北京）医疗器械股份有限公司、南京巨鲨显示科技有限公司、京东方科技集团股份有限公司、杭州海康威视数字技术股份有限公司、华瑞光电（惠州）有限公司、中国机械工业集团有限公司、中国航空工业集团有限公司、中国中车集团有限公司、东风汽车集团有限公司等。

# 四、材料类

中国工程院院士傅恒志曾说："材料是人类赖以生存和发展的物质基础。"这不仅是中国科学界的观点，也是世界共识。

材料是人类用于制造物品、器件、构件、机器及其他产品的物质。作为人类赖以生存和发展的物质基础，虽然材料的使用几乎和人类社会的历史一样悠久，但材料学科作为一门独立的学科，只有约50年的短暂历史。在仅仅50年的发展过程中，材料学科已经充分显示了其在现代科学技术发展和人类社会进步中的重要地位。钢铁、水泥使人类进入工业化社会，半导体、集成芯片使人类进入信息和知识经济社会。从马车到宇宙飞船，从油灯到核能发电，从步枪到火箭导弹，从算盘到计算机，这其中变化的关键就是材料。[1]

目前，国内外该专业日渐成长，内涵和所涉及领域不断丰富和拓展，学科发展逐渐趋于成熟。[2]基于材料对社会发展的重要作用，世界很多国家将材料科学列入国家战略，美国国防部把材料与制备工艺技术定为4个具有最高级别优先发展的领域之一，德国提出21世纪的9大重点领域，首选新材料。我国"十四五"规划也明确指出要加快发展高端新材料。

## （一）专业类简介

材料是具有一定性能，可用于制作器件、构件、工具、装置、物品的物质。根据材料的组成结构，可分为金属材料、无机非金属材料、高分子材料和复合材料；根据材料的性能特征，又可分为以力学性能为其应用基础的结构材料和以物理及化学性能为其应用基础的功能材料两大类。在人类历史上，人们将石器、青铜器、铁器等当时的主导材料作为时代标志；在近代，钢铁材料的发展对于西方工业革命进程起了决定性的作用；半导体材料的发展把人类带入了信息时代。当今，人们把材料、信息、能源作为现代文明的三大支柱。

材料类专业的主干学科是材料科学与工程。材料类本科专业包括材料科学与工程、材料物理、材料化学、冶金工程、金属材料工程、无机非金属材料工程、高分子材料与工程、复合材料与工程8个基本专业，以及粉体材料科学与工程、宝石及材料工艺学、焊接技术与工程、功能材料、纳米材料与技术、新能源材料与器件6个特设专业。

材料科学与工程是研究材料的组成、结构、合成与制备、性质与使用性能等基本要素及其相互关系的科学，是一门主要涉及物理学、化学、计算科学、工程学和材料科学的综合型交叉学科。材料科学与工程学科是伴随着社会发展对材料研究的需要形成和发展起来的。

21世纪以来，材料的发展又出现了新的格局。一方面，纳米材料与器件、信息功能材料与器件、能量转换与存储材料、生物医用与仿生材料、环境友好材料、重大工程及装备用关键材料、基础材料高性能化与绿色制备技术、材料设计与先进制备技术将成为材料领域研究与发展的主导方向。不难看出，这些主导方向体现了材料科学与工程学科的一个重要发展趋势，即材料科学与工程同其他众多高新科学技术领域交叉融合的特征越来越显著。另一方面，新材料的开发更加依赖于材料合成、制备与表征科学技术；材料研究将向着多层次、跨尺度的多级耦合方向发展；材料全寿命成本控制和环境因素须被充分考虑；“结构—功能”一体化是新材料高效利用的重要途径，已成为新材料研究的重要方向。材料发展的这种新格局，对材料类毕业生的素质结构、能力结构和知识结构提出了更高的要求。[3]

**参考文献：**

[1] 宋学丽．材料科学发展与人类社会进步 [J]．内蒙古科技与经济，2011 (14)：31－32.

[2] 刘文娟，宋飞，王琳艳，等．浅议材料科学与工程专业的历史沿革及发展展望 [J]．广州化工，2019，47 (09)：210－211.

[3] 教育部高等学校教育指导委员会．普通高等学校本科专业类教学质量国家标准 [M]．2018 年 3 月第一版．北京：高等教育出版社，2018：284.

## （二）本科专业介绍

根据《普通高等学校本科专业目录（2020 年版）》所列，材料类（0804）专业类共设有 8 个基本专业和 9 个特设专业。基本专业简介如下。[1]

### 1. 080401 材料科学与工程

**培养目标：**本专业培养符合国民经济和科学技术发展需求，具有扎实的自然科学基础、人文社会科学基础和材料科学与工程专业基础，具有较强实践能力、自我获取知识能力、社会交往能力、组织管理能力，能在材料相关领域的科研院所或企业从事材料科学与工程基础理论研究，新材料、新工艺和新技术开发，企业管理，生产技术管理等工作的创新型人才。

**培养要求：**本专业学生通过材料科学与工程基础理论和相关知识的学习，以及材料制备、性能分析与测试技能的基本训练，掌握材料的成分、制备方法与组织结构和性能之间关系的基本规律，以及材料设计、制备与工艺控制的基本方法，从而具有开展材料科学与工程基础理论研究、材料设计、材料性能优化、新材料开发和材料生产管理的知识和能力。

毕业生应获得以下几方面的知识和能力：

(1) 掌握从事材料科学与工程工作所需的数学、物理和化学等自然科学基本理论和基础知识，掌握本专业所需的制图、机械、电工电子技术和计算机应用等基本知识和技能，掌握一定程度的人文、社会科学知识和经济管理基础知识，较熟练地掌握一门外语并具有外语综合应用能力；

(2) 掌握扎实的材料科学与工程基础知识，掌握本专业领域常规的材料制备、材料性能与结构分析检测方法和技术；

(3) 具有选用适当的材料科学与工程理论和实验方法分析并解决材料生产中的实际问题，以及从事科学研究的初步能力；

(4) 了解新材料、新工艺、新设备和先进的材料制备与加工生产方法，以及本专业的发展现状和趋势；

(5) 具有有效的沟通与交流能力，熟悉所属行业的方针、政策及法规；

(6) 具备良好的职业道德，能自觉承担对职业、社会和环境的责任。

**主干学科：**材料科学与工程。

**核心知识领域：**工程图学、机械设计基础、电子电工技术基础、工程力学、材料科学基础、材料工程基础、材料制备技术、材料生产装备与生产工艺、材料研究方法与测试技术、材料性能与应用等。

**核心课程示例：**

示例一：工程制图基础（56 学时）、物理化学（80 学时）、物理化学实验（50 学时）、仪器分析（32 学时）、仪器分析实验（24 学时）、有机化学（56 学时）、有机化学实验（48 学时）、工程力学（48 学时）、电气工程学概论（96 学时）、电工学实验（32 学时）、机械设计基础（48 学时）、材料研究与计算机应用（32 学时）、材料科学基础（56 学时）、材料力学性能（48 学时）、材料物理性能（40 学时）、材料现代研究方法（56 学时）、材料概论（32 学时）。

(1) 专业方向一：高分子物理（48 学时）、高分子化学（56 学时）、高分子材料成型加工原理（40 学时）；

(2) 专业方向二：金属学（40 学时）、固态相变（40 学时）、工程材料学（40 学时）；

(3) 专业方向三：无机材料相图与应用（40 学时）、无机材料高温动力学（40 学时）、先进瓷制备与加工（32 学时）。

示例二：机械设计制图 B（48 学时）、电工技术（48 学时）、物理化学 D（64 学时）、电工技术实验（16 学时）、材料科学基础实验（48 学时）、物理化学实验 B（32 学时）、电子技术（48 学时）、材料科学基础（128 学时）、电子技术实验（16 学时）、统计物理 B（32 学时）、冶金工程概述（32 学时）、材料物理性能 A（48 学时）、材料制备与加工（48 学时）、材料分析方法（64 学时）、金属材料学（48 学时）、材料力学性能（48 学时）。

示例三：工程制图与 Auto CAD（B）（64 学时）、工程力学 A（64 学时）、材料物理化学（64 学时）、材料科学基础 A（80 学时）、机械设计基础 A（64 学时）、材料性能学 A（80 学时）、材料现代测试技术（56 学时）、材料综合实验Ⅰ（48 学时）、材料中的固态相变（48 学时）、材料结构与性能（48 学时）、冶金原理（48 学时）、材料合成与制备（32 学时）。

（1）金属材料方向：金属材料学（56 学时）、表面工程学（48 学时）、材料综合实验Ⅱ（48 学时）。

（2）无机非金属材料方向：陶瓷材料（56 学时）、材料综合实验Ⅱ（48 学时）、粉体工程学（56 学时）。

**主要实践性教学环节：**认识实习、生产实习、电工电子实习、机械课程设计、专业课程设计或专业综合试验、毕业设计（论文）等。

**主要专业实验：**材料制备方法实验、材料力学性能实验、材料物理性能实验、材料结构分析方法与测试技术实验等。

**修业年限：**四年。

**授予学位：**工学学士。

### 2. 080402 材料物理

**培养目标：**本专业培养德、智、体、美、劳全面发展、具备材料科学的基础知识和材料物理专业知识，能在材料的设计合成、改性、加工测试、分析和应用等领域从事科学研究、技术和产品开发、材料选用、生产及经营管理等方面工作的高素质创新型高级专门人才。

**培养要求：**本专业学生主要学习材料科学的基础知识、材料物理的基本理论和材料的组成、结构、性能、加工及应用等方面的基本知识，掌握材料设计、材料合成、材料加工、材料分析和材料应用等方面的理论并接受实验技能的基本训练，具有材料设计、材料合成、材料加工、材料分析和材料应用等方面的科学研究和技术开发的基本能力。

毕业生应获得以下几方面的知识和能力：

（1）熟悉国家的科教兴国战略，熟悉国家的科技发展、知识产权等方面的方针、政策和法规，具有良好的学术道德规范和职业诚信，较强的社会责任感和人文科学素养；

（2）掌握材料学科及相关的数学、物理、化学等学科的基本理论和基本知识，掌握材料的结构与性能的基本原理，材料设计、能级剪裁、性能优选的原则，以及材料的组成、结构和性能关系；

（3）掌握材料的物理合成、掺杂改性的基本原理，掌握材料制备的主要方法及相关工程技术原理，掌握材料性能测试与分析的主要技术方法，具备从应用目标出发对现有材料进行成本、工艺、环保、性能和效益综合评估及材料选用的初步能力；

(4) 了解材料物理的理论前沿和发展趋势，了解材料物理专业在功能材料、半导体材料、生物医用材料、新能源材料等新兴学科交叉领域的应用前景和行业需求；

(5) 掌握资料查询、文献检索及运用现代信息技术获取专业信息的基本方法，具有一定的设计实验，创造实验条件，归纳、整理、分析实验结果，撰写论文并参与学术交流的能力；

(6) 具有较强的创新意识和一定的批判性思维能力，具备开展材料设计、制备改性、分析测试、新材料及产品开发等方面的科学研究和技术创新的初步能力。

**主干学科：** 材料类、物理学类。

**核心知识领域：** 大学物理、大学化学、近代物理、电工电子学、固体物理、材料科学基础、现代材料制备原理与技术、现代材料分析表征、材料科学研究方法、材料物理性能、材料物理学、纳米材料等。

**核心课程示例：**

示例一：大学物理（160 学时）、大学化学（48 学时）、数学物理方法（48 学时）、材料力学（32 学时）、热力学统计物理（32 学时）、量子力学（48 学时）、材料科学与工程基础（64 学时）、材料表征（64 学时）、固体物理（64 学时）、材料物理（64 学时）、无机非金属材料工艺学（64 学时）、材料科学基础实验（64 学时）、材料物理实验（64 学时）、材料科学前沿（32 学时）。

示例二：普通物理（180 学时）、普通化学（54 学时）、材料科学与工程导论（72 学时）、纳米技术导论（36 学时）、材料力学（包含理论力学）（54 学时）、固体物理（包括结构与物性）（72 学时）、材料物理（72 学时）、材料微观分析技术（72 学时）、材料物理专业实验（72 学时）、材料热力学与动力学（54 学时）、先进材料科学与进展（36 学时）、科技英语（54 学时）。

示例三：大学物理（176 学时）、大学化学（90 学时）、数学物理方法（54 学时）、理论物理基础（64 学时）、材料科学基础（64 学时）、材料科学基础实验（32 学时）、固体物理学（54 学时）、材料分析方法与技术（48 学时）、材料物理综合实验（96 学时）、材料热力学（48 学时）、材料的表面与界面（32 学时）、材料物理前沿专题（32 学时）。

**主要实践性教学环节：** 认知实习、毕业实习、毕业设计（论文）等。

**主要专业实验：** 大学物理、大学化学、近代物理实验，电工电子实验，材料制备实验，材料表征实验，材料物理综合实验等。

**修业年限：** 四年。

**授予学位：** 工学学士或理学学士。

### 3. 080403 材料化学

**培养目标：** 本专业培养具备材料化学等方面的知识与技能，能在材料科学与工程及其相关领域从事科研、教学、开发及相关管理工作的材料学科创新型人才。

**培养要求：** 本专业学生主要学习材料与化学等方面的基本理论、基本知识和基本技能，接受科学思维与科学实验方面的基本训练，具备运用化学和材料的基本理论、基本知识和实验技能进行材料研究和技术开发的基本能力。

毕业生应获得以下几方面的知识和能力：

（1）掌握材料学科及相关数学、物理、化学等学科的基本理论和基本知识；

（2）掌握材料合成（或制备）和材料结构与性能测定等方面的基础知识、基本原理和基本技能；

（3）掌握运用现代信息技术获取专业相关信息的基本方法；具有一定的设计实验，创制实验条件，归纳、整理、分析实验结果，撰写论文，并参与学术交流的能力；

（4）熟悉国家关于材料科学与工程研究、科技开发及相关产业的政策，国内外知识产权等方面的法律法规；

（5）了解材料化学的理论前沿、应用前景和最新发展动态，以及材料科学与工程产业的发展状况；

（6）具有一定的科学研究和实际工作能力，具有一定的批判性思维能力。

**主干学科：**材料科学与工程、化学。

**核心知识领域：**无机化学、有机化学、分析化学、物理化学、化工原理、材料科学基础、材料化学、结构化学、近代分析测试技术、合成技术与方法。

**主要实践性教学环节：**专业实验、课程设计、教学实习、生产实习、社会实践、科技训练、毕业论文（设计）等。

**主要专业实验：**无机化学实验、有机化学实验、分析化学实验、物理化学实验、化工原理实验、材料化学专业实验。

**修业年限：**四年。

**授予学位：**工学学士或理学学士。

### 4. 080404 冶金工程

**培养目标：**本专业按照“重基础、宽口径、复合型、高素质”的人才培养模式，培养德、智、体、美、劳全面发展，了解现代冶金与材料相关学科发展趋势，适应社会经济和科学技术发展要求，掌握现代冶金工程相关基础理论，具备冶金物理化学、冶金传输及反应工程、冶金过程控制、钢铁冶金和有色金属冶金等方面专业知识和基本技能，能够应用现代信息技术和管理技术从事冶金工程及其相关领域的生产、管理、经营、设计和科学研究，具有创新意识和创业精神的工程技术型或科学技术型高级专门人才。

**培养要求：**本专业学生主要学习钢铁、铁合金，以及重、轻、稀有和贵金属等有色金属冶金的基本理论、生产工艺和设备、实验研究、设计方法、环境保护及资源综合利用的基本理论和基本知识，接受金属冶金领域的工艺制定、工程设计、性能测试等科学研究和工程技能训练，具备开发全新技术、新工艺和新材料及其工业设计和生产组织、管理的基本能力。

毕业生应获得以下几方面的知识和能力：

（1）掌握高等数学、物理和化学等自然科学基础知识，掌握本专业所需的制图、机械、电工电子技术和计算机应用等基本知识和技能，具有较好的人文社会科学和经济管理科学基础，较熟练地掌握一门外语并具有外语综合应用能力；

（2）掌握黑色和有色金属冶金过程的基础理论和生产工艺知识，具有黑色和有色金属冶金生产组织、技术经济、科学管理、环境安全的基础知识和工业设计的初步能力；

（3）具有分析和解决本专业生产中的实际问题及开发新工艺新技术、新设备和新材料的初步能力和基本技能；

（4）了解本专业和相关学科的科技发展动态，熟悉关于冶金行业可持续发展的方针、政策和法规，以及冶金企业科技发展前沿技术；

（5）具有一定的科学研究、实际工作和批判性思维能力。

**主干学科：**冶金工程技术、材料科学、化学工程。

**核心知识领域：**物理化学、材料科学、传输原理、金属学及热处理、钢铁冶金、有色冶金。

**核心课程示例：**

示例一：冶金传输原理及反应工程①（80 学时）、耐火材料与燃料燃烧（40 学时）、冶金实验研究方法（40 学时）、冶金学（1）（80 学时）、冶金学（2）（80 学时）、金属凝固（40 学时）、材料概论（40 学时）、资源综合利用及环境保护＊（48 学时）、冶金传输原理及反应工程②（32 学时）、冶金过程控制基础及应用＊（40 学时）、化工原理（48 学时）、冶金工厂设计基础（32 学时）、冶金物理化学①（80 学时）、工业生态学基础（24 学时）。

示例二：冶金电化学（24 学时）、金属材料及热处理（32 学时）、物理化学实验 B（32 学时）、电子技术（48 学时）、金属学原理（56 学时）、冶金物理化学（64 学时）、冶金工程实验技术（24 学时）、钢铁冶金学Ⅰ（48 学时）、钢铁冶金学Ⅱ（48 学时）、有色金属冶金学（56 学时）、冶金工程实验技术（3 周）、现代冶金工程设计与实践（4 周）。

示例三：冶金物理化学 1（40 学时）、冶金物理化学 2（40 学时）、冶金传输原理 1（40 学时）、冶金传输原理 2（40 学时）、工程力学 B（56 学时）、机械设计基础（56 学时）、仪表与自动化控制 A（56 学时）、金属学与热处理 B（56 学时）、工艺矿物学（48 学时）、冶金实验技术 1（16 学时）、炼铁原料制备（24 学时）、炼铁学原理（48 学时）、炼钢学原理（48 学时）、炼铁厂工程设计（40 学时）、有色冶金原理（40 学时）、有色金属冶金学（48 学时）。

**主要实践性教学环节：**金工实习、专业认识实习、生产实习、毕业实习、冶金工程实验、冶金工程课程设计、毕业设计（论文）等。

**主要专业实验：**冶金物理化学实验、传输原理实验、金属学和热处理实验、原燃料冶金性能综合实验、分析测试技术实验、钢铁冶金综合实验、有色金属冶金综合实验等。

**修业年限：**四年。

**授予学位：** 工学学士。

### 5. 080405 金属材料工程

**培养目标：** 本专业培养适应社会经济、科学技术和工业生产需求，德、智、体、美、劳全面发展，具备金属材料工程专业基础知识和基本技能，能在生产企业、高等学校或科研院所从事金属材料及金属基复合材料的研究、成分—工艺及设备设计组织和性能检验、生产制造、技术开发和经营管理等方面工作的高级专门人才。

**培养要求：** 本专业学生主要学习金属材料科学与工程的基础理论和相关知识，理解金属材料的成分、组织结构、生产工艺与性能或服役行为之间关系的基本规律，接受材料制备、性能分析与测试技能的基本训练，掌握金属材料设计、制备与工艺控制的基本方法，具有开展金属材料设计和组织生产、性能优化、新材料开发等知识和能力。

毕业生应获得以下几方面的知识和能力：

(1) 掌握金属材料微观组织结构与性能的基本知识，理解金属材料成分（组成）微观组织结构与性能之间的相互关系，能够在这些知识的基础上开展金属材料选用、生产工艺及设备、选得新材料和新工艺设计及相关设备研制；

(2) 掌握金属材料制备与成型的生产工艺和技术、金属材料成分结构与性能的检测与分析法、产品质量控制和防护措施的基本知识；

(3) 掌握高等数学、物理和化学等自然科学基础知识，具备金属材料工程专业必需的机械电工电子技术、计算机应用的基本知识和技能，能较熟练地应用一门外语；

(4) 了解金属材料及其相关材料的科技发展动态，相关前沿技术和行业需求，具有分析和解决金属材料生产中的实际问题，从事科学研究和实际工作的初步能力；

(5) 具备一定程度的人文社会科学和经济管理科学基础，具有批判性思维、创新能力、环境保护意识和社会责任感。

**主干学科：** 材料科学、冶金工程技术、机械工程、化学工程。

**核心知识领域：** 材料科学基础、材料力学、固态相变理论、金属材料、热处理工艺与设备、材料现代分析测试技术、金属腐蚀原理、表面科学与工程、金属工艺、材料工程基础等。

**核心课程示例：**

示例一：材料科学基础（上）（96 学时）、工程材料学（40 学时）、材料的力学性能①（32 学时）、工程设备设计基础（40 学时）、材料科学基础（下）（80 学时）、材料现代研究方法①（64 学时）、材料的物理性能①（32 学时）、材料的腐蚀与防保（32 学时）、陶瓷物理化学（32 学时）、材料热处理原理（40 学时）、计算材料学（40 学时）、材料热力学（32 学时）、材料的制备（32 学时）、材料的成形（32 学时）。

示例二：金属材料专业导论（8 学时）、金属材料导论（双语）（64 学时）、材料科学基础 A（72 学时）、材料分析测试方法 A（48 学时）、金属材料学（40 学时）、热处理原理及工艺（56 学时）、金属物理性能（32 学时）、材料力学性能 A（40 学时）、材料成形原理及工艺（80 学时）、金属材料工程基础实验（Ⅰ）（24 学时）、金属材料工程基础实验（Ⅱ）（24 学时）。

示例三：材料科学基础（64 学时）、材料性能学（48 学时）、材料现代分析方法（48 学时）、材料力学（D）（64 学时）、理论力学（D）（32 学时）、工程力学实验（B）（32 学时）、金属学与热处理原理（64 学时）、金属材料学（48 学时）、金属工艺与材料工程（80 学时）、材料加工与性能实验（16 学时）、热处理工艺学（32 学时）、复合材料学（32 学时）、材料无损检测（32 学时）、功能材料（48 学时）、金属材料工程测试技术（32 学时）。

**主要实践性教学环节：**金工实习、专业认识实习、生产实习、毕业实习、专业课程设计或专业综合实验、毕业设计（论文）等。

**主要专业实验：**金属材料学实验、热处理工艺与设备实验、材料研究方法实验、现代仪器分析、腐蚀与控制实验、金属材料制备方法实验等。

**修业年限：**四年。

**授予学位：**工学学士。

### 6. 080406 无机非金属材料工程

**培养目标：**本专业培养德、智、体、美、劳全面发展，具备材料科学与工程的基础知识和无机非金属材料科学、材料工程方面较宽厚的基础知识，能在各种无机非金属材料制备、加工成型、材料应用等领域，从事科学研究与教学、技术和产品开发、工艺和设备设计、技术改造、生产管理与经营等方面工作的工程科技人才。

**培养要求：**本专业学生主要学习材料科学与工程方面的基础理论和基本知识，掌握材料的制备、组成、组织结构与性能之间关系的基本规律，接受无机非金属材料的制备、结构与性能检测分析、设计与开发的基本训练，具备开发新材料、研究新工艺、改善材料性能和提高产品质量的基本能力。

毕业生应获得以下几方面的知识和能力：

（1）具有良好的工程职业道德和追求卓越的态度，较强的爱国敬业精神和社会责任感，较好的人文科学素养；

（2）具有从事工程工作所需的数学和其他相关的自然科学知识以及一定的经济管理知识；

（3）掌握材料科学与工程学科的基础理论，材料合成与制备、材料复合、材料设计及工程研究、产品质量控制等专业基础知识；

（4）掌握无机非金属材料结构与性能的分析方法、生产工艺的设计方法和无机非金属材料的应用技术，具有综合运用所学科学理论、方法和技术手段分析并解决工程实际问题的初步能力；

（5）具有较强的创新意识，具有进行材料研究、材料设计、材料应用、技术改造与创新的初步能力；

（6）了解无机非金属材料领域技术标准以及相关行业的政策、法律和法规，具有良好的质量、环境、安全（职业健康）和服务意识；

（7）具有信息获取和终身学习的能力，具有较好的组织管理能力和较强的交流沟通、环境适应和团队合作的能力；

（8）了解材料科学与工程学科的国际研究前沿和发展趋势，具有跨文化环境下的交流、竞争与合作的初步能力。

**主干学科：**材料科学与工程。

**核心知识领域：**物理化学、机械设计基础、材料组成，材料结构，材料性能，材料表征，材料工程基础，材料制备，工厂设计。

**核心课程示例：**

示例一：物理化学（80 学时）、机械设计基础（56 学时）、结晶学与岩相学（64 学时）、无机材料科学基础（80 学时）、无机材料工艺学（64 学时）、无机材料物理性能（32 学时）、无机材料热工技术（40 学时）、无机材料测试技术（32 学时）、硅酸盐工厂设计及 CAD 技术（32 学时）、矿物材料加工学（40 学时）。

示例二：物理化学（64 学时）、机械设计基础（56 学时）、材料概论（32 学时）、材料科学基础（72 学时）、材料工程基础（64 学时）、无机材料物理性能（32 学时）、无机非金属材料工学（80 学时）、材料研究与测试方法（40 学时）、热工设备（32 学时）、无机非金属材料工厂设计概论（40 学时）。

示例三：物理化学（56 学时）、机械设计基础（56 学时）、材料概论（32 学时）、材料科学基础（72 学时）、无机材料测试技术（40 学时）、无机材料物理性能（40 学时）、热工过程及设备（64 学时）、硅酸盐岩相学（48 学时）、陶瓷工艺学（48 学时）、陶瓷机械设备（32 学时）、工厂设计概论（32 学时）。

**主要实践性教学环节：**包括机械制造工程实训、电工电子实习、认识实习、机械零件设计生产实习、专业设备课程设计、毕业实践环节等。

**主要专业实验：**材料科学基础实验、材料工程基础实验、材料研究与测试方法实验、材料制备与性能实验等。

**修业年限：**四年。

**授予学位：**工学学士。

### 7. 080407 高分子材料与工程

**培养目标：**本专业培养德、智、体、美、劳全面发展，具备材料科学与工程的基础知识和高分子材料与工程专业知识，能在高分子材料的合成改性、加工成型和应用等领域从事科学研究、技术和产品开发、工艺和设备设计、材料选用、生产及经营管理等方面工作的工程应用型人才。

**培养要求：**本专业学生主要学习材料科学与工程的基础知识、高分子化学与物理的基本理论知识以及高分子材料的组成、结构与性能方面的知识，学习高分子材料合成、制备与成型加工技术知识，具有扎实的高分子科学和高分子材料与工程的基础知识和实验技能。

毕业生应获得以下几方面的知识和能力：

(1) 具有良好的工程职业道德、追求卓越的态度、爱国敬业的精神、社会责任感和人文科学素养；

(2) 具有从事高分子材料工程所需的数学和其他相关的自然科学知识以及一定的经济管理知识；

(3) 具有良好的质量、环境、职业健康、安全和服务意识，具备从应用目标出发对高分子材料进行质量、成本、工艺、环保、性能和效益综合评估及材料选用的初步能力；

(4) 掌握高分子材料合成、改性的基本原理以及高分子材料的组成、结构和性能关系，掌握合成高分子材料的主要工业方法及相关化学工程技术，掌握聚合物成型加工的基本理论和基本技能，了解高分子材料与工程专业的发展现状和趋势，了解本学科专业在光、电、磁功能高分子材料，生物医用高分子材料和精细高分子材料等新兴科学交叉领域的发展；

(5) 初步具有综合运用所学基本理论进行分析和解决问题的能力，具有对高分子材料改性及加工过程进行技术经济分析的能力；

(6) 具有对高分子材料进行改性及加工工艺研究、设计和分析测试，以及开发和设计新型高分子材料及产品的初步能力和创新意识，具有一定的从事科学研究和新材料研发的能力；

(7) 具有计算机应用、信息获取和职业发展学习能力；

(8) 了解高分子材料与工程专业领域的技术标准、相关的行业政策、法律和法规；

(9) 具有较强的组织管理、交流沟通、环境适应和团队合作的能力；

(10) 具有应对危机和突发事件的初步能力；

(11) 具有一定的国际视野和跨文化环境下的交流、竞争与合作的初步能力。

**主干学科：**材料科学与工程。

**核心知识领域：**高分子物理、高分子化学、聚合物表征与测试、材料科学与工程基础、聚合反应工程、聚合物加工工程、高分子材料等。

**核心课程示例：**

示例一：高分子材料与工程导论（16 学时）、近代化学基础（Ⅰ）－1（高材单列）（32 学时）、近代化学基础（Ⅰ）－2（高材单列）（32 学时）、近代化学基础（Ⅰ）－3（高材单列）（80 学时）、工科化学实验（Ⅰ）－1（高材单列）（18 学时）、工科化学实验（Ⅰ）－2（高材单列）（18 学时）、工科化学实验（Ⅰ）－3（高材单列）（64 学时）、工程制图（Ⅰ）（48 学时）、物理化学（Ⅰ）－1（48 学时）、物理化学（Ⅰ）－2（32 学时）、物理化学实验（Ⅰ）（22 学时）、工程力学（80 学时）、高分子化学（Ⅰ）（60 学时）、高分子化学实验（24 学时）、高分子物理（Ⅰ）（60 学时）、高分子物理实验（24 学时）、材料科学与工程基础（双语）、（48 学时）、化工原理（Ⅳ）（64 学时）、化工原理实验（Ⅳ）（16 学时）、聚合物合成原理及工艺学（48 学时）、高分子材料成型加工基础（双语）（48 学时）、高分子材料及应用（双语）（48 学时）、聚合物共混改性原理（32 学时）、聚合物过程及设备（32 学时）、工程训练（Ⅲ）（64 学时）、高分子工厂设计（32学时）、近代测试及表征技术（32学时）。

示例二：现代基础化学（上）（48学时）、现代基础化学（下）（32学时）、电工学（48学时）、电工学实验（30学时）、分析化学（工科）（32学时）、实验化学（1）（48学时）、实验化学（2）（48学时）、实验化学（3）（48学时）、实验化学（4）（32学时）、实验化学（5）（16学时）、物理化学（上）（48学时）、物理化学（下）（48学时）、材料概论（24学时）、材料概论实验（30学时）、材料表界面（24学时）、材料研究方法（32学时）、有机化学A（上）（48学时）、有机化学A（下）（32学时）、化工原理（上）（40学时）、化工原理（下）（40学时）、化工原理实验（30学时）、工程制图（48学时）、过程设备机械设计基础（40学时）、科技外语（32学时）、高分子化学（56学时）、高分子物理（56学时）、高分子化学实验（30学时）、高分子物理实验（30学时）、高分子材料工程实验（45学时）、高分子材料成型加工（48学时）、聚合物制备工程（48学时）。

示例三：无机与分析化学（一）（48学时）、实验化学（一）（32学时）、高分子材料工程概论（32学时）、工程制图A（48学时）、无机与分析化学（二）（32学时）、实验化学（二）（32学时）、有机化学A（一）（48学时）、实验化学（三）（24学时）、机械工程基础（32学时）、有机化学A（二）（32学时）、物理化学A（一）（48学时）、实验化学（四）（48学时）、电工电子技术（64学时）、物理化学A（二）（48学时）、实验化学（五）（24学时）、化工原理B（72学时）、高分子化学A（64学时）、高分子物理（64学时）、聚合物制备工程（48学时）、聚合物加工工程（48学时）、高分子专业实验B（3周）。

**主要实践性教学环节：**聚合物制备/加工工程实验、材料物理性能测定实验、材料力学性能实验、认识实习、设计实习、生产（或毕业）实习、毕业设计（论文）等。

**主要专业实验：**高分子化学实验（本体聚合、乳液聚合、溶液聚合）、高分子物理实验（粘均分子量测定、球晶观察、材料拉伸实验、玻璃化转变温度测定）、高分子材料性能测试等。

**修业年限：**四年。

**授予学位：**工学学士。

### 8. 080408 复合材料与工程

**培养目标：**本专业培养具有良好的思想道德素质、强烈的社会责任感、健全心理和健康的体魄，德、智、体、美、劳全面发展，具备材料科学与工程的基础知识和复合材料与工程专业知识，能在复合材料的原材料合成与制备、材料与结构设计、成型及应用等领域从事科学研究、工艺和产品设计、设备和技术研发、生产及经营管理等方面工作的基础扎实、知识面宽、能力强、素质高、富有创新精神的复合型人才。

**培养要求：**本专业学生主要学习材料科学与工程的基础知识、高分子化学与物理的基本知识和复合材料的组成、结构与性能的知识，以及复合材料原材料的合成与制备、材料与结构设计、成型加工技术知识，具有扎实的高分子科学和复合材料与工程的基础知识和实验技能。毕业生应获得以下几方面的知识和能力：

(1) 具有良好的工程职业道德、执着向上的态度、爱国敬业的精神、社会责任感和人文科学素养；

(2) 具有从事复合材料工程所需的数学和其他相关的自然科学知识以及一定的经济管理知识；

(3) 具有良好的质量、环境、职业健康、安全和服务意识，具备从应用目标出发对复合材料的质量、成本、工艺、环保、性能和效益综合评估及材料选用的初步能力；

(4) 掌握复合材料聚合物基体的合成与改性、增强材料成型加工的基本原理，掌握合成与制备复合材料基体材料和增强材料的主要工艺方法及相关工程技术；掌握复合材料的组成、结构和性能的关系；掌握复合材料力学与结构的基础知识，能够根据工程实际对复合材料产品进行优化设计，具有材料复合和复合材料结构设计的基本能力；掌握复合材料成型工艺方法与设备的基本原理，能够合理选择、改进和开发新工艺，具有模具设计和设备改造的初步能力；了解本学科专业在先进复合材料、生物医用复合材料、功能复合材料和智能复合材料等新兴科学交叉领域的发展；

(5) 初步具有综合运用所学基本理论进行分析和解决问题的能力，具有对复合材料成型加工过程进行技术经济分析和管理的初步能力；

(6) 掌握复合材料原材料、制品及工程质量的测试与评估方法，具有工程检验的初步能力，具有一定的从事科学研究，新型复合材料开发的初步能力和创新意识；

(7) 具有工程制图和计算机辅助设计的能力，具有信息获取和职业发展学习能力；

(8) 了解复合材料与工程专业领域的技术标准、相关的行业政策、法律和法规；

(9) 具有较强的组织管理、交流沟通、环境适应和团队合作的能力；

(10) 具有应对危机和突发事件的初步能力；

(11) 具有一定的国际视野和跨文化环境下的交流、竞争与合作的初步能力。

**主干学科：** 材料科学与工程。

**核心知识领域：** 工程图学、物理化学、有机化学、高分子化学、高分子物理、复合材料聚合物基体、材料研究与测试方法、材料复合原理、复合材料力学、复合材料结构设计、复合材料工艺与设备等。

**核心课程示例：**

示例一：工程图学 C（64 学时）、工程力学 B（64 学时）、工程力学 B 实验（16 学时）、机械设计基础（56 学时）、电工与电子技术基础 C（64 学时）、无机化学 C（56 学时）、无机化学 C 实验（6 学时）、分析化学 C（24 学时）、分析化学 C 实验（32 学时）、有机化学 B（72 学时）、有机化学 B 实验（48 学时）、物理化学 C（64 学时）、物理化学 C 实验（16 学时）、材料概论（32 学时）、计算机在材料科学与工程中应用 A（40 学时）、材料研究与测试方法 B（40 学时）、高分子化学 B（48 学时）、高分子物理 B（48 学时）、材料复合原理（32 学时）、复合材料力学（32 学时）、复合材料聚合物基体（32 学时）、复合材料工艺与设备（48 学时）。

示例二：专业导论（16 学时）、工程力学（48 学时）、工程制图（48 学时）、机械设计基础（48 学时）、电工电子学（64 学时）、物理化学（上）（64 学时）、物理化学（下）（32 学时）、物理化学实验（16 学时）、无机材料科学基础（80 学时）、现代材料测试基础（64 学时）、有机化学（32 学时）、高分子化学（48 学时）、高分子物理（48 学时）、材料概论（48 学时）、复合材料原理（32 学时）、复合材料聚合物基体（32 学时）、复合材料结构设计基础（42 学时）、复合材料工厂设计概论（32 学时）、复合材料测试基础（42 学时）、复合材料工艺与设备（80 学时）、复合材料原理（32 学时）、建筑装饰材料性能（32 学时）、复合材料工艺学（42 学时）、建筑材料艺术设计（32 学时）、建筑装饰材料测试基础（42 学时）、建筑装饰材料工学（80 学时）。

**主要实践性教学环节：** 高分子化学与物理实验、机械设计基础课程设计、复合材料结构课程设计、电工电子实习、认识实习、工程训练、岗位实习、毕业设计（论文）等。

**主要专业实验：** 复合材料工艺与制备实验、复合材料性能测试实验、复合材料近代测试技术实验。

**修业年限：** 四年。

**授予学位：** 工学学士。

**参考文献：**

[1] 中华人民共和国教育部高等教育司．普通高等学校本科专业目录和专业介绍[M]．2012 年 10 月第一版．北京：高等教育出版社，2012：171－181.

## （三）未来职业发展

### 1. 工艺工程师

**职业定义：** 从事提升工艺技术、提升产品质量的高级专门人才。

工作内容：

（1）在总工程师或技术总监、技术经理领导下，负责公司工艺技术工作和工艺管理工作，认真贯彻落实国家技术工作方针、政策和公司有关规定；编制工艺技术工作近期和长远发展规划，并制定技术组织措施和方案；

（2）编制产品的工艺文件，制定材料消耗工艺定额；根据工艺需要，设计工艺装备并负责工艺工装的验证和改进工作；设计公司、车间工艺平面布置图；

（3）深入生产现场，掌握质量情况；指导、督促车间一线生产，及时解决生产中出现的技术问题，搞好工艺技术服务工作；

（4）负责新产品图纸的会签和新产品批量试制的工艺工装设计，完善试制报告和有关工艺资料，参与新产品的鉴定工作；

(5) 承担工艺技术管理制度的起草和修订工作，组织相关人员完成工艺管理工作，监督工艺制度的执行；

(6) 组织领导新工艺、新技术的试验研究工作，抓好工艺试验课题的总结与成果鉴定，并组织推广应用；搞好工艺技术资料的立卷、归档工作；

(7) 协助人力资源部搞好对职工的技术教育及培训；

(8) 积极开展技术攻关和技术改进工作，对技术改进方案与措施，负责签署意见，不断提高工艺技术水平。

能力要求：

具备计算机、电子电路、材料科学基础、半导体物理等相关专业的知识，具有良好的学习能力、团队协作能力、沟通能力等。

### 2. 品质工程师

**职业定义：**从事质量管理体系标准所要求的有关品质保证职能的高级专门人才。

工作内容：

(1) 根据公司质量方针目标，维护和完善质量管理体系；

(2) 负责公司产品的品质控制，进行相关性能的测试验证，并完成测试结果的分析；

(3) 负责原材料供应商的审查，原材料认证评价，原材料进货检验；

(4) 对新产品进行测量、评价、认证；

(5) 制定品质目标，进行生产过程的品质管理，保证出厂品质。

能力要求：

具备计算机、材料科学基础、半导体物理、材料测试分析方法等相关专业的知识，具有良好的学习能力、团队协作能力、沟通能力等。

### 3. 热处理工程师

**职业定义：**从事材料和零部件常规热处理生产工艺开发、力学性能检测及金相分析、热处理设备使用及维护、生产管理与组织工作的高级技术应用型专门人才。

工作内容：

(1) 研究和开发金属材料热处理工艺技术；

(2) 编制工艺规划，进行工艺设计和编写工艺文件；

(3) 进行工艺管理；

(4) 对金属材料热处理过程的质量进行监控，及时解决生产过程中出现的技术问题；

(5) 进行材料、毛坯、零部件的无损检测和设备的无损检测及可靠性分析与评估；

(6) 研究、开发、推广、应用材料制备、热处理和测试的新技术；

(7) 编制、推广、应用金属材料热处理工艺、测试方法及所需装备的标准；

(8) 对材料和产品进行化学分析、力学性能测试，对金属材料进行组织和冶金质量的检验。

能力要求：

具备金属材料及热处理的现代理念与基本理论知识；具备材料选择、工艺设计及方案实施的能力；具备分析和解决金属材料及热处理中出现的质量问题的能力；具备利用新知识、新技术对现行生产工艺和设备进行高效、节能节材和环保改造的技术提案的能力；具备材料检测能力、热处理车间生产管理能力。

### 4. 材料制造与加工工程师

**职业定义：**从事材料合成制造与热加工生产工艺开发、力学性能检测及金相分析、制造与热加工设备使用及维护、生产管理与组织的高级技术应用型专门人才。

工作内容：

(1) 研究和开发金属材料合成制造与热加工工艺技术；

(2) 编制工艺规划，进行工艺设计和编写工艺文件；

(3) 进行工艺管理；

(4) 对金属材料制造与热加工过程的质量进行监控，及时解决生产中出现的技术问题；

(5) 进行材料、毛坯、零部件的无损检测和设备的无损检测及可靠性分析与评估；

(6) 研究、开发、推广、应用材料制造、热加工和测试的新技术；

(7) 编制、推广、应用金属材料制造与热加工工艺、测试方法及所需装备的标准；

(8) 对材料和产品进行化学分析、力学性能测试，对金属材料进行组织和冶金质量的检验。

能力要求：

具备金属材料合成制备和热加工的现代理念与基本理论知识；具备材料合成制备工艺设计及方案实施的能力；具备分析和解决金属材料制造和热加工中出现的质量问题的能力；具备利用新知识、新技术对现行生产工艺和设备进行高效、节能节材和环保改造的技术提案的能力；具备材料检测能力、车间生产管理能力。

### 5. 材料工程师

**职业定义：**从事研究特定材料的生产工艺、生产技术，完成新材料的开发、选型等工作的高级技术人才。

工作内容：

(1) 负责搜集行业材料数据，掌握当前本行业发展状况及发展趋势，负责公司材料标准化体系建设；

(2) 对公司产品所用的材料进行基础性分析研究，建立公司材料信息库及相关技术标准、模板；

(3) 负责新材料选型、样品的确认、供应商的评选及样品材料的采购；

(4) 负责材料的检测工作以及产品检验标准的编制；

(5) 根据设计方案，参与材料的招标采购工作；

(6) 协助成本管理中心审核督查材料成本的控制。

能力要求：

熟悉生产工艺需要的各项材料要求；熟悉材料供应商及各种购买渠道；相关行业工作经验；良好的团队合作精神和工作状态。

材料工程师在积累一定的工作经验以后，可以开始负责整个项目。如果是技术方向，则会一直做到最高级的工程师级别，负责更大更复杂的项目；如果是管理方向，则需要学习与管理相关的知识，或者是获取工商管理等相关的硕士学位，为未来发展奠定基础。优秀的材料工程师可以成为相关的管理咨询人才，或者自立门户发展自己的事业。

### 6. 材料研发工程师

**职业定义：** 从事新材料技术与产品开发、工程设计、生产与经营管理、科学研究等工作的高级技术人才。

工作内容：

(1) 灵活运用专业知识，包括粉末冶金、新型无机功能材料、材料结构与性能检测、无机非金属材料等方面的基础知识，并根据客户或市场要求进行无机新材料、新工艺、新技术及新产品研究开发；

(2) 进行中外文资料查询、文献检索等现代信息技术获取，了解本专业国际前沿和发展趋势以及相关学科、专业的发展状况，通过自主学习，具备提出问题、分析问题和解决问题的能力；

(3) 运用专业知识，正确合理选用材料、设备进行工艺设计，并进行工程优化设计；

(4) 具有较好的沟通协作能力，综合素质优良，能很好地进行团队合作；

(5) 具有较强的开拓创新能力，进而从事新材料配方设计、新工艺探索及新设备开发工作；

(6) 具有一定的组织管理能力，能够胜任管理协调、技术洽谈和技术合作等工作。

能力要求：

具备扎实的粉体工程材料、无机非金属材料、功能材料、光电材料等专业基础知识，掌握材料制备的原理工艺基础；具备新材料设计、新工艺开发能力，同时还需要掌握计算机应用基本知识；具有较好的外语水平，掌握中外文资料查询、文献检索方法。

### 7. 设备工程师

**职业定义：** 从事各方面设备管理、设备管理制度建设，设备技术指导，或设备招标、评标（设备采购），设备检查，组织设备维修以及设备厂商直接销售等工作的技术人才。

工作内容：

（1）方案设计阶段，将设备设计需求提供给设计单位，参与设计工程控制，及时沟通设备设计需求，确保设备设计方案符合项目规划要求；

（2）施工图设计阶段，协助解决设计技术难点，确保实现项目对设备技术专业的设计需求，并使设计成果通过政府相关管理部门的审核；

（3）设备投入使用阶段，提供设备技术支持；

（4）收集设备方案的专业信息、国家与地方技术管理规章，编制设备技术发展规划和年度专业技术研究计划；

（5）编写项目竣工专业总结，维护设备专业项目数据库。

能力要求：

具备扎实的无机非金属材料、粉体工程材料专业基础知识，掌握材料制备的原理工艺基础；具备新材料设计、新工艺开发能力，同时还需掌握机、电、计算机应用基本知识技能；具有较好的外语水平，掌握中外文资料查询、文献检索方法；具有沟通协调能力、解决问题、专业设计文件的审鉴能力及谈判技巧。

### 8. 材料成型工程师

**职业定义：**从事各种成型产品、各种机械和装置零部件、金属材料结构件的设计，成型工艺设计、工装及模具设计与制造，成型的质量控制，技术管理等工作的高级工程技术人才。

工作内容：

（1）铸造工程师。从事各种金属及合金的制备和熔铸技术，各种合金铸件的铸造工艺工装设计、模具设计与制造，生产过程和质量控制，还包括应用计算机 CAD、CAE 软件等工作；

（2）锻压工程师。从事各种金属及合金零部件的锻造、冲压、挤压、旋压等塑性成形的工艺和模具设计，应用计算机 CAD、UG、CAM 等软件从事塑性成形工艺及模具的设计与制造，包括应用于塑料、橡胶等高分子材料的成形工艺及模具设计等工作；

（3）焊接工程师。从事各种金属焊接件和结构的设计、焊接材料选型，焊接工艺设计，质量检验与控制等技术工作；也可以在轻工、电子、通信等行业从事特种材料和结构的焊接技术开发与设计的技术工作，从事焊接自动化设备开发和特种焊接材料的研发工作。

能力要求：

完善各种成形工艺的工程设计与产品开发，生产过程的质量控制，技术设计部门主要采用 CAD、UG、CAM、CAE 等先进的计算机软件和手段进行产品和模具设计、模拟仿真及辅助制造等；具备扎实的材料科学专业知识、设备与自动控制专业知识以及很强的专业技术应用能力；熟练掌握计算机在成形技术上应用的知识与能力；同时，具有良好的学习能力、组织管理能力和团队协作能力、沟通能力等。

### 9. 工程设计研究工程师

**职业定义：**从事材料成型技术领域的厂房设计、装备和生产线的设计与制造、材料成型新技术开发等工作的高级技术人才。

工作内容：

（1）从事各种成型产品生产的新建厂区规划和厂房设计工作。根据各类型产品加工制造的技术流程规划厂区和车间布局，进行车间设计，包括应用计算机CAD软件和三维造型技术辅助设计；

（2）从事各种成型产品的生产线和生产装备的设计与制造工作。根据产品成型工艺和生产纲领，开展成型产品的自动化生产线的设计、制造和安装调试工作；

（3）从事工程承包的技术工作。在一些大型工程承包项目中，从事现场的技术指导和非标结构设计，包括工程的技术管理等工作。

能力要求：

胜任现场安装调试工作，主要是协调和现场技术指导；具备扎实的工程设计知识，全面扎实的设备与自动控制专业知识；熟练掌握计算机在工程设计上应用的知识与能力；同时，具有良好的学习能力、组织管理能力和团队协作能力、沟通能力、技术管理能力。

## （四）就业方向

材料类专业毕业生就业前景广泛。随着社会发展，诸多领域比如工业、建筑、医用、航空、日用化工、机械加工、石油化工、钢铁制造等都需要这方面的人才。毕业生可在各种材料的制备、加工成型、材料结构与性能等领域从事科学研究与教学、技术开发、工艺和设备设计、技术改造及经营管理等方面工作。

材料类专业毕业生多进入各钢铁、汽车，以及陶瓷、水泥、家电等制造企业。一般而言，材料类专业金属方向毕业生多进入钢铁企业和相关研究院，高分子及非金属方向毕业生多进入陶瓷、玻璃、涂料、家电等行业。

**推荐升学院校：**湖南大学、南京航空航天大学、西安电子科技大学、中国海洋大学、北京科技大学、河海大学、深圳大学、四川大学、合肥工业大学、哈尔滨工程大学等。

**推荐行业：**设备、汽车、船舶、航空航天、仪表、电子、光电、新能源、微电子器件、机械等制造行业以及建筑等行业。

**推荐企业：**中国航空工业集团有限公司、中国兵器工业集团有限公司、上海电气（集团）股份有限公司、中国第一汽车集团公司、东风汽车集团有限公司、京东方科技集团股份有限公司、瑞声光电科技（常州）有限公司、自贡硬质合金有限责任公司、厦门钨业股份有限公司、中国铁道建筑总公司、中国机械工业集团有限公司、鞍钢集团等。

# 五、能源动力类

能源动力是国际公认的现代社会经济发展支柱，是一切生产生活乃至科学、文化活动的驱动力。[1]人类的生存时时刻刻离不开能源与动力，一部人类社会的发展史就是一部人类利用能源的发展史。18 世纪以来出现的热机和热学，使人类对能源与动力的认识提高到热的分子运动，19 世纪物理学建立的能量守恒转换定律更是奠定了现代动力工程及工程热物理学科的基础。19 世纪后半叶汽轮机、内燃机、燃气轮机、锅炉以及风机、水泵和制冷机的发明、发展与改进，使得动力工程的完整体系逐渐形成，极大地丰富了能源与动力的研究内容。

随着常规能源的日渐短缺，人们环境保护意识的逐渐增强，节能、提高能效和发展新能源及其他可再生能源的利用日益成为本学科重要研究任务。从当前研究来看，经济的持续发展必然促进用能设备和用能系统的集成化和自动化、无污染化以及向多元化能源结构的转移。

21 世纪以来，能源动力的相关研究成果不断在各个学科获得越来越广泛的应用，冶金、电子、交通运输、船舶与海洋工程、航空宇航工程、土木工程、水利工程、化学工程、矿业工程、农业工程、兵工科学、核科学、环境科学和生物医学工程等，都是其大显身手的领域。[2]

## （一）专业类简介

能源是人类赖以生存的物质基础，动力是维系现代工业运行的基本条件，节能环保是社会可持续发展的可靠保障。能源动力领域及相关的工业部门是关系国家繁荣发展、人民生活改善、社会长治久安的国际前沿科技领域和国民经济支柱产业；能源动力领域的人才培养对推动我国能源供给革命、能源消费革命和能源技术革命具有重要意义。

能源动力类专业承担着我国能源动力领域人才培养的重任。能源动力类专业以工程热物理相关理论为基础，以能源高效洁净转换与利用、动力系统及装备可靠运行与控制、新能源与可再生能源技术研发与应用、节能环保与可持续发展为学科方向，培养从事能源、动力、环保等领域的科学研究、技术开发、工程设计、运行控制、教学、管理等工作的高素质专门人才。

本专业类所涉及的主干学科为动力工程及工程热物理，相关学科为机械工程、材料科学与工程、核科学与技术、航空宇航科学与技术、化学工程与技术、环境科学与工程等，下设能源与动力工程、能源与环境系统工程、新能源科学与工程3个专业。其中，能源与动力工程为基本专业，能源与环境系统工程、新能源科学与工程为特设专业。

随着社会进步和科学技术的快速发展，能源动力类专业的传统内涵正在不断拓展和延伸，与环境科学、材料科学、生物科学、化学科学、信息科学、经济与管理科学等学科不断交叉与融合。随着对能源转化利用规律探索的不断深化，在拓宽和突破传统专业界限的同时，持续促进新理论、新方法、新技术的产生和应用，这对能源动力类专业教育知识体系的构建及专业人才的培养质量也提出了更高的要求。[3]

**参考文献：**

[1] 王承阳，王炳忠．工程热力学［M］．北京：冶金工业出版社，2016：1-3.

[2] 国务院学位委员会办公室，教育部研究生工作办公室．授予博士硕士学位和培养研究生的学科专业简介［M］．北京：高等教育出版社，1999：229-236.

[3] 教育部高等学校教育指导委员会．普通高等学校本科专业类教学质量国家标准［M］．2018年3月第一版．北京：高等教育出版社，2018：293.

## （二）本科专业介绍

根据《普通高等学校本科专业目录（2020年版）》所列，能源动力类（0805）专业类下设2个基本专业和2个特设专业。基本专业介绍如下。[1]

### 1. 080501 能源与动力工程

**培养目标：**本专业以热工、力学和机械科学理论为基础，以计算机和控制技术为工具，培养具备能源生产、转化、利用与动力系统研发基本理论和应用技术，以及具备节能减排理念，能在工业、国防、民用等领域从事能源动力、人工环境、新能源研究开发、优化设计、先进制造、智能控制、应用管理等领域工作的高级科技人才。

**培养要求：**本专业学生主要学习各种能量转换及有效利用的理论与技术，接受现代科学与工程的基本训练，掌握能源、热科学及动力系统基础理论，掌握计算机及控制技术等现代工具，具备从事节能、制冷、动力、环保和新能源开发利用等领域设备研究开发、设计制造和应用管理所必需的工程技术知识，初步具有应用所学知识提出、分析及解决本专业领域问题的能力。本专业学生还应具有有效的沟通与交流能力，具备良好的职业道德和团队精神，对职业、社会、环境有责任感，树立节能减排的理念。

毕业生应获得以下几方面的知识和能力：

（1）掌握并能应用与本专业相关的数学、物理、力学、材料、机械、热工、控制、电工电子等工程科学基础知识；

（2）具有专门针对能源动力系统提出分析及解决问题的能力，具有适应本专业要求的个人能力和专业素质，能进行能源新产品和新系统的设计与开发、运行维护以及相关制造，具有集成创新的能力；

（3）了解能源生产、转化和利用的行业需求动态，熟悉能源高效转化和利用技术的理论前沿和应用背景，贯彻执行节能减排的方针政策和技术路线；

（4）具有在能源动力类企业的初步工程实践经验，了解能源与动力工程技术的发展趋势，及时掌握并应用相关新技术为社会服务，成为具备创新精神和创新能力，善于解决实际问题的工程技术人才。

**主干学科：**动力工程及工程热物理、机械工程。

**核心知识领域：**热科学基本知识（工程热力学、工程流体力学、传热学）、工程设计基本知识（工程制图、机械设计基础）、电工电子基本知识（电工学、控制理论）等。

**核心课程示例：**

示例一：工程流体力学（56 学时）、传热学（56 学时）、工程热力学（56 学时）、燃烧基本原理与建模（24 学时）、机械设计基础（48 学时）、机械制图及 CAD 基础（24 学时）、电工电子学（72 学时）、自动控制理论（32 学时）、工程力学（含理论力学和材料力学）（64 学时）。

示例二：工程流体力学（A）（72 学时）、传热学（72 学时）、工程热力学（72 学时）、燃烧理论基础（16 学时）、机械设计基础（64 学时）、自动控制理论（72 学时）、理论力学（48 学时）、材料力学（48 学时）。

示例三：流体力学（80 学时）、传热学（60 学时）、工程热力学（75 学时）、燃烧学（30 学时）、机械原理及设计（90 学时）、工程图学（90 学时）、电工电子（90 学时）、自动控制原理（30 学时）、工程力学（120 学时）。

**主要实践性教学环节：**工程训练（金工实习）、机械设计基础课程设计、生产实习、专业课程设计、毕业设计（毕业论文）等。

**主要专业实验：**电工电子实验、热工实验（包括工程热力学实验、工程流体力学实验、传热学实验）、能源与动力相关方向的专业实验（如燃烧学实验、热工控制与测试类实验）。

**修业年限：**四年。

**授予学位：**工学学士。

**参考文献：**

[1] 中华人民共和国教育部高等教育司．普通高等学校本科专业目录和专业介绍[M]．2012 年 10 月第一版．北京：高等教育出版社，2012：181－182.

## （三）未来职业发展

### 1. 热能工程师

**职业定义：**研究、开发、维护热能动力系统的专业技术人员。主要负责热能动力工程方面的性能计算、需求分析、性能评估，对企业进行热力系统诊断和节能咨询。

工作内容：

（1）设计、开发、维护热能动力系统；

（2）根据项目总体要求，对热工技术设备与设施进行初步设计和规划；

（3）负责热工专业部分设备的安装、验收及调试；

（4）负责编制热工专业部分工艺及设备的作业文件，并对相关操作人员进行培训；

（5）负责提供热工设备图纸和技术参数给采购部门，并参与相关供应商的评估及采购合同的谈判；

（6）负责企业热力系统诊断，节能咨询；

（7）负责完成余热回收工程的技术方案、基础设计、详细设计和现场调试。

能力要求：

具有工业企业热力系统管理或设计经验；对常用的机械设备、仪表性能、参数及市场行情熟悉；接受过相关的软件技能培训，专业知识培训，如 FLUENT；了解本专业最新的技术发展动态；熟悉暖通、燃烧、传热等相关知识；精通 Ansys、CFD 等流体动力学相关计算软件；熟练使用 CAD 等相关软件设计制图；对专业业务知识有较强的钻研精神。

### 2. 核力工程师

**职业定义：**从事核力电站和发电设备的研究、开发、规划设计以及发电设备的安装、运行、检修、改造的工程技术人员。

工作内容：

（1）研究、制定核力发电厂规划，进行投资概算；

（2）进行核力发电厂设计与勘测；

（3）研究、开发核力发电设备安装施工方案及施工技术；

（4）研究、开发、试验核力发电厂生产自动化技术；

（5）分析和处理核力发电设备安装、调试、运行、检修、改造的技术问题，指导生产人员作业。

能力要求：

熟悉核电系统的设计依据与原理，具备良好的识图能力；熟悉产品调试流程，能够熟练使用各种调试与测量工具；具有良好的团队协作精神和安全意识；具有较强的组织、协调能力，可进行现场管理和技术指导。

### 3. 机械设计工程师

**职业定义：**掌握相应行业的机械设计知识，运用“AutoCAD”“Solidworks”“UG NX”等相关软件设计机械零件、绘制机械图的专门人才。

工作内容：

(1) 根据用户订货、市场需要和新科研成果制定设计任务；

(2) 初步设计，包括确定机械的工作原理和基本结构形式，进行运动设计、结构设计并绘制初步总图以及初步审查；

(3) 技术设计，包括修改设计（根据初审意见）、绘制全部零部件和新的总图以及第二次审查；

(4) 工作图设计，包括最后的修改（根据二审意见）、绘制全部工作图（如零件图、部件装配图和总装配图等）、制定全部技术文件（如零件表、易损件清单、使用说明等）；

(5) 定型设计，用于成批或大量生产的机械，对某些设计任务比较简单（如机械的新型设计、一般机械的继承设计等）的机械设计可省去初步设计的程序。

能力要求：

熟练掌握机械原理、机械机构、机械设计及国家标准和国际标准；熟悉各种材料（材料的性能、特点、尺寸规格、色泽和价格等）及热处理的方法；熟练运用典型机械机构类型；熟悉各种加工工艺和装配工艺；熟练掌握“AutoCAD”“Solidworks”“UG NX”“pro/e”等相关软件，绘制效果图，独立制作高质量的模型；具有广博的文化知识与修养（了解各类设备的发展现状）；善于做设计资料的搜集与积累工作；掌握专业调查的技巧；熟练运用电脑辅助设计（CAD）；掌握有限元分析优化机械设计，更为合理地设计出质量好、低成本的产品。

## （四）就业方向

能源动力类专业研究方向较多，毕业生可前往大型企业以及相关的研究所、设计院、高等院校和管理部门，从事热能工程方面的研究与设计、产品开发、制造、试验、管理、教学等工作。主要涉及的工作领域包括热力机械（发动机、锅炉、汽车等领域）、燃烧设备（燃油、燃气燃烧器、生物质气化设备）、热工过程自动控制系统、微电子器件、环保与大气污染治理等。

根据目前的社会需要，该专业类毕业生主要有以下四个就业方向：汽车行业，偏向发动机和动力总成的工作研究方向；船舶行业；新能源、电气、电机类行业，可选企业包括中国机械工业集团有限公司（国机集团）、一汽、东风汽车、长安汽车、中国石油等涉及低温空调或者石油化工能源业务的企业；各大电力设计院，比如苏州热工研究院、西安热工研究院、中国东方电气集团中央研究院等。

毕业生还可以前往新能源利用（太阳能热水器、太阳能电站、风能发电设备、生物质能利用设备）等相关的研究院所、企业、高等院校、政府管理部门从事有关的研究、开发、教学、策划、管理和营销等工作。

# 六、电气类

列宁曾经说过:“大机器工业只是意味着全国电气化。”以电气为主要特征的第二次工业革命，彻底改变了世界的经济格局，随着科技的发展，电气创造出极大的生产力，电气工程也因此被人们誉为“现代文明之轮”[1]。

人类最初是从自然界的雷电现象和天然磁石中开始注意电和电磁现象的。1600 年，英国的威廉·吉尔伯特用拉丁文出版了《磁石论》一书，系统地讨论了地球的磁性，开创了近代电磁学的研究。1752 年，美国人本杰明·富兰克林通过著名的风筝实验得出闪电等同于电的结论，并首次将正、负号用于电学中。1785 年，库仑定律被提出。1800 年，意大利科学家伏打发明了伏打电堆，从而使化学能可以转化为源源不断输出的电能。伏打电堆是电学发展过程中的一个重要里程碑。法拉第、麦克斯韦、西门子，无数的科学家用一个又一个伟大实验与实践为电学奠基。如今电能的应用已经渗透到人类社会生产、生活的各个领域，它不仅创造了极大的生产力，而且促进了人类文明的巨大进步，彻底改变了人类的社会生活方式[2]。

## （一）专业类简介

电、磁现象虽早被人类发现和认识，但被更深入的研究直至到 18—19 世纪，人类总结出电和磁及其相互关系的基本规律，才揭开了利用电能的新的一页。此后，随着实用的发电机、变压器和电动机等设计、制造技术的发展和输配电技术问题的解决，电能作为能源，开始在生产中得到日益广泛的应用。有关理论的发展和工程实践的成功，使电气工程成为独立的学科，并不断得到发展和完善。

电气类专业的主干学科是电气工程学科，相关学科包括控制科学与工程、信息与通信工程、计算机科学与技术、电子科学与技术、动力工程及工程热物理。

电气类专业包括基本专业电气工程及其自动化，以及特设专业智能电网信息工程、光源与照明、电气工程与智能控制。

电气类专业的主要特点之一是数理基础坚实、技术与时俱进。电气工程发展历史悠久，是全部电类（“强电”和“弱电”）专业的母体，“弱电”类专业发展的成果反过来影响和促进了电气类专业的发展。电气类专业“强电”与“弱电”相结合，可谓根深叶茂。

电气类专业的主要特点之二是理论与实践紧密结合。电磁理论是人类历史上最先进的科学理论之一，电力及相关工业的发展是人类历史上改造世界最伟大的实践壮举之一。电气工程是理论指导实践、实践丰富理论的典范。

电气类专业的主要特点之三是服务领域广阔。当前，电气工程的范围早已超出了传统的电力工业，扩展到电气装备制造、新能源产业等广泛的相关行业，成为我国社会主义现代化建设中重要的基础产业，这一变化也导致电气工程学科方面高层次的科学研究及工程技术与管理人才的稀缺，该专业类毕业生未来就业形势会逐渐向好，供不应求[3]。

**参考文献：**

[1] 刘元林．工程教育：改革与发展［M］．北京：北京航空航天大学出版社，2007：3－8.

[2] 吴文辉．电气工程概论［M］．武汉：华中科技大学出版社，2015：5－6.

[3] 教育部高等学校教育指导委员会．普通高等学校本科专业类教学质量国家标准［M］．2018年3月第一版．北京：高等教育出版社，2018：298.

## （二）本科专业介绍

根据《普通高等学校本科专业目录（2020年版）》所列，电气类（0806）专业类下设1个基本专业和5个特设专业。基本专业介绍如下。[1]

### 1. 080601 电气工程及其自动化

**培养目标：**电气工程主要是研究电能的产生、传输、转换、控制、储存和利用的学科。本专业隶属于电气类，培养具备电气工程领域相关的基础理论、专业技术和实践能力，能在电气工程领域的装备制造、系统运行、技术开发等部门从事设计、研发、运行等工作的复合型工程科技人才。

**培养要求：**本专业学生主要学习电路、电磁场、电子技术、计算机技术、信号分析与处理、电机学和自动控制等方面的基础理论、专业知识和专业技能。本专业主要特点是强电与弱电相结合、软件与硬件相结合、元件与系统相结合。本专业学生接受电工、电子、信息、控制及计算机技术方面的基本训练，掌握解决电气工程领域中的装备设计与制造、系统分析与运行及控制问题的基本能力。

毕业生应获得以下几方面的知识和能力：

（1）掌握较扎实的高等数学和大学物理等自然科学基础知识，具有较好的人文社会科学和管理科学基础，具有外语运用能力；

（2）系统地掌握电气工程学科的基本理论和基本知识，主要包括电工理论、电子技术、信息处理、控制理论、计算机软硬件基本原理与应用等；

（3）掌握电气工程相关的系统分析方法、设计方法和实验技术；

（4）获得较好的工程实践训练，具有较熟练的计算机应用能力；

(5) 具有本专业领域内1～2个专业方向的知识与技能，了解本专业学科前沿的发展趋势；

(6) 具有较强的工作适应能力，具备一定的科学研究、技术开发和组织管理的实际工作能力。

**主干学科：**电气工程、控制科学与工程。

**核心知识领域：**电气工程及其自动化专业核心知识领域应涵盖电路、电子、电磁场、信息分析与处理、自动控制、计算机技术、工程设计等方面的基础理论，以及电力系统及其自动化、电机与电力拖动、电力电子与电气检测、电力设备与高电压技术等方面的专业知识。此外，建议适当涉及电气学科的前沿领域和发展趋势，各学校可根据办学特色设置相关课程。

**核心课程示例：**

示例一：电气学科概论（16学时）、电路基础（64学时）、信号与系统（64学时）、电磁场（32学时）、数字逻辑电路（64学时）、模拟电子电路（64学时）、数据结构与数据库技术（40学时）、自动控制原理（48学时）、微机系统与接口（48学时）、电机学（上）（48学时）、电机学（下）（48学时）、电力电子基础（48学时）、电力系统基础（64学时）、电力传动技术（48学时）、电力系统暂态分析（48学时）、电气检测技术（48学时）、电力系统继电保护（48学时）。

示例二：电路（72学时）、信号与系统（32学时）、工程电磁场（40学时）、数字逻辑电路（64学时）、模拟电子电路（64学时）、数据结构与数据库技术（40学时）、控制工程基础（48学时）、微机原理与接口技术（72学时）、电机学（上）（32学时）、电机学（下）（48学时）、电力电子技术（48学时）、发电厂电气工程（48学时）、电力系统分析（64学时）、电力系统继电保护（64学时）。

示例三：电路（96学时）、数字逻辑电路（64学时）、模拟电子电路（64学时）、信号与系统（48学时）、自动控制理论（56学时）、微机原理与应用（64学时）、电机学（上）（64学时）、电力工程（上）（64学时）、电力电子技术（48学时）、微机保护基础（48学时）、电力系统自动装置（48学时）、电力系统继电保护（48学时）、电力系统故障分析（48学时）、工程电磁场（48学时）。

**主要实践性教学环节：**金工实习、电子电气工艺实习、计算机软硬件实践、电气工程专业课程设计、综合实验、生产实习、毕业设计（论文）等。

**主要专业实验：**电路实验、电子技术实验、电机与控制实验、电气工程系统实验、电力电子实验等。

**修业年限：**四年。

**授予学位：**工学学士。

## 参考文献：

[1] 中华人民共和国教育部高等教育司．普通高等学校本科专业目录和专业介绍[M]．2012年10月第一版．北京：高等教育出版社，2012：182-183.

## （三）未来职业发展

### 1. 电气工程师

**职业定义：**从事勘测、规划、设计、电力工程建筑、安装、调试、技术开发、实验研究、发供电运行、检修、修造、电网调度、用电管理、电力环保、电力自动化、技术管理等工作的电力专业工程技术人才。

工作内容：

（1）绘制、审核、把关和保管电气工程图纸；

（2）审核电气施工方案，检查施工过程中材料等是否与图纸一致，对一般性质量问题及时处理；

（3）督促检查施工现场电气施工情况，现场安装调试电气设备，分析处理现场故障；

（4）制订维修计划及周期检查计划；

（5）建立、完善电气设备固定资产的统计及计量器具的档案、统计、编号等管理系统。

能力要求：

具备工厂自动化、线路设计和电子生产工艺经验；熟悉伺服电动机等电气设备；了解强、弱电的基本工程原理；同时，具有良好的学习能力、团队协作能力、沟通能力。

### 2. 机电工程师

**职业定义：**从事机电设备维修和管理工作，且掌握机电设备生产、安装、调试、维修和管理等方面的专业知识及操作技能的高级技术应用型专门人才。

工作内容：

（1）管理项目的机电、电气设计工作；

（2）核对机电设备在定位、安装和规格等各方面是否符合设计和合同要求；

（3）进行电气设备的审图。

能力要求：

具备扎实的机电专业相关基础知识；熟悉电子元器件、机电一体化工艺流程及标准；了解强、弱电的基本原理和设计流程，能独立完成机电系统设计；熟练使用 CAD 等绘图软件；同时，具有良好的学习能力、团队协作能力、沟通能力。

### 3. 电力工程师

**职业定义：**从事电站与电力系统的研究、开发、设计、安装、运行、检修、管理的工程技术人员。

工作内容：

（1）研究、制定电力系统的规划立项，进行投资概算；

（2）负责电力设备的设计工作；

（3）研究、开发电力设备安装施工方案及施工技术；

（4）负责相关发电设备运行的技术督导工作；

（5）分析和处理电力设备安装、调试、检修和改造中的技术问题；

（6）完成电力工程的设计、建设和维护等。

能力要求：

具有继电保护相关的专业技能；了解电力系统的基础框架；掌握电工理论、电路、电机学、继电保护、电力系统分析等课程知识；对电力系统相对完整地了解，包括变电站内部的结构、变电站跟线路之间的连接；具备较强的处理实际问题的能力；具备基本的文字表达能力与一定的外语表达能力。

### 4. 电气设计师

**职业定义：**精通电气施工技术、电工基础等专业知识，从事相关电气产品技术研发工作并解决实际生产问题、对有关资源进行管理统筹最终服务于客户需要的工程技术人员。

工作内容：

（1）进行新产品的研发工作；

（2）致力于解决各种具体的技术性问题和实际生产过程中的各种困难；

（3）协调各方面资源并妥善分配；

（4）定期进行总结和文件归档；

（5）进行市场调研，了解客户需求并开发新产品；

（6）回访时为客户提供技术支持；

（7）拟定或签署相关协议；

（8）完成公司的指标；

（9）编制生产计划，根据计划组织生产，对产品质量严格把关；

（10）指导车间生产，并及时处理车间生产中出现的问题。

能力要求：

掌握电学、磁学、力学、热学等理论知识与相应的实验操作技能；掌握一种高级程序设计语言，具有程序设计的基本能力；具有运用常用的电气 CAD 软件分析和解决一般性工程实际问题的能力；具备从事企业生产管理、工程管理、项目规划与组织工作所必需的知识；掌握工程制图标准和一般机械工程图样表示方法；熟悉常见机械结构的原理，能进行常见机械零部件的设计；掌握常见工程材料的种类、性能，能够针对零部件使用要求合理选材；了解常用的热处理技术；掌握各种常用电工电子仪器仪表使用方法和各种电工电子基本电路测试方法；掌握自动控制基本原理；掌握 PLC 应用技术，具有用 PLC 进行电气控制的初步设计能力；掌握电力电子电路与装置测试方法；具有分析常用电力电子电路的能力。

了解行业现状与发展前景，能够创造性地解决问题；具有较强的创新意识和进行产品开发、改造的能力；了解专业领域的技术标准、相关行业政策，熟悉法律、法规；具备沟通协调能力、文字表达能力。

## （四）就业方向

电气类专业在日常生活和国民经济建设中被广泛应用，就业和创业前景都很可观。该专业毕业生就业面宽、适应性强；毕业生主要面向电力行业就业，可从事电力设计、建设、调试、生产、运行、市场运营、科技开发和技术培训等工作，也可从事其他行业中的电气技术工作、电气装备制造业、电力生产及供应等行业。

由于该专业类学生具有较宽的技术理论基础和比较扎实的专业基础，具有较强的电气工程基本技能和良好的电气工程实践训练，具有较强的创新能力，具备一定的适应市场经济的科学研发能力和组织管理能力，毕业生可前往各地电厂、电力供电系统部门、电力勘测设计研究单位和电力管理部门工作，实现自己的价值。

**推荐企业：**国家电网公司、中国南方电网有限责任公司、中国东方电气集团有限公司、中国西电集团公司、上海电气（集团）总公司等。

# 七、电子信息类

信息产业革命是人类有史以来最大的一次革命，在这次产业革命中诞生了一批学科，如电子信息工程、通信工程、微电子科学与工程等，这些学科的出现为现代通讯业奠定了基础，也为人工智能等学科的发展指明了方向。

电子信息学科发展起始于十九世纪末、二十世纪初，是信息产业革命的结果。19世纪，欧姆定律和克希荷夫定律的出现奠定了电路基础，而麦克斯韦方程组更是奠定了电磁波理论基础。1831年英国物理学家法拉第发现电磁感应现象，提出电磁感应定律，奠定了电学的基础。1864年英国物理学家麦克斯韦在理论上预言了电磁波的存在，1888年德国物理学家赫兹实验验证了电磁场理论。这两项重大发现为无线电通信的产生创造了条件。1896年无线电报的发明，标志着人类从此进入了电信时代。20世纪初，薛定谔、海森堡、狄拉克等物理学家建立了较为完整的微观粒子的量子力学体系。在此之后，固体物理学的出现更是在理论与工程之间架起了桥梁。由于物理学的重大突破，电子科学与技术在二十世纪发展最为迅速，应用最为广泛，成为近代科学技术发展的一个重要标志。

20世纪中叶美国数学家香农提出信息论、维纳提出控制论，电子信息学科的理论基础逐渐成熟，随着集成电路、移动通信、卫星导航、互联网、智能终端等技术的大规模普及和应用，电子信息类专业得到了长足发展。时至今日，电子信息科学已然成为信息社会的支柱，是国民经济高速发展的前提，是国家的神经系统和命脉。[1]

当前，电子器件从集成发展到系统集成芯片（SOC），光子器件也正从分立走向集成，有力推动了计算机、通信和自动控制等学科的发展，也极大支撑了国民经济与国防领域中各类电子信息系统的发展。[2]

## （一）专业类简介

电子信息类专业是伴随着电子、通信、信息和光电子技术的发展而建立的，以数学、物理和信息论为基础，以电子、光子、信息及与之相关的元器件、电子系统、信息网络为研究对象，基础理论完备，专业内涵丰富，应用领域广泛，发展极为迅速，是推动信息产业发展和提升传统产业的主干专业。

电子信息类专业的主干学科是电子科学与技术、信息与通信工程和光学工程，相关学科包括计算机科学与技术、控制科学与工程、仪器科学与技术等，相关专业包括计算机类、自动化类、电气类、仪器类等专业。

电子信息类专业是具有理工融合特点的专业，主要涉及电子科学与技术、信息与通信工程和光学工程学科领域的基础理论、工程设计及系统实现技术。电子科学与技术领域主要涵盖物理电子学、微电子学与固体电子学、电路与系统、电磁场与微波技术，研究电子和光子等微观粒子在场中的运动与相互作用规律，包括新型光电磁材料与元器件、微波电路与系统、集成电路、电子设备与系统等。信息与通信工程领域主要涵盖通信与信息系统、信号与信息处理，研究信息获取、处理、传输和应用的理论与技术，以及相关的设备、系统、网络与应用，包括信号探测与处理、信息编码与调制、信息网络与传输、多媒体信息处理、信息安全及新型通信与信息处理技术等。光学工程领域主要涵盖光电子技术与光子学、光电信息技术与工程，研究光的产生和传播规律、光与物质相互作用、光电子材料与器件、光电仪器与设备，包括光信息的产生、传输、处理、存储及显示技术，以及光通信、光电检测、光能应用、光加工、新型光电子技术等。[3]

新世纪人类将全面进入信息时代，信息科学技术必将会突飞猛进，作为基础学科的电子科学与技术在许多方面将有革命性的新突破，该专业毕业生在未来也将面临更大的机遇与挑战。

**参考文献：**

[1] 张彬，舒文琼，黄长征等编著．通信经济管理［M］．2003：23－30.

[2] 国务院学位委员会办公室　教育部研究生工作办公室．授予博士硕士学位和培养研究生的学科专业简介［M］．北京：高等教育出版社，1999：242－247.

[3] 教育部高等学校教育指导委员会．普通高等学校本科专业类教学质量国家标准［M］．2018年3月第一版．北京：高等教育出版社，2018：304.

## （二）本科专业介绍

根据《普通高等学校本科专业目录（2020年版）》所列，电子信息类（0807）专业类下设6个基本专业和12个特设专业。基本专业介绍如下。[1]

### 1. 080701 电子信息工程

**培养目标：**本专业培养具备现代电子技术理论、通晓电子系统设计原理与设计方法，具有较强的计算机、外语、相应工程技术应用能力以及在本专业领域跟踪新理论、新知识、新技术的能力，能在信息通信、电子技术、智能控制、计算机与网络等领域和行政部门从事各类电子设备和信息系统的科学研究、产品设计、工艺制造、应用开发和技术管理的复合型工程技术人才。

**培养要求：**本专业学生主要学习电子信息工程方面的基本理论和基本知识，学习信息获取、信号处理、信号传输以及电子信息系统设计、应用开发等方面的专业知识，接受电子工程、信息工程、计算机辅助设计实践的基本训练，掌握电子设计、信息处理、应用开发和集成电子设备及信息系统的基本能力。

毕业生应获得以下几方面的知识和能力：

(1) 身心健康，具有良好的工程职业道德、爱国敬业精神、丰富的人文科学素养和社会责任感，追求卓越；

(2) 具有从事电子信息工程领域科学研究、工程设计、技术服务等工作所需的数理知识和其他相关的自然科学知识；

(3) 具有良好的质量、环境、职业健康、安全和服务意识；

(4) 掌握信号与系统、电子技术电磁场与电磁波信息论、计算机基础等基本理论和基本知识；

(5) 掌握电子系统、信号处理、信息传输等基本分析、设计、开发、测试和应用的基本知识，具有集成电子设备及信息系统的基本能力，具有综合运用科学理论和工程技术分析解决工程问题的基本能力，具有较强的创新意识和对产品、技术与设备进行研究、开发、设计和技术改造或创新的初步能力；

(6) 熟悉信息产业的基本方针、政策和法规，了解企业管理的基本知识；

(7) 了解电子设备和信息系统的理论前沿、应用前景，发展动态和行业需求；

(8) 具有一定的科学研究和实际工作能力，具有一定的批判性思维能力；

(9) 具有较强的继续学习能力；

(10) 掌握文献检索、资料查询的基本方法，具备信息获取的能力；

(11) 具有较好的组织管理能力、较强的语言表达能力和交流沟通能力以及良好的团队意识和合作精神。

**主干学科：**电子科学与技术、信息与通信工程。

**核心知识领域：**电路分析基础、信号与系统、模拟电子技术、数字电路、电磁场与电磁波，通信原理、微型计算机原理、数字信号处理、信息论等。

**主要实践性教学环节：**课程实验、课程设计、生产实习、毕业设计（论文）等环节。

**主要专业实验：**电子电路实验、通信原理实验、微型计算机原理实验、综合性电路系统实验、创新系列实验等。

**修业年限：**四年。

**授予学位：**工学学士或理学学士。

### 2. 080702 电子科学与技术

**培养目标：**本专业培养具有良好的思想品德与人文素养，具备电子科学与技术专业扎实的自然科学基础、系统的专业知识和较强的实验技能与工程实践能力，具有良好的外语能力，具有创新意识以及跟踪掌握本专业新理论、新知识、新技术的能力，能够在微电子、光电子、物理电子、电子材料与元器件、电磁场与微波等方面从事研究、开发、制造及管理工作的专门人才。

**培养要求**：本专业学生要求在物理学、工程数学、电子学等方面掌握扎实的基础理论，在电子材料与元器件、微电子器件、光电子器件、物理电子器件、电路与系统等方面接受设计、制造及测试技术的基本训练，掌握文献资料检索的基本方法，具有较强的本专业领域实验技能与工程实践能力，初步具有研究、开发新系统和新技术的能力。

毕业生应获得以下几方面的知识和能力：

（1）具有较好的人文社会科学素养、较强的社会责任感和良好的职业道德，树立终身学习理念；

（2）掌握物理学、工程数学、电子学、信息技术的基本理论和基本知识；

（3）掌握电子材料与元器件、微电子器件、光电子器件、物理电子器件、电路及系统的设计方法及测试技术；

（4）具有固体电子技术、微电子技术、光电子技术、物理电子技术和信息处理技术等方面的基本实验能力；

（5）了解电子科学与技术领域的科技发展动态及产业发展状况，熟悉国家电子信息产业政策及国内外有关知识产权的法律法规，掌握文献检索及运用现代信息技术获取相关信息的基本方法；

（6）能归纳、整理、分析实验结果，具备撰写论文和参与学术交流的基本能力，具有初步的科学研究能力和一定的批判性思维能力；

（7）具备较强的创新意识，初步具有产品设计与开发、技术改造与创新的工程实践能力。

**主干学科**：电子科学与技术。

**核心知识领域**：

专业基础核心知识领域：电路原理、电子技术基础、信号与系统、电磁场与电磁波、固态电子学物理基础（包括量子力学、固体物理、半导体物理等内容）。

专业方向核心知识领域：

（1）微电子技术基础、半导体器件、集成电路；

（2）物理光学、激光原理与技术、光电子器件；

（3）电介质物理、电子材料、电子元器件；

（4）物理电子学、电子光学、等离子体物理与技术；

（5）微波技术、天线与电波、射频/微波电路。

**核心课程示例**：

示例一：电子学基础课组（96 学时）、数字电路基础课组（96 学时）、计算机基础课组（96 学时）、信号与系统（64 学时）、量子与统计（64 学时）、固体物理基础（48 学时）、电动力学（A 学时）、激光原理（48 学时）、物理光学（48 学时）、固态电子与光电子（48 学时）。

示例二：核心必修课，包括电路分析基础（68 学时）、信号与系统（68 学时）、模拟电子技术基础（60 学时）、数字电路与逻辑设计（46 学时）、电磁场与电磁波（46 学时）、量子力学（46 学时）；专业方向核心限选课，包括固体物理（46 学时）、半导体物理（46 学时）、物理光学与应用光学（80 学时）、电子材料（46 学时）、固态电子器件（76 学时）、光电子技术（46 学时）、激光原理与技术（46 学时）、电介质物理（46 学时）、电子元器件（54 学时）。

示例三：电路分析基础（48 学时）、信号与系统（64 学时）、模拟电子技术（64 学时）、数字电路与逻辑设计（64 学时）、量子物理（64 学时）、电磁场理论（32 学时）、激光原理（48 学时）、固体电子导论（64 学时）、物理光学（48 学时）、光电子学（48 学时）、半导体器件物理（48 学时）。

**主要实践性教学环节：** 金工实习、电子工艺实习、课程设计、生产实习、毕业设计（论文）等。

**主要专业实验：** 电路实验、电子技术实验、信号与系统实验、半导体基础实验以及专业方向实验等。

**修业年限：** 四年。

**授予学位：** 工学学士或理学学士。

### 3. 080703 通信工程

**培养目标：** 本专业培养具备通信基础理论和专业知识，系统掌握现代通信技术，能在信息通信领域从事科学研究、工程设计、设备制造、网络运营、技术管理的工程科技人才。

**培养要求：** 本专业学生在学习大学数学、大学物理、人文学科及外语的基础上，主要学习通信理论和通信技术等方面的基础知识，接受通信工程领域软硬件开发、系统与网络的设计与应用科学研究和工程实践方面的基本训练，具备能在信息通信领域从事专业技术工作的基本能力。

毕业生应获得以下几方面的知识和能力：

（1）具有工程职业道德、爱国敬业精神、人文科学素养和社会责任感；

（2）具有从事通信工程领域科学研究、工程设计、技术服务等工作所需的数理知识和其他相关的自然科学知识；

（3）掌握通信工程领域的基础理论和基本知识；

（4）系统掌握通信系统和通信网络的分析与设计方法；

（5）具有设计、开发、调测、应用通信系统和通信网的基本能力；

（6）掌握运用现代信息技术手段进行文献检索和资料查询的基本方法；

（7）了解通信与信息行业的相关政策及法规；

（8）了解信息通信领域的前沿技术和发展动态；

（9）具有一定的组织管理能力、较强的表达能力和人际交往能力以及良好的团队意识和合作精神；

（10）具有一定的国际视野和跨文化环境下交流、竞争与合作的初步能力。

**主干学科：** 信息与通信工程、电子科学与技术、计算机科学与技术。

**核心知识领域**：电子线路、数字逻辑电路、计算机基础、信号与系统、数字信号处理、电磁场微波技术、通信原理、通信网理论基础、现代通信技术等。

**核心课程示例**：

示例一：电路分析基础（32学时）、电子电路基础（48学时）、通信电子电路（32学时）、数字电路与逻辑设计（48学时）、$C^{++}$高级语言程序设计（48学时）、数据结构（48学时）、微处理器与接口技术（64学时）、信号与系统（64学时）、随机信号分析（32学时）、数字信号处理（64学时）、通信原理（64学时）、电磁场与电磁波（48学时）、通信网理论基础（32学时）、现代通信技术（64学时）。

示例二：电路分析基础（72学时）、电子线路基础（72学时）、高频电子线路（64学时）、数字逻辑电路（64学时）、计算机软件技术基础（64学时）、计算机通信与网络（32学时）、微型计算机原理及接口技术（72学时）、信号与系统（64学时）、数字信号处理（56学时）、通信原理（72学时）、电磁场与电磁波（64学时）、通信网（32学时）、通信概论（32学时）、移动通信（32学时）、光纤通信（32学时）、通信系统集成电路设计（32学时）。

示例三：电路分析基础（64学时）、模拟电子电路（64学时）、通信电子电路（48学时）、数字电路与逻辑设计（64学时）、高级语言程序设计（56学时）、面向对象程序设计及$C^{++}$（32学时）、数据结构（40学时）、微处理器与接口技术（64学时）、信号与系统（64学时）、数字信号处理（56学时）、通信原理（80学时）、电磁场与传输理论（64学时）、通信网基础（56学时）、无线通信原理（32学时）、光纤通信与数字传输（56学时）。

**主要实践性教学环节**：工程技术训练、电子工艺实习、专业实习、课程设计、毕业设计（论文）等。

**主要专业实验**：电子线路实验、计算机基础实验、通信原理实验、现代通信技术实验、专业综合实验。

**修业年限**：四年。

**授予学位**：工学学士。

### 4. 080704 微电子科学与工程

**培养目标**：本专业培养德、智、体、美、劳全面发展，具备微电子科学与工程专业扎实的自然科学基础、系统的专业知识和较强的实验技能与工程实践能力，能在微电子科学技术领域从事研究、开发、制造和管理等方面工作的专门人才。

**培养要求**：本专业学生要求在物理学、电子技术、计算机技术和微电子学等方面掌握扎实的基础理论，掌握微电子器件及集成电路的原理、设计、制造、封装与应用技术，接受相关实验技术的良好训练，掌握文献资料检索基本方法，具有较强的实验技能与工程实践能力，在微电子科学与工程领域初步具有研究和开发的能力。

毕业生应获得以下几方面的知识和能力：

(1) 具有较好的人文社会科学素养、创新精神和开阔的科学视野；

(2) 树立终身学习理念，具有较强的在未来生活和工作中继续学习的能力；

(3) 具有较扎实的自然科学基本理论基础；

(4) 具备微电子材料、微电子器件、大规模集成电路集成系统、计算机辅助设计、封装技术和测试技术等方面的理论基础和实验技能；

(5) 了解本专业领域的科技发展动态及产业发展状况，熟悉国家电子信息产业政策及国内外有关知识产权的法律法规；

(6) 掌握文献检索及运用现代信息技术获取相关信息的基本方法；

(7) 具有归纳、整理和分析实验结果以及撰写论文、报告和参与学术交流的能力。

**主干学科：**微电子学、电子科学与技术。

**核心知识领域：**电路理论、电子技术基础、信号与系统、电磁场与电磁波、半导体物理、电器件原理集成电路设计原理、微电子工艺原理、集成电路封装与系统测试、嵌入式系统原理与设计、电子设计自动化基础等。

**核心课程示例：**

示例一：电路分析原理（64 学时）、微电子与电路基础（48 学时）、信号与系统（48 学时）、导体物理（64 学时）、电子线路 A（48 学时）、数字逻辑电路（48 学时）、数字集成电路设计（64 时）、集成电路工艺原理（48 学时）、半导体器件物理（48 学时）、数字集成电路原理（64 学时）、子系统设计（64 学时）、集成电路计算机辅助设计（48 学时）。

示例二：电路分析理论（48 学时）、电磁场理论（48 学时）、模拟电子线路（64 学时）、信号与系统（64 学时）、数字电子线路（64 学时）、固体物理学（64 学时）、半导体物理学（64 学时）、集成电路原理与设计（64 学时）、半导体器件物理（64 学时）、微电子制造科学原理（48 学时）。

示例三：核心必修课，包括电路分析（54 学时）、模拟电子技术（48 学时）、数字电子技术（48 学时）、固体物理（48 学时）、半导体物理（48 学时）、半导体器件物理（64 学时）、半导体工艺原理（48 学时）；专业方向核心限选课，包括半导体集成电路原理与设计（32 学时）、集成电路 CM（32 学时）、集成电路工艺设计（32 学时）、半导体光电材料（32 学时）、半导体光电器件原理（32 学时）、半导体光电器件工艺（32 学时）。

**主要实践性教学环节：**金工实习、电子工艺实习、课程设计、生产实习、毕业设计（论文）等。

**主要专业实验：**电路实验、电子技术实验、信号与系统实验、半导体基础实验以及微电子技术专业实验等。

**修业年限：**四年。

**授予学位：**工学学士或理学学士。

### 5. 080705 光电信息科学与工程

**培养目标：**本专业培养具有较高思想道德、文化修养、敬业精神和社会责任感，具有健康的体魄和良好的心理素质，具备光电信息科学与工程方面知识和能力的宽基础、高素质、有创新意识和实践能力的工程科学人才。本专业学生应在光电信息科学与工程领域各研究方向上（光电子方向、光电信息方向和技术光学方向）具有宽厚的理论基础、扎实的专业基础知识、熟练的实验技能，并具有综合运用光学科学理论和技术分析解决工程问题的基本能力。

**培养要求：**本专业学生主要学习光电信息科学与工程的基本理论和基本知识，接受光电信息系统分析、设计和研究方法等方面的基本训练，具有研究、设计、开发、集成及应用光电信息系统的基本能力，培养学生具备光电信息科学的研究和工程技术研发，以及产品的设计、生产、销和服务或工程项目的施工、运行和维护能力。本专业特别注重培养学生终生学习和在工程实践中学习的能力，使学生具有工程科技创新和创业的意识。本专业学生毕业后能在光电信息科学与工程相关领域从事研究、设计、开发、应用和管理等工作。本专业学生在学习过程中接受工程技术基础、科学研究等多方面综合能力的训练，培养过程突出以光子和电子为信息基本载体的信息特征，体现信息产业高速发展、学科交叉的趋势。

毕业生应具备以下几个方面的知识和能力：

（1）具有良好的工程职业道德、追求卓越的态度、强烈的爱国敬业精神、社会责任感和丰富的人文科学素养；

（2）具有从事工程工作所需的数学和其他相关的自然科学知识以及一定的经济管理知识；

（3）具有良好的质量、环境、职业健康、安全和服务意识；

（4）掌握扎实的工程基础知识和本专业的基本理论知识，熟悉本专业领域内 1～2 个专业方向或有关方面的专业知识，了解本专业的学科前沿和发展趋势；

（5）具备综合运用所学基础理论和专业知识分析并解决工程实际问题的能力，具有一定计算机相关知识和较强的计算机应用能力；

（6）具有较强的创新意识和进行光电信息系统研究、设计、开发以及系统运行和维护的初步能力，具有较强的实践和动手能力；

（7）具有自主获取知识的能力，了解本专业领域的技术标准和相关行业的政策、法律和法规，具有较强的自学能力、分析能力和鉴别能力；

（8）具有较好的组织管理能力、较强的交流沟通、环境适应和团队合作的能力；

（9）具有一定的国际视野和跨文化环境下的交流、竞争与合作的初步能力，掌握一门外国语，具有较好的听、说、读、写能力，能较顺利地阅读本专业的外文书籍和资料。

**主干学科：**光学工程。

**核心知识领域：**本专业核心知识领域由光电信息基础类知识、光电信息技术和工程类知识、光电子技术类知识组成。光电信息基础类知识领域包括物理、光学和光学技术、电子与信息技术等核心基础知识；光电信息技术和工程类知识领域包括光电信息技术、光电仪器原理和光电检测技术、光纤与光通信技术、光电传感与系统等知识；

光电子技术类知识领域包括光电子技术、激光原理、光电子材料与器件等知识。

**核心课程示例：**

示例一：工程光学及实验（136 学时）、光电检测技术及系统（48 学时）、光纤技术（48 学时）、光电图像处理（48 学时）、光电信息综合实验（4 周）、光电信息物理基础（48 学时）、通信原理（48 学时）、激光原理（32 学时）、信息光学（32 学时）、光学系统 CAD（48 学时）、光电传感器应用技术（32 学时）、量子光学基础（32 学时）。

示例二（方向一为偏重经典光学，方向二为偏重现代光学）：工程光学及光学基础实验（184 学时）、激光技术及应用（48 学时）、光学测量（48 学时）、光电信息导论（英语授课）（40 学时）、光电检测技术（48 学时）、光电系统设计（3 周）、薄膜光学（方向一）（32 学时）、光度与色度学（方向一）（48 学时）、光纤技术与应用（方向一）（48 学时）、像质评价技术（方向一）（32 学时）、光学 CAD 课程设计（方向一）（3 周）、传感器原理（方向二）（48 学时）、光纤通信理论基础（方向二）（48 学时）、信息物理基础（方向二）（48 学时）、现代成像技术（方向二）（32 学时）、光电传感器设计实验（方向二）（1 周）、傅里叶光学（48 学时）、光学零件工艺学（4 周）、实用图像处理方法及软件（48 学时）、视频技术基础（48 学时）、微机接口技术（32 学时）、微机接口技术实验（2 学时）、误差理论与数据处理（48 学时）。

示例三：仪器零件设计（56 学时）、互换性与测量技术基础（48 学时）、误差理论与仪器精度（40 学时）、仪器制造工艺学（32 学时）、工程光学及实验（144 学时）、光电检测技术（56 学时）、数字图像处理（48 学时）、光学测量（48 学时）、激光原理及应用（40 学时）、仪器光学概说（48 学时）、光学设计及 CAD（48 学时）、光学仪器总体设计概论（48 学时）、光学零件加工技术（48 学时）、薄膜光学与技术（32 学时）、光通信技术基础（32 学时）、纳米电子技术及器件（32 学时）、光学信息处理技术（32 学时）、干涉测试技术（32 学时）、傅里叶光学（32 学时）。

**主要实践性教学环节：**金工实习或电工实习、专题实验或综合实验、课程设计、毕业实习、毕业设计（论文）、科技实验与创新和社会实践等。

**主要专业实验：**应用光学实验、物理光学实验、激光实验、光电技术实验、光电信息综合实验等。

**修业年限：**四年。

**授予学位：**工学学士或理学学士。

### 6. 080706 信息工程

**培养目标：**本专业培养具备信息获取、信息传输、信息处理、信息应用等方面的基础理论和专业知识，系统掌握现代信息技术，能在信息工程领域从事科学研究、工程设计、技术开发、设备制造、管理维护的复合型工程科技人才。

**培养要求：**本专业学生主要学习数学、物理、电子线路、计算机应用、信息论与编码、通信理论与网络等方面的基本理论和基本知识，接受信息技术领域软硬件开发、计算机程序设计与应用科学研究与工程设计等能力的基本训练，具有对信息系统进行分析、设计、开发、测试和应用，以及综合运用科学理论和工程技术分析解决工程问题的基本能力。

毕业生应获得以下几个方面的知识和能力：

（1）身心健康，具有良好的工程职业道德、爱国敬业精神、人文科学素养和社会责任感；

（2）具有从事信息领域科学研究、工程设计、技术服务工作所需的数学和其他相关的自然科学知识；

（3）具有良好的质量、环境、职业健康、安全和服务意识；

（4）掌握信号与系统、电子线路、电磁场与电磁波、计算机基础等基础理论，具有信息获取、信息传输、信息处理、信息应用的相关专业知识；

（5）掌握信息技术领域软硬件开发、计算机程序设计与应用的基本技能，具有对信息系统进行分析、设计、开发、测试和应用的基本能力，具有综合运用科学理论和工程技术分析解决工程问题的基本能力，具有较强的创新意识和进行产品、技术与设备进行研究、开发、设计和技术改造或创新的初步能力；

（6）掌握文献检索、资料查询和运用现代信息技术手段获取相关信息的基本方法；

（7）了解信息工程技术领域的技术标准、相关政策、法律和法规，具有初步的经济管理知识和良好的知识产权意识，了解通信技术的现状与发展趋势，能正确认识信息技术的工程实践对于客观世界和社会的影响；

（8）具有较好的组织管理能力、较强的表达能力和交流沟通能力以及良好的团队意识和合作精神；

（9）具有职业发展学习能力和适应环境的能力；

（10）具有一定的国际视野和跨文化环境下交流、竞争与合作的初步能力。

**主干学科：**信息与通信工程、计算机科学与技术、控制科学与工程。

**核心知识领域：**计算机信息技术、通信系统原理、信号与信息处理技术、电磁场与波、微处理器与嵌入式系统原理、信息获取与检测技术、信息论与编码技术等。

**核心课程示例：**

示例一：高等数学（170 学时）或数学分析（204 学时）、线性代数（51 学时）、概率统计（51 学时）、离散数学（34 学时）、数理方法（51 学时）、大学物理（132 学时）、程序设计思想与方法（51 学时）、$C^{++}$ 程序设计（51 学时）、数据结构（68 学时）、基本电路理论（68 学时）、模拟电子技术（51 学时）、数字电子技术（51 学时）、信号与系统（68 学时）、嵌入式系统原理与实验（85 学时）、电磁场与波（68 学时）、数字系统仿真 VHDL 设计（51 学时）、通信原理（68 学时）、数字信号处理（51 学时）、通信基本电路（68 学时）、微波与天线（68 学时）、近代信息论（34 学时）、雷达原理（34 学时）、平面显示技术（34 学时）、无线通信原理与移动网络（68 学时）、操作系统（68 学时）、数字图像处理（51 学时）。

示例二：高等数学（196 学时）、数学分析选讲（30 学时）、线性代数（52 学时）、概率论与数理统计（46 学时）、场论与复变函数（46 学时）、大学物理（130 学时）、C

语言程序设计（30 学时）、电路分析基础（68 学时）、信号与系统（68 学时）、模拟电子技术基础（60 学时）、数字电路与逻辑设计（46 学时）、微机原理与系统设计（78 学时）、高频电子线路（60 学时）、电磁场与电磁波（60 学时）、随机信号分析（46 学时）、数字信号处理（46 学时）、通信原理（60 学时）、通信网络基础（46 学时）、信息论与编码理论（76 学时）、信号检测与估值（46 学时）、离散数学（46 学时）、数据结构与算法分析（54 学时）、数据压缩与信源编码（46 学时）、无线通信（46 学时）、传感技术（30 学时）。

示例三：高等数学（192 学时）、线性代数（48 学时）、概率论与随机过程（46 学时）、大学物理（128 学时）、高级语言程序设计（C 语言）（64 学时）、电路分析基础（64 学时）、信号与系统（64 学时）、模拟电子技术基础（64 学时）、数字电路与逻辑设计（64 学时）、高频电子线路（48 学时）、通信原理（48 学时）、传感器与检测技术基础（48 学时）、现代通信网（48 学时）、数字信号处理器原理（64 学时）、无线传感器网络（64 学时）、嵌入式系统原理与应用（64 学时）。

**主要实践性教学环节：**工程技术训练、电子工艺实习、专业实习、课程设计、毕业设计（论文）等。

**主要专业实验：**电子线路实验、计算机基础实验、通信原理实验、专业综合实验。

**修业年限：**四年。

**授予学位：**工学学士。

**参考文献：**

[1] 中华人民共和国教育部高等教育司．普通高等学校本科专业目录和专业介绍[M]．2012 年 10 月第一版．北京：高等教育出版社，2012：184 - 191.

## （三）未来职业发展

### 1. 电子材料工程师

**职业定义：**是指从事电子测量仪器与系统和医疗电子仪器研究、开发、设计、生产和使用维护的高级工程技术人才。

工作内容：

（1）研究、开发、设计、生产硅单晶、硅片及外延片、砷化镓单晶及外延片、半导体敏感材料等；

（2）研究、开发、设计、生产单模光纤与光缆、偏振保持光纤、高强度光纤与光缆等；

（3）研究、开发、设计、生产电子陶瓷材料、功能复合材料、功能聚合材料以及压电晶体与薄膜、铁电材料、敏感元器件材料等；

(4) 研究、开发电子材料的测量技术及其应用。

能力要求：

具备较扎实的数学物理基础以及材料物理、光电子科学与工程、计算机等相关专业的知识；熟练掌握各类 EDA 技术，能熟练使用一些开发工具。同时，具有良好的学习能力、团队协作能力、沟通能力等。

### 2. 计算机硬件工程师

**职业定义：**是指从事计算机硬件技术研究、设计、开发、调试、集成、维护和管理的高级工程技术人才。

工作内容：

(1) 研究计算机体系结构；
(2) 对计算机系统进行逻辑设计和模拟验证；
(3) 研究、设计、开发和测试计算机硬件；
(4) 对计算机硬件及其设备进行集成、维护和管理。

能力要求：

具备计算机科学与技术、电子科学与技术、微电子科学与工程、集成电路设计与集成系统等相关专业的知识；掌握各类计算机语言，熟练掌握硬件描述语言，能熟练使用一些 EDA 工具。同时，具有良好的学习能力、团队协作能力、沟通能力等。

### 3. 雷达系统工程师

**职业定义：**是指从事雷达、导航系统工程研究、开发、设计和雷达、导航设备研究、开发、设计、生产的高级工程技术人才。

工作内容：

(1) 研究、开发、设计雷达系统工程；
(2) 研究、开发、设计导航系统工程；
(3) 研究、开发、设计、生产雷达、单行设备工程。

能力要求：

具备通信工程、电磁场与电磁波、微波技术等相关专业的知识；熟练掌握各类计算机语言和编程，能熟练使用一些 EDA 工具。同时，具有良好的学习能力、团队协作能力、沟通能力等。

### 4. 航天工程师

**职业定义：**是指从事电子材料、电子元器件、微电子、雷达系统工程、广播视听设备、电子仪器等研究、设计、制造和使用维护的高级工程技术人才。

工作内容：

(1) 对导弹、运载火箭、航天器总体设计，结构总体设计，有效载荷系统、能源系统、热控制、空间环境与低温真空技术，导弹、运载火箭与航天器系统工程进行研制；

（2）对控制工程系统设计、制导技术与轨道控制技术、姿态控制、结构设计、惯性器件及系统、伺服器件及系统、弹（箭、星等）载计算机及系统、测试发控系统、姿态测量部件及系统、航天器控制执行机构等航天控制系统进行研制；

（3）对固体或液体发动机、固体或液体推进剂以及有关的测试设备、试验与检测技术等航天发动机与推进剂技术进行研究；

（4）对数据传输与通信，无线与微波技术，图像处理与显示、测控技术，遥感技术，航天光源、光电技术，计算技术，特种电子元器件，无线电测量等航天电子、信息工程进行研制；

（5）对发射设施及配套设备和系统、供配电系统、供配气系统、推进剂加注系统、特种机械、自控技术、地面试验与测试技术等航天发射与保障系统进行研制；

（6）对特种材料、特种机械加工、特种工艺、微电子工艺、特种元器件制造与工艺等航天材料、制造工程进行研制。

能力要求：

具备通信工程、电磁场与电磁波、微电子工艺、光电子技术等相关专业的知识；熟练掌握各类计算机语言和编程，能熟练使用一些 EDA 工具。同时，具有良好的学习能力、团队协作能力、沟通能力等。

### 5. 信号检测工程师

**职业定义：**从事通信产品数字信号处理的开发设计及维护工作的高级工程技术人才。

工作内容：

（1）负责通信产品中数字信号处理的开发设计及维护，并提供相应的技术文件；

（2）编写相关产品的技术方案、技术资料；

（3）配合完成开发成果的产业化转移，保证设计要求的按期实现并满足可靠性和一致性要求，协助生产和转产工作；

（4）负责对相关部门提供技术支持和服务，保证产品的相关目标按期实现；

（5）负责对质保期内的系统设备的运行质量进行考核、验收。

能力要求：

具有较强的数字电路设计和调试能力；熟悉通信系统（GSM、WCDMA、CDMA 等）原理；能熟练使用 Matlab、CCS、PROTEL、DXP 等应用软件，对高速数字电路 PCB 设计有较深的理解；具有扎实的数字信号处理理论基础，精通 FFT、功率谱估计、信号检测与估计、卡尔曼滤波等数字信号处理技术；具有良好的技术攻关能力、良好的沟通能力和团队精神，能承受一定的工作压力。

### 6. 多媒体信息处理工程师

**职业定义：**从事多媒体应用相关技术开发工作，负责软件多媒体业务组件的设计、实现、单元测试、维护等工作的高级专门人才。

工作内容：

(1) 参与多媒体应用相关技术开发工作，负责软件多媒体业务组件的设计、实现、单元测试、维护等；

(2) 负责音频、视频、图像相关领域常用编解码、数字处理等算法的研究和分析；

(3) 负责文档撰写、维护，包括程序设计文档；

(4) 根据客户需求提出多媒体展示技术整体解决方案。

能力要求：

熟悉音频或视频编解码规范，熟悉各种编解码规范的应用场景；熟悉数学仿真分析工具，具有良好的汇编、C、$C^{++}$语言编程能力；能熟练阅读和理解英文资料，有较强的书面或口头交流能力；具有团队合作精神、沟通能力和敬业精神。

## 7. 移动通信工程师

**职业定义：**从事公网移动通信系统、卫星移动通信系统、移动互联网络、集群通信、各类企事业专用移动通信网络等方面的科研、开发、规划、设计、生产、建设、维护运营、系统集成、技术支持等工作的高级工程技术人才。

工作内容：

(1) 负责交换设备的软件调测；

(2) 负责移动通信设备的安装、调试工作；

(3) 负责移动通信设备的技术支持和故障设备的维修、维护工作；

(4) 负责通信网络的技术支持；

(5) 负责本地网语音交换机、智能网平台的维护工作；

(6) 负责指导监控、进行业务开通测试。

能力要求：

掌握移动通信系统知识，比如3G、4G、5G网络；近距离通信系统，如蓝牙和DECT数据系统；无线局域网（WLAN）系统；固定无线接入或无线本地环系统；卫星系统；广播系统，如DAB和DVB－T、ADSL和Cable Modem；掌握传输工程施工基本技能，如绑线、放线、分线以及施工管理；能够对移动通信进行建立、维护和调控；具有比较全面的专业基础理论知识和专业技术知识；具有良好的沟通和表达能力。

## 8. 通信网络安全工程师

**职业定义：**从事通信网络可靠运行、信息安全传输工作的高级工程技术人才。通信网络安全主要涉及网络安全基础、密码技术、安全认证、安全网络管理、IDS、Honeypot等技术领域。

工作内容：

(1) 分析网络现状；对网络系统进行安全评估和安全加固，设计安全的网络解决方案；

（2）负责在出现网络攻击或安全事件时，提供服务，帮助用户恢复系统及调查取证；

（3）针对客户网络架构，建议合理的网络安全解决方案；

（4）负责协调解决方案的客户化实施、部署与开发，推动解决方案上线；

（5）负责协调公司网络安全项目的售前和售后支持。

能力要求：

需要熟练精通网络安全技术；熟悉 TCP/IP 协议；熟悉 sql 注入原理和手工检测；熟悉内存缓冲区溢出原理和防范措施；熟悉信息存储和传输安全；熟悉数据包结构；熟悉 ddos 攻击类型和原理，有一定的 ddos 攻防经验；熟悉 iis 安全设置；熟悉 ipsec、组策略等系统安全设置；熟悉 Windows 或 Linux 系统；精通 php、shell、Perl、C、$C^{++}$ 等至少一种语言；善于表达沟通，诚实守信，责任心强，讲求效率，具有良好的团队协作精神。

## （四）就业方向

当前随着市场开放和外资不断涌入，中国电子科学与技术产业开始焕发活力。中国军事和航天事业的蓬勃发展也必然带动电子科学与技术行业的发展和内需。高科技含量的自主研发的产品将进入市场，形成自主研发和来料加工共存的局面，未来中国电子科学与技术产业将有一个明显的发展空间；中国大、中、小企业的分布和产品结构趋于合理，出口产品将稳步增加；高技术含量产品将向民用化发展，必然促进产品的内需扩大和产量提升。随着社会需求的逐步扩大，电子信息类专业毕业生总体就业前景看好。

本专业类毕业生主要前往电子信息类高科技行业工作，如通信、信息、控制、计算机、生物医学仪器、智能仪器、大规模集成电路等；也可以到电子信息部门从事各种电子材料和元器件、集成电路和集成电子系统等的设计和制造，以及相应的新产品、新技术、新工艺的研究与开发等方面的工作。

近年来本专业类的毕业生就业集中在通信系统、高科技开发公司、科研院所、设计单位、金融系统、民航、铁路及政府和大专院校等。该专业的主要就业岗位包括销售工程师、技术支持工程师、软件工程师、系统集成工程师、电子工程师、产品工艺工程师、项目经理、区域销售经理、硬件工程师、产品经理等。

**推荐企业：**中国兵器工业集团公司、中国航天科工集团公司、中兴通讯股份有限公司、中芯国际集成电路制造有限公司、京东方科技集团股份有限公司、中国移动通信集团公司、中国联合网络通信集团有限公司、中国电信集团公司、华为技术有限公司等。

# 八、自动化类

美国数学家、控制论之父罗伯特·维纳曾经说过："信息就是信息，不是物质也不是能量，否认信息者在当今世界将无法生存。"1948 年，控制论与信息论同时诞生，并成为二十世纪人类最重要的理论发现。控制科学正是在以上两个重要理论的基础上不断发展而来。而自动化学科则是以数学与控制理论为主要理论基础，以电子技术、计算机信息技术、传感器与检测技术为主要技术手段，利用各种自动化装置分析与设计各类控制系统，为人类生产生活服务的学科群。

自动化的基础是控制理论，是一门建立在数学、通信、电气、机械、管理学等多个专业基础之上的交叉学科。该专业类专业把工程、经济、社会等系统作为主要对象，以控制论、系统论、信息论为基础，辅以各个行业的系统与控制共性为动力进行研究。[1]

目前，自动化类各专业不仅涉及国防军事、电子、化工、机械、农业等传统行业领域，随着人工智能和 5G 技术的发展，自动化与互联网、医疗、环保等领域的结合也会更加紧密。

## （一）专业类简介

自动化是指机器设备、系统或过程在没有人或较少人的直接参与下，按照人的要求，经过自动检测、信息处理、分析判断、操纵控制，实现预期目标的过程。作为信息科学的重要组成部分，自动化是人类文明的重要标志之一。自动化科学与技术在工业、农业、商业、环境、军事、交通、医疗、家庭服务等各行各业中得到了广泛应用，已成为提高社会生产力、建设资源节约型和环境友好型社会、推动科学技术创新的重要技术手段。

自动化类专业旨在培养掌握自动化领域的基本理论、基本知识和专业技术，兼备知识、能力与综合素质全面发展的人才，可在国民经济、国防建设和社会发展多行业领域从事自动控制系统设计、运行管理及新技术研发等工作，为高等院校、科研院所输送后备人才。

自动化类专业综合性强，主干学科为控制科学与工程，相关学科有信息与通信工程、电气工程、电子科学与技术、计算机科学与技术等，相关专业包括电气工程及其自动化、机械设计制造及其自动化、电子信息工程、电子科学与技术、计算机科学与技术、信息工程、信息安全等专业。

自动控制已经成为高技术的重要组成部分。当前，我国的经济建设正在蓬勃发展，各行各业的经济效益提高和技术的进步都与本学科密切相关。因此，加强本专业类的建设，更多更好地培养本专业高层次综合型人才，是我国新时期社会主义现代化建设的迫切需要。[2]

**参考文献：**

[1] 国务院学位委员会办公室，教育部研究生工作办公室．授予博士硕士学位和培养研究生的学科专业简介［M］．北京：高等教育出版社，1999：251－255.

[2] 教育部高等学校教育指导委员会．普通高等学校本科专业类教学质量国家标准［M］．2018 年 3 月第一版．北京：高等教育出版社，2018：315.

## （二）本科专业介绍

根据《普通高等学校本科专业目录（2020 年版）》所列，自动化类（0808）专业类下设 1 个基本专业和 6 个特设专业。基本专业介绍如下。[1]

### 1. 080801 自动化

**培养目标：**本专业培养知识、能力、素质各方面全面发展，掌握自动化领域的基本理论、基本知识和专业技能，并能在工业企业、科研院所等部门从事有关运动控制、过程控制、制造系统自动化、自动化仪表和设备、机器人控制、智能监控系统、智能交通、智能建筑、物联网等方面的工程设计、技术开发、系统运行管理与维护、企业管理与决策、科学研究和教学等工作的宽口径、高素质、复合型的自动化工程科技人才。

**培养要求：**本专业学生主要学习自动化领域的基本理论和基本知识，接受自动化领域的基本方法及其解决实际工程问题等方面的基本训练，具有自动化工程设计与研究方面的基本能力。

毕业生应获得以下几方面的知识和能力：

（1）熟悉党和国家的各项方针和政策，具有较强的人文素质、社会服务意识和责任感，具有较高的道德修养并遵守学术道德规范和职业诚信；

（2）掌握从事自动化领域工作所需的数学、物理等自然科学知识，以及电子电气、计算机与通信等技术基础知识，具有初步的工程经济、管理、社会学、法律、环境保护等人文与社会学的知识；

（3）掌握本专业中“信息、控制和系统”的基本原理，掌握信息处理的基本方法和优化设计的基本原理，了解自动化领域的前沿和发展动态；

（4）掌握工程控制系统分析和设计的一般方法，具有较熟练地解决工程现场一般控制系统问题的能力，具有能够独立从事工程实际中控制系统的运行、管理与维护的基本能力；

（5）具有对自动化系统或产品中的技术进行分析、改进、优化和独立设计的能力；

（6）具有创新意识和对自动化新产品、新工艺、新技术和新设备进行研究、开发和设计的初步能力；

（7）了解自动化专业领域技术标准和相关行业的法规；

（8）具有适应发展的能力以及对终身学习的正确认识和学习能力；

（9）具有较强的交流沟通、环境适应和团队合作的能力；

（10）具有一定的国际视野，至少掌握一门外语，能熟练阅读本专业外文文献资料，可进行跨文化环境下的沟通和交流。

**主干学科：**控制科学与工程。

**核心知识领域：**电路及电子学基础、自动化基础理论、计算机技术基础（硬件、软件、网络等）、传感器与检测技术、电力电子技术、计算机控制技术、运动控制技术、过程控制技术等。

**核心课程示例：**

示例一：电路原理（64 学时）、模拟电子技术基础（64 学时）、数字电子技术基础（48 学时）、计算机语言程序设计（48 学时）、数据结构（48 学时）、信号与系统分析（64 学时）、计算机原理与应用（理论 48 学时，实验 16 学时）、自动控制理论（1）（64 学时）、运筹学（48 学时）、电力电子技术基础（理论 24 学时，实验 8 学时）、检测原理（理论 24 学时，实验 8 学时）、电力拖动与运动控制（理论 48 学时，实验 16 学时）、过程控制（理论 48 学时，实验 16 学时）、自动控制理论（2）（48 学时）、计算机网络与应用（48 学时）、人工智能导论（32 学时）、应用随机过程（48 学时）、系统识别基础（48 学时）、计算机控制系统（48 学时）、模式识别基础（16 学时）、数字图像处理（48 学时）、计算机仿真（48 学时）、系统工程导论（32 学时）、CM 系统导论（32 学时）、控制理论专题实验（16 学时）、过程控制专题实验（16 学时）、运动控制专题实验（16 学时）、检测技术系列实验（16 学时）、机器人控制综合实验（16 学时）、自动化综合实践（48 学时）。

示例二（括号内为理论学时＋实验学时）：电路（64＋8 学时）、数字逻辑电路（56＋8 学时）、模拟电子线路（56＋8 学时）、工程电磁场（42＋6 学时）、信号与系统（32 学时）、控制工程基础（48＋8 学时）、现代控制理论基础（48＋8 学时）、建模与辨识基础（24＋8 学时）、自动控制元件（26＋6 学时）、微机原理及接口技术（56＋16 学时）、数据采集与处理技术（16＋16 学时）、微控制器应用及系统设计（24＋8 学时）、VISUAL $C^{++}$（48＋16 学时）、软件技术基础（32 学时）、网络与数据通信（34＋6 学时）、工业自动化网络技术（32＋16 学时）、传感器与检测技术（26＋6 学时）、自动测试系统（24＋8 学时）、电力电子技术（36＋4 学时）、嵌入式控制系统及应用（32＋16 学时）、运动控制系统（36＋12 学时）、过程计算机控制系统（36＋12 学时）。

示例三（括号内为理论学时＋实验学时）：电路分析（48＋16 学时）、数字电子技术（48＋16 学时）、模拟电子技术（48＋16 学时）、C 语言程序设计（32＋16 学时）、计算机软件基础（48＋16 学时）、微机原理与接口技术（48＋16 学时）、控制工程数学基础（48 学时）、自动控制原理（80＋10 学时）、现代控制理论（34＋6 学时）、计算机控制系统（46＋10 学时）、自动控制系统仿真（32＋16 学时）、检测技术与仪表（46＋10 学时）、电力电子技术（36＋4 学时）、电机与拖动（54＋10 学时）、运动控制系统（48＋8 学时）、过程控制（48＋8 学时）、工业计算机网络与通信（32＋8 学时）、微控制器技术课程设计（24 学时）、现场总线技术课程设计（32 学时）、自动控制系统综合实验（32 学时）、集散控制系统（22＋10 学时）、现场总线技术（32＋8 学时）、嵌入式系统（26＋10 学时）、基于网络的智能控制（32＋8 学时）、先进控制理论（32 学时）。

**主要实践性教学环节：**电类基础课程实验、电子工艺实习、计算机技术类课程实验、电子技术综合设计、计算机程序综合设计、计算机控制系统综合设计、过程控制系统或运动控制系统综合设计和自动化技术综合设计，以及专业实习、毕业设计（论文）和课外学术活动、科技创新活动等实践教学环节。

**主要专业实验：**控制工程基础课程实验、信号处理技术课程实验、传感器与检测技术课程实验、电力电子技术课程实验、计算机控制系统、过程控制系统或运动控制系统课程实验等。

**修业年限：**四年。

**授予学位：**工学学士。

**参考文献：**

[1] 中华人民共和国教育部高等教育司．普通高等学校本科专业目录和专业介绍[M]．2012 年 10 月第一版．北京：高等教育出版社，2012：191－193.

## （三）未来职业发展

### 1. 自动化工程师

**职业定义：**负责了解客户需求，编写自动化控制项目方案书、负责 PLC 编程、组态软件编写、组织自动化工程施工，负责自动化控制项目技术指导要求，并遵循软件开发流程，进行独立的嵌入式软件模块的设计和实现，和其他部门配合共同完成产品的设计、开发和测试的专业人员。

工作内容：

（1）承担自控技术和产品的研发和实施；

（2）编制最优化控制计算机软件；

（3）参与编制项目的技术方案、项目建议书和可行性研究报告；

(4) 为项目的建设、安装、调试、运行提供技术支持；

(5) 参与设计，开发和调试最先进的自动化生产设备和生产线；

(6) 参与设备概念开发、控制标准开发、电气设计，指导供应商完成设备开发；

(7) 从设计者的角度架构和编写 PLC 程序；实现 PLC 程序对传送带、机器人、机器视觉和运动控制系统的控制，以及与 MES 系统的交互；

(8) 部署控制安全系统，保护机器人，传送系统及其他生产设备；

(9) 编程和调试六轴工业机器人，安装调试视觉系统，开发人机交互触摸屏界面；

(10) 通过 Python 脚本和 SQL 编程，实现工艺、测试设备与 MES 系统和生产质量数据库的交互；

(11) 不断优化和调试自动化生产线，达到最大产能，与生产团队密切配合，支持产品生产全周期。

能力要求：

具备自动控制工程设计经验；有相关领域设计经验，能够进行现场施工管理；熟悉自动控制理论；熟悉西门子、三菱、ABB 或其他公司 PLC，能熟练编写 PLC 程序，开发上位机软件；能熟练使用 CAD 等相关软件设计制图；熟悉 SQL 等数据库，以及 VBA 编程；熟悉现场各种工业常规仪表、分析仪器等；具有优秀的学习能力、良好的沟通能力和逻辑表达能力，对数据敏感度高，善于发现问题，并能创造性解决难题。

### 2. 系统工程师

**职业定义**：具备较高专业技术水平，能够分析商业需求，并使用各种系统平台和服务器软件来设计并实现商务解决方案的基础架构的技术人员。

工作内容：

(1) 检查系统运行情况，及时发现系统的报警信息，并进行处理；

(2) 收集系统统计和性能数据，进行分析；

(3) 设置和调整系统参数，以便实现应用程序的特定要求和最佳性能；

(4) 分析和管理系统安全，控制和监视用户对系统的访问、资源使用等情况；

(5) 定期对系统进行备份，在必要时提供恢复；测试备份与恢复是否正常；

(6) 升级操作系统软件（补丁）和硬件微码，必要时升级或者迁移系统、数据(物理层面迁移)；

(7) 对应用程序开发人员、数据库管理人员、网络管理人员提供支持；

(8) 评估产品和技术，为 IT 管理、规划者提供有效的数据；

(9) 实现系统规划、设计，均衡设计问题以优化性能；

(10) 逐步提高系统可用性，降低管理复杂性；

(11) 诊断、定位故障，执行故障检测，解决任何系统相关问题；必要时联系厂商支持人员以便较好地解决问题；

(12) 参与制定、执行系统管理流程、系统设计规划和实施方案。

能力要求：

了解多种安全攻防技术，比如主流 unix、linux、windows 平台的设计、实施工作；了解主流数据库管理、网络、存储技术及相关平台的实施工作；能用 SHELL 编写相关脚本；了解 SQL 注入、跨站脚本攻击；熟悉 Mysql、oracle、sqlserver、db2 等主流数据库；具备较强的流程分析和优化能力；同时还应具备良好的沟通能力、团队协作精神以及较好的写作能力；积极进取，工作热情高，能承受工作压力，有很强的自学能力等。

### 3. 制导与控制工程师

**职业定义：**研究航天、航空、航海、陆行各类运动体的位置、方向、轨迹、姿态的检测、控制及其仿真，并将这一核心技术运用到国防武器系统和民用运输系统中的技术人员。

工作内容：

(1) 负责制导控制系统设计、计算、仿真分析和制导精度分析工作；

(2) 负责编写制导控制系统任务书和设计报告；

(3) 负责提出半实物仿真试验方案并协调半实物仿真试验的参试设备及参试单位；

(4) 负责编写半实物仿真试验大纲和试验总结；

(5) 负责提供仿真状态下的模飞数据；

(6) 负责校验分系统模飞测试结果；

(7) 负责协助分系统进行软件编写流程设计并提供制导控制系统性能指标。

能力要求：

具有从事惯导系统设计、INS 和 GNSS 组合导航算法研究，惯性导航系统测试及仿真方法研究相关专业研究经验；能够使用 matlab、simulink、C 等编程语言；具备良好的学习能力、创新精神、团队协作能力、沟通能力等。

### 4. 总线应用工程师

**职业定义：**负责相关领域的总线测试、应用、技术支持、开发等工作的技术人员。

工作内容：

总线技术应用广泛，下面以车辆生产为例：

(1) 负责整车控制系统技术现状调研及供应商筛选；

(2) 负责整车控制系统架构设计并配合评审；

(3) 负责整车控制系统通信规范、通信协议、诊断规范、诊断协议等制定，并完成供应商技术交流工作；

(4) 负责整车控制系统试验能力建设；

(5) 负责整车控制系统测试及持续优化；

(6) 负责整车控制系统相关技术文件的编写；

(7) 负责车辆调试。

能力要求：

熟悉 RS485、CAN、CANopen、EtherCAT 总线的协议与应用；熟练掌握 C、C++、VC、VB 等编程语言；从事汽车行业要掌握汽车行业总线协议和标准以及常用的开发及测试软件；热爱本职工作，认真严谨，踏实肯干，喜欢钻研，并有一定的英语水平，能够阅读英文文件。

## 5. AI（人工智能）算法工程师

**职业定义：** AI（Artificial Intelligence）算法工程师是研究、开发用于模拟、延伸和扩展人的智能的理论、方法、技术及应用系统的技术人才。

工作内容：

(1) 根据产品业务需求，负责深度学习算法研究、验证，给出可行性分析报告；
(2) 根据产品业务需求，负责深度学习解决方案设计；
(3) 负责深度学习模型实现、训练、调试和优化（数据分析、模型调参等）；
(4) 负责深度学习模型的部署方案；
(5) 对深度学习系统功能、性能、可靠性进行测试和评估；
(6) 针对嵌入式系统的深度神经网络简化和模块化；
(7) 业内与学术界深度学习最新算法与模型追踪、研究。

能力要求：

熟悉 C、C++、Java 语言编程；熟悉一种脚本语言；对数据结构和算法设计有较为深刻的理解；扎实的算法基础；熟悉机器学习、深度学习等基本理论；能够理解基础神经网络模型的原理；熟悉三种以上监督学习算法的原理；具备机器学习模型的使用及调优经验；熟练掌握深度学习算法的开发及优化，至少针对自然语言处理、计算机视觉中的一类任务上的模型进行调优达到特定的需求指标；具备良好的学习能力、发现并解决问题的能力、沟通协调能力等。

## 6. 计算机硬件工程师

**职业定义：** 计算机硬件工程师是指主要从事计算机硬件的开发、管理、维护等工作的技术人员。

工作内容：

(1) 了解计算机的结构及其发展趋势；
(2) 按照计划完成符合功能性能要求和质量标准的硬件产品；
(3) 根据产品详细设计报告，完成符合功能和性能要求的逻辑设计；
(4) 根据逻辑设计说明书，设计详细的原理图和 PCB 图；
(5) 编写调试程序，测试或协助测试开发的硬件设备，确保其按设计要求正常运行。

能力要求：

能够熟练地使用主流的原理图设计工具；能够在 PCB 设计阶段把握 PCB 设计的重

点，并协助PCB工程师完成工作；能够熟练地运用示波器、万用表等仪器，对硬件电路进行调试；具备沟通能力、阅读英文文献的能力等。

### 7. IT（信息技术）项目经理

**职业定义：** 企业建立以项目经理责任制为核心，对项目实行质量、安全、进度、成本管理的责任保证体系和全面提高项目管理水平而设立的重要管理岗位。

工作内容：

（1）确保项目目标的实现，领导项目团队按时、优质地完成全部工作；

（2）与客户沟通，了解项目的整体需求，并与客户保持一定的联系，及时反馈阶段性的成果，即时更改客户提出的合理要求；

（3）制定项目开发计划文档，量化任务，并合理分配给相应的人员；

（4）跟踪项目的进度，协调项目组成员之间的合作；

（5）监督产生项目进展各阶段的文档，并与QA即时沟通，保证文档的完整和规范。

能力要求：

熟练掌握软件开发语言，如C++、java、Objective－c，以及一些主流的软件开发IED，如VS、Eclipse；对软件架构设计、数据库架构设计能够熟练掌握；对软件开发模式能够熟练地应用到项目中；具备良好的沟通能力，将客户的需求及时进行反馈；具备良好的协调能力，协调整个项目小组的工作；具备相应的时间观念。

### 8. 运维开发工程师

**职业定义：** 负责维护并确保整个服务的高可用性，同时不断优化系统架构提升部署效率、优化资源利用率提高整体的ROI的专门人才。

工作内容：

在软件产品的整个生命周期中运维工程师都需要适时地参与并发挥不同的作用，因此运维工程师的工作内容和方向非常多：

（1）事件管理：目标是在服务出现异常时尽可能快速地恢复服务，从而保障服务的可用性；同时深入分析故障产生的原因，推动并修复服务存在的问题，同时设计并开发相关的预案以确保服务出现故障时可以高效地止损。

（2）问题发现：设计并开发高效的监控平台和预警平台，使用机器学习、大数据分析等方法对系统中的大量监控数据进行汇总分析，以及在系统出现异常的时候可以快速地发现问题和判断故障的影响。

（3）问题处理：设计并开发高效的问题处理平台和工具，在系统出现异常的时候可以快速或自动决策并触发相关止损预案，快速恢复服务。

（4）问题跟踪：通过分析问题发生时系统的各种表现（日志、变更、监控）确定问题发生的根本原因，制定并开发预案工具。

（5）变更管理：以可控的方式，尽可能高效地完成产品功能的迭代变更工作。

（6）配置管理：通过配置管理平台（自研、开源）管理服务涉及的多个模块、多个版本的关系以及配置的准确性。

（7）发布管理：通过构建自动化的平台确保每一次版本变更可以安全可控地发布到生产环境。

（8）容量管理：在服务运行维护阶段，为了确保服务架构部署的合理性同时掌握服务整体的冗余，需要不断评估系统的承载能力，并不断优化之。在这方面主要工作内容有：容量评估——通过技术手段模拟实际的用户请求，测试整个系统所能承担的最大吞吐量；通过建立容量评估模型分析压力测试过程中的数据以评估整个服务的容量。容量优化——基于容量评估数据，判断系统的瓶颈并提供容量优化的解决方案。比如通过调整系统参数、优化服务部署架构等方法来高效地提升系统容量。架构优化——为了支持产品的不断迭代，需要不断地进行架构优化调整，以确保整个产品能够在功能不断丰富和复杂的条件下，同时保持高可用性。

能力要求：

精通 shell、Python、Perl 等 1 至 2 种编程语言；熟练掌握、灵活运用常用数据结构和算法及网络基础知识；深入理解 Linux 操作系统；熟悉开源的监控平台工具，分布式计算或者存储系统，机器学习原理，TCP/IP、HTTP 等网络协议；精通 socket 网络编程等；能承担较大的工作压力；有较强的独立分析、解决问题的能力；胆大心细；具备探索和创新精神等。

### 9. 电气工程技术人员

**职业定义：**精通电气施工技术、电工基础等专业知识，从事相关电气产品技术研发工作并解决实际生产问题、对有关资源进行管理统筹最终服务于客户需要的技术人员。

工作内容：

（1）绘制、审核、把关和保管电气工程图纸；

（2）审核电气施工方案，检查施工过程中材料的规格、品牌、技术性能等与图纸是否一致，对一般性质量问题进行及时处理并上报领导；

（3）督促检查施工现场电气施工情况，现场安装调试电气设备，分析处理现场故障；

（4）制定电气设备及计量仪器的各项规章制度及操作程序、维修计划及周期检查计划，并协调日常的维修、保养及计量检查等工作；

（5）建立、完善电力设备固定资产的统计及计量器具的档案、统计、编号等管理系统；

（6）在电气设备及备品备件的添置和工程项目中，严格按照公司制定的采购程序，把好质量关；

（7）协助各专业及部门的各类验证工作。

能力要求：

具备电气工程施工管理工作的经验；具备电气工程师中级技术职称；掌握专业的电气工程施工工艺以及工作流程；熟悉电气工程施工材料市场行情；此外，还需要具备人际交往能力、学习能力、心理抗压能力等。

### 10. 电力工程技术人员

**职业定义：**从事电站与电力系统的研究、开发、设计、安装、运行、检修、管理的工程技术人员。

工作内容：

(1) 研究、制定电力系统的规划立项，进行投资概算；

(2) 负责电力设备的设计工作；

(3) 研究、开发电力设备安装施工方案及施工技术；

(4) 负责相关发电设备运行的技术督导工作；

(5) 分析和处理电力设备安装、调试、检修和改造中的技术问题；

(6) 完成电力工程的设计、建设和运维等。

能力要求：

具有继电保护相关的专业技能；了解电力系统的基础框架，且学习过相关课程，如电工理论、电路、电机学、继电保护、电力系统分析等；具备较好的沟通能力、写作能力；能够阅读英文文献；掌握一定的管理知识。

### 11. 电子工程技术人员

**职业定义：**从事电子材料、电子元器件、微电子、雷达系统工程、广播视听设备、电子仪器等研究、设计、开发、制造、使用维护及售前售后技术支持的工程技术人员。

工作内容：

(1) 负责新品的导入、评审，检验是否符合生产规格及生产过程中的问题跟进处理；

(2) 负责产品生产可用工艺的改良、检测和评审，保证产品生产的高效性和生产流程的流畅运行；

(3) 根据企业需求从销售、车间到最后分支，所有的部分到整体用信息化串联；技术系统产品数据信息化管理。

能力要求：

具备电路设计技能；熟练掌握电路设计原理；能够熟练进行模电、数电设计；具备计算机编程技能，熟练应用各种编程语言；具备工具操作的能力，能够熟练应用PADS、PROTEL等设计软件；熟练应用卡尺、测孔灯等评审工具；具有相关自动化设备的维护和故障排查技能、技术经济分析和评估技能、处理生产现场突发技术问题的能力；具备英语应用技能（听、说、读、写）、专业技术知识的表达能力、与其他技术人员的沟通技能和协作能力；具备获取分析和利用电子工程科技信息的能力；具备逻辑思维能力和创造性思维能力。

### 12. 通信技术工程师

**职业定义：**从事光纤通信、卫星通信、数字微波通信、无线和移动通信、通信交换系统和综合业务数字网以及综合网和有线传输系统的研究、开发、设计、制造、使用与维护的工程技术人员。

工作内容：

（1）研究、开发、设计、生产和使用通信装备与系统、光纤光缆等；

（2）研究、开发、设计、生产和维护无线和移动通信系统与装备、无线寻呼系统、无绳电话、数字蜂窝移动通信系统等；

（3）研究、开发、设计、生产和维护通信交换装备与系统、软件、窄带综合业务数字网组网技术、传真机等；

（4）研究、开发、设计、生产和维护综合业务数字网系统、网络接口技术与装配、数字终端设备、宽带综合业务数字网模型、电子数据交换系统等；

（5）研究、规划、施工、运行、维护载波传输、数字传输和电、光缆传输通信线路；

（6）负责技术平台使用的意见反馈、客户使用满意度反馈、工程质量及运转情况反馈，及时组织解决相关问题，对客户的应用提供建议。

能力要求：

能使用部分编程工具编写程序，例如 delphi 或 $C^{++}$ 等；有扎实计算机网络和通信基础知识，对移动通信技术有所了解；有建立软件产品架构的能力，具有独立分析和处理计算机及网络故障能力；精通局域网的维护及网络安全；有软件程序开发或系统分析相关工作经验；具有程控交换机或计算机网络的安装和售后服务经验；具有良好的沟通与表达能力；具有优秀的团队合作和敬业精神及沟通的能力；身体健康，能适应快节奏、高强度的工作要求。

## （四）就业方向

与自动化类专业相关的职业主要有两大领域：一是部队相关领域，二是民用企事业单位。从整体来看，这两大领域都在迅速发展当中，部队领域发展尤其迅猛。

该专业毕业生就业有以下三个主要去向：

一是去自动化企业工作。控制科学是一门基础的理论，机械自动化的大生产，都离不开该学科理论的支持。对于目前的市场环境，几乎每行每业都有相关的自动化的生产流程，控制科学工程专业与机械自动化产业关系紧密。当然 这个专业也是受现代社会发展影响最大的专业之一，其发展速度相较于其他传统行业更快，因而就业面更加广泛。

二是从事科研教育。由于该专业发展迅速的特质，从事该学科与其他专业相融合的科研工作可能更容易取得成果。如今人工智能、仿生智能等高新技术迅猛发展，都离不开控制科学工程专业的理论支持。

三是从事军工工作。自动化专业在军事方面的应用也是非常广泛的。无人机、火控与指挥系统，甚至航空航天方面的相关技术，都有该专业的身影。现在世界各国都在推崇军事自动化，我国军事方面发展迅速，该专业毕业生在这一行必将做出一番事业。

其他学科的发展也为自动化专业毕业生就业助力，并且在不断开辟着新的研究领域与应用范围，如智能控制、人工神经网络、模糊控制、非线性系统及其控制、生物信息学等。自动化专业始终站在经济建设和技术革命的前沿直接推动工农业的自动化和现代化进程，该专业逐渐渗透到人民生活的各个领域，从而也为广大毕业生提供了更多的就业机会。

**推荐企业：**中国核工业集团公司、中国航天科技集团公司、中国电子科技集团公司、中国航空工业第一集团公司、中国航空工业第二集团公司、中国船舶工业集团公司、中国船舶重工集团公司、中国北方工业集团公司（中国兵器工业集团公司）、中国南方工业集团公司（中国兵器装备集团公司）、中国航天科工集团公司。

# 九、计算机类

人类出现文明的时候便出现了计算，各类计算设备便应运而生，从远古时期的结绳计算，到中国古代的算盘，近代出现的钟表都可以看着是计算机器。但真正意义上的第一台自动计算机是19世纪初英国数学家查尔斯·巴贝奇发明的，他设计了一台能完成大量的公式计算的机器，该机器被称为“差分机”。今天，计算机工作的基本原理就是来自于巴贝奇的发明，因此巴贝奇被公认为“计算机之父”。计算机科学的萌发比它在文献中出现的时间要早得多，它的产生发展都与计算机器的设计、制造、实践紧密相关，计算机学科也由此产生。

20世纪40年代，由于电子技术和计算理论取得重大进展，数字电子计算机应运而生，计算机科学与技术学科也随之发展起来。[1]英国数学家阿兰·图灵是公认的计算机科学的创始人。最初，以英国剑桥大学为首的一些高校虽然已经开始教授计算机科学课程，但它只被视为数学或工程学的一个分支，并非独立的学科。世界上第一个计算机科学系是由美国的普渡大学在1962年设立的。第一个计算机学院于1980年由美国的东北大学设立。如今多数大学都把计算机科学系列为独立的部门，但有些也将它与工程系应用数学系或其他学科联合起来。[2]

## （一）专业类简介

计算机科学与技术、软件工程、网络空间信息安全等计算机类学科，统称为计算学科，它是从电子科学与工程和数学发展来的。计算学科通过在计算机上建立模型和系统，模拟实际过程进行科学调查和研究，通过数据搜集、存储、传输与处理等进行问题求解，包括科学、工程、技术和应用。其科学部分的核心在于通过抽象建立模型实现对计算规律的研究；其工程部分的核心在于根据规律，低成本地构建从基本计算系统到大规模复杂计算应用系统的各类系统；其技术部分的核心在于研究和发明用计算进行科学调查与研究中使用的基本手段和方法；其应用部分的核心在于构建、维护和使用计算系统实现特定问题的求解。其根本问题是“什么能、且如何被有效地实现自动计算”，学科呈现抽象、理论、设计三个学科形态，除了基本的知识体系，更有学科方法学的丰富内容。

计算学科已经成为基础技术学科。随着计算机和软件技术的发展，继理论和实验后，计算成为第三大科学研究范型，从而使计算思维成为现代人类重要的思维方式之一。信息产业成为世界第一大产业，信息技术的发展，正在改变着人们的生产和生活方式，离开信息技术与产品的应用，人们将无法正常生活和工作。所以，没有信息化，就没有国家现代化；没有信息安全，就没有国家安全。计算技术是信息化的核心技术，其应用已经深入各行各业。这些使计算学科、计算机类专业人才在经济建设与社会发展中占有重要地位。计算机技术与其他行业的结合有着广阔的发展前景，"互联网+""中国制造2025"等是很好的例子。

计算机类专业的主干学科是计算学科，相关学科有信息与通信工程和电子科学与技术。计算机类专业包括计算机科学与技术、软件工程、网络工程、信息安全、物联网工程等专业，相关专业包括电子信息工程、电子科学与技术、通信工程、信息工程等电子信息类专业，以及自动化专业。

计算机类专业承担着培养计算机类专业人才的重任，本专业类的大规模、多层次、多需求的特点，以及社会的高度认可，使其成为供需两旺的专业类。计算机类专业人才的培养质量直接影响着我国信息技术的发展，影响着我国的经济建设与社会发展，计算机类专业人才培养水平的高低，直接影响着国家的发展和民族的进步。同时，计算机类专业人才培养中所提供的相关教育认识和内容，对非计算机专业人才计算机能力的培养也具有基础性的意义。[3]

随着科学的发展和技术的进步，随着不断加速的社会信息化进程，计算机类专业将成为科学技术领域中日益重要的工科专业之一。本专业类与其他专业类之间将日益相互渗透、互为影响，大力发展跨学科跨专业的研究必将促进计算机科学更快更好地发展，为国家信息化建设提供人才、技术支持。

**参考文献：**

[1] 国务院学位委员会办公室，教育部研究生工作办公室．授予博士硕士学位和培养研究生的学科专业简介［M］．北京：高等教育出版社，1999：256-259.

[2] 方滨兴．定义网络空间安全［J］．网络与信息安全学报，2018，4（01）：1-5.

[3] 教育部高等学校教育指导委员会．普通高等学校本科专业类教学质量国家标准［M］．2018年3月第一版．北京：高等教育出版社，2018：321.

## （二）本科专业介绍

根据《普通高等学校本科专业目录（2020年版）》所列，计算机类（0809）专业类下设5个基本专业、9个特设专业和3个国家控制布点专业。部分专业介绍如下。[1]

### 1. 080901 计算机科学与技术

**培养目标：**本专业培养德、智、体、美、劳全面发展，掌握数学与自然科学基础知识以及计算机、网络与信息系统相关的基本理论、基本知识、基本技能和基本方法，具有较强的专业能力和良好的综合素质，能胜任计算机科学研究、计算机系统设计、开发与应用等工作的高级专门人才。

**培养要求：**

(1) 掌握中国特色社会主义基本理论，具有良好的人文社会科学素养、职业道德和心理素质，社会责任感强；

(2) 掌握从事本专业工作所需的数学（特别是离散数学）和其他相关的自然科学知识以及一定的经济学与管理学知识；

(3) 系统掌握计算机科学与技术学科的基础理论和专业知识，理解本学科的基本概念、知识结构、典型方法，建立数字化、算法、模块化与层次化等核心专业意识；

(4) 掌握计算学科的基本思维方法和研究方法，具有良好的科学素养和一定的工程意识，并具备综合运用所掌握的知识、方法和技术解决实际问题的能力；

(5) 具有终身学习意识以及运用现代信息技术获取相关信息和新技术、新知识的能力；

(6) 了解计算机科学与技术学科的发展现状和趋势，具有创新意识，并具有技术创新和产品创新的初步能力；

(7) 了解与本专业相关的职业和行业的重要法律法规及方针政策，理解工程技术与信息技术应用相关的伦理基本要求；

(8) 具有一定的组织管理能力、表达能力、独立工作能力、人际交往能力和团队合作能力；

(9) 具有一定的外语应用能力，能阅读本专业的外文材料，具有一定的国际视野和跨文化交流、竞争与合作能力；

(10) 掌握体育运动的一般知识和基本方法，形成良好的体育锻炼习惯。

**主干学科：**计算机科学与技术。

**核心知识领域：**离散结构、基本算法、程序设计、数据结构、计算机组成、操作系统、计算机网络、数据库系统、软件工程等。

核心课程示例（括号内为理论学时＋实验或者习题课学时）：

示例一：高级语言程序设计（40＋48 学时）、计算机导论（24＋6 学时）、集合论与图论（48 学时）、汇编语言程序设计（32＋8 学时）、电路（44＋16 学时）、数理逻辑（32 学时）、电子技术基础（32＋20 学时）、数字逻辑设计（36＋12 学时）、数据结构与算法（40＋24 学时）、近世代数（32 学时）、计算机组成原理（48＋60 学时）、软件工程（48＋16 学时）、形式语言与自动机（32 学时）、数理逻辑（32 学时）、数据库系统（40＋24 学时）、操作系统（40＋16 学时）、计算机网络（36＋30 学时）、算法设计与分析（32 学时）、计算机体系结构（48 学时）。

示例二：计算概论（72 学时）、数据结构与算法（72 学时）、数字逻辑设计（54 学时）、集合论与图论（54 学时）、代数结构与组合数学（54 学时）、数理逻辑（54 学时）、微机原理（54 学时）、计算机组织与体系结构（54 学时）、电路分析原理（72 学时)、数字集成电路（72 学时)、信号与系统（54 学时)、微电子与电路基础（54 学时)、电子线路（72 学时)、算法设计与设计（72 学时)、脑与认知科学（36 学时)、人工智能导论（54 学时)、编译技术及实习（54＋72 学时)、操作系统及实习（54＋72 学时)、微机实验（0＋72 学时)、程序设计实习（0＋72 学时)、数字逻辑电路实验（0＋72 学时)、数字逻辑设计实验（0＋72 学时)、电子线路实验（0＋72 学时)、基础电路实验（0＋72 学时)。

示例三：电路分析基础（68 学时)、数字电路与逻辑设计（60＋30 学时)、模拟电子技术基础（60＋30 学时)、信号与系统（68 学时)、电路信号与系统实验（15＋15 学时)、计算机导论（16 学时)、计算机通信与网络（56＋20 学时)、软件工程（30＋16 学时)、数据库系统（40＋12 学时)、编译原理（52＋16 学时)、人工智能（46 学时)、操作系统（54＋24 学时)、程序设计基础（44＋32 学时)、数据结构（54＋24 学时)、离散数学（一)（54 学时)、计算机组织与体系结构（76＋20 学时)、微机系统（50＋20 学时)、离散数学（二)（30 学时)。

**主要实践性教学环节：**课程实验、课程设计、专业实习、毕业设计（论文）等。

**主要专业实验：**程序设计实验、数据结构实验、计算机组成实验、操作系统实验、数据库实验、计算机网络实验。

**修业年限：**四年。

**授予学位：**工学学士或理学学士。

### 2. 080902 软件工程

**培养目标：**本专业培养德、智、体、美、劳全面发展，掌握自然科学和人文社科基础知识，掌握计算科学基础理论、软件工程专业的基础知识及应用知识，具有软件开发能力以及软件开发实践的初步经验和项目组织的基本能力，能从事软件工程技术研究、设计、开发、管理、服务等工作的专门人才。

**培养要求：**本专业学生主要学习自然科学和人文社科基础知识，学习计算科学、软件工程相关的基本理论和基本知识，接受软件工程的基本训练，具有软件开发实践的基本能力和初步经验、软件项目组织的基本能力以及基本的工程素养，具有初步的创新和创业意识、竞争意识和团队精神，具有良好的外语运用能力。

毕业生应获得以下几方面的知识和能力：

(1) 掌握基本的人文和社会科学知识，具有良好的人文社会科学素养、职业道德和心理素质，社会责任感强；

(2) 掌握从事本专业工作所需的数学和其他相关的自然科学、系统科学知识以及一定的经济学与管理学知识；

(3) 掌握计算学科基础理论知识和专业知识，了解本学科的核心概念、知识结构和典型方法；

(4) 掌握软件工程学科的基本理论和基本知识，熟悉软件需求分析、设计、实现、评审、测试、维护以及过程与管理的方法和技术，了解软件工程规范和标准；

(5) 经过系统化的软件工程基本训练，具有参与实际软件开发项目的经历，具备作为软件工程师从事工程实践所需的专业能力；

(6) 具备综合运用掌握的知识、方法和技术解决实际问题的能力，能够权衡和选择各种设计方案，使用适当的软件工程工具设计和开发软件系统，能够建立规范的系统文档；

(7) 充分理解团队合作的重要性，具备个人工作与团队协作的能力、人际交往和沟通能力以及一定的组织管理能力；

(8) 具有初步的外语应用能力，能阅读本专业的外文材料，具有一定的国际视野和跨文化交流、竞争与合作能力；

(9) 了解与本专业相关的职业和行业的重要法律法规及方针与政策，理解软件工程技术伦理的基本要求；

(10) 了解软件工程学科的前沿技术和软件行业的发展动态，在基础研发、工程设计和实践等方面具有一定的创新意识和创新能力；

(11) 能够运用所学的知识技能和方法对系统的各种解决方案进行合理的判断和选择，具备一定的批判性思维能力；

(12) 具备自我终身学习的能力，自觉学习随时涌现的新概念、新模型和新技术，使自己的专业能力保持与学科的发展同步。

**主干学科：**软件工程。

**核心知识领域：**计算基础、数学和工程基础、职业实践、软件系统建模与分析、软件系统设计、验证与确认、软件演化、软件过程、软件质量、软件管理。

**核心课程示例：**

示例一：(括号内为理论授课＋实验学时数)：离散数学（64学时）、计算系统基础（64＋48学时）、计算与软件工程Ⅰ（个人级软件开发）（48＋48学时）、计算与软件工程Ⅱ（小组级软件开发）（48＋48学时）、计算与软件工程Ⅲ（团队软件工程实践）（16＋96学时）、数据结构与算法（64＋48学时）、操作系统（48＋48学时）、计算机网络（48＋48学时）、数据库系统（48＋48学时）、软件需求工程（32＋32学时）、软件系统设计与体系结构（32＋32学时）、软件构造（32＋32学时）、软件测试与质量（32＋32学时）、人机交互的软件工程方法（32＋32学时）、计算机组织结构（限选）（48学时）、软件工程统计方法（限选）（48学时）、软件过程与管理（限选）（32学时）。

示例二：程序设计基础（32学时）、面向对象的编程与设计（32学时）、数据结构（32学时）、离散结构（32学时）、操作系统（32学时）、数据库系统（32学时）、计算机网络（32学时）、软件工程概论（32学时）、软件系统分析与设计技术（32学时）、软件体系结构（32学时）、软件项目管理（32学时）、软件测试技术与实践（32学时）、计算机应用与编程综合实践（实验64学时）、面向对象与交互式应用开发综合实践（实验64学时）、数据结构与算法综合实践（实验64学时）、数据库应用系统综合实践（实验64学时）、软件系统构思综合训练（实验64学时）、软件工程综合实践（实验64学时）。

示例三：（括号内为理论授课＋实验学时数）：程序设计基础（60＋20 学时）、离散数学（64 学时）、面向对象程序设计（40＋16 学时）、数据结构（60＋20 学时）、计算机组成与结构（52＋12 学时）、操作系统（62＋10 学时）、数据库概论（52＋12 学时）、软件工程导论（40＋8 学时）、网络及其计算（56＋16 学时）、软件建模技术（30＋10 学时）、软件质量保证与测试（32＋8 学时）、软件项目管理（32＋8 学时）、软件工程课程设计（实验 80 学时）。

**主要实践性教学环节：**课程实验、课程设计、专业实习、毕业设计（论文）等。

**主要专业实验：**程序设计实验、计算机网络实验、操作系统实验、数据库设计实验、系统分析与软件建模实验、软件系统设计实验、软件测试实验、专业综合实践。

**修业年限：**四年。

**授予学位：**工学学士。

### 3. 080903 网络工程

**培养目标：**本专业培养德、智、体、美、劳全面发展，掌握数学和其他相关的自然科学基础知识以及计算机和通信基础理论，掌握计算机网络系统的规划设计、维护管理、安全保障和应用开发相关的理论、知识、技能和方法，具有一定的工程管理能力和良好综合素质，能够承担计算机网络系统设计、开发、部署、运行、维护等工作的高级专门技术人才。

**培养要求：**

（1）掌握中国特色社会主义基本理论，具有良好的人文和社会科学素养、职业道德和心理素质，社会责任感强；

（2）掌握从事本专业工作所需的数学和其他相关的自然科学知识以及一定的经济学与管理学知识；

（3）掌握科学思维方法和工程设计方法，具备良好的工程素养以及一定的创新意识和创业精神、具有严谨的科学态度和务实的工作作风；

（4）掌握网络工程的基础知识、基本方法和相关工具，并具有将其应用于网络系统的设计实现、维护管理、安全保障和网络应用开发的能力；

（5）了解本学科的发展现状和趋势，具有创新意识、终身学习能力、获取信息能力和适应学科发展能力；

（6）热爱本专业，注重职业道德修养，了解与本专业相关的职业和行业的重要法律法规及方针与政策，理解工程技术伦理的基本要求；

（7）具有一定的组织管理能力、表达能力、独立工作能力和人际交往能力，具有诚信意识和团队精神；

（8）具有良好的外语应用能力，能阅读本专业的外文资料，具有一定的国际视野和跨文化交流、竞争与合作能力。

**主干学科：**计算机科学与技术、通信工程。

**核心知识领域：**计算机网络、数字通信、网络工程设计、网络安全、网络管理、网络开发。

核心课程示例（括号内为理论学时＋实验或者习题课学时）：

示例一：计算机原理（58＋6 学时）、计算机程序设计（28＋8 学时）、数据结构（40＋6 学时）、操作系统（46＋8 学时）、计算机网络（44＋10 学时）、信息安全导论（30＋6 学时）、数据通信（32＋4 学时）、互联网协议分析与设计（30＋6 学时）、网络工程（32＋4 学时）、网络应用开发与系统集成（24＋12 学时）、路由与交换技术（28＋8 学时）、网络安全（30＋6 学时）、网络管理（32＋4 学时）、移动通信与无线网络（30＋6 学时）、接入网技术（32＋4 学时）、网络测试与评价（32＋4 学时）。

示例二：离散数学（60 学时）、电路与信号分析（50＋10 学时）、电子技术基础（50＋10 学时）、计算机程序设计导论（40＋20 学时）、算法与数据结构（60＋20 学时）、计算机组成原理（48＋12 学时）、数据库原理与应用（20＋20 学时）、操作系统（50＋30 学时）、数字通信原理（50 学时）、计算机网络原理（50＋10 学时）、嵌入式系统原理与应用（30＋20 学时）、网络应用编程（20＋20 学时）、网络工程设计（20＋20 学时）、网络攻击与防护（40＋10 学时）、网络管理与维护（20＋20 学时）。

示例三：电工电子学（32＋16 学时）、数字逻辑电路（32＋16 学时）、离散数学（48 学时）、程序设计基础（64＋32 学时）、算法与数据结构（64＋32 学时）、面向对象程序设计（32＋32 学时）、计算机组成与结构（48＋16 学时）、计算机操作系统（48＋16 学时）、数据库原理及应用（48＋16 学时）、计算机网络原理（48＋16 学时）、路由与交换技术（48＋16 学时）、计算机网络安全（32＋32 学时）、计算机网络管理（32＋16 学时）、TCP/IP 协议分析与应用（48＋16 学时）、Windows 或 Linux 服务器管理与应用（32＋32 学时）、网络系统集成技术（32＋32 学时）。

**主要实践性教学环节：**课程实验、课程设计、专业实习与实训、毕业设计（论文）。

**主要专业实验：**计算机网络实验、网络工程设计实验、网络安全实验、网络管理实验、网络应用开发实验、计算机组成原理与操作系统实验。

**修业年限：**四年。

**授予学位：**工学学士。

### 4. 080904K 信息安全

**培养目标：**本专业培养素质、知识、能力全面发展，具有自然科学、人文科学和信息科学基础知识，掌握信息安全领域的基本理论、基本技术和应用知识，具备信息安全科学研究、技术开发和应用服务工作能力的信息安全科技人才，能够在信息安全、信息科学、信息技术及其他相关领域从事信息安全科学研究、技术开发和应用服务等方面的工作。

**培养要求：**本专业学生主要学习信息安全的基础知识和基本理论，接受信息安全基本技术的训练，具备信息安全科学研究、技术开发和应用服务等方面的基本能力。

毕业生应获得以下几方面的知识、能力和素质：

（1）思想品德素质：热爱祖国，遵纪守法，具有高度的国家安全意识和信息安全责任心，具有尽职奉献的品德；

（2）身心素质：具有良好的身体素质和心理素质；

（3）文化素质：具有一定的文化修养，既要具有一定的中华民族传统优秀文化的修养，也要具有一定的现代世界文化的修养；

（4）专业素质：具有从事信息安全科学研究、技术开发和应用服务的专业素质，具有一定的创新和创业意识；

（5）人文社会科学知识：具有文学、外语、法律、管理和艺术等方面的基本知识；

（6）自然科学知识：具有与信息安全相关的数学、物理和生物学等基础知识；

（7）专业知识：具有扎实的信息安全数学基础、信息科学基础、信息安全基础知识。具有系统扎实的密码学、网络安全、信息系统安全，信息内容安全等领域的专业知识，并在某一方面有所侧重；

（8）具有较强的学习能力，知识和技术的获取能力，具有自学能力；

（9）分析和解决问题的能力：具有信息安全领域的科学研究、技术开发和应用服务的基本能力。

**主干学科：**计算机科学与技术、电子信息。

**核心知识领域：**信息科学基础、信息安全基础、密码学、网络安全、信息系统安全、信息内容安全等。

**核心课程示例：**

示例一：信息安全导论（6 学时）、高级语言程序设计（54 学时）、信息安全数学基础（72 学时）、计算机组成原理（72 学时）、离散数学（54 学时）、数据结构（54 学时）、操作系统及安全（72 学时）、数据库原理（54 学时）、通信原理（36 学时）、计算机网络（54 学时）、密码学（54 学时）、软件安全（45 学时）、网络安全（54 学时）、智能卡技术（54 学时）、信息系统安全（72 学时）、信息隐藏技术（72 学时）、信息内容安全（72 学时）、数据库系统安全（54 学时）、信息安全工程（54 学时）、电子商务与电子政务安全（54 学时）。

示例二：电路分析基础（68 学时）、信号与系统（68 学时）、模拟电子线路（60 学时）、数字电路与逻辑设计（46 学时）、微机原理与系统设计（78 学时）、通信原理（60 学时）、数字信号处理（46 学时）、信息安全数学基础（78 学时）、数据结构和算法分析（54 学时）、C 语言程序设计（46 学时）、操作系统（46 学时）、数据库（46 学时）、计算机网络（46 学时）、信息论与编码理论（46 学时）、现代密码学（46 学时）、网络安全理论与技术（46 学时）。

示例三：电路与电子学（64 学时）、脉冲与数字电路（48 学时）、信号系统与信号处理（64 学时）、计算机组成原理与接口技术（64 学时）、信息安全数学基础（48 学时）、数据结构（64 学时）、信息论与编码（32 学时）、信息安全导论（32 学时）、$C^{++}$程序设计（48 学时）、通信原理（64 学时）、操作系统（48 学时）、计算机网络（64 学时）、网络安全理论与技术（48 学时）、密码学（48 学时）、计算机病毒（32 学时）、通信安全技术（48 学时）、网络安全编程（48 学时）、信息隐藏技术（32 学时）、信息安全法律法规（8 学时）、信息安全管理与测评（48 学时）。

**主要实践性教学环节：**校内实践环节包括课程练习、课程设计、实验课、学生业余科研、科研实践、毕业实践等；校外实践环节包括校外实习和社会调查等。

**主要专业实验：**信息安全软件基础实验、信息安全硬件基础实验、密码学实验、网络安全实验、信息内容安全实验、创新性综合实验。

**修业年限：**四年。

**授予学位：**工学学士或理学学士或管理学学士。

【本专业为国家控制布点的专业】

### 5. 080905 物联网工程

**培养目标：**本专业培养德、智、体、美、劳全面发展，掌握数学和其他相关的自然科学基础知识以及和物联网相关的计算机、通信和传感的基本理论、基本知识、基本技能和基本方法，具有较强的专业能力和良好外语运用能力，能胜任物联网相关技术的研发及物联网应用系统规划分析、设计、开发、部署、运行维护等工作的高级工程技术人才。

**培养要求**

（1）具备良好的人文社会科学素养、职业道德和心理素质，社会责任感强；

（2）掌握从事本专业工作所需的数学等相关的自然科学知识以及一定的经济学、管理学和工程科学知识；

（3）系统掌握物联网专业基础理论知识和专业知识，理解基本概念、知识结构、典型方法，理解物理世界与数字世界的关联，具有感知、传输、处理一体化的核心专业意识；

（4）掌握物联网技术的基本思维方法和研究方法，具有良好的科学素养和一定的工程意识，并具备综合运用掌握的知识、方法和技术解决实际问题的能力；

（5）具有终身学习意识以及运用现代信息技术获取相关信息和新技术、新知识的能力；

（6）了解物联网的发展现状和趋势，具有技术创新和产品创新的初步能力；

（7）了解与本专业相关的职业和行业的重要法律法规及方针政策，理解工程技术伦理的基本要求；

（8）具有一定的组织管理能力、表达能力、独立工作能力、人际交往能力和团队合作能力；

（9）具有初步的外语应用能力，能阅读本专业的外文材料，具有一定的国际视野和跨文化流、竞争与合作能力；

（10）掌握体育运动的一般知识和基本方法，形成良好的体育锻炼习惯。

**主干学科：**计算机科学与技术、电子科学与技术、通信工程。

**核心知识领域：**物联网技术体系、标识与感知、物联网通信、物联网数据处理、物联网控制、物联网信息安全、物联网工程设计与实施等。

**核心课程示例**（括号内理论学时＋实验或习题课学时）：

示例一：物联网工程导论（18学时）、物联网通信技术（45＋18学时）、RFID原理及应用（45＋18学时）、传感器原理及应用（45＋18学时）、传感网原理及应用（45＋18学时）、物联网软件设计（27＋18学时）、物联网数据处理（54学时）、物联网中间件设计（27＋18学时）、物联网应用系统设计（54学时）、嵌入式系统与设计（45＋18学时）、传感器微操作系统原理与设计（36＋36学时）、物联网控制原理与技术（45＋18学时）、物联网定位技术（45＋18学时）、物联网信息安全（45＋18学时）、物联网工程规划与设计（36学时）、计算机网络（54学时）。

示例二：物联网工程概论（30学时）、物联网算法基础（60＋15学时）、物联网硬件基础（60＋15学时）、传感网与微操作系统（45＋15学时）、物联网安全与隐私（30学时）、无线单片机与协议开发（60＋15学时）、JAVA语言程序设计（30＋15学时）、物联网移动应用开发（20＋10学时）、物流管理信息系统（30＋15学时）、RFID系统（30学时）、物联网嵌入式系统开发（20＋10学时）、多传感器数据融合技术（60学时）、云计算（30学时）、物联网与智慧思维（30学时）、移动人机交互技术（30学时）、社会计算（30学时）。

示例三：物联网工程导论（18学时）、物联网体系结构（40学时）、传感器原理及应用（36＋10学时）、物联网数据处理（40＋10学时）、嵌入式系统原理（40＋12学时）、物联网工程规划与设计（40＋10学时）、物联网应用系统设计（50学时）、物联网通信技术（40＋14学时）、RFID与智能卡技术（40＋10学时）、物联网控制技术与应用（40＋14学时）、物联网信息安全（40＋14学时）、传感器网络及应用（40＋14学时）、网络规划与设计（40＋14学时）、数据仓库与数据挖掘（40＋10学时）、信息系统分析与集成（40＋14学时）、软件集成与服务计算（40＋10学时）。

**主要实践性教学环节：**课程实验、课程设计、专业实习、毕业设计（论文）。

**主要专业实验：**传感器实验、传感网实验、物联网通信实验、物联网数据处理实验、物联网工程规划与设计实验。

**修业年限：**四年。

**授予学位：**工学学士。

### 6. 080906 数字媒体技术

**培养目标：**本专业培养德、智、体、美、劳全面发展，掌握数学与自然科学基础知识以及与数字媒体相关的计算机科学与技术、信息与通信工程等学科的基本理论、基本知识、基本技能和基本方法，具备良好的技术素质和一定的艺术修养，能在互动媒体、媒体网络、新媒体工程等领域从事系统设计、开发与应用工作的高级复合型人才。

**培养要求：**本专业学生主要学习和掌握数字媒体技术专业的基本理论、基础知识和基本技能。

毕业生应获得以下几方面的知识和能力：

(1) 具备良好的人文社会科学素养、职业道德和心理素质，社会责任感强；

(2) 掌握从事本专业工作所需的数学、自然科学知识以及一定的经济学、管理学知识；

(3) 掌握计算机科学与技术、信息与通信工程等学科的专业知识和基本技能，理解数字媒体技术领域的基本概念、知识结构、典型方法，建立数字化、网络化、交互性等核心专业意识；

(4) 掌握数字媒体领域的核心技术，了解数字媒体创作的基本方法，具有良好的科学素养和一定的艺术修养，能够为数字媒体内容的创作和传播提供基本的技术解决方案，具备设计、开发数字媒体系统的基本能力；

(5) 具有良好的自学能力，终生学习意识强烈，具备运用现代信息技术获取相关信息和新技术、新知识、新创意的能力；

(6) 了解数字媒体技术领域的发展现状和趋势，具备良好的创新意识，具备技术创新和产品创新的初步能力；

(7) 了解与本专业相关的职业和行业的重要法律法规及方针与政策，理解工程技术、信息技术以及艺术创作相关的伦理基本要求，具有专利和版权的保护、利用、经营等创业意识；

(8) 具备较强的组织管理能力、沟通表达能力、独立工作能力、人际交往能力和团队合作能力；

(9) 具有初步的外语应用能力，能阅读本专业的外文材料，具有一定的国际视野和跨文化交流、竞争与合作能力。

**主干学科：**计算机科学与技术、信息与通信工程。

**核心知识领域：**程序设计、网络与应用、计算机图形学、数字图像处理、数字视音频处理、计算机动画、计算机视觉、人机交互、虚拟现实技术等。

**核心课程示例：**

示例一：程序设计基础与实验（32＋32学时）、造型基础（16＋32学时）、图像信息处理（32＋16学时）、数字摄影（16＋32学时）、计算机图形学（32＋16学时）、场景设计与表现（16＋48学时）、数字媒体资源管理（32学时）、数字视音频处理（40＋16学时）、计算机动画（32＋16学时）、计算机视觉（32学时）、人机交互技术（32学时）、角色形象设计（32＋32学时）、计算机游戏程序设计（48学时）、数据结构基础（32＋16学时）、数据库系统原理（32＋16学时）、计算机网络基础（48＋16学时）。

示例二：面向对象程序设计（32＋16学时）、计算机网络协议基础（40＋16学时）、数字信号处理（48＋16学时）、数字图像处理（32＋16学时）、多媒体原理与应用（32＋16学时）、现代电视技术（40＋16学时）、信息论与编码原理（48学时）、媒体内容安全技术（32＋16学时）、计算机图形学（32＋16学时）、媒体网络与交互电视技术概论（32＋16学时）、多媒体系统设计（16＋32学时）。

示例三：数字媒体技术导论（32 学时）、媒体制作软件（32＋24 学时）、3D 图形程序设计（32＋16 学时）、多媒体画面艺术（24＋8 学时）、游戏架构设计（16＋16 学时）、三维造型与动画技术（32＋24 学时）、计算机图形学（40＋8 学时）、数字图像处理（40＋8 学时）、实时虚拟现实技术（32＋16 学时）、游戏开发（64＋32 学时）、动画设计（64＋32 学时）、影视制作与合成（32＋16 学时）。

**主要实践性教学环节：**根据需要设置实验、课程设计、实习、实训、毕业设计（论文）等。

**主要专业实验：**数字图像处理实验、计算机图形学实验、动画原理与设计实验、数字视音频处理实验、虚拟现实技术实验、多媒体原理与应用实验、数字媒体制作实验、网络应用技术实验等。

**修业年限：**四年。

**授予学位：**工学学士。

**参考文献：**

[1] 中华人民共和国教育部高等教育司．普通高等学校本科专业目录和专业介绍[M]．2012 年 10 月第一版．北京：高等教育出版社，2012：193－202.

## （三）未来职业发展

### 1. 程序员

**职业定义：**从事程序开发、程序维护的专业人员。

工作内容：

（1）对项目经理负责，负责软件项目的详细设计、编码和内部测试的组织实施，对小型软件项目兼任系统分析工作，完成分配项目的实施和技术支持工作；

（2）协助项目经理和相关人员同客户进行沟通，保持良好的客户关系；

（3）参与需求调研、项目可行性分析、技术可行性分析；

（4）熟悉并熟练掌握交付软件部开发的软件项目的相关软件技术；

（5）负责向项目经理及时反馈软件开发中的情况，并根据实际情况提出改进建议；

（6）参与软件开发和维护过程中重大技术问题的解决，参与软件首次安装调试、数据割接、用户培训和项目推广；

（7）负责相关技术文档的拟订；

（8）负责对业务领域内的技术发展动态进行分析研究。

能力要求：

具有开发经验；熟悉常用编程语言，诸如 C、C$^{++}$、Java、Python 等，并对某一门或多门语言的特性有着比较深入的理解；掌握基本的数据结构和算法设计能力，熟练掌握数据结构的应用和复杂度分析并灵活运用；能够熟练运用系统 API 接口，设计良好的程序；熟悉 Linux 操作系统；熟悉 TCP/IP、HTTP 等通信协议；有 socket 网络编程和大规模并发服务器开发经验或有搜索相关领域（如信息检索、索引、排序）经验；熟练掌握 TP5.1 框架、PHP＋MYSQL、HTML＋CSS＋JS；熟悉 Java 平台上的开发技术与常用框架 SSM（Spring＋SpringMVC＋MyBatis）；熟悉 svn、git、maven 等工具；熟悉 My sqlRedis、oracle 数据库产品等；注重代码质量；了解 TDD、DDD；了解敏捷开发。

### 2. 计算机软件工程师

**职业定义：**从事软件开发职业的专门人才，其工作主要涉及项目成员的培训、项目系统的设计与开发等方面。相关职位有网页（WEB）前端开发工程师、系统集成工程师。

工作内容：

（1）针对目标用户的需求，进行产品研发；

（2）负责产品的上线推广、软件功能的维护和 BUG 的紧急修复；

（3）根据产品的需求变化，不断改进产品；

（4）编写功能代码，根据用户反馈维护历史代码，控制软件开发过程中的风险和 BUG 的修复；

（5）完成新需求的软件研发，维护历史软件功能的稳定，控制软件开发过程中的多类风险。

能力要求：

熟悉常用编程语言，诸如 C、$C^{++}$、Java、Python 等，并对某一门或多门语言的特性有着较深入的理解；掌握基本的数据结构和算法设计能力；熟练掌握数据结构的应用和复杂度分析并灵活运用；熟练运用系统 API 接口，设计良好的程序；熟悉 Linux 操作系统；熟悉 TCP/IP、HTTP 等通信协议；有 socket 网络编程和大规模并发服务器开发经验或有搜索相关领域（如信息检索、索引、排序）经验；具备沟通能力、表达能力以及团队合作能力，能够与团队中的成员协同开发，共同完成任务。

### 3. 移动客户端开发工程师

**职业定义：**负责移动设备上的软件或系统开发的程序开发人员，其工作同时涉及项目系统的设计与开发等方面，主要职位包括 Android 开发工程师、IOS 开发工程师、Windows Phone 开发工程师。

工作内容：

（1）利用 IDE（集成开发环境）等工具编写代码，并编译成 Android 系统、IOS 系统、Windows、Phone 可运行的程序，来实现游戏或应用的特定程序功；

（2）与产品经理共同进行需求确认，制订实现方式和开发计划，并在计划时间内将需求中的功能开发完毕，提交给测试工程师进行测试。

能力要求：

具备独立进行Android应用功能的设计、开发、调试、发布的能力；熟悉Android186SDK、NDK开发；具有独立设计、开发Android应用软件的能力；具备Android开发架构、API调用以及UI设计能力；熟悉Android开发技术，包括UI、布局、通信机制、多线程、JSON、XML等；掌握面向对象思想、数据结构和基本算法；有团队合作精神，学习能力强；具备自我管理和时间管理能力；思路清晰，语言和文字表达能力优秀；具备较强的沟通能力；工作积极主动，有较强的责任感和严谨的工作作风。

### 4. 信息技术（IT）项目经理

**职业定义：**企业建立以项目经理责任制为核心，对信息技术类项目实行质量、安全、进度、成本管理的责任保证体系和全面提高信息技术类项目管理水平而设立的重要管理岗位。

工作内容：

（1）确保项目目标的实现，领导项目团队准时、优质地完成全部工作；

（2）与客户沟通，了解项目的整体需求；与客户保持一定的联系，即时反馈阶段性的成果，即时更改客户提出的合理需求；

（3）制定项目开发计划文档，量化任务，并合理分配给相应的人员；

（4）跟踪项目的进度，协调项目组成员之间的合作；

（5）监督产生项目进展各阶段的文档，并与QA即时沟通，保证文档的完整和规范；

（6）控制工期，严格按照业主方及甲方合同要求保证工程进度的顺利实施，对于进度提前业主方及甲方所发的进度奖励由项目经理合理分配；

（7）保证质量，严格按照合同要求精心组织施工，确保项目质量达标；

（8）控制成本，在确保质量及进度的前提下，优先考虑可降低生产成本的各种施工方案、材料、工具，将成本控制在合理的范围之内。

能力要求：

熟练掌握软件开发语言，如C++、Java、C＃、Objective－c，以及一些主流的软件开发IED，如VS、Eclipse；对软件架构设计、数据库架构设计能够熟练掌握；具备与客户良好的沟通能力，将客户的需求及时进行反馈；对软件开发模式能够熟练地应用到项目中；具备良好的协调能力，协调整个项目小组的工作；具备相应的时间观念。

### 5. 软件测试工程师

**职业定义：**理解产品的功能要求，并对其进行测试，检查软件有没有错误（Bug），测试软件是否具有稳定性（Robustness），写出相应的测试规范和测试用例的专门工作人员。

工作内容：

(1) 使用各种测试技术和方法来测试和发现软件中存在的软件缺陷；

(2) 从事测试工作需要贯穿整个软件开发生命周期；

(3) 将发现的缺陷编写成正式的缺陷报告，提交给开发人员进行缺陷的确认和修复；

(4) 测试过程中，需要制订测试计划，包括测试资源、测试进度、测试策略、测试方法、测试工具、测试风险等；

(5) 每次产品经理有需求提出，开发完成后，提交给测试工程师进行测试，测试内容包括功能等；

(6) 除了测试项目，还会包括一部分自动化和新工具的开发。

能力要求：

具备开发语言知识背景，对被测试对象使用的语言有一定的了解；掌握软件测试理论；熟练使用测试工具，比如缺陷管理工具 Jira、Mantis、Bugfree 等；了解并能使用常见操作系统 Windows 系列、Mac 系列、Linux 系列等；对 WEB 开发有较深入的理解；掌握服务器配置＋后端（服务等）前端（HTML，JS，JQuery）知识；熟练掌握自动化框架，如 Selenium、报告、接口、压力测（LoadRunner 和 Jmeter）等；熟悉项目流程；至少精通某一种常用的高级语言，如 Java、Python；深入理解面向对象模式的编程模式和脚本语言或汇编语言；同时具备语言表达能力、团队协作能力、文字表达能力、文档处理能力。

### 6. 网页（WEB）前端开发工程师

**职业定义：**通过相关编程语言进行网页内容实现的高级工程技术人才。

工作内容：

(1) 网页页面实现：把网页上具体的内容根据需求进行实现；

(2) 页面交互：主要设计和实现用户与网页进行交互的界面；

(3) 与后端通讯：相关的事件相应信息需要与后端进行通信，实现前后台的管理和控制，协助后端开发；

(4) 熟悉各种网络知识和网络协议，借此保证页面在网络上的顺利运行；

(5) 与产品经理、产品设计师进行深入沟通，了解产品各方面的具体需求；

(6) 接收用户反馈的使用信息，根据反馈信息对产品进行相应调整和处理。

能力要求：

英语基础好；熟练使用 web 前端工程师最常用的 JavaScript、HTML、CSS 等语言；了解软件工程方面知识，包括体系结构、设计模式等；掌握计算机高级程序语言设计的各种常见算法，有较强的逻辑思维能力、时间管理能力、沟通能力、团队合作精神。

### 7. 计算机网络工程师

**职业定义：**从事计算机网络系统设计、开发、维护、管理、网络安全和在通信等方面从事工程应用、科研、教学或管理工作的高级工程技术人才。

工作内容：

(1) 根据应用部门的要求进行网络系统的规划、设计和网络设备的软硬件安装调试工作；

(2) 进行网络系统的运行、维护和管理，高效、可靠、安全地管理网络资源；

(3) 作为网络专业人才对系统开发进行技术支持和指导，指导助理工程师从事网络系统的构建和管理工作；设计、实现、维护和管理各种常用小型局域网；

(4) 配置、管理和维护多种常用的、多平台的、包含广域网连接的且功能完善的小型企业网；

(5) 负责解答客户的技术问题，使客户的网络系统可以满足生产的要求。

能力要求：

能够根据应用部门的要求进行网络系统的规划、设计和网络设备的软硬件安装调试升级等工作；能进行网络系统的运行、维护和管理，能高效、可靠、安全地管理网络资源；熟悉网络操作系统的基础知识；理解计算机应用系统的设计和开发方法；熟悉数据通信的基础知识；熟悉系统安全和数据安全的基础知识；掌握网络安全的基本技术和主要的安全协议与安全系统；掌握计算机网络体系结构和网络协议的基本原理；掌握计算机网络有关的标准化知识；掌握局域网组网技术，理解城域网和广域网基本技术；掌握计算机网络互联技术；掌握 TCP/IP 协议网络的联网方法和网络应用服务技术；理解接入网与接入技术；掌握网络管理的基本原理和操作方法；熟悉网络系统的基本性能测试和优化技术，以及可靠性设计技术；理解网络应用的基本原理和技术；理解网络新技术及其发展趋势；了解有关知识产权和互联网法律、法规；正确阅读和理解本领域的英文资料。

### 8. 多媒体开发工程师

**职业定义：**从事数字娱乐、通信传媒、机器视觉、智能交通、计算机辅助设计和虚拟现实与仿真行业等数字媒体软件开发和设计制作等工作的高级人才。

工作内容：

(1) 参与多媒体应用相关技术开发工作，负责软件多媒体业务组件的设计、实现、单元测试、维护等；

(2) 负责音频、视频、图像相关领域常用编解码、数字处理等算法的研究和分析；

(3) 负责文档撰写、维护，包括程序设计文档；

(4) 根据客户需求提出多媒体展示技术整体解决方案。

能力要求：

熟悉音频或视频编解码规范，熟悉各种编解码规范的应用场景；熟悉数学仿真分析工具；良好的汇编和 C、$C^{++}$ 语言编程能力；能熟练阅读和理解英文资料，有较强的书面或口头交流能力；具有团队合作精神、沟通能力和敬业精神。

## 9. 计算机硬件工程师

**职业定义：** 主要从事计算机硬件的开发、管理、维护等工作的技术人员。

工作内容：

（1）了解计算机的结构及其发展趋势；

（2）按照计划完成符合功能和性能要求和质量标准的硬件产品；

（3）根据产品详细设计报告，完成符合功能和性能要求的逻辑设计；

（4）根据逻辑设计说明书，设计详细的原理图和 PCB 图；

（5）编写调试程序，测试或协助测试开发的硬件设备，确保其按设计要求正常运行。

能力要求：

能够熟练地使用主流的原理图设计工具；能够在 PCB 设计阶段把握住 PCB 设计的重点，并协助 PCB 工程师完成工作；能够熟练地运用示波器、万用表等仪器，对硬件电路进行调试；能够熟练地阅读各种英文技术资料；具备基本咨询沟通、学习新知识的技能。

## 10. 软件开发工程师

**职业定义：** 软件开发工程师是从事软件开发相关工作的技术人员的统称。

工作内容：

（1）RFID 相关应用软件、信息管理类软件的设计、研发、维护、安装实施；

（2）数据库管理及应用开发；

（3）根据要求进行软件概要设计、详细设计、编码、单元测试工作及说明文档的编写。

能力要求：

熟练掌握软件开发语言，如 $C^{++}$、java、C＃、Objective－c，以及一些主流的软件开发 IED，如 VS、Eclipse；对软件架构设计、数据库架构设计能够熟练掌握；具备与客户良好沟通的能力，将客户的需求及时进行反馈；对软件开发模式能够熟练地应用到项目中；具备良好的协调能力，协调整个项目小组的工作；具备相应的时间观念。

## 11. 游戏开发工程师

**职业定义：** 负责游戏总体设计、游戏开发工具和运营维护工具的设计与开发，并配合主程序完成游戏架构及各大功能的设计、开发、调试和其他技术支持的专门人才。

工作内容：

（1）了解并致力于游戏总体设计；

（2）配合主程序完成游戏架构及各大功能的设计、开发、调试和其他技术支持；

（3）负责游戏中的美术角色、场景、动作、特效等资源的制作；

(4) 负责游戏开发工具和运营维护工具的设计与开发;

(5) 完成游戏服务器端模块代码及相关文档的书写、优化对已完成代码进行单元测试;

(6) 管理维护游戏平台的制作与运行;

(7) 与团队其他人员配合，促进游戏的改进创新;

(8) 负责客户端架构设计、模块划分、编辑器规划、引擎维护与人员分工;

(9) 负责游戏客户端与公司技术平台的整合;

(10) 协调与服务器端、策划、美术和公司其他技术支持部门之间的关系;

(11) 对客户端质量负全责;

(12) 监控任务进度和质量，确保游戏最终成功上市。

能力要求:

精通 C、$C^{++}$、Java 语言；熟悉各种算法和数据结构；熟悉 TCP/IP 协议；熟悉多线程编程等；具备 MAYA、3DMAX 等 3D 建模专业技能，以及 PS 等相关手绘专业技能；能熟练使用各种工具来表达设计思想；具备较好的审美能力和判断能力；具备较好的沟通能力、理解和表达能力、想象力、创造力以及较强的执行力；热爱游戏开发，对游戏产业充满热情；有高度的责任心，吃苦耐劳，能承受较大的工作压力；具备团队合作精神、团队协调能力和沟通技巧、英文阅读技能。

### 12. 网络空间安全研究员

**职业定义:** 系统掌握网络空间安全的基本理论和关键技术，能够在网络空间安全产业以及其他国民经济部门，从事各类网络空间相关的软硬件开发、系统设计与分析、网络空间安全规划管理等工作的专业人员。

工作内容:

(1) 金融行业数据中心现场技术支持;

(2) 数据中心网络环境的管理、配置、排错、维护;

(3) 交换机、路由器、防火墙等网络设备的日常维护与管理;

(4) 网络设备的安装、配置、管理，提供网络设备维护方案;

(5) 建立完整的网络系统文档;

(6) 研究计算机体系结构安全;

(7) 研究拟态安全理论与关键技术;

(8) 研究软件定义网络安全;

(9) 研究云数据中心安全;

(10) 研究机器学习与网络空间安全;

(11) 研究网络空间渗透测试、漏洞自动挖掘、恶意代码检测。

能力要求:

具备信息安全、人工智能、计算机科学与技术、软件工程、控制科学与工程、自动化、网络工程、数学、密码学、通信工程、电子信息工程等相关专业背景，对岗位描述中至少一个研究方向有相关知识背景、研究经历或者充满浓厚兴趣；具有良好的英文阅读水平与书面表达能力；有较强的责任感和事业心，积极主动、工作细致认真；具备优秀的科研与动手能力、沟通表达能力、高度的敬业精神和团队合作精神。

### 13. 网络安全工程师

**职业定义：**遵照信息安全管理体系和标准工作，防范黑客入侵并进行分析和防范，通过运用各种安全产品和技术，设置防火墙、防病毒、IDS、PKI、攻防技术等，进行安全制度建设与安全技术规划、日常维护管理、信息安全检查、审计系统账号管理与系统日志检查等的专业人员。

工作内容：

（1）负责调试安装客户安全产品；

（2）网络方案设计、根据业务需求，制定与设计全网的路由与安全策略网络建设与建议；

（3）通过技术维护和持续不断地网络调整与优化，向客户提供高品质的服务与技术支持；

（4）分析检测各类网络架构、操作系统的脆弱性，撰写相关研究报告；

（5）对技术进行实验分析验证，开展技术攻关和应用研发；

（6）项目需求对接、方案设计。

能力要求：

掌握网络空间安全、计算机应用、计算机网络、通信、信息安全等相关专业知识；精通网络安全技术，包括端口、服务漏洞扫描、程序漏洞分析检测、权限管理、入侵和攻击分析追踪、网站渗透、病毒木马防范等；熟悉 TCP/IP 协议；熟悉 sql 注入原理和手工检测、内存缓冲区溢出原理和防范措施、信息存储和传输安全、数据包结构、ddos 攻击类型和原理；具有一定的 ddos 攻防经验；熟悉 iis、ipsec、组策略等系统安全设置；熟悉 Windows 或 Linux 系统；精通 php、shell、perl、python、C、$C^{++}$ 等至少一种语言；了解主流网络安全产品（如 fw、ids、scanner、audit 等）的配置及使用；善于表达沟通；诚实守信，责任心强，讲求效率，具有良好的团队协作精神。

### 14. 网络信息安全产品高级架构师

**职业定义：**为企业规划并布建多样化的网络环境，提供行业网络安全议题咨询，提出专业的网络基础架构培训，掌握先进网络技术的专业人员。

工作内容：

（1）负责系统及相关产品需求分析及架构设计，对基础技术架构有深刻的理解，在技术比对中，能理性分析、正确决策；

（2）对产品的整体系统架构负责，对产品的系统安全性设计负责，能够带领、指导相关团队进行详细设计、开发与测试；

(3) 负责相关请求的技术分析，制定相关的技术解决方案；

(4) 参与指导设计、实现及部署工作；

(5) 参与系统分析、系统架构、技术可行性分析以及关键技术攻关工作，对指定领域的相关技术进行深入研究和探索。

能力要求：

具备网络空间安全、软件工程、软件开发等相关专业知识；具有独立承担软件项目系统分析和架构设计经验；掌握软件工程理论，精通至少一种软件工程方法，有较强的系统分析能力；具有出色的抽象设计能力，思路清晰，善于思考；能独立分析和解决问题；技术视野开阔，学习能力好，对业界新技术敏感，系统思维能力好；善于沟通，具备良好的项目管理能力。

### 15. 数据恢复工程师

**职业定义**：利用专业知识，以及从业经验，通过专业软硬件工具，对出现问题的存储介质进行检测处理，能够恢复出有效文件数据的专门人才。

工作内容：

(1) 负责公司数据恢复产品的技术开发与维护；

(2) 负责新产品相关技术预研；

(3) 根据项目要求编写相关技术文档；

(4) 配合开发主管解决项目开发过程中的技术问题。

能力要求：

具备计算机相关专业背景；具有开发经验，熟悉基础数据结构与算法，并能够熟练运用；精通 C、$C^{++}$ 语言；熟练掌握 STL；熟悉面向对象的思想和设计模式；熟悉异步通信机制、内存管理、数据结构、多线程等；具有良好的问题分析、解决能力，以及良好的英文资料阅读能力；学习能力强；有强烈的责任心，优秀的沟通能力及团队合作精神；具有保密观；具有科学严谨的工作态度。

### 16. 网络集成工程师

**职业定义**：面向目录和设计、实施、优化和维护目录驱动解决方案的高级工程师和咨询人员。

工作内容：

(1) 负责集成项目的相关实施工作（设备上架安装、网络设备配置、服务器相关系统配置安装、相关软件环境搭建及配置）；

(2) 负责项目现场技术维护与技术支持；

(3) 负责处理服务器和网络设备的日常工作以及相关故障排查、处理，能够配合应用系统与厂家完成相关软件的部署；

(4) 负责集成方案相关文档的编写、运维信息统计等工作；

(5) 负责集成项目的测试和验收流程工作；

(6) 负责对已建设好的项目，客户机房托管设备（服务器、网络设备、网络链路等）进行日常维护、监控、巡检和优化工作，保障业务的稳定安全可用；

(7) 与客户建立良好的沟通，提高客户满意度；

(8) 负责公司主营产品线相关的售前、售后支持工作，熟悉各类服务器、交换机防火墙等产品；

(9) 根据公司集成项目的需求提供网络方面的技术支持，能自己搭建小型局域网，包括实施方案编写、安装部署、故障处理、问题跟踪、验收文档整理等内容。

能力要求：

具有运维领域工作经验（网络、主机、服务器、数据库）；具备CCNP、CCIE、HCNP、HCIE等相关等级认证证书或达到相应技术水平；掌握各类主流品牌网络设备的操作和安装，能够对发生的网络故障进行快速定位；掌握Unix、Linux、Windows等常用操作系统的安装、日常基础配置、性能优化及常见问题处理能力；熟悉机房施工综合布线规范，能够独立完成网络、服务器系统软硬件的基础设备搭建工作；熟悉掌握计算机软、硬件管理运作流程；专业基础扎实；工作责任心强；有较好的沟通能力和团队合作的意识。

## （四）就业方向

近年来，随着信息时代的到来，计算机专业毕业生也随之成为职场上最为抢手的求职应聘者。

计算机专业类毕业生短期内社会需求依然很大，就业市场前景宽广。从全球IT行业的发展来看，IT行业在国民经济发展中日益显现出蓬勃活力。从中国目前的情况看，从事计算机软件开发的人才远远低于发达国家。这就意味着，中国计算机软件人才短缺，因而，随着中国经济的进一步发展，用人单位在一定时间内对计算机专业人才的需求仍将很大。

毕业生可在软件企业、国家机关以及各个大、中型企、事业单位的信息技术部门、教育部门等单位，从事网络工程领域的设计、维护、教育培训等工作；或者是到国内外众多软件企业、国家机关以及各个大、中型企、事业单位的信息技术部门、教育部门等单位，从事软件工程领域的技术开发、教学、科研及管理等工作等等。

**推荐企业：**中国移动通信集团公司、中国联合网络通信集团有限公司、中国电信集团公司、华为技术有限公司、中兴通讯股份有限公司、海康威视数字股份有限公司、科大讯飞股份有限公司等。

# 十、土木类

土木工程在国民经济中有着举足轻重的地位，其发展水平能够充分体现国民经济的综合实力，反映一个国家的现代化水平。

土木工程还是一种与人民的衣、食、住、行紧密相关的工程。其中，“衣”的纺纱、织布、制衣，也必须在工厂内进行；“食”需要打井取水，筑渠灌溉，建水库蓄水，建粮仓、粮食加工厂等；“住”需要房屋，是与土木工程直接相关的；而“行”则需要修建公路、铁路、桥梁等交通土建工程，这些工程和建设都与土木工程关系非常紧密。此外，各种工业生产必须要建工业厂房，即使是航天事业也必须要建发射塔架和航天基地，这些都属于土木工程的领域[1]。

土木工程的发展可划分为三个阶段：古代（公元前 5000 年至 16 世纪末）、近代（17 世纪中叶至 20 世纪 40 年代）和现代（20 世纪中叶以后）。古代土木工程的历史很长，人们主要靠自己的智慧和经验，运用天然材料修建房屋建筑、楼塔等工程，所用的工具也很简单，只有斧、锤、刀、铲等手工工具。近代以后，意大利学者伽利略于 1683 年发表了“关于两门新科学的对话”，首次用公式表达了梁的设计理论。1687 年牛顿总结出力学三大定律，为土木工程奠定了力学分析的基础。20 世纪中叶的第二次世界大战结束后至今的这段时期，土木工程迈入现代化发展历程，展现出建筑功能多样化、基础设施立体化、交通运输高速化的特点[1]。

## （一）专业类简介

土木专业类是工学门类中重要的专业大类，在整个科学技术领域中占有非常重要的地位，它是人类生存、社会进步、经济发展所依赖的主要学科之一。随着科学技术的进步和工程实践的发展，土木专业类也已发展成为内涵广泛、门类众多、结构复杂的综合体系。当前，土木专业类包括土木工程专业、建筑环境与能源应用工程专业、给排水科学与工程专业、建筑电气与智能化专业、城市地下空间工程专业和道路桥梁与渡河工程专业等。

土木工程专业分基本专业和特设专业，培养的人才面向工程建设的各个环节，即数据收集、计划或者规划、设计、经济分析、现场施工以及日常运营或维护。学生毕业后可以从事工程的理论分析、设计、规划、建造、维护保养和管理、研究和教学等方面的工作，经过规定的执业实践年限，土木工程专业毕业生可以报考并获取不同等级的相关注册职业认证资格。

建筑环境与能源应用工程专业以建筑环境学、流体力学、热工学为学科基础，融合自然科学、工程力学、机械学、电学、信息与自动控制、建筑科学、生理学、心理学、管理学、社会学等相关学科的科学理论和技术，来解决本专业相关的核心科学技术问题以及工程应用问题。本专业的学科特点是学科基础宽，毕业生适应能力强，是典型的厚基础、宽口径的专业学科。

给排水科学与工程专业以化学、生物学、水力学为主要学科基础，综合运用工程力学、材料、设备、仪表与控制、信息科学、管理、运营、经济、法律等相关学科知识和技术，不断吸收融合分子生物学、纳米科学与技术、膜科学与技术、痕量分析与检测技术等现代科学技术成果，面对以水资源紧缺、水污染严重、洪涝灾害为标志的水危机，以实现水的良性社会循环为理念，解决给水排水行业的工艺技术及工程设计、施工与运行管理等问题。

建筑电气与智能化专业是随着 20 世纪 80 年代智能控制技术的兴起和世界范围的科技进步发展起来的，主要服务于智能建筑行业。智能建筑是现代科技成果在建筑方面的综合反映，是一个国家、地区科学技术和经济水平的一种综合体现。智能建筑以建筑为载体，融合自动控制、通信、办公系统、计算机网络技术，通过各种建筑设备实现建筑环境、能源使用和建筑空间利用的智能化。智能建筑行业发展要求本专业培养智能建筑研究、产品开发、设计、施工建设、运行管理的专门技术人才。

城市地下空间工程是一门工程与技术相结合的学科，具有很强的应用性。其主干学科是工程地质学、地下空间工程学、岩土工程学、结构工程学等，以数学、物理学、化学、力学、材料科学、计算机科学与技术等学科为基础，同建筑工程、市政工程、道路工程、铁道工程、防灾减灾与防护、环境工程以及能源与资源工程等学科相互渗透和交叉。

城市地下空间工程专业培养的人才面向工程建设的各个环节，即数据收集、计划或者规划、设计、经济分析、现场施工以及日常运营或维护。学生毕业后能够从事城市建设中地下空间资源开发与利用的理论分析、规划、勘测、设计、施工、维修养护、投资和运营管理、研究和教学等方面的工作，可服务于城市规划、环境、建筑、交通运输、能源、公共安全、市政工程、防灾减灾、金融投资等有关城市地下空间工程的行业。经过规定的执业实践年限，城市地下空间工程专业毕业生可报考并获得不同等级的相关注册认证资格。

道路桥梁与渡河工程是一门工程理论与技术方法相结合的专业，具有很强的应用性。本专业以理论分析为基本研究方法，较多应用数学及力学，注重理论分析与实践经验相结合。道路桥梁与渡河工程专业的主干学科有道路工程学、桥梁工程学、隧道工程学等，主要涵盖道路、桥梁、隧道等结构的勘测、设计和施工的基本理论与应用技术。同时，本专业以数学、物理学、化学、力学、工程经济学、计算机科学与技术等学科为基础，并与这些学科交叉融合，不断发展完善。道路桥梁与渡河工程专业包含道路工程、桥梁工程、隧道工程等方向。[2]

土木工程是国家重要行业和支柱产业，为人民的生活和生产提供各类设施，是提高人民生活水平和社会物质文明的基础保障，对拉动社会经济有着重要作用，因此在今后相当长的一段时期内我国还需要大量土木类专业人才，土木类专业毕业生在未来就业市场有着更高的关注度。

**参考文献：**

[1] 徐礼华．土木工程概论［M］．武汉：武汉大学出版社，2005：1-4.

[2] 教育部高等学校教育指导委员会．普通高等学校本科专业类教学质量国家标准［M］．2018 年 3 月第一版．北京：高等教育出版社，2018：330-360.

## （二）本科专业介绍

根据《普通高等学校本科专业目录（2020 年版）》所列，土木类（0810）专业类下设 4 个基本专业，6 个特设专业。基本专业介绍如下。[1]

### 1. 081001 土木工程

**培养目标：**本专业培养适应社会主义现代化建设需要，德、智、体、美、劳全面发展，掌握土木工程学科的基本原理和基本知识，能胜任房屋建筑、道路、桥梁、隧道等各类土木工程的技术与管理工作，具有扎实的基础理论、宽广的专业知识、较强的工程实践能力和创新能力以及一定的国际视野，能面向未来的高级专门人才。

**培养要求：**本专业学生主要学习力学、结构、施工、工程项目管理与经济等方面的基本理论和基本知识，接受力学分析、结构设计、施工技术与工程管理、文字图纸表达等方面的基本训练，掌握在土木工程项目勘察、设计、施工、管理、教育、投资和开发、金融与保险等部门从事技术或管理工作的基本能力。

毕业生应获得以下几方面的知识和能力：

（1）熟悉哲学、政治学、经济学、法学等方面的基本知识，了解文学、艺术等方面的基础知识，掌握工程经济、项目管理的基本理论和方法并掌握一门外语；

（2）了解物理、信息科学、工程科学、环境科学的基本知识，了解当代科学技术发展的主要趋势和应用前景，掌握数学和力学的基本原理和分析方法；

（3）掌握工程材料的基本性能和选用原则，掌握工程测绘和工程制图的基本原理和方法；

（4）掌握工程结构选型、构造、计算原理和设计方法，掌握工程结构 CAD 和其他软件应用技术，掌握土木工程施工的一般技术、过程、组织和管理以及工程检测和试验基本方法；

（5）了解本专业的有关法规、规范与规程，了解给水与排水、供热通风与空调、建筑电气等相关知识，了解土木工程机械、交通、环境的一般知识以及本专业的发展动态和相近学科的一般知识；

(6) 具有综合运用各种手段查询资料、获取信息、拓展知识领域和继续学习的能力；

(7) 具有应用语言、图表和计算机技术等进行工程表达和交流的基本能力；

(8) 掌握至少一门计算机高级编程语言并能解决一般工程问题，具有计算机、常规工程测试仪器的运用能力；

(9) 具有综合运用知识进行工程设计、施工和管理的能力；

(10) 具有初步的科学研究和应用技术开发能力。

**主干学科：**力学、土木工程。

**核心知识领域：**力学原理和方法、专业技术相关基础、工程项目经济与管理、结构基本原理、施工原理和方法、计算机应用技术。

**核心课程示例：**

示例一：工程力学（19学时）、结构力学（102学时）、流体力学（34学时）、土力学（34学时）、弹性力学（34学时）、土木工程材料（34学时）、土木工程概论（17学时）、工程地质（34学时）、画法几何与工程制图（68学时）、测量学（51学时）、土木工程法规（17学时）、工程概预算与招投标（34学时）、荷载与结构设计原则（17学时）、混凝土结构基本原理（68学时）、钢结构基本原理（43学时）、基础工程设计原理（51学时）、土木施工工程学（43学时）、结构全寿命维护（34学时）。

示例二：理论力学（48学时）、材料力学（64学时）、结构力学（80学时）、流体力学（24学时）、土力学（40学时）、土木工程材料（32学时）、土木工程概论（16学时）、工程地质（24学时）、工程制图（40学时）、测量学（32学时）、土木工程试验（36学时）、工程经济与管理（24学时）、工程监理概论（24学时）、混凝土结构基本原理（64学时）、钢结构基本原理（32学时）、基础工程（32学时）、土木工程施工（32学时）、施工组织设计（32学时）。

示例三：理论力学（80学时）、材料力学（80学时）、结构力学（96学时）、水力学（32学时）、土力学（40学时）、土木工程材料（64学时）、土木工程概论（16学时）、工程地质（24学时）、画法几何及土建制图（80学时）、土木工程测量（48学时）、结构实验与检测（48学时）、工程项目管理（24学时）、建设工程法规（24学时）、建设工程经济（24学时）、荷载与结构设计方法（24学时）、混凝土结构基本原理（72学时）、钢结构基本原理（48学时）、基础工程（40学时）、土木工程施工技术（56学时）、土木工程施工组织（24学时）。

**主要实践性教学环节：**实验、实习、设计和社会实践以及科研训练等形式。实验包括基础实验、专业基础实验和专业及研究性实验3个环节；实习包括认识实习、课程实习、生产实习和毕业实习4个环节；设计包括课程设计和毕业设计（论文）2个环节。

**主要专业实验：**材料力学实验、流体力学实验、土木工程材料实验、结构基本构件实验、土力学实验、土木工程测试技术、土木工程专业实验（结合专业课程）。

**修业年限：** 四年。

**授予学位：** 工学学士。

## 2. 081002 建筑环境与能源应用工程

**培养目标：** 本专业培养具备从事建筑环境控制与能源供给系统以及建筑设施智能化工程的规划、设计、施工、安装、设备调试、运行管理设备研发、产品营销等工作所需的基础理论、专业技术知识和实践与创新能力，能在设计研究院、工程公司、设备制造企业、管理部门等从事设计、研发、生产、施工、管理等岗位工作的复合型工程技术应用人才。

**培养要求：** 本专业学生主要学习自然科学基础、建筑环境学、传热学、工程热力学、流体力学、工程力学学科的基本理论和建筑、机械、自控相关领域的基本知识，接受建筑环境与能源供给系统的工程设计、设备开发与使用、施工组织与安装、系统运行调试等方面的基本训练，掌握从事本专业领域的规划、设计、研发、生产、施工、管理等方面工作的基本能力。

毕业生应获得以下几方面的知识和能力：

(1) 具有良好的工程职业道德、坚定的追求卓越的态度、强烈的爱国敬业精神、社会责任感和丰富的人文科学素养；

(2) 具有从事建筑环境控制与能源供给系统工程领域工作所需的相关数学等相关的自然科学知识以及一定的经济管理知识；

(3) 具有良好的资源、能源、环境、生态可持续发展的理念和工程质量、职业健康、安全和服务的意识；

(4) 掌握扎实的建筑环境控制与能源供给系统工程的公共基础理论知识、技术基础理论知识及专业技术知识，了解本专业的发展现状和趋势；

(5) 具有综合运用所学专业技术理论提出解决工程应用的技术方案的能力，并具有解决一般专业工程问题的能力；

(6) 具有能够参与生产及运行系统的设计以及系统运行和维护能力，具有能够进行产品开发、设计、技术改造的初步能力；

(7) 具有获取信息和职业发展学习的能力；

(8) 具有建筑环境控制、能源供给及节能技术工程中应对危机与突发事件的初步能力；

(9) 了解有关行业的政策、法律及法规和本专业领域的技术标准和规范；

(10) 具有一定的国际视野和跨文化环境下的交流、竞争与合作的初步能力。

**主干学科：** 土木工程、热学。

**核心知识领域：** 热科学原理和方法、力学原理和方法、机械原理与控制、电学与智能化控制、建筑领域相关基础、能源应用技术、工程管理与经济、计算机应用技术知识。

**核心课程示例：**

示例一：工程热力学（64 学时）、传热学（48 学时）、热质交换原理与应用（48 学时）、流体力学（48 学时）、流体输配系统（48 学时）、工程力学（48 学时）、机械设计基础（Ⅰ、Ⅱ）（80学时）、电子与电子技术（64学时）、建筑自动化（48学时）、建筑环境学（32学时）、建筑概论（32学时）、建筑环境测试技术（32学时）、暖通空调（64学时）、城市能源系统（48学时）、工程项目管理（32学时）、计算机程序设计基础（48学时）。

示例二：画法几何与工程制图（104学时）、理论力学（56学时）、材料力学（56学时）、机械设计基础（48学时）、自动控制（48学时）、电工技术与实验（68学时）、电工电子技术与实验（68学时）、工程热力学（64学时）、传热学（64学时）、流体力学（64学时）、建筑环境学（48学时）、流体输送管网（48学时）、热质交换理论与设备（48学时）、暖通空调（112学时）、冷热源（64学时）。

示例三：传热学（64学时）、流体力学（64学时）、工程热力学（64学时）、建筑环境学（32学时）、流体输配管网（56学时）、热质交换原理与设备（32学时）、供热工程（48学时）、空气调节（56学时）、锅炉与锅炉房设备（48学时）、制冷技术（40学时）、通风工程（32学时）、燃气供应（32学时）、建筑环境测试技术（32学时）、建筑设备自动化（32学时）、建筑设备安装技术（24学时）。

**主要实践性教学环节：**实验、实习、设计和社会实践以及科研训练等形式。实验包括基础实验、专业基础实验和专业及研究性实验3个环节；实习包括金工实习、专业认识实习、生产（运行）实习；设计包括专业课程设计、毕业设计（论文）等。

**主要专业实验：**热工流体实验、建筑环境实验、暖通空调实验、能源设备与系统实验等。

**修业年限：**四年。

**授予学位：**工学学士。

### 3. 081003 给排水科学与工程

**培养目标：**本专业培养适应我国社会主义现代化建设需要，德、智、体、美、劳全面发展，具备扎实的自然科学与人文科学基础，具备计算机和外语应用能力，掌握给排水科学与工程专业的理论和知识，获得工程师基本训练并具有创新精神的高级工程技术人才，能在设计、施工、运营等企事业单位、科研、教学和管理部门从事本专业工作。

**培养要求：**本专业学生主要学习给排水科学与工程的基本理论和基本知识，接受专业技能、工程设计等方面的基本训练，培养专业技术领域的工程设计和运营管理等方面的基本能力，具备解决工程问题与进行科学研究的初步能力。毕业生应具有扎实的专业理论基础、较强的实践能力和良好的综合素质。

毕业生应获得以下几方面的知识和能力：

（1）热爱祖国，具有高度的社会责任感、良好的职业道德和敬业精神；

（2）掌握数学、物理、化学等自然科学知识以及电工电子学、计算机科学等技术基础知识，掌握一定的工程经济、管理、社会学、法律、环境保护等人文社科知识；

（3）掌握水力学、工程力学、水文学、水文地质学、水处理生物学、水分析化学、泵与泵站的基本理论和基本知识；

（4）掌握水资源利用与保护、水质工程学、给水排水管网系统、建筑给水排水工程、水工程施工和水工程经济的基本原理；

（5）了解给排水科学与工程领域的理论前沿、工程技术的应用前景和发展动态，具有较熟练地应用所学专业知识和理论解决工程实际问题的能力，具有从事本专业规划、设计、运营和管理的能力，具有较强的创新意识及进行本专业相关产品开发和设计、技术改造与创新的初步能力；

（6）了解本专业相关的法律、法规、标准和规范，熟悉工程规划、工程设计的相关程序和有关文件要求；

（7）了解应对水危机与水污染突发事件的知识；

（8）了解信息科学的基本知识和相关技术，具有获取信息和适应本专业职业发展的学习能力；

（9）具有立足于本专业良好的质量、环境、职业健康、安全和服务意识；

（10）具有一定的组织、沟通、协调和管理的能力，具有较好的团队精神、一定的国际视野和跨文化环境下的交流、竞争与合作的能力。

**主干学科：**力学、化学、生物学。

**核心知识领域：**专业理论基础、专业技术基础、水质控制、水的采集和输送、水系统设备仪表与控制、水工程建设与运营。

**核心课程示例：**

示例一：水分析化学（64 学时）、水微生物学（48 学时）、水文学（24 学时）、水文地质学 A（24 学时）、水工艺与工程概论（双语 20 学时）、水质工程学（136 学时）、水泵与水泵站（28 学时）、水资源利用与保护（30 学时）、给水排水管网系统（52 学时）、建筑给水排水工程（36 学时）、水工艺仪表与控制（24 学时）、水工程施工（30 学时）、水工程经济（30 学时）。

示例二：水分析化学（64 学时）、水处理生物学（56 学时）、工程力学（72 学时）、水力学（64 学时）、水文学与水文地质学（48 学时）、土建工程基础（40 学时）、给排水科学与工程概论（16 学时）、水质工程学（136 学时）、泵与泵站（32 学时）、水资源利用与保护（32 学时）、给水排水管网系统（56 学时）、建筑给水排水工程（56 学时）、水工艺设备基础（32 学时）、给排水工程仪表与控制（24 学时）、水工程施工（32 学时）、水工程经济（32 学时）。

示例三：水分析化学（32 学时）、水处理生物学（24 学时）、工程力学（72 学时）、水力学（72 学时）、水文学（24 学时）、水文地质学（24 学时）、给排水科学与工程概论（24 学时）、水质工程学（96 学时）、泵与泵站（32 学时）、水资源利用与保护（32 学时）、给水排水管网系统（48 学时）、建筑给水排水工程（48 学时）、水工艺设备基础（32 学时）、给排水工程仪表与控制（24 学时）、水工程施工（32 学时）、水工程经济（32 学时）。

**主要实践性教学环节**

（1）主要专业实验：水分析化学实验、水微生物学实验、水力学实验、水质工程学实验等；

(2) 实习：测量实习、生产实习、毕业实习等；

(3) 设计（论文）：专业课程的课程设计、毕业设计或毕业论文。

**修业年限：** 四年。

**授予学位：** 工学学士。

## 4. 081004 建筑电气与智能化

**培养目标：** 本专业培养掌握建筑电气与智能化领域的基本理论和基本知识，具有工程实践应用能力和创新意识，能够从事与该领域相关的工程设计、工程建设与管理、应用技术研究与开发等工作的高级专门人才。

**培养要求：** 本专业学生主要学习电路与电子技术、控制理论、计算机应用技术、信息处理技术、通信技术，建筑设备、建筑智能环境学等较宽领域的基本理论和基本知识，掌握建筑供配电与照明、建筑设备管理、公共安全、信息设施与信息化应用、建筑节能等专业知识和技术，接受建筑电气与智能化系统设计与调试方法的基本训练，具备执业注册工程师基础知识和基本能力，能在设计院、工程公司和政府相关部门从事建筑电气及智能化技术相关的工程设计、工程建设与管理、系统集成、应用研究和开发等工作。

毕业生应获得以下几方面的知识和能力：

(1) 具有良好的工程职业道德、坚定的追求卓越的态度，具有较强的社会服务意识和责任感，具有较高的道德修养和丰富的人文科学素养，遵守学术道德规范和保证职业诚信；

(2) 具有从事建筑电气与智能化工程工作所需的数学等相关自然科学知识以及一定的经济管理知识；

(3) 掌握电气工程、控制科学与工程的基本理论和知识以及土木工程的相关知识，掌握建筑电气与智能化工程的基础理论和专门知识，了解本专业相关技术的发展动态和行业需求；

(4) 具有综合运用所学科学理论，分析并提出工程实际问题方案并解决工程实际问题的能力；掌握建筑智能化环境需求的分析方法、建筑电气与智能化系统设计方法和调试技术，具有建筑智能化系统集成的基本能力；

(5) 熟悉国家在建筑电气、智能化建筑、建筑节能方面的技术标准、相关行业的政策、法律和法规，具有较强的创新意识和进行产品开发和设计、技术改造与创新的初步能力以及工程设计施工管理等方面的能力；

(6) 具有一定的国际视野和跨文化环境下的交流、竞争与合作的初步能力，至少掌握一门外语，能熟练阅读本专业外文文献资料，可进行跨文化环境下的沟通和交流；

(7) 具有较好的组织管理能力、较强的交流沟通、环境适应和团队合作的能力。

**主干学科：** 电气工程、控制科学与工程、土木工程。

**核心知识领域：** 电路理论与电子技术、电气传动与控制、检测与控制、网络与通信、计算机应用技术、建筑设备、土木工程基础、建筑智能环境学、建筑电气工程、建筑智能化工程、工程技术基础、建筑节能技术。

**核心课程示例：**

示例一：电路理论（88 学时）、电子技术基础（104 学时）、自动控制原理（64 学时）、计算机原理及应用（48 学时）、建筑设备（28 学时）、计算机网络与通信（48 学时）、智能建筑环境学（72 学时）、建筑供配电与照明（72 学时）、建筑电气控制技术（40 学时）、建筑设备自动化系统（50 学时）、公共安全技术（36 学时）、建筑物信息设施系统（36 学时）。

示例二：电路理论（90 学时）、模拟电子技术基础（78 学时）、数字电子技术基础（54 学时）、自动控制原理（54 学时）、计算机原理及接口技术（72 学时）、数据通讯及计算机网络（54 学时）、电气控制技术（40 学时）、建筑设备（32 学时）、建筑智能环境学（72 学时）、建筑供电与照明（72 学时）、建筑设备管理系统（46 学时）、公共安全系统（36 学时）、信息设施系统（40 学时）、建筑智能化系统集成技术（30 学时）。

示例三：建筑概论（36 学时）、电路分析（76 学时）、脉冲与数字电路（60 学时）、信号与系统（50 学时）、线性电子线路（56 学时）、微机原理与接口技术（80 学时）、非线性电子线路（73 学时）、建筑智能环境学（30 学时）、电机与电力拖动（40 学时）、建筑设备（60 学时）、智能建筑概论（24 学时）、建筑识图（24 学时）、自动控制原理（64 学时）、建筑电气（65 学时）、安全防范系统（42 学时）、建筑电气与智能化工程设计（32 学时）、照明技术（36 学时）、网络与综合布线（54 学时）。

**主要实践性教学环节：**金工实习、专业实习、课程实验（包括课内所含及独立开设的实验）、课程设计、综合实验、毕业设计（论文）、科技创新等。

**主要专业实验：**建筑供配电与照明实验、建筑设备管理系统实验、公共安全系统实验、信息设施及信息化应用系统实验、楼宇现场总线系统实验、系统集成及其组态编程实验等。

**修业年限：**四年。

**授予学位：**工学学士。

**参考文献：**

[1] 中华人民共和国教育部高等教育司．普通高等学校本科专业目录和专业介绍[M]．2012 年 10 月第一版．北京：高等教育出版社，2012：202－207.

## （三）未来职业发展

### 1. 土木工程施工建造师

**职业定义：**从事建设工程项目总承包和施工管理关键岗位的一类人才，属于土木建筑工程技术人才职业范畴。

工作内容：

（1）项目组成立后成为项目的第一责任人，对项目全过程负责；

（2）对外负责与客户沟通，准确理解客户需求，总体把握咨询方向；

（3）编制成本概算、施工计划和规格说明；

（4）确定材料的种类、施工设备等，编制工程进度表，并指导施工；

（5）对内协调项目工作内容，确保项目质量、成本、进度和回款；

（6）指导团队成员工作，促进咨询团队成长；

（7）代表项目组完成公司要求的各项工作；

（8）配合公司业务需要，开展业务推广、内部培训等活动。

能力要求：

熟悉土木工程行业专业知识、技术规范，施工工艺及工程造价的预决算方法，并能独立完成实践操作；具有较强的图纸审核能力和计算机操作技能，能熟练运用CAD制图等软件；具备良好的组织管理能力、临场应变能力、分析规划能力、统筹协调能力、沟通表达能力等；具备初级或中级以上技术职称，持有注册建筑师、注册土木工程师、注册结构工程师等相关注册证书；具有积极向上的精神状态、踏实敬业的工作态度、良好的心理素质和互助合作的团队意识等。

### 2. 结构工程师

**职业定义：**从事房屋结构及塔架结构等工程设计及相关业务的高级专业技术人才。

工作内容：

（1）勘察承包方的选择和考察；

（2）勘察治理、勘察成果的评审与确定；

（3）负责结构专业组设计治理工作：结构专业前期技术调研；编写各阶段结构设计任务书；各阶段结构设计的治理；结构设计成果的评审与确认；

（4）参与扩初设计和施工图设计的审核工作，协调解决其他专业问题，控制钢筋和混凝土用量，提出优化意见；

（5）参加工程项目的招标工作，参与对施工单位承建资格审查，审核投标单位投标文件中施工方案和落实措施，协助确定中标单位；

（6）参加施工图会审，审查施工单位基坑开挖、基础施工方案和施工组织设计，跟踪检查基础、主体结构的工程质量，参与解决施工中碰到的技术难题，对工程施工中出现质量问题，配合有关专业，协调解决；

（7）配合公司有关部门选定钢材，水泥及构配件材料；

（8）负责施工中的结构设计技术的配合。

能力要求：

掌握建筑学、力学和结构工程、建筑设计等相关专业的理论知识；了解相关的新技术、新工艺新材料、新设备知识；能够熟练使用 AutoCAD 等绘图软件和 PKPM 等结构计算软件等知识；工作主动积极，有较强责任心，动手能力强，做事仔细有条理，逻辑思维能力强，善于思考和总结等。

### 3. 房地产项目管理师

**职业定义：**从事房地产项目的启动、计划、组织、执行和收尾过程的活动，确保房地产项目能在规定的范围、时间、质量与成本约束条件下完成既定目标，且掌握房地产项目管理的原理、技术、方法和工具的高级技术人才。

工作内容：

(1) 制定房地产项目计划书，进行房地产项目的可行性研究；

(2) 房地产项目的进度成本及人力资源的管理；

(3) 房地产项目的沟通、评估和成本质量控制；

(4) 房地产项目的综合管理和项目的验收、变更登记；

(5) 房地产项目管理软件工具使用与操作；

(6) 合理分配房地产项目资源，参与房地产项目的立项、决定，并实现房地产项目目标。

能力要求：

拥有投资建设项目管理师资格证；具有房地产项目操作经验；具有一定的建筑、经济和管理等相关专业知识背景；具有勇于承担的责任心；具备人事分配的领导能力。

### 4. 暖通工程师（建造师）

**职业定义：**从事制定工程项目中的暖通工程具体施工方案，现场指导暖通工程施工过程，并提供技术支持的高级工程技术人才。

工作内容：

(1) 负责项目中暖通工程技术分析工作；

(2) 负责暖通工程的招标工作，并签订合同、协议，选择施工队伍等；

(3) 编写暖通施工工程方案，并监督实施和处理施工中的问题；

(4) 负责办理暖通方面配套手续；

(5) 审核暖通专业图纸；

(6) 验收暖通施工工程；

(7) 负责与施工单位、监理单位的协调沟通。

能力要求：

具备专业的暖通知识以及设备知识；能解决暖通施工或者暖通设备运行中的技术问题；能够熟练使用 AutoCAD 等绘图软件；熟悉供热、通风、空调系统的施工工艺、施工流程以及验收标准；具备良好的沟通协调能力；具备较强的逻辑思维能力以及分析问题的能力；工作认真、仔细，具有高度的工作责任心。

### 5. 公用设备工程师（暖通空调设计师）

**职业定义**：从事工程设计包括供暖工程设计、空调工程设计、通风除尘工程设计、冷热源工程设计、冷库设计、建筑给水排水工程设计、建筑节能设计、建筑防火防排烟设计以及燃气工程设计的高级工程技术人才。

工作内容：

(1) 公用设备专业工程设计（含本专业环保工程、节能工程、绿色建筑)；

(2) 公用设备专业工程技术咨询（含本专业环保工程、节能工程、绿色建筑)；

(3) 公用设备专业工程设备招标、采购咨询；

(4) 公用设备工程的项目管理业务；

(5) 对本专业设计项目的施工进行指导和监督；

(6) 暖通空调产品研发及销售的技术支持。

能力要求：

掌握相关专业的理论知识、建筑设计知识；了解相关的新技术、新工艺新材料、新设备知识；能够熟练使用 AutoCAD 等绘图软件；工作主动积极，有较强责任心，动手能力强，做事仔细有条理，逻辑思维能力强，善于思考等。

### 6. 给排水工程师

**职业定义**：从事与民用建筑供排水、市政供排水、工业设施供排水、饮用水及污水处理等相关规划和设计工作的高级人才。

工作内容：

(1) 根据业主要求和国家规范规定，负责提供给排水初步设计方案和施工图设计；

(2) 确保给排水设计图纸与建筑、结构、机电、暖通、装饰及园林景观灯等相关专业施工图纸的一致性；

(3) 在施工阶段，组织协调设计、监理、施工单位的关系，解决施工现场各专业之间的技术衔接；

(4) 负责项目中有关给排水设计方案的报批审核、设计审核、设计控制及协调工作；

(5) 负责给排水施工过程中施工交底、技术支持、控制设计变更等工作；

(6) 确保工程施工符合国家各项相关法律、法规要求，协助办理给排水配套方面相关手续。

能力要求：

具备土木工程专业、建筑环境与设备工程专业、环境工程专业、水利水电工程专业、水文与水资源工程专业等相关专业的知识；熟悉掌握工艺设备的原理、应用，熟悉各工艺管道、建筑给排水、工业废水、污染处理等的设计、制造焊接、安装应用、检验、试验等技术规范及要求、工程项目管理知识；对各种工艺管道、建筑给排水、工业废水、污染处理等、工艺设备的设计选型、应用环境、安装条件非常了解；熟悉生产现场工艺设备及管道的控制运行方式，以及了解工艺控制的流程原理；具有熟练的CAD绘图能力、设计能力、设备调试能力；具有良好的学习能力、团队协作能力、沟通能力等。

### 7. CAE（计算机辅助工程）工程师

**职业定义：**从事应用计算机软件辅助求解分析复杂工程结（机）构和工业产品的力学性能以及对其优化结构，指导结构设计、工程施工和产品开发的工程技术人才。

工作内容：

（1）应用相关计算机软件对工程结构进行力学分析和结构优化，指导结构设计，保障工程安全；

（2）应用相关计算机软件对机械结构进行仿真模拟，指导机械产品设计；

（3）应用相关计算机软件对工业产品进行数值模拟实验，指导新产品的研发；

（4）应用力学原理和计算机语言，研发CAE软件或对现有软件进行二次开发。

能力要求：

掌握扎实的专业知识和深厚的理论知识，包括力学理论（对于结构有限元分析工程师）和有限元理论；具有较强的软件操作能力和丰富的工程实践经验，对常用的商业有限元分析程序能够熟练应用，对于不同的工程问题能够准确地做出判断和确定分析方案；具备良好的学习能力、沟通协调能力和团队协作能力。

### 8. 土木工程师

**职业定义：**从事普通工业与民用建筑物、构筑物建造施工的设计，组织并监督施工的工程技术人才。

工作内容：

（1）计算、设计建筑结构并编制成本概要、施工计划和规格说明，确定材料的种类、施工设备等；

（2）编制工程进度表，并指导施工；计划、组织和监督建筑物的维护和修理；

（3）研究与开发在特殊地质条件和困难施工条件下新的施工方法；

（4）对建筑施工进行监督检查。

能力要求：

熟悉土木工程行业专业知识、技术规范、施工工艺及工程造价的预决算方法，并能独立完成实践操作；具有较强的图纸审核能力和计算机操作技能；能熟练运用CAD制图等软件；具备良好的组织管理能力、临场应变能力、分析规划能力、统筹协调能力、沟通表达能力等。

## （四）就业方向

土木类方面的专业人才遍布国民经济建设的各条战线，没有土木专业，就没有我们日常生活的基础设施。房子、地铁、体育馆、高速公路等设施，无不与土木类专业紧密相连。在高铁、南水北调等大型项目的建设中，都遍布着土木类专业的毕业生。

土木类专业毕业生的主要就业方向：工程技术方向；设计、规划及预算方向；质量监督及工程监理方向；公务员、教学及科研方向。所涉行业包括建筑业、房地产开发业、路桥施工、工程勘察设计单位、交通或市政工程类政府机关职能部门、工程造价咨询机构、科研院所等。

工程技术方向就是在建筑施工、房地产开发、路桥施工等企业做施工员、建筑工程师、结构工程师、技术经理、项目经理等，目前相关人员是供不应求的。

设计、规划及预算方向毕业生主要在各种工程勘察设计单位、房地产、交通或市政机关、工程造价咨询机构等从事项目设计、结构审核、城市规划、预算工程等系列工作。

质量监督及工程监理也是毕业生的主要去向之一，该方向毕业生在各种建筑公司、路桥监理公司、工程质量检测监督部门等从事监理工程师的工作。监理是一个新兴行业，职位的晋升和资质密切相关，相关的工作也许需要些证书，例如监理工程师上岗证、国家注册监理工程师职业资格证等。该方向前景可观，随着国家工程监理制度的完善会创造更多机遇。

各大勘察设计院对工程设计人员的需求也比较旺盛，随着咨询业的兴起，工程预决算等建筑行业的咨询也成为热门岗位。

# 十一、水利类

水是生命之源、生产之要、生态之基。兴水利、除水害，事关人类生存、经济发展、社会进步，历来是治国安邦的大事。所谓水利工程，是指对自然界的地表水和地下水进行控制和调配，以达到除水害和兴水利目的而修建的工程。在时间上重新分配水资源，做到蓄洪补枯，以防止洪涝灾害和发展灌溉、发电、供水等事业；改善水域环境，疏浚航道，建造码头，以利于水上运输；为防止水质污染，维护生态平衡，需要因地制宜地修建一系列的水利工程[1]。

几千年来我国历代劳动人民长期不懈地与水害作斗争，并且多方面突破自然的约束，利用水为生产服务，有过不少伟大的创造和光辉的成就，如四川的都江堰水利工程，该水利工程不但促进了古代生产的发展，而且为现代生产提供了有利条件。欧洲文艺复兴和工业革命以来，在系统的理论研究和大规模工程实践的基础上，水利工程已形成一套相对完整的学科体系。在新的历史时期，人类社会发展面临人口、资源和环境的巨大挑战，水作为基础性的自然资源和战略性的经济资源以及生态环境的控制性要素，在国民经济和国家安全中的重要战略地位日益突出[2]。

## （一）专业类简介

水利是人类社会为了生存和发展的需要，采取各种人工措施对自然界的水进行控制、调节、治导、开发、管理和保护，以减轻和免除水灾害，并利用水资源，适应人类生存、满足人类发展需要的活动。水利科学是一门人类社会改造自然的科学，涉及自然科学和社会科学许多门类的知识。它的内涵学科主要有基础学科和专业学科，其中基础学科包括水文学、水力学、河流动力学、固体力学、土力学、岩石力学等；专业学科包括防洪、水力发电、港口与航道、海岸防护与围垦、水土保持、城镇供水与排水等。它的外延学科主要有：气象学、地质学、地理学、测绘学、农学、林学、生态学、机械学、电机学以及经济学、历史学、管理科学、环境科学、计算机科学等。

水利类专业包括水利水电工程专业、水文与水资源工程专业、港口航道与海岸工程专业等。[3]

**参考文献：**

[1] 贡力，孙文．水利工程概论［M］．北京：中国铁道出版社，2012：1-7.

[2] 成都工学院水利系，等．水利工程基础［M］．北京：中国工业出版社，1961：2-3.

[3] 教育部高等学校教育指导委员会．普通高等学校本科专业类教学质量国家标准［M］．2018年3月第一版．北京：高等教育出版社，2018：366.

## （二）本科专业介绍

根据《普通高等学校本科专业目录（2020年版）》所列，水利类（0811）专业类下设3个基本专业，2个特设专业。基本专业介绍如下。[1]

### 1. 081101 水利水电工程

**培养目标：**本专业培养具有水利水电工程勘测、规划、设计、施工、科研和管理等方面的知识，能适应社会经济发展的需要，基础扎实、知识面宽、能力强、素质高，富有创新精神和能力，具有国际视野和交流能力，能在水利、水电、土木、交通等行业从事勘测、规划、设计、施工、科研和管理工作的高级工程技术人才和管理人才。

**培养要求：**本专业学生主要学习水利水电工程的基本理论、基本知识，接受水利水电工程规划与设计、建设与管理基本技能的训练，具有水利水电工程的勘测、规划、设计、施工管理等基本能力。

毕业生应获得以下几方面的知识和能力：

（1）具有较好的人文科学素养、较强的社会责任感和工程职业道德，具有熟练应用一门外语的能力；

（2）具有从事工程工作所需的相关自然科学知识以及一定的经济管理知识；

（3）掌握水利水电工程、河道治理工程的勘测、规划、设计、施工和管理等必要的工程基础知识以及本专业的基本理论、基本知识，接受本专业实验技能、工程实践、计算机应用、科学研究与工程设计的基本训练，具有创新意识和进行研究、开发和设计的初步能力；

（4）掌握文献检索、资料查询及运用现代信息技术获取相关信息的基本方法；

（5）了解国家对于与本专业及相关行业的生产、设计、研究与开发、环境保护和可持续发展等方面的方针、政策和法规，能正确认识工程对于自然和社会的影响；

（6）具有一定的组织管理能力、较强的表达能力和人际交往能力以及团队精神，具有健全的体魄和良好的心理素质；

（7）具有对终身学习的正确认识和学习能力，具有适应发展的能力；

（8）具有国际视野和跨文化交流、竞争与合作的能力。

**主干学科：** 水利工程、土木工程、环境工程。

**核心知识领域：** 水利水电工程勘测与规划、水利水电工程设计、水利水电工程施工与管理、水利水电工程运行管理。

**核心课程示例：**

示例一：环境学概论（36 学时）、工程制图（91 学时）、工程测量学（36 学时）、工程水文学（54 学时）、工程地质（含水文地质学时）（45 学时）、理论力学（72 学时）、材料力学（63 学时）、结构力学（63 学时）、弹性力学及有限元（36 学时）、土力学（45 学时）、水力学（90 学时）、工程材料（45 学时）、钢筋混凝土结构（63 学时）、钢结构（36 学时）、电工学（36 学时）、工程经济学（36 学时）、水资源规划及利用（36 学时）、水工建筑物（63 学时）、水电站（63 学时）、水利水电工程施工（63 学时）、工程项目管理（54 学时）。

示例二：环境学概论（16 学时）、工程制图（80 学时）、工程测量学（32 学时）、工程水文学（32 学时）、工程地质（含水文地质学时）（32 学时）、理论力学（72 学时）、材料力学（64 学时）、结构力学（72 学时）、弹性力学及有限元（32 学时）、土力学（56 学时）、水力学（72 学时）、工程材料（24 学时）、钢筋混凝土结构（56 学时）、钢结构（32 学时）、电工学（32 学时）、工程经济学（32 学时）、水资源规划及利用（48 学时）、水工建筑物（64 学时）、水电站（64 学时）、水利水电工程施工（56 学时）、工程项目管理（24 学时）。

示例三：环境学概论（32 学时）、工程制图（88 学时）、工程测量学（40 学时）、工程水文学（40 学时）、工程地质（含水文地质学时）（40 学时）、理论力学（80 学时）、材料力学（80 学时）、结构力学（72 学时）、弹性力学及有限元（72 学时）、土力学（64 学时）、水力学（72 学时）、工程材料（32 学时）、钢筋混凝土结构（56 学时）、钢结构（32 学时）、电工学（40 学时）、工程经济学（32 学时）、水资源规划及利用（40 学时）、水工建筑物（88 学时）、水电站（56 学时）、水利水电工程施工（56 学时）、工程项目管理（32 学时）。

**主要实践性教学环节：** 课程实习（工程测量、工程地质、计算机应用等），课程实验（大学物理、大学化学、材料力学等）、专业实习（认识实习、生产实习）、课程设计和毕业设计（论文）等。

**主要专业实验：** 水力学实验、工程力学实验、工程材料实验、土力学实验、水工建筑物实验、水电站实验等。

**修业年限：** 四年。

**授予学位：** 工学学士。

### 2. 081102 水文与水资源工程

**培养目标：** 本专业培养适应经济社会发展需求，具备水文学、水资源、水环境以及计算机、外语、经济和管理等方面的知识，能力强、素质高，敢于创新，善于合作，能在水利、水务、能源、交通、城建、农林、环保、国土等部门从事与本专业有关的勘测、评价、规划、设计、预测预报、科研和管理等方面工作的高级专门人才。

**培养要求：**本专业学生主要学习水文学、水资源及水环境等方面的基本理论和基本知识，接受工程测量、科学运算、实验和测试等方面的基本训练，掌握水文学、水资源及水环境等方面的专业基础知识与基本技能，并具备运用所学知识与技能分析解决实际问题、开展科学研究和从事管理工作的基本能力。

毕业生应获得以下几方面的知识和能力：

(1) 掌握数学、物理、化学、地学、水文学及水资源学科的基本知识，具备外语、计算机、文献检索、科研方法和科技写作等工具性知识，具有文学、历史、哲学等人文素养和经济管理知识；

(2) 掌握水文信息采集与处理、水文预报、水文水利计算、水灾害评估与防治、水资源评价规划与管理、水环境评价与保护的基本方法，掌握测量、制图等基本技能；

(3) 具有从事水文水资源、水环境方面勘测、评价、规划、设计、预测预报、管理决策的基本能力；

(4) 熟悉国家和地方涉水的有关方针、政策和法律法规；

(5) 了解水文水资源、水环境和水生态领域的行业需求和发展动态；

(6) 具有初步的科学研究能力，具有一定的批判性思维能力；

(7) 具有较好的人文社会科学素养、较强的社会责任感和工程职业道德；

(8) 具有团队合作精神、终身学习和适应发展的能力；

(9) 具有一定的国际视野和国际合作交流能力。

**主干学科：**水利工程、地球科学、环境科学与工程。

**核心知识领域：**应用水文与水灾害防治、水资源利用与管理、水环境与水生态保护。

**核心课程示例：**

示例一：普通地质学（64 学时）、构造地质学（64 学时）、水力学（48 学时）、水文地质学基础（64 学时）、水文学原理（32 学时）、水文预报（32 学时）、水环境保护（32 学时）、水文统计（32 学时）、自然地理学概论（32 学时）、气象学概论（32 学时）、水资源利用（32 学时）。

示例二：自然地理学（40 学时）、测量学（48 学时）、水力学（48 学时）、地理信息系统与遥感应用（40 学时）、生态学概论（4 学时）、水文学原理（64 学时）、水文统计（64 学时）、气象学（48 学时）、水文测验学（40 学时）、地下水水文学（48 学时）、河流动力学（32 学时）、水环境化学（40 学时）、水利经济（32 学时）、水文预报（48 学时）、水文水利计算（64 学时）、水资源利用（32 学时）、水环境保护（32 学时）。

示例三：测量学（48 学时）、理论力学（64 学时）、普通地质学（40 学时）、气象气候学（32 学时）、水力学（40 学时）、地貌学及第四纪地质学（40 学时）、水文统计（16 学时）、普通水文地质学（32 学时）、水文学原理（56 学时）、水环境化学（40 学时）、环境土壤物理学（32 学时）、专门水文地质学（32 学时）、地下水动力学（40 学时）、水文测验（24 学时）、水利经济（32 学时）、地理信息系统（32 学时）、水文水利计算（40 学时）、水资源评价（48 学时）、水利工程概论（32 学时）、灌溉排水工程学（32 学时）、水环境保护（48 学时）、水资源管理（32 学时）。

**主要实践性教学环节：**课程实习（测量学、水利工程、水文测验、气象、自然地理、水文地质基础、遥感与地理信息系统实习）、课程设计（水资源利用、水环境保护、水文预报、水文水利计算或地下水动力学、水文地质勘察课程设计）、专业综合实习和毕业设计（论文）。

**主要专业实验：**水力学实验、水文测验、水环境化学实验、水文地质基础实验等。

**修业年限：**四年。

**授予学位：**工学学士。

### 3. 081103 港口航道与海岸工程

**培养目标：**本专业培养具备港口航道与海岸工程专门知识以及一定的工程管理、技术经济和人文科学等方面的知识，能从事港口航道工程、海岸工程以及相近的水利工程、土木工程等领域的勘测、规划、设计、施工、科学研究、技术开发、技术管理等方面的工作，具有广博的科学素养、深厚的人文素养、扎实的专业素养、创新探索精神和实践能力，具有国际视野的港口航道与海岸工程方面的高素质复合型人才。

**培养要求：**本专业学生需具有科学、工程和人文三方面的综合素质。学生主要学习港口航道与海岸工程建设所必需的基本理论和基本知识，接受必要的工程设计方法、施工管理方法和科学研究方法的基本训练，掌握较好的科学素养，获得工程测量、科学运算、实验和测试、工程设计与施工等方面基本技能，具备运用所学到的专业知识分析解决实际问题、科学研究、组织管理的基本能力。

毕业生应获得以下几方面的知识和能力：

（1）具备科学、技术、职业以及社会经济方面的丰富知识，掌握港口航道及海岸工程学科的基本理论和基本知识，包括人文社会科学知识、自然科学知识、工具性知识、专业知识及社会发展和相关领域科学知识；

（2）拥有科学研究、技术开发、技术应用或管理、合作交流等基本技能，基本掌握港口航道及海岸工程专业（包括水利工程、海洋工程及技术专业）的勘测与设计方法、施工与管理技能以及科学研究的分析方法；

（3）了解国家对本行业以及相关行业的生产、设计、研发、环境保护和可持续发展等方面的方针、政策和法规，具有开拓创新和产品开发、设计的能力以及工程项目集成的基本能力；

（4）具有一定的国际视野和跨文化环境下的交流、合作与竞争的基本能力；

（5）具有信息获取、知识更新和持续学习的能力；

（6）具有较强的社会责任感和工程职业道德，具有良好的心理素质和身体素质；

（7）具有应对危机与突发事件的基本能力和一定的组织领导能力。

**主干学科：**水利工程，海洋工程、土木工程。

**核心知识领域：**本专业知识体系由 3 个核心知识领域构成，即工程基础知识领域，包括工程制图、工程力学、水力学、土力学、工程地质、工程测量、工程材料、工程水文学、海岸动力学、河流动力学、混凝土结构学等；工程经济管理知识领域，包括工程经济、工程管理、工程概预算等；港口航道与海岸工程；专门技术知识领域，包括港口工程、航道整治、渠化工程、海岸工程、水运工程施工等。

**核心课程示例：**

示例一：画法几何及工程制图（104学时）、理论力学（64学时）、材料力学（80学时）、工程测量（40学时）、工程地质（56学时）、结构力学（80学时）、建筑材料（40学时）、土力学与地基（64学时）、混凝土结构原理（64学时）、工程水文学（40学时）、水力学（96学时）、海岸动力学（32学时）、港口规划与平面布置（32学时）、港口水工建筑物（72学时）、渠化工程（40学时）、河流动力学及航道整治（40学时）、水运工程施工技术与管理（48学时）。

示例二：工程制图（80学时）、理论力学（72学时）、材料力学（64学时）、测量学（32学时）、工程地质（32学时）、结构力学（72学时）、工程材料（24学时）、土力学（48学时）、钢筋混凝土结构（56学时）、工程水文学（32学时）、水力学（64学时）、土木水利工程专业导论（16学时）、河流动力学（32学时）、海岸动力学（32学时）、水运工程规划（24学时）、港口水工建筑物（32学时）、港口装卸工艺（16学时）、水运工程经济（24学时）、渠化工程（24学时）、航道整治（24学时）、水运工程估价（24学时）、工程项目管理（16学时）、海岸工程（24学时）、河口与海岸演变（16学时）、水运工程施工（48学时）。

示例三：画法几何与土木工程制图（48学时）、理论力学（64学时）、材料力学（64学时）、工程测量（40学时）、工程地质（32学时）、结构力学（72学时）、建筑材料（40学时）、土力学（32学时）、水工钢筋混凝土结构学（48学时）、工程水文（32学时）、水力学（72学时）、河流动力学（32学时）、海岸动力学（32学时）、港口规划与布置（24学时）、水利工程经济（32学时）、港口水工建筑物（48学时）、渠化工程学（32学时）、航道整治（32学时）、水运工程施工组织与概预算（32学时）、水运工程施工技术（24学时）。

**主要实践性教学环节：**课程实验与实习（工程测量、工程地质、计算机软件应用等）、专业实习（认识实习、生产实习）、课程设计和毕业设计（论文）等。课程设计一般安排1～2周，共计不少于6周，毕业设计（论文）一般安排13～14周。

**主要专业实验：**工程力学实验、工程材料实验、水力学实验、土力学实验、海岸动力学实验、航道及海岸工程综合实验等。

**修业年限：**四年。

**授予学位：**工学学士。

**参考文献：**

[1] 中华人民共和国教育部高等教育司．普通高等学校本科专业目录和专业介绍[M]．2012年10月第一版．北京：高等教育出版社，2012：208－212.

## （三）未来职业发展

### 1. 水利水电工程勘测设计师

**职业定义：** 从事水库、水电站、排灌工程等的勘测设计的工程技术人才。这些岗位的分工不同，职位和级别不同，但工作内容都是与水利水电工程的勘测设计相关。

工作内容：

（1）研究江河湖海水文、水力情况及水利建筑特性；

（2）研究水能运用、农田水利运用；

（3）对水库、水电站、水利枢纽、灌排系统等水利水电工程进行现场勘测；

（4）设计水库、水电站、水利枢纽、灌排系统等水利工程；

（5）制定水利工程勘测设计技术指标和相关技术规程。

能力要求：

具备工程地质、工程测量、结构力学、材料力学、岩土力学、水工建筑物、工程水文学、水电站建筑物、水利工程施工等相关专业知识；熟练掌握水利工程现代 CAD 技术；能使用先进的勘测设计手段进行水利水电工程的勘测设计；同时，具有良好的学习能力、团队协作能力、沟通能力等。

### 2. 水利水电施工工程师

**职业定义：** 从事水库、水电站、排灌工程等施工的工程技术人才。这些岗位的分工不同，职位或级别不同，但工作内容都是与水利水电工程的施工相关。

工作内容：

（1）研究江河湖海水文、水力情况及水利建筑特性；

（2）研究水能运用、农田水利运用；

（3）水库、水电站、水利枢纽、灌排系统等水利水电工程施工；

（4）制定水利工程施工相关技术规程；

（5）分析处理水利水电工程施工技术问题，指导操作人员作业。

能力要求：

具备水力学、结构力学、材料力学、岩土力学、水工建筑物、工程水文学、水电站建筑物、水利工程施工等相关专业知识；熟练掌握水利工程现代 CAD 技术；能使用先进的施工手段进行水利水电工程的建造；同时，具有良好的学习能力、团队协作能力、沟通能力等。

### 3. 水利水电工程管理工程师

**职业定义：** 从事水库、水电站、排灌工程等的水利水电工程的建设管理和运行管理的人才。这些岗位的分工不同，职位或级别不同，但工作内容都是与水利水电工程的建设管理与运行管理相关。

工作内容：

（1）研究江河湖海水文、水力情况及水利建筑特性；

（2）研究水能运用、农田水利运用；

（3）水利水电工程的建设管理与运行管理；

（4）制定水利水电工程操作方法和技术规程；

（5）进行水利水电设施的运行和调度；

（6）分析处理运行技术问题，指导操作人员作业。

能力要求：

具备结构力学、材料力学、岩土力学、水工建筑物、工程水文学、水电站建筑物、水利工程施工等相关专业知识；掌握水利水电工程建设与运行相关管理知识；能使用先进的工程建设管理和运行管理手段进行水利水电工程建设和运营；同时，具有良好的学习能力、团队协作能力、沟通能力等。

### 4. 给排水施工管理工程师

**职业定义：**从事与民用建筑供排水、市政供排水、工业设施供排水、饮用水及污水处理构筑物等相关施工及管理的人才。

工作内容：

（1）根据批准的施工总进度计划，审查给排水工程施工组织设计，负责控制给排水工程项目的现场施工进度，确保给排水工程项目进度计划的完成；

（2）根据合同的约定、规程规范和设计图纸的要求，严格监督给排水工程项目施工质量，进行给排水工程以及相关材料设备进场的检查验收工作；

（3）编制给排水工程项目预算书，严格监督控制给排水工程项目造价，进行给排水工程现场的经济签证、技术核定单、认质单、工程变更单有关量的审查确认，确保给排水工程项目造价控制目标的实现；

（4）解决给排水工程项目施工中的设计和施工问题以及现场给排水工程涉外关系；

（5）参加现场业主、监理单位、承包商及施工相关单位之间的信息交流、信息传递和信息处理的管理事宜；

（6）负责给排水工程项目保修管理和协调工作，完成给排水工程施工现场的综合管理和其他文件资料整理、交接和备案工作。

能力要求：

具备土木工程专业、建筑环境与设备工程专业、环境工程专业、水利水电工程专业、水文与水资源工程专业等相关专业的知识；熟悉掌握工艺设备的原理、应用，熟悉各工艺管道、建筑给排水、工业废水、污染处理等的设计、制造焊接、安装应用、检验、试验等技术规范及要求、工程项目管理知识；对各种工艺管道、建筑给排水、工业废水、污染处理等工艺设备的设计选型、应用环境、安装条件非常了解；熟悉生产现场工艺设备及管道的控制运行方式以及了解工艺控制的流程原理；具有熟练的CAD绘图能力、设计能力、设备调试能力。

## （四）就业方向

水是人类赖以生存的基本要素，我国经济的快速发展为水利类专业毕业生提供了施展才华的广阔空间。

水利水电工程专业的毕业生可从事水利水电工程及相关工程领域的勘测、规划、设计、施工、监理、运行管理和科学研究等方面的工作；水文与水资源工程专业的毕业生能在水利（水务）、国土、能源、交通、城建、农林、环保、地矿等部门从事水文、水资源及水环境领域的勘测、评价、规划、设计、预测预报、管理和科学研究等方面的工作；港口航道与海岸工程专业的毕业生可从事港口、航道与海岸工程领域以及相关工程领域的勘测、规划、设计、施工、管理和科学研究等方面的工作；水务工程专业毕业生可在水务、市政、环境、水利等部门从事与水务工程有关的规划、设计、施工、管理以及相关的科研和理论研究工作。

**推荐岗位：**水电工程师、水利水电工程师、工程项目经理、销售片区经理、水利工程师、项目经理、地质勘测工程师、结构工程师、国家注册监理工程师、监理员等。

**推荐企业：**中国建筑工程总公司、中国铁道建筑总公司、各地水务公司等。

# 十二、测绘类

意大利著名建筑师安德烈亚·帕拉第奥曾说过："测绘是一项苦差事，常常为了从一些残垣断壁中获得一个完整的图形，而需通宵达旦地伏案劳作。这后一项工作不仅仅是纯粹的考古学研究过程，更是一件为建筑学的学生们提供具有最大价值东西而当尽心竭力之事，因为，不管任何人，只要对范例进行过认真测绘，就可以在很短时间内学到很多东西。"

测绘技术起源于水利和农业，17 世纪以前，人们使用简单的工具进行测量，以量测距离为主。17 世纪初开始了角度测量，18 世纪末开始出现最小二乘法等测量方法。20 世纪 50 年代前后，测绘技术开始朝着电子化和自动化方向发展。1948 年起各种电磁波测距仪出现，克服了距离量测的困难，使导线测量得到重视和应用。与此同时，电子计算机问世，加快了测量数据的处理速度，出现了解析测图仪，促进了解析测图技术发展。

1957 年第一颗人造地球卫星发射成功后，开辟了卫星大地测量和航天摄影测量新领域。从 20 世纪 80 年代到 21 世纪初，测绘科学与技术学科已实现了由传统测绘向数字化测绘的转变和跨越，现在正在沿着信息化测绘道路迈进。其研究建立在空间数据误差理论与处理方法、现代大地测量理论与方法、航空航天数字摄影测量、多模导航定位与位置服务技术、高分辨率遥感信息处理与应用等知识的基础上[1]。

测绘的应用范围很广，在经济发展规划、土地资源调查和利用、海洋开发、农林牧渔业的发展、生态环境保护以及各种工程、矿山和城镇建设等各个方面，都必须进行相应的测量工作，编制各种地图和建立相应的地理信息系统，以供规划、设计、施工、管理和决策使用[2]。

## （一）专业类简介

测绘科学与技术是主要研究地球和其他实体与空间分布有关信息的采集、量测、分析、显示、管理和利用的科学与技术。测绘科学与技术的研究内容包括确定地球和其他实体的形状和重力场及空间定位，利用各种测量仪器、传感器及其组合系统获取地球及其他实体与空间分布有关的信息，制成各种地形图、专题图和建立地理、土地等各种空间信息系统，为研究地球自然和社会现象，解决人口、资源、环境和灾害等社会可持续发展中的重大问题，以及为国民经济和国防建设提供技术支撑和数据保障。

测绘类专业包括测绘工程、遥感科学与技术 2 个基本本科专业，以及导航工程和地理国情监测 2 个特设本科专业。

测绘类专业承担着培养测绘工程、遥感科学与技术、导航工程、地理国情监测专业人才的任务，直接关系着我国测绘地理信息学科和产业的发展。近年来，世界上主要国家都将基础地理信息作为国家重要的基础性、战略性信息资源予以大力开发，我国以基础地理信息为核心的空间数据基础设施建设为测绘学科的发展提供了契机。测绘领域自身的信息化体系建设及其为 21 世纪中国信息化建设提供可靠的测绘地理信息保障是测绘领域的两大发展主题。我国测绘地理信息的发展已融入国际测绘科技发展的大环境中，以空间定位、遥感技术、地理空间信息系统等为代表的世界现代测绘高新技术发展日新月异，为我国测绘地理信息事业发展提供了重要机遇。

测绘类专业研究内容包括确定地球和其他天体的形状、重力场及空间定位，利用各种测量仪器、传感器及其组合系统获取地球和其他实体与地理空间分布有关的信息，制作各种地形图、专题图，建立地理信息系统的基本理论与方法。其研究目的是探究地球上的自然和社会现象，解决人口、资源、环境和防灾减灾等社会可持续发展中的重大问题，以及为国民经济发展和国防建设提供技术支撑与数据保障。

现代测绘体系主要包括集成化地理信息资源体系、实时化空间数据获取体系、自动化空间数据处理体系、网络化地理信息服务体系和社会化地理信息应用体系。测绘类专业发展的技术推动力在于空间技术、电子技术、计算机技术、通信技术、网络技术等，研究对象从地球表面向地球内部乃至地球以外的星体扩展，从基础测绘生产型向地理空间信息应用型、服务型转变，技术手段在于构建天空地对地观测与探测技术体系。测绘类专业具有需求多样和多学科交叉渗透的特点，专业教育内容、培养模式也各有特色。在人类社会进入移动互联网时代，该专业类毕业生更加受到职场的青睐，就业质量逐年上升。[3]

**参考文献：**

[1] 国务院学位委员会办公室，教育部研究生工作办公室．授予博士硕士学位和培养研究生的学科专业简介［M］．北京：高等教育出版社，1999：278－281.

[2] 朱爱民，赵斌臣．测绘工程导论［M］．北京：国防工业出版社，2006：1.

[3] 教育部高等学校教育指导委员会．普通高等学校本科专业类教学质量国家标准［M］．2018 年 3 月第一版．北京：高等教育出版社，2018：373.

## （二）本科专业介绍

根据《普通高等学校本科专业目录（2020 年版）》所列，测绘类（0812）专业类下设 2 个基本专业和 3 个特设专业。基本专业介绍如下。[1]

## 1. 081201 测绘工程

**培养目标：** 本专业培养具备数理基础和人文社科知识，掌握测绘工程基础理论、基本知识和基本技能，接受科学思维和工程实践训练，具有创新意识与创业能力，能在测绘、规划、国土资源、矿山、交通、水利、电力等部门从事测绘工程技术及相关领域的生产、设计、开发、研究、教学及管理等方面工作的高素质、复合型工程科技人才。

**培养要求：** 本专业学生主要学习人文社科、数理基础、测绘科学与技术、计算机与通信技术等方面的基本理论和基本知识，接受测绘项目设计、技术开发、工程应用与管理等方面的基本训练，具有运用所学知识从事测绘工程实践及技术创新的基本能力。

毕业生应获得以下几方面的知识和能力：

（1）具有良好的工程职业道德、强烈的爱国敬业精神、社会责任感和丰富的人文科学素养；

（2）具有从事测绘工程专业工作所需的数学、地球科学知识以及一定的工程管理知识；

（3）熟悉测绘法律法规和行业规范，具有良好的质量、环境、职业健康、安全和服务意识；

（4）掌握扎实的测绘学科基本理论和系统的专业知识，具有较强的测绘数据分析能力，具有从事测绘生产的专业技能，了解测绘科学与技术的理论前沿、技术发展动态和行业需求；

（5）具有综合运用所学测绘工程专业的理论进行项目方案设计和工程实施及解决工程实际问题的能力；

（6）具有信息获取和职业发展学习的能力，具有较强的创新意识和进行测绘工程软硬件系统的集成开发和设计、技术改造与创新的初步能力；

（7）具有较好的组织管理能力、较强的交流沟通、环境适应和团队合作的能力，具有应对危机与突发事件的初步能力；

（8）具有一定的国际视野和跨文化环境下的交流、竞争与合作的初步能力；

（9）具有相关领域的创业能力。

**主干学科：** 测绘科学与技术、地理科学、地球物理学。

**核心知识领域：** 本专业的知识体系由通识教育、专业教育和综合教育3部分构成。通识教育包含人文社会科学、自然科学、管理科学、外语、计算机信息技术、体育和实践训练等；专业教育包含专业基础、专业理论知识、专业实验与实践训练等，涵盖地球空间信息采集技术、数据处理理论和方法、测绘信息表达与应用、计算机网络与信息系统、大地测量学与导航定位、工程与工业测量、摄影测量与遥感、地图制图学与地理信息工程等核心知识领域；综合教育包括思想品德教育专业实践教育、社情国情教育，通过开展各种学术交流和社会实践活动，拓展学生国际视野，提高人文素养和专业素质。

**核心课程示例：**

示例一：专业核心课程包括测绘学概论（18 学时）、大地测量学基础（54 学时）、数字地形测量学（72 学时）、误差理论与测量平差基础（45 学时）、地图学基础（45 学时）、GPS 原理及其应用（45 学时）、遥感原理与应用（45 学时）、地理信息系统原理（45 学时）、数字图像处理（36 学时）。

（1）大地测量与卫星导航方向：物理大地测量学（45 学时）、空间大地测量学（45 学时）、地壳形变（45 学时）、GPS 测量与数据处理（36 学时）、导航学（45 学时）；

（2）工程与工业测量方向：摄影测量学（54 学时）、工程测量学（54 学时）、GPS 测量与数据处理（36 学时）、变形监测数据处理（36 学时）、工业测量（36 学时）；

（3）航天航空测绘方向：摄影测量学（54 学时）、遥感物理（36 学时）、航空与航天成像技术（45 学时）、数字摄影测量学（45 学时）、遥感图像解译（36 学时）；

（4）城市空间信息工程方向：城市空间信息学（45 学时）、城市灾害应急管理（45 学时）、GIS 工程设计与实践（45 学时）、城市规划原理（45 学时）、网络地理信息系统原理（45 学时）、土地资源管理学（45 学时）。

示例二：数字测量学（64 学时）、地图学基础（48 学时）、误差理论与测量平差基础（56 学时）、大地测量基础（56 学时）、数据结构与测绘软件开发（48 学时）、计算机地图制图（48 学时）、卫星导航与定位技术（40 学时）、地理信息系统原理（48 学时）、摄影测量基础（40 学时）、遥感原理与应用（40 学时）、矿山测量学（48 学时）、工程测量学（48 学时）、变形与沉陷工程学（48 学时）、土地整治与复垦（32 学时）、资源信息学（32 学时）。

示例三：测绘学导论（16 学时）、误差理论与测量平差（64 学时）、计算机地图制图（64 学时）、数字测图原理与方法（72 学时）、大地测量基础（56 学时）、摄影测量基础（48 学时）、GPS 原理与应用（56 学时）、遥感原理与应用（48 学时）、地理信息系统原理（40 学时）、测量程序设计（56 学时）、精密测绘仪器原理与使用（48 学时）、变形监测与灾害预报（40 学时）、数字摄影测量（56 学时）、创新专题设计（16 学时）、科技论文写作（16 学时）、工程测量学（56 学时）、矿山测量学（56 学时）、GPS 数据处理（32 学时）、地籍测量与土地管理（48 学时）。

**主要实践性教学环节：**集中实习、课程设计、工程实践、综合设计、毕业设计（论文）等。

**主要专业实践能力：**建立测量控制网和地球坐标系统，地理空间信息采集、处理与应用，测绘生产技术，项目设计与管理。

**修业年限：**四年。

**授予学位：**工学学士。

## 2. 081202 遥感科学与技术

**培养目标：**本专业培养具备遥感科学、空间科学、电子科学、信息科学和计算机科学的基本知识和基本理论，能在测绘、国土、国防、林业、农业、海洋、资源、环境、交通和规划等领域从事传感器的集成与设计、遥感数据获取与处理、专题信息提取、遥感数据建模与反演、数字化测绘和遥感信息服务等方面的生产、开发、科研、教学和管理工作，并具有创新能力的复合型工程技术人才。

**培养要求**：本专业学生主要学习遥感传感器原理、遥感对地观测机理、遥感数据分析处理和遥感技术应用等基本理论和基本知识，接受遥感传感器集成、遥感野外数据采集、遥感影像判读与解译、遥感专题制图、航空航天测绘、数据处理算法设计与实现、遥感应用综合实践等方面的基本训练，掌握遥感数据获取、数据处理、数据分析、地形测绘、专题信息提取及应用的基本能力。

毕业生应获得以下几方面的知识和能力：

（1）掌握遥感科学与技术专业涉及的数学、物理、地理、电子、计算机、信息与通信工程等学科的相关基本理论和基本知识；

（2）掌握传感器的集成、遥感对地观测数据的获取、遥感数据处理与分析、遥感数据的应用等技术；

（3）具有利用遥感数据进行专题信息提取、遥感数据建模与反演、数字化测绘和遥感信息服务的初步能力；

（4）熟悉测绘、遥感、航空航天和计算机等领域国家科学技术政策、知识产权、可持续发展战略等有关政策与法规；

（5）了解本学科相关领域的理论前沿和应用前景，能熟练阅读本专业的英文技术文献，具有一定的英语写作和交流能力；

（6）具有一定的科学研究、实际工作和创新能力，有较强的团队合作意识。

**主干学科**：测绘科学与技术、计算机科学与技术、信息与通信工程。

**核心知识领域**：本专业的知识体系由通识教育、专业教育和综合教育3部分构成。通识教育包含人文社会科学、自然科学、管理科学、外语、计算机信息技术、体育和实践训练等；专业教育包含专业基础、专业理论知识、专业实验与实践训练等，涵盖物体几何与辐射特性、电磁波及其大气传输、卫星轨道与遥感平台、传感器成像机理、影像获取与传输、空间数据处理与分析和地理空间信息等核心知识领域；综合教育包括思想品德教育、专业实践教育、社情国情教育，通过开展各种学术交流和社会实践活动，拓展学生国际视野，提高人文素养和专业素质。

**核心课程示例**：

示例一：误差理论与数据处理（45学时）、遥感物理基础（36学时）、摄影测量基础（72学时）、数字图像处理（45学时）、遥感原理与应用（54学时）、遥感图像解译（36学时）、地理信息系统原理（45学时）、GPS原理及其应用（45学时）、航空与航天数据获取（45学时）；成像传感器原理（72学时）、微波遥感（36学时）、遥感应用模型（45学时）；数字摄影测量（72学时）、近景摄影测量（45学时）、激光雷达数据处理与应用（36学时）；空间数据库（54学时）、空间分析（45学时）、网络GIS（54学时）。

示例二：地图学（56学时）、遥感原理及应用（40学时）、摄影测量学（40学时）、地理信息系统原理（48学时）、遥感解译与制图（32学时）、遥感数字图像处理（40学时)、数字摄影测量（24学时)、全球定位系统原理及应用（40学时)、微波遥感（40学时)、普通地质学（32学时)、自然地理与地质学（40学时)、地质遥感（32学时)、国土资源遥感（32学时)、遥感应用模型（48学时)。

示例三：遥感原理与方法（54学时)、微波遥感（36学时)、高光谱与高空间分辨率遥感（36学时)、数字摄影测量（45学时)、GIS原理（45学时)、气象学与气候学（45学时)、大气物理与大气探测（45学时)、地学数理方法（45学时)、人文地理（45学时)、自然地理（45学时)、遥感地学分析（36学时)、大气遥感（45学时)、雷达与卫星气象学（45学时)、3S气象应用（36学时)。

**主要实践性教学环节：**测量学综合实习、数字图像处理课程实习、传感器原理课程实习、遥感影像判读与解译实习、遥感原理及应用课程设计、定量遥感基础实习、地理信息系统原理课程实习、遥感专题图制作和毕业设计（论文）等。

**主要专业实践能力：**地物光谱及相关数据的野外采集、数据处理算法设计与实现、航空航天测绘产品生产、遥感应用综合实践设计与实现、生产项目设计与管理。

**修业年限：**四年。

**授予学位：**工学学士。

**参考文献：**

[1] 中华人民共和国教育部高等教育司．普通高等学校本科专业目录和专业介绍[M]．2012年10月第一版．北京：高等教育出版社，2012：212-215.

## （三）未来职业发展

### 1. 测绘工程师

**职业定义：**从事国家基础测绘建设、陆海空运载工具导航与管理、城市和工程建设、矿产资源勘察与开发、国土资源调查与管理等测量工作，从事地图与地理信息系统的设计、实施和研究工作，且具备地面测量、海洋测量、空间测量、摄影测量与遥感以及地图编制等方面知识的工程技术人才。

工作内容：

(1) 外业作业：配合使用全站仪、GPS-RTK、测量机器人等仪器进行国土资源调查、地图与地理信息系统相关和需要的测量工程的设计和实施，测绘数据经过CASS等行业软件处理得到测绘产品；

(2) 内业作业：遥感影像分析；GPS数据处理；航测、摄影测量影像处理；外业测绘数据处理；地形图入库与地理信息系统管理。

能力要求：

熟悉使用水准仪、经纬仪、全站仪、GPS-RTK等相关测量仪器；熟练使用

AutoCAD等行业制图软件；身体素质较好；熟练掌握arcGIS、mapGIS、CASS等行业软件；具有较强的责任心、团队沟通能力和耐心。

### 2. 开发工程师（GIS软件开发工程师、测绘软件开发工程师）

**职业定义：**从事地面测量、海洋测量、空间测量、摄影测量与遥感以及地图编制等测绘相关软件开发的工程技术人才。

工作内容：

（1）GIS软件开发工程师：独立进行数据标准、制作方案的设计工作、参与GIS系统分析设计等技术文档编制、设计地理信息系统；

（2）测绘软件开发工程师：结合实际项目开发应用于测绘行业硬件设备的相应软件。如：GPS数据分析处理系统，遥感、航拍、影像分析处理系统，测量机器人自动化作业系统，变形监测预警系统等。结合实际项目对行业软件进行特定需求的二次开发。

能力要求：

熟练掌握一种或多种高级计算机编程语言、数据库与数据结构基础知识；对行业内各种作业方式有较深入的认识；具有较强的责任心、团队沟通能力；具有较强的逻辑思维和良好的计算机操作能力。

## （四）就业方向

在现代社会，测绘科学与技术的作用不可低估，它在经济建设和国防建设等许多方面得到了广泛应用，因此测绘类专业的毕业生就业面广，行业跨度大。比如在地质勘探、矿产开发、水利交通等工程建设中，必须进行测量并绘制地形图，以方便施工建设工作的顺利展开；在军事领域，地图对于行军、作战的意义不言而喻，除此之外精确的地心坐标和地球重力场数据对于确保远程武器精确命中目标的作用巨大。

目前，测绘类专业毕业生可以有如下的就业选择：在航天、航海、航空、交通等部门从事导航及通讯工作、海洋测量工作、管理工作及科研工作；在地震等部门从事定位测量、重力测量、地球物理勘探等方面的生产、设计和规划管理工作；在公安、国防领域从事科学研究与开发工作；在地质资源、地理信息等行业，进入国土资源部门（测绘局、海洋局、地矿局、规划院、地调院）、科研院所、工程勘察设计院等部门从事工程测量、地籍测量、科学研究、勘测施工、地图制图、导航定位、地理信息软件开发、测绘仪器研发、地质灾害监测等工作。

适合的岗位如测量员、研究员、高校教师、测绘工程师、施工员、GIS开发工程师、技术支持工程师、销售工程师、项目经理等。

**推荐单位：**国家测绘地理信息局、各省市的勘查技术院、北京北斗星通导航技术股份有限公司、中国建筑工程总公司、中国铁道建筑总公司、中国交通建设集团有限公司、中国能源建设集团有限公司等。

# 十三、化工与制药类

现代化工起源于工业革命期间，并发展成为为其他工业部门提供化学原料的产业。自1749年铅室法制硫酸在工厂中应用和1755年英国开始用烟煤制焦炭起，化学工程与技术在工业革命的重要地位就开始逐渐显现。为了改善人们生活、提高工业产值、增强国家军事力量，人们开始利用化工知识将自然界的物质转化为大规模生产所需的原料，形成了最早的化学工业。1800年前后，“化学工程”这个定义被正式提出，其后尿素的合成为有机化学和化工打开了大门。黄色炸药的发明使得开山采矿变得易如反掌，固氮法使得世界农业迅速发展，各式各样的农药、肥料紧接着被发明和应用。同时，石油化工行业的发展也为交通运输业的发展打下了坚实的基础。紧接着，1867年电解食盐水制烧碱开始大规模应用，电化学工业开始发展。与此同时，制药工业也开始形成并发展。二十世纪六七十年代，化学工业发展了精细化工、超纯物质、新型结构材料和功能材料等，其后环氧树脂等复合材料更是在医疗、建筑材料甚至航空航天领域得到广泛应用，化工与制药成为人们生产生活必不可少的科学技术。

化学与制药总体来说是一门传统科学，“传统”是相对于“新兴”而言的，它既衬托“新兴”，又与其互补。当前与化工与制药密切相关的工业包括石油炼制工业、冶金工业、建筑材料工业、食品工业、制药工业、造纸工业等，随着更为先进的研究技术和发明的应用，在未来化学与制药在人类发展过程中还会有更多的用武之地。[1]

## （一）专业类简介

化工与制药类专业是研究化学工业生产过程中的共同规律，并用化学方法改变物质组成或性质来生产化学产品的一门工程学科。主要包括化工与制药两大专业类。

化学工业又称化学加工工业，是指物质分离和转化的过程工业，泛指生产过程中化学方法占主要地位的过程工业，是国民经济的基础性和支柱性产业，主要包括无机化工、有机化工、精细化工、生物化工、能源化工、资源化工、材料化工、环境化工等，广泛涉及国民经济、社会发展和国家安全的各个领域，如资源、能源、冶金、环保、材料以及生物、医药、食品、信息、国防等领域。

化工类专业担负着为化学工业培养高素质工程技术人才的重任，化工类专业的主干学科是化学、化学工程与技术，主要相关学科包括材料科学与工程、环境科学与工程、石油与天然气工程、生物工程、冶金工程、动力工程及工程热物理、控制科学与工程、计算机科学与技术等。

制药工程是综合运用化学、药学（含中药学）、化学工程与技术、生物工程等相关学科的原理与方法，研究解决药品规范化生产过程中的工艺、工程、质量与管理等问题的工学学科。药品生产包括原料药和药剂的制造。制药工程专业是适应药品生产需求，以培养从事药品制造的高素质工程技术人才为目标的工科专业。制药工程专业的主要相关学科为药学、化学、生物学和化学工程与技术等。[2]

近年来，我国制药工业发展迅速，已成为世界制药工业大国，制药工业在保障人民身体健康和促进社会可持续发展方面发挥着越来越重要的作用，并已成为推动国民经济发展的支柱产业和战略性新兴产业。

**参考文献：**

［1］袁渭康．我们的化学工程：关于目标尺度微细化的讨论［J］．化工进展，2004（1）：911.

［2］教育部高等学校教育指导委员会．普通高等学校本科专业类教学质量国家标准［M］．2018 年 3 月第一版．北京：高等教育出版社，2018：379.

## （二）本科专业介绍

根据《普通高等学校本科专业目录（2020 年版）》所列，化工与制药类（0813）专业类下设 2 个基本专业和 6 个特设专业。基本专业介绍如下。[1]

### 1. 081301 化学工程与工艺

**培养目标：**本专业培养具备化学工程与工艺方面的知识，具有高度社会责任感、良好的道德文化修养和健康的身心素质，具有创新意识和较强动手实践能力，能在化工、能源、环保、材料、冶金、信息、生物工程、轻工、制药、食品和军工等部门从事工程设计、技术开发、工厂操作与技术管理、科学研究等工作的工程技术人才。

**培养要求：**本专业学生主要学习化学工程学和化学工艺学等方面的基本理论和基本知识，接受化学与化工实验技能、工程实践、计算机应用、科学研究与工程设计方法等方面的基本训练，掌握对现代化工生产过程进行模拟计算和过程优化、对现有化工生产工艺与设备进行技术改造以及对化工新产品、新工艺、新设备进行开发与设计的基本能力。

毕业生应获得以下几方面的知识和能力：

（1）具有高度的社会责任感、良好的人文社会科学素养和良好的职业道德；

（2）具有本专业所需的数学、化学等自然科学知识以及一定的经济学和管理学知识，掌握化学工程、化学工艺等学科的基本理论、基本知识和相关的工程技术基础知识；

(3) 掌握典型化工过程与单元设备的设计及模拟优化的基本方法；

(4) 具有较强的创新意识和对化工新产品、新工艺、新技术和新设备进行研究、开发和设计的基本能力；

(5) 掌握文献检索、资料查询及运用现代信息技术获取相关信息的基本方法；

(6) 具有一定的科学研究和实际工作能力以及一定的质疑和批判性思维能力；

(7) 了解化学工程与技术学科的理论前沿，了解化工新产品、新工艺、新技术和新设备的发展动态；

(8) 了解国家对于化工生产、设计、研究与开发、环境保护等方面的方针、政策和法规，具有自愿改善健康、安全和环境质量的责任关怀理念，遵循责任关怀的主要原则，了解化工生产事故的预测、预防和紧急处理预案等，具有应对危机与突发事件的初步能力；

(9) 具有一定的组织管理能力、较强的表达能力、人际交往能力以及团队合作能力；

(10) 具有对终身学习的正确认识和学习能力；

(11) 具有一定的国际视野和跨文化环境下的交流、竞争与合作的初步能力。

**主干学科：** 基础化学、化学工程与技术。

**核心知识领域：** 无机化学、有机化学、分析化学、物理化学、化工原理、化工热力学、化学反应工程、化工设计。

**主要实践性教学环节：** 课程实验、专业实验、课程设计、认识实习、生产实习、毕业设计（论文）。

**主要专业实验：** 基础化学实验、化工原理实验、化工热力学实验、化学反应工程实验、化学工艺实验等。

**修业年限：** 四年。

**授予学位：** 工学学士。

### 2. 081302 制药工程

**培养目标：** 本专业培养德、智、体、美、劳全面发展，能适应制药工业发展的专业工程技术人才。本专业毕业生应具备制药工程专业知识和从事药品、药用辅料、医药中间体以及其他相关产品的技术开发、工程设计和产品生产质量管理等方面的能力，具有良好的职业道德、高度的社会责任感、较强的产品质量意识和一定的国际化视野和社会交流能力，能在制药及其相关领域的生产企业、科研院所、设计院和管理部门等单位从事产品开发、工程设计、生产技术与质量管理和科技服务等工作或进入本学科及相关学科继续深造。

**培养要求：** 本专业学生主要学习药品生产制造、产品开发、工程设计和生产技术与质量管理等方面的基本理论和基本知识，接受专业实验技能、工艺研究和工程设计的基本科学与工程方法训练，掌握从事药品研究与开发、制药工艺设计与放大、药品生产质量与管理等方面的基本能力。

毕业生应获得以下几方面的知识和能力：

（1）具有良好的职业道德、强烈的爱国敬业精神、高度的社会责任意识和深厚的人文科学素养；

（2）具有从事制药工程工作所需的自然科学知识以及一定的经济管理知识；

（3）具有良好的质量管理、环境保护、职业安全和社会服务意识；

（4）掌握药品制造的基本理论与技术、工程设计的基本原理与方法和生产质量管理（Good Manufacturing Practice，GMP）与控制等方面的基本知识，掌握药品生产工艺流程制订与车间设计的方法和原理，了解制药工程学科的发展前沿和药品生产新工艺、新技术与新设备的发展动态；

（5）能综合运用所学的制药工程科学理论、分析提出和解决制药工程问题的方案，具有解决制药工程实际问题的能力；

（6）具有对药品新资源、新产品和新工艺进行研究开发和设计的初步能力，具有良好的开拓精神和创新意识以及获取专业新知识的能力；

（7）了解制药工程专业领域众多的技术标准，熟悉国家关于药品生产、药品安全、环境保护、社会责任等方面的政策和法规；

（8）具有较好的组织管理、交流沟通、环境适应和团队合作的能力；

（9）具有应对药品生产、使用中和公共卫生中突发事件的初步能力；

（10）具有一定的国际视野和跨文化环境下的交流、竞争与合作的初步能力。

**主干学科：**化学、药学、制药工程与技术。

**核心知识领域：**无机化学、有机化学、分析化学、物理化学、生物化学、工程制图、化工原理、药物化学、制药工艺学和制药设备与车间设计。

**核心课程示例：**

示例一：现代基础化学（128学时）、分析化学（64学时）、有机化学（160学时）、物理化学（144学时）、生物化学（48学时）、工程制图（56学时）、过程设备机械设计基础（72学时）、化工原理（186学时）、药理学（32学时）、药物化学（48学时）、药物分析（32学时）、药物合成（48学时）、制药工艺学（32学时）、制药工程学（208学时）、药品生产质量管理规范（32学时）、工业药剂学（32学时）、制药工程专业实验（160学时）。

示例二：制药工程导论（32学时）、生物化学（56学时）、生物化学实验（48学时）、药物化学（双语）（48学时）、工业制剂学（32学时）、制药工艺学（64学时）、药品生产质量管理工程（32学时）、制药分离工程（双语）（48学时）、制药设备及工程设计（32学时）、专业实验（64学时）。

示例三：药物合成反应（48学时）、药物化学（40学时）、天然药物化学（40学时）、制药工艺学（双语）（32学时）、制药反应工程（40学时）、制药分离技术（32学时）、制药工艺设计（40学时）、制药专业实验（56学时）。

**主要实践性教学环节：**基础化学实验、制药工程专业实验、认识实习、生产实习、化工原理课程设计、制药机械课程设计、制药设备与车间课程设计、毕业设计（论文）。

**主要专业实验：** 基础化学实验、化工原理实验、药物合成实验、药物分析实验和制药工程专业实验。

**修业年限：** 四年。

**授予学位：** 工学学士。

**参考文献：**

[1] 中华人民共和国教育部高等教育司．普通高等学校本科专业目录和专业介绍[M]．2012 年 10 月第一版．北京：高等教育出版社，2012：215－217.

## （三）未来职业发展

### 1. 高分子材料工程师

**职业定义：** 从事高分子材料合成改性领域的科学研究、技术开发、工艺和设备设计等方面工作的高级工程技术人才；是目前高分子行业紧缺的关键技术人才。

工作内容：

（1）在科研任务的要求下，有计划、按进度地完成本人负责的各项研发任务；

（2）面向客户需求，设计切实可行的高分子材料产品研发配方、聚合条件与路径，独立地解析相应图谱，详细、准确地撰写项目研究报告；

（3）定期总结研究过程中存在的问题，不断改进工作思路和工作方法；

（4）查阅相关文献，搜集、整理、分析国内外高分子行业的技术信息，了解高分子产品的发展趋势和工艺方向，并合理借鉴自身工作，不断提升研发水平；

（5）严格遵守行业技术规范，认真做好各类技术资料的汇总、归档和保管工作，严格做好工艺配方等技术材料的保密工作；

（6）协助销售部门处理客户产品质量问题，及时为销售人才提供全面有效的技术支持。

能力要求：

具备无机化学、有机化学、物理化学、高分子化学、高分子物理、高分子合成工艺原理、聚合反应工程、高分子材料研究方法等专业知识；明晰行业标准与规范；熟练掌握化工图谱分析方法；熟悉各种化工仪器设备以及操作软件等应用工具；同时具备良好的英语阅读能力、学习能力、团队协作能力、沟通能力等。

### 2. 化工工艺工程师

**职业定义：** 从事化工产品开发或化工生产工艺设计等技术研发方面工作的综合型高级工程研发技术人才。

工作内容：

（1）负责化工产品的研发和原有产品的改良，新产品、新工艺的导入和跟踪；

（2）为生产开发高效和完善的工艺配方、条件与路径，提供原始文件与结果评估；

（3）优化现有的生产方法（实验室，中试车间或者生产），并且开发更多有效的方法和工艺；

（4）建立实验室工作流程，报告和相关的标准操作流程，分析检测产品质量；

（5）善于查阅相关文献，独立地解析相应图谱，详细、准确地撰写项目研究报告；

（6）了解化学工程学的理论前沿，了解新工艺、新技术与新设备的发展动态；

（7）严格遵守行业操作规范，认真做好各类技术资料的汇总、归档和保管工作，严格做好工艺配方等技术材料的保密工作；

（8）协助销售部门，为其提供全面有效的技术支持。

能力要求：

具备无机化学、有机化学、分析化学、物理化学、化工原理、化工热力学、化学工艺学、化工传递工程、化工分离工程、化工过程合成与分析、计算机应用等专业基础知识；明晰行业标准与规范；熟练掌握化工图谱分析方法；熟悉各种化工仪器设备以及操作软件等应用工具；同时具备良好的英语阅读能力、学习能力、团队协作能力、沟通能力等。

### 3. 化学工程师

**职业定义**：从事化工工程设计、技术开发、工艺技术管理、产品营销等方面工作的高级工程技术人才。

工作内容：

（1）负责化工产品生产过程的控制、工艺的稳定，分析解决异常技术问题，同时做好生产中原始记录及报告单的收集整理、原料留样的管理；

（2）掌握化工装置工艺与设备设计方法以及化工过程模拟优化方法，负责现有生产装置的技术改进和新技术的导入；

（3）能够对工艺转移至中试车间或者生产，包括故障排除、中控等；

（4）对新产品、新工艺、新技术和新设备进行研究、开发和设计；

（5）能够独立设计绘制化工生产工艺流程图，查阅相关文献，独立解析相应图谱，详细、准确地撰写生产调研报告；

（6）建立相关的项目文档（项目经验报告，费用估算，注册文件等）；

（7）了解化学工程学的理论前沿，了解新工艺、新技术与新设备的发展动态；

（8）严格遵守行业操作规范，认真做好各类技术资料的汇总、归档和保管工作，严格做好工艺配方等技术材料的保密工作；

（9）协助销售部门，为其提供全面有效的技术支持，同时对团队成员开展生产流程、操作规范等内容的培训工作。

能力要求：

富有责任心和热情；具备无机化学、有机化学、分析化学、物理化学、化工原理、化工机械设备、化工热力学、化学反应工程、化学工艺学、化工传递工程、化工分离工程、化工系统工程、无机化工、精细化工、煤化工、计算机应用等专业基础知识；明晰行业标准与规范；熟练掌握化工图谱绘制、分析方法；熟悉各种化工仪器设备以及操作软件等应用工具；同时具备良好的英语阅读能力、学习能力、团队协作能力、沟通能力等。

### 4. 有机合成研究员

**职业定义：** 从事独立设计和进行多步有机合成反应、运用化合物分离提纯技术和结构鉴定方法研究开发有机化学产品，并指导或带领团队顺利完成有机合成任务工作的高级技术人才。

工作内容：

(1) 熟练掌握 HPLC、GC、LC－MS、GC－MS、NMR 等分析仪器；独立完成有机合成文献的查阅和图谱解析，依据文献完成化合物合成路线的初步设计；

(2) 熟练地完成多步有机合成化学反应，包括手性或拆分以及放大合成工艺路线等，并对有机合成实验结果做出较全面的分析；

(3) 在团队其他成员的协助下，完成具有一定难度的有机合成研究项目，并及时解决有机合成实验中出现的问题；

(4) 负责有机合成实验团队的实验安全、进度及关键步骤的实施；

(5) 清晰完整地完成有机合成实验记录，实验报告书；

(6) 了解有机合成的理论前沿，了解新工艺、新技术等的发展动态；

(7) 严格遵守行业操作规范，认真做好各类技术资料的汇总、归档和保管工作，严格做好工艺配方等技术材料的保密工作；

(8) 协助销售部门，为其提供全面有效的技术支持。

能力要求：

具有责任心及团队协作精神，具有无机化学、有机化学、物理化学、分析化学、仪器分析、波谱原理及解析、结构化学、化工原理、精细有机合成工艺学、精细化学品化学、计算机辅助化学与分子设计、金属有机化学等专业基础知识；明晰行业标准与规范；熟练掌握化工分析方法；熟悉各种化工仪器设备以及操作软件等应用工具；同时具备良好的英语阅读能力、学习能力、团队协作能力、沟通能力等。

### 5. 应用电化学工程师

**职业定义：** 从事电化学领域的科学研究、教学工作及管理工作的高级专门人才。

工作内容：

(1) 主要涉及电化学理论、电催化过程、化学电源、无机物的电解工业、有机物的电解合成、电化学传感器和电化学腐蚀与防护等方面的研究、开发和应用；

(2) 掌握电化学测试或监测装置的工艺流程、工艺过程模拟计算等，熟知电化学专业工作程序及相应标准规范，能熟练运用该专业的应用软件；

(3) 从事应用电化学领域新产品、新技术的研发和创新工作，独立承担研究课题；

(4) 查阅文献，了解电化学的理论前沿，了解该方向新工艺、新技术与新设备的发展动态；

(5) 认真做好各类技术资料的汇总、归档和保管工作，严格做好技术材料的保密工作；

(6) 协助销售部门，为其提供全面有效的技术支持。

能力要求：

富有创新精神和强烈的责任心；具备无机化学、有机化学、物理化学、分析化学、仪器分析、波谱原理及解析、结构化学、化工原理、电化学原理、电化学测试技术等专业基础知识；明晰行业标准与规范；熟练掌握化工分析方法；熟悉各种化工仪器设备以及操作软件等应用工具；同时具备良好的英语阅读能力、学习能力、团队协作能力、沟通能力等。

### 6. 化工质检工程师

**职业定义：**从事化工外来样品、化工生产原料、中间体、产品以及化工仪器设备、工程材料与图纸等进行质量检验、评定、监督工作的专业应用型技术人才。

工作内容：

(1) 认真贯彻执行合同文件，贯彻执行国家和业主、公司和监理发布的各项技术规程、施工规范，负责项目质量的核定工作，并对其工作质量负责，保证其准确率；

(2) 熟练应用化工仪器设备并能独立解读化工图谱，做好成品、半成品、原材料和外来样品的检测工作，及时向上级主管汇报检测过程中出现的问题；

(3) 认真记录原材料和成品的检测结果，保管、整理和统计各项检验资料，保证资料准确性及反馈的及时性，有效控制产品质量问题重复出现比例；

(4) 做好检测仪器、设备的维护、保养工作，定期检查校对无差错；

(5) 查阅文献，了解质检方法的理论前沿与发展动态；

(6) 认真做好各类技术资料的汇总、归档和保管工作，严格做好技术材料的保密工作；

(7) 保证产品质量评定的真实、准确和及时，参加产品质量事故的处理。

能力要求：

具有无机化学、有机化学、物理化学、分析化学、仪器分析、波谱原理及解析、结构化学、化工原理、电化学原理、电化学测试技术、有机合成、化工机械基础等专业知识；明晰行业标准与规范；熟练掌握化工分析方法；熟悉各种化工仪器设备以及操作软件等应用工具；同时具有强烈的责任心，并且有细心和耐心；具备良好的英语阅读能力、学习能力、团队协作能力、沟通能力等。

### 7. QA（质量保证）工程师

**职业定义：**从事通过建立和维持质量管理体系来确保产品质量品质保证的校验和管理工作的高级工程技术人才。

工作内容：

（1）负责公司GMP规范体系的建立与管理工作，对GMP管理要求、文件执行情况及时监督、检查、指导；

（2）负责组织应对公司内、外部审核认证工作，以及整改工作跟踪和整改资料的整理；

（3）负责组织员工的GMP及QA相关培训工作；

（4）负责生产环节的QA监督检查（生产现场、质量记录、档案、设备、操作过程、人才、物料等）；

（5）负责生产过程中QA相关事件的处理，并进行调查，监督、跟踪其措施的实施及完成情况。

能力要求：

需要具备医药相关专业知识；有一定化学检验理论基础和动手能力；熟悉质量检验和现场质量管理；熟悉洁净区及化验室的GMP要求；熟悉化验室专业技术及仪器的使用和保养；责任心强，有良好的团队合作精神，坚持原则。

### 8. QC（质量控制）工程师

**职业定义：**从事产品的质量检验，发现质量问题后的分析、改善和不合格品控制工作的高级工程技术人才。

工作内容：

（1）负责对进出厂产品、工艺用水、留样、稳定性考察样品进行理化检验；

（2）负责西林瓶、胶塞、铝盖、纸箱等包装材料的取样及检验；

（3）负责化验室试验台及玻璃器皿的定置管理维护保养及卫生；

（4）负责试剂柜以及分析纯试剂、检验用有毒品的管理；

（5）负责各品种检验方法验证，如液相检验和紫外检查方法的验证、红外检查法验证等；

（6）负责异常情况汇报；

（7）负责填写检验记录、台账等；

（8）负责异常情况报告，配合OOS调查。

能力要求：

需要具备常规化验能力；熟悉相关仪器设备使用和维护；有较强的药物分析实验技能与理论基础；能够独立完成研究工作；可熟练操作分析检测、检验仪器；能切实履行质量保证工作职责；熟悉国家技术审评的要求和国家药品管理的相关法规；

具备一定的独立撰写申报资料及文献检索的能力；具有较强的事业心、责任感和开拓精神，独立的工作能力、执行能力和团队合作精神，认真、仔细、负责、积极的工作态度。

### 9. 医药技术研发员

**职业定义**：从事药物研究开发药物化学合成工艺的研究，同时负责研发新药等相关工作的高级技术人才。

工作内容：

（1）各项新课题的开发前调研工作；

（2）各课题的制剂相关分析工作；

（3）各课题制剂处方及生产工艺部分申报资料的撰写；

（4）与生产品种相关的原辅料质量标准、新品生产制造指示书及标准操作规程的制定及实施；

（5）新品工艺验证方案的制定、验证工作的展开及验证报告的总结；

（6）负责医院、公司内部及其他客户的技术支持和培训；

（7）撰写新药申报资料。

能力要求：

具备药学、生物医学或生物技术相关专业知识；熟练掌握医药研发有关的实验技术，有很强的专业素质和研究能力；熟悉完整的药品研发流程和临床报批内容及程序；具有丰富的研发项目管理经验；了解相应的学科进展和国际国内最新的研究及项目进展；工作积极主动，具有良好的综合素质、良好的沟通协调和卓越的团队管理能力。

## （四）就业方向

化学与制药类专业具有两大特色：其一，专业口径宽，覆盖面广。该专业类研究领域涉及有机化工、无机化工、精细化工、日用化工、材料化工、能源化工、生物化工、微电子化工等诸多领域；该专业类服务对象遍及化工、石油、医药、能源、轻工、材料、生工、食品、环保等各部门。其二，工程特色显著，知识的可迁移性强。本专业类以化学工程与化学工艺为知识结构的两大支撑点，并将两者有机地结合在一起。化学工程主要研究化工过程及设备的开发、设计、优化和管理，化学工艺则研究以石油、煤、天然气、矿物、动植物等自然资源为原料通过化学反应和分离加工技术制取各种化工产品。这些工程放大技术、系统优化技术和产品开发技术，不仅在化工领域而且在医药、材料、食品等众多相关领域均大有用武之地，因而，本专业类培养的学生具有较强的工程能力和工作适应性，因此该专业类的毕业生就业行业分布广泛。

该专业类毕业生可前往科研院所、高等院校从事化学工程与工艺相关科研、教学等工作，不过这需要毕业生具备一定的科研水平和较高的学历。

毕业生还可以前往化工类、石油类、轻工类、车辆化工、建筑机械、制药、食品、涂料涂装等相关的科研单位、企业、公司从事应用研究、精细化工产品的开发、设计、生产技术和科技等工作。除了大企业外，一些冶金、化纤、煤炭、橡胶等化工企业也是毕业生不错的选择。化工行业是个讲究经验和积累的行业，技术和经验是技术型人才的资本，对于刚毕业的学生来说，一般需要相当长时间的经验积累，从基层做起，让理论和实践充分地结合后，才能谋求个人职业更好的发展。

除此之外，毕业生还可以在相关化工类企业从事销售、管理等工作。除了走工艺、研发、质量检验等技术人才的道路外，该专业复合型销售和管理人才也为市场所青睐。

**推荐企业：**中国石油集团、中国石化集团等。

# 十四、地质类

习近平总书记在党的十九大报告中明确提出："绿水青山就是金山银山"，这为地质工作指明了方向。近现代城市化和工业化发展，决定了我国对地质资源的需求保持高位增长，地质资源与地质工程学科也由此发展壮大[1]。

早在公元前两千多年，我们的祖先已懂得寻找和利用铜、锡、金等矿产资源。16世纪中叶，地质资源与地质工程学科开始萌芽，并在近代工业化进程中逐步发展形成独立的学科。第二次世界大战结束以后，遥感、航空物探、化探、土力学、岩石力学、统计学等相继被应用到地质资源与地质工程学科研究中。1958年电子计算机首次用于地质研究，促进了该学科由定性分析向定量化研究方向发展。20世纪60年代至70年代，矿床统计预测、勘探概率决策系统相继提出和完善，并在指导找矿突破上发挥了重要作用。80年代，矿床模型、盆地分析、克立格储量计算方法、地质统计学、勘探过程最优化决策理论和方法逐步完善，促进了新一轮的全球找矿高峰。90年代，我国城市化进程不断加快，促进了人类工程活动与地质环境相互作用学说的形成；此外，如地质异常成矿预测、勘探者专家系统、GIS矿产资源潜力评价等一些新的理论和技术也相继被提出，以适应找矿难度不断增大的勘查新形势[2]。

## （一）专业类简介

地质类专业是研究矿产资源开发、工程建设、灾害防治与环境保护等领域地质问题的工科类专业，主要依托地质资源与地质工程一级学科，与社会和经济可持续发展密切相关。地质类专业既为社会生产力发展提供金属与非金属矿产、煤炭与油气资源、地下水资源等地质资源保障，也是国家工程建设的基础。地质类专业与人类生存和社会发展息息相关，在国家社会经济发展中具有核心战略地位和举足轻重的作用，是一个极具发展潜力的工科类专业。

地质类专业依托的主要学科有地质工程、矿产普查与勘探、勘查地球物理和水文地质学等。地质类专业的研究内容包括：矿产资源形成的地质背景、成矿（藏）条件和形成机理、分布规律、经济与技术特征，矿产勘查评价的理论与技术方法体系；与工程地质体相关的工程勘察、设计、施工的理论、方法和技术；地质灾害防治的理论与方法；地质体的地球物理响应及观测、处理与解释技术；地质体钻掘工艺与装备；地下水的形成与赋存规律、地下水开发利用及其环境效应；地球信息采集、分析处理和开发利用的理论、方法和技术等。

地质类专业属于应用型工程技术专业，以数学、物理和化学为基础，相近专业包括地质学、地球物理学、土木工程、矿业工程、环境科学与工程、水利工程和地下工程等。[3]

地质类专业与生产实践联系紧密，具有基础性强、涉及学科多、专业特色突出等特点，所培养的学生除需要系统地掌握专业基础知识、基本理论和基本技能之外，还需要对矿业工程、环境工程、土木工程、地下工程、经济学、管理学等有一定程度的了解，应具有较强的职业道德、工程素养和实践能力，思想活跃，具备团队精神、创新创业意识和国际视野。

**参考文献：**

[1] 杨建锋．中国地质环境变化与对策研究［M］．北京：地质出版社，2010：14－28.

[2] 国务院学位委员会第六届学科评议组．学位授予和人才培养一级学科简介［M］．北京：高等教育出版社，2013：1－3.

[3] 教育部高等学校教育指导委员会．普通高等学校本科专业类教学质量国家标准［M］．2018 年 3 月第一版．北京：高等教育出版社，2018：394.

## （二）本科专业介绍

根据《普通高等学校本科专业目录（2020 年版）》所列，地质类（0814）专业类下设 3 个基本专业和 2 个特设专业。基本专业介绍如下。[1]

### 1. 081401 地质工程

**培养目标：**本专业培养知识能力、素质各方面全面发展，系统掌握工程地质、岩土钻掘工程等方面的基本理论、基本方法和基本技能，接受相关的工程训练，能在城镇建设、土木水利、能源交通、资源开发、国土防灾等各领域的勘察、设计、施工、管理单位从事工程地质勘察、地质灾害防治与地质环境保护、地质工程设计与施工、资源勘探与采掘、岩土钻掘与工程监理等工作的应用型、复合型工程技术人才。

**培养要求：**本专业毕业生要求在牢固掌握数学、物理、化学、外语、计算机等基础知识的基础上，系统学习地质学、工程力学、工程地质学、岩土钻掘工程等专业课程的基本理论和基础知识，接受工程师的基本训练，具备从事工程勘察、地质灾害防治、地质工程设计与施工、工程管理、资源勘探与采掘、岩土钻掘工艺与设备开发等的能力。本专业可设置工程地质和岩土钻掘工程两个专业方向，培养要求可各有侧重。

毕业生应获得以下几方面的知识和能力：

(1) 具备良好的工程职业道德、较强的创新意识、强烈的爱国敬业精神、社会责任感和丰富的人文科学素养；

(2) 具有从事地质工程工作所需的数学及其他相关的自然科学知识以及一定的经济管理知识；

(3) 掌握扎实的地质工程专业的基本理论知识，了解地质工程专业的发展现状和趋势；

(4) 具有综合运用地质工程专业知识解决工程实际问题的能力；

(5) 了解地质工程专业领域技术标准、相关行业的政策、法律和法规；

(6) 具有在地质工程领域获取信息和职业发展的学习能力；

(7) 具有较好的组织管理能力、较强的交流沟通、环境适应和团队合作的能力；

(8) 具有良好的质量、环境、职业健康、安全和服务意识；

(9) 具有一定的国际视野和跨文化环境下的交流、竞争与合作的能力。

**主干学科：**地质资源与地质工程。

**核心知识领域：**地质学基础、工程力学、工程数学、岩土力学、工程地质勘察与评价分析、地质灾害防治、岩土钻掘机械基础、岩土钻掘工程工艺原理、地质工程施工、水文地质、地质工程试验测试技术、地质工程数值模拟。

**核心课程示例：**

示例一：

(1) 工程地质方向：理论力学（80 学时）、材料力学（72 学时）、弹塑性力学基础（56 学时）、建筑制图（56 学时）、测量学（40 学时）、普通地质学（48 学时）、岩石学（32 学时）、矿物学（32 学时）、构造地质学（64 学时）、第四纪地质与地貌学（32 学时）、岩体力学（48 学时）、土力学（56 学时）、水文地质学基础（40 学时）、地下水动力学（40 学时）、工程地质学基础（48 学时）、工程地质勘察（40 学时）、岩土测试技术（32 学时）、工程钻探与取样技术（32 学时）、工程物探（24 学时）、工程建筑概论（40 学时）、岩土工程监测（24 学时）、工程招标投标与概预算（32 学时）、地质灾害防治（32 学时）、水利水电工程地质（32 学时）、岩土工程与工程地质专业讲座（32 学时）。

(2) 岩土钻掘方向：理论力学（80 学时）、材料力学（72 学时）、流体力学（40 学时）、液压传动（48 学时）、机械制图（96 学时）、测量学（40 学时）、机械设计基础（56 学时）、金属材料与零件加工（32 学时）、地质学基础（72 学时）、岩体力学（40 学时）、土力学（40 学时）、工程地质学基础（40 学时）、岩土钻掘工艺学（48 学时）、钻井液与工程浆液（48 学时）、岩土钻掘设备（40 学时）、基础工程学（56 学时）、基础工程施工技术（40 学时）、岩土测试技术（32 学时）、新技术专题报告（16 学时）。

示例二：基础地质（51 学时）、构造地质（34 学时）、混凝土结构基本原理（68 学时）、土力学（34 学时）、岩体力学（51 学时）、水文地质学（34 学时）、工程力学（119 学时）、结构力学（102 学时）、测量学（51 学时）、弹性力学（34 学时）、基础工程设计原理（51 学时）、载荷与结构设计原则（17 学时）、工程概预算与招投标（34 学时）、数理方程（34 学时）、数值方法与计算机算法（34 学时）、弹性力学中的有限元

（34 学时）、地基处理（34 学时）。

示例三：工程力学（72 学时）、结构力学（40 学时）、普通地质学（40 学时）、工程测量（32 学时）、矿物岩石学（48 学时）、工程制图（32 学时）、构造地质（48 学时）、机械设计基础（40 学时）、地貌与第四纪地质（32 学时）、岩土力学（64 学时）、流体力学及液压传动（40 学时）、有机高分子化学基础（24 学时）、大地构造学（24 学时）、水文地质学（32 学时）、工程地质分析原理（64 学时）、钻掘工程学（64 学时）、工程地质勘察（32 学时）、岩土施工设备（32 学时）、工程 CAD（32 学时）。

**主要实践性教学环节：**测量实习、地质基础教学实习、专业教学实习、生产实习、课程设计、毕业实习、毕业设计（论文）等。

**主要专业实验：**岩土室内实验、岩土原位测试、材料力学实验、工程勘察技术与工艺实验、地质工程计算机软件应用等。

**修业年限：**四年。

**授予学位：**工学学士。

## 2. 081402 勘查技术与工程

**培养目标：**本专业培养具有扎实的数学、物理学、化学、地质学、地球物理学、信息科学等基础知识，重点掌握地震法、电与电磁法、重力法、磁法、测井、化探、遥感地质等方面的专业知识，能够根据不同勘查目的的需要进行数据的野外采集、室内处理、地质解释及信息服务，培养能在工程建设、资源和能源勘探、环境评价以及地质减灾防灾等领域从事相关勘查工程技术方法和设备的研发、信息服务、管理以及教学等方面的高级勘查工程技术人才。

**培养要求：**本专业毕业生要求掌握数学、物理学、化学、外语、计算机、地质学等基础知识的基础上，系统学习勘查地球物理（简称物探）、勘查地球化学（简称化探）、遥感地质等方面的基本理论和基本知识，接受工程师的基本训练，具有良好的文化素质、心理素质和身体素质，具备进行地球信息采集、数据处理及地质应用的基本能力。

毕业生应获得以下几方面的知识和能力：

（1）熟悉党和国家的各项方针和政策，理解中国优秀的传统文化，具有较强的社会服务意识和责任感，良好的职业道德，遵守学术道德规范和保证职业诚信；

（2）掌握从事勘查技术与工程领域工作所需的数学、物理学、化学等自然科学知识和计算机信息技术的基础知识；

（3）系统掌握地震法、电与电磁法、重力法、磁法、测井、化探、遥感地质的原理、方法与技术；

（4）接受到良好的勘查技术的工程训练，具有一定的解决实际问题的能力，能够根据各种地质勘查的需要优选工作方法和设计工作方案，具有进行物探、化探及遥感数据的采集、处理及地质解释的实际工作能力；

（5）了解国内外资源勘查与工程勘察新技术及其发展动态，具有利用现代信息技术进行资料查询和文献检索的能力；

（6）了解本专业及相关行业的技术标准、相关行业的政策、法律和法规，具有在本专业及相关领域从事管理工作的能力；

（7）具有一定的国际视野、较强的交流、竞争和团队合作的能力；

（8）具有较强的创新意识和初步的创新能力。

**主干学科：**地质资源与地质工程。

**核心知识领域：**地质学基础、信息与计算科学基础、场论基础、地震勘探、电与电磁法勘探、重力勘探、磁法勘探、放射性物探、地球化学勘探原理与方法、遥感原理与地质应用。前3个核心知识领域构成本专业的专业基础，后7个核心知识领域构成专业理论知识，涵盖每种方法的原理数据采集、数据处理及解释。

**核心课程示例：**

示例一：地质学基础（120学时）、地球物理场论（96学时）、数字信号处理基础（48学时）、放射性与地热勘探（64学时）、重磁勘探原理与方法（48学时）、电法勘探原理与方法（48学时）、地震勘探原理与方法（48学时）、钻井地球物理原理与方法（48学时）、近代物理实验（48学时）、电子技术（80学时）、重磁勘探数据处理与解释（32学时）、钻井地球物理数据处理与解释（32学时）、电法勘探数据处理与解释（32学时）、地震助探数据处理与解释（32学时）、工程与环境地球物理（48学时）。

示例二：地球物理学概论（40学时）、普通地质学（48学时）、测量学（40学时）、矿物岩石学（48学时）、构造地质学（48学时）、数字信号处理（48学时）、弹性波理论基础（48学时）、电磁场理论（32学时）、位场理论（32学时）、遥感导论（40学时）、重力勘探（32学时）、磁法勘探（32学时）、电法勘探原理（40学时）、地震勘探原理（40学时）、地球物理勘探实验（24学时）、重磁资料处理与解释（32学时）、电法资料处理与解释（40学时）、地震资料采集与处理（56学时）、地震勘探资料解释（32学时）、地球物理测井（56学时）。

示例三：电路与模拟电子技术（72学时）、数字电子技术（56学时）、信号分析与处理（72学时）、普通地质与构造地质（64学时）、沉积岩与沉积相（48学时）、弹性力学（40学时）、地震勘探原理（60学时）、地球物理测井概论（64学时）、重力和磁法和电法物探（32学时）、地震波动力学（56学时）、地震资料数字处理（64学时）、油藏地球物理（48学时）。

**主要实践性教学环节：**室内教学实验、野外地质基础实习、野外专业教学实习、生产实习、毕业设计（论文）等。

**主要专业实验：**地球物理仪器认识与操作类实验、岩石物性测定类实验、岩石标本认识类实验、典型地质体正演模拟类实验、物化探与遥感地质数据采集、处理方法类实验。

**修业年限：**四年。

**授予学位：**工学学士。

### 3. 081403 资源勘查工程

**培养目标：**本专业培养知识、能力、素质各方面全面发展，系统掌握矿产资源勘查方面的基本理论、基本方法和技能，获得相关的工程训练，能适应21世纪国内外资源勘查工作的需要，在企业、科研院所等部门中从事金属非金属矿产、能源矿产等资源勘察评价、开发、科学研究及经营管理等方面工作的应用型、复合型工程技术人才。

**培养要求：**本专业学生在牢固掌握数学、物理、化学、外语、计算机等基础知识的基础上，系统学习地质学与矿产资源勘查的基础理论知识，掌握矿产资源勘查和综合评价的基本技能和方法，接受工程师的基本训练，具有从事矿产地质调查、矿产资源勘查评价、开发利用和管理的能力。本专业学生在金属非金属、能源等矿产资源勘查评价、开发与管理等方面可有所侧重。

毕业生应获得以下几方面的知识和能力：

(1) 熟悉党和国家的各项方针和政策，了解中国优秀的传统文化，具有较强的社会服务意识和责任感，良好的职业道德，遵守学术道德规范和保证职业诚信；

(2) 掌握从事资源勘查工程领域工作所需的相关数学、物理、化学等自然科学知识和计算机信息技术的基础知识，掌握地质学的基本理论、技能和工作方法；

(3) 具有对矿产地质、矿产形成机理和分布规律等进行研究和综合分析的基本能力；

(4) 掌握与矿产资源有关的基本实验、测试方法和分析技术；

(5) 具有对地球化学、地球物理、遥感等现代勘查方法的信息采集、处理、成果解释和综合应用的能力；

(6) 具有综合运用所学理论和方法，开展矿产资源综合评价和经济分析的基本能力，并具有从事矿产资源勘查工程的初步设计与工程取样及矿山（油田）地质工作的能力；

(7) 熟悉本专业领域的方针、政策和法规，具有对矿产资源的合理开发和环境保护的知识和能力，具有一定的管理知识和能力；

(8) 具有一定国际视野和较强的交流、竞争和团队合作的能力；

(9) 具有较强的创新意识和初步的创新能力。

**主干学科：**地质资源与地质工程。

**核心知识领域：**地质学基础、矿床地质特征、成矿（藏）理论、成矿（藏）规律、矿石（油气）的组成和组构鉴定与分析、矿产勘查理论与方法、矿产勘查技术、地学信息采集处理与综合应用等。

**核心课程示例：**

示例一：

(1) 固体矿产勘查方向：普通地质学（48学时）、测量学（40学时）、结晶学与矿物学（80学时）、晶体光学及光性矿物学（40学时）、岩石学（80学时）、地层及古生物（40学时）、构造地质学（64学时）、地球化学（48学时）、矿石学（40学时）、矿田构造学（32学时）、矿床学A（80学时）、矿产勘查理论与方法A（80学时）、矿产综合勘查技术（56学时）、矿床统计预测（48学时）、矿业工程概论（56学时）、流体包裹体（32学时）、资源经济学（40学时）、矿床地球化学（32学时）。

(2) 石油与天然气勘查方向：普通地质学（48学时）、测量学（40学时）、结晶学与矿物学（80 学时）、晶体光学及光性矿物学（40 学时）、岩石学（80 学时）、地层及古生物（40 学时）、构造地质学（64 学时）、石油及天然气地质学（80 学时）、含油气盆地沉积学（64 学时）、含油气盆地构造学（64 学时）、油气地球化学（48 学时）、地球物理勘探原理（96 学时）、油气勘查与评价（48 学时）、油（气）层物理学（48 学时）、地震地质综合解释（48 学时）。

（3）煤及煤层气勘查方向：普通地质学（48 学时）、测量学（40 学时）、结晶学与矿物学（80 学时）、晶体光学及光性矿物学（40 学时）、岩石学（80 学时）、地层及古生物（40 学时）、构造地质学（64 学时）、煤田地质学（40 学时）、煤层气地质学（56 学时）、煤岩及煤化学基础（48 学时）、聚煤盆地沉积学（48 学时）、煤层气渗流力学（48 学时）、煤及煤层气地球物理勘探（64 学时）、煤与煤层气资源勘查（48 学时）、煤与瓦斯共采（48 学时）、煤及煤层气钻井工艺（48 学时）、煤层气采气工程（48 学时）。

示例二：

（1）固体矿产勘查方向：地球科学概论（60 学时）、结晶学与矿物学（60 学时）、晶体光学及光性矿物学（48 学时）、岩石学 AⅠ（44 学时）、岩石学 AⅡ（42 学时）、岩石学 AⅢ（42 学时）、古生物学与地层学（64 学时）、构造地质学（64 学时）、矿相学（40 学时）、勘查地球物理（48 学时）、勘查地球化学（32 学时）、遥感地质学（32 学时）、矿床学（72 学时）、矿产勘查学（72 学时）。

（2）石油与天然气勘查方向：地球科学概论（60 学时）、结晶学与矿物学 B（60 学时）、晶体光学及光性矿物学（48 学时）、岩石学 AⅠ（44 学时）、岩石学 AⅡ（42 学时）、岩石学 AⅢ（42 学时）、古生物学与地层学（96 学时）、构造地质学（64 学时）、石油地质学（48 学时）、勘探地球物理（60 学时）、油层物理学（32 学时）、油气盆地地质学（英语学时）（48 学时）、油气田地下地质学（48 学时）、油气田勘探开发方法（32 学时）、石油构造分析（32 学时）。

示例三：

（1）固体矿产勘查方向：普通地质学（40 学时）、工程测量（32 学时）、结晶学与矿物学（72 学时）、晶体光学与岩浆岩石学（80 学时）、变质岩石学（40 学时）、沉积岩石学（含岩相古地理）（48 学时）、地层古生物学（含地史学）（64 学时）、构造地质学（72 学时）、矿石学与矿相学（48 学时）、地球化学（40 学时）、矿床学（80 学时）、矿产勘查技术与方法Ⅰ（72 学时）、矿产勘查技术与方法Ⅱ（128 学时）、成矿规律与成矿预测（40 学时）、矿产资源经济学（32 学时）、工程技术概论（32 学时）。

（2）石油与天然气勘查方向：普通地质学（48 学时）、古生物地层学（40 学时）、矿物学（40 学时）、晶体光学及结晶岩石学（72 学时）、沉积岩石学及岩相古地理（64 学时）、岩相古地理（32 学时）、构造地质学（72 学时）、板块构造与沉积盆地分析（40 学时）、石油地球物理测井原理（48 学时）、地震勘探原理（56 学时）、石油与天然气地质学（72 学时）、油层物理学（56 学时）、油气田地下地质学（56 学时）、地震地下地质学（56 学时）、油气田开发基础（56 学时）。

**主要实践性教学环节：**地质认识实习、地质教学实习、专业教学实习与课程设计、生产实习、毕业设计（论文）。

**主要专业实验**：矿物、岩石、化石等鉴定实验，矿石鉴定与可开发性分析与评价，地质、地球物理、地球化学、遥感信息的综合分析与解释，找矿信息挖掘与定量评价，勘查工程的初步设计与工程取样等。

**修业年限**：四年。

**授予学位**：工学学士。

**参考文献：**

[1] 中华人民共和国教育部高等教育司．普通高等学校本科专业目录和专业介绍 [M]．2012年10月第一版．北京：高等教育出版社，2012：217－222.

## （三）未来职业发展

### 1. 地质工程师

**职业定义**：从事矿区查明资源量和保有地质资源量的统计工作的高级工程技术人才。

工作内容：

（1）负责矿区地质工作，做好矿区查明资源量和保有地质资源量的统计工作；

（2）根据矿区的设计和计划，组织进行地质、水文、测绘、物探等各种工作，并做好检查验收；

（3）收集、整理并审查矿区的地质材料，监督指导采矿车间的地质技术工作；

（4）编制矿山地质技术管理规范，指导并监督矿山地质人才按照矿山地质技术管理规范做好生产地质控制工作；

（5）负责矿区或区域的地质资源情况调查，研究、掌握成矿规律及国内外地质科技动态，对矿产资源的评价和勘探做出近期安排设想和远景规划。

能力要求：

具备一定的计算机水平、良好的外语能力和地质学相关专业知识；熟练掌握CAD或MAPGIS等软件制图能力；同时具有良好的学习能力、团队协作能力；工作务实，肯钻研，有创新精神，身体健康。

### 2. 采矿工程师

**职业定义**：从事矿区开发规划、矿山设计、矿山安全技术及工程设计、监察、生产技术管理科学研究的高等工程技术人才。

工作内容：

（1）参与矿山重大设计的审查，负责编排矿山采掘进度计划，指导矿山编制采掘计划、参与编制公司采掘计划，并监督计划实施；

（2）主持实施采矿施工设计，选择合适的采矿方法；

（3）负责矿山采掘施工现场的技术指导、监督管理及安全管理；

（4）负责各矿山采矿生产技术管理，生产任务完成情况，技术更新改造的监督、检查；

（5）负责矿山采矿生产成本控制、技术经济指标控制；

（6）组织制定矿山采矿方面新工艺、新机械、新技术的推广运用及开发计划工作；

（7）负责监督和控制矿山安全生产体系，落实安全生产责任书的各项指标，确保安全生产；

（8）参与矿山采矿方面的生产、技术问题会诊，提出指导性意见；

（9）协助处理矿山采矿方面生产技术事故，负责采矿技术资料的整理、归档。

能力要求：

掌握采矿学科的基本理论和基本知识；掌握矿区开发、矿井开采、巷道开拓的设计方法；掌握矿山压力及岩体工程监测、矿井通风与空调、矿山安全以及矿井灾害预防等技术；具有先进的生产组织和技术管理基本能力以及新工艺、新技术研究和开发的初步能力；熟悉国家有关采矿工业的基本方针、政策和法规；掌握文献检索、资料查询的基本方法；具有一定的科学研究和实际工作能力；同时具有良好的学习能力、团队协作能力；工作务实，肯钻研，有创新精神，身体健康。

### 3. 地震安评工程师

**职业定义：**从事规定范围地震安全性评价工作的专业技术人才。

工作内容：

（1）收集和处理地震台站（网）观测数据，研究震源模式、地震活动性、地震构造特征；

（2）发布国内外中强地震的震源位置、发震时刻和震级；

（3）收集和处理地震前兆台网的观测数据，分析和预测未来的地震趋势；

（4）研究工程地震和工程抗震，进行地震区划和地震安全性评价、震害预测和评估；

（5）提供应急技术和减灾对策。

能力要求：

具备一定的计算机水平；具有良好的数学和物理基础；具有较好的编程能力；具有地质学和地球物理相关专业知识；同时具有良好的学习能力、团队协作能力；工作务实，肯钻研，有创新精神，身体健康。

### 4. GIS（地理信息系统）软件开发工程师

**职业定义：**从事 GIS 软件开发相关工作的高级工程技术人才。

工作内容：

（1）独立进行数据标准、制作方案的设计工作；

（2）参与GIS系统分析、设计等技术文档编制；

（3）负责GIS、WebGIS软件的应用开发和测试。

能力要求：

掌握GIS（地理信息系统）、GPS（全球定位系统）、RS（遥感系统）相关知识；熟悉地理信息数据制作内外业全过程工作；熟悉ArcGIS、Mapinfo或者国内常用的GIS平台；熟悉至少一种数据库的开发和设计；精通GIS开发；具有良好的学习能力；具有强烈的工作责任心；具有良好的沟通能力和团队合作精神。

### 5. GIS（地理信息系统）数据工程师

**职业定义：** 从事GIS数据的生产、处理、建库、分析和制图的高级工程技术人才。

工作内容：

（1）GIS数据的分析、处理工作；

（2）GIS数据建库工作；

（3）GIS行业数据的生产、整理及入库工作；

（4）各种遥感影像数据处理工作；

（5）地图制作工作。

能力要求：

掌握GIS（地理信息系统）、GPS（全球定位系统）、RS（遥感系统）相关知识，以及相关国家标准和规范；熟练使用一种以上GIS、遥感和图形图像处理软件，能独立完成数据处理工作；责任心强；工作认真细致、灵活高效；具有良好的团队协作精神。

### 6. GIS（地理信息系统）销售经理

**职业定义：** 从事GIS相关数据、软件和仪器设备销售和服务的高级专门人才。

工作内容：

（1）负责所承担的区域或指定行业内的产品销售工作；

（2）参与招投标工作，参与合同谈判与签订；

（3）开发新客户并维护老客户关系，定期完成月度、季度、年度销售任务；

（4）按照公司的相关战略开拓市场，利用公司资源努力达成目标；

（5）及时收集并向相关部门反馈市场、行业需求及竞争信息；

（6）对客户做好售前、售中和售后服务，并保持良好的合作关系；

（7）负责销售团队的建设。

能力要求：

具有GIS相关知识；熟悉相关的GIS软件；掌握基本的销售工作技巧；熟悉行业

销售模式和流程；具有敏感的市场洞察力，较佳的新客户开拓能力；对 GIS 行业有很大兴趣，热心投入空间信息产业；具有良好的亲和力、沟通能力和协调能力，善于与人沟通；具有团队合作能力。

## （四）就业方向

地质类专业涉及国民经济建设的领域很广，目前的经济建设项目很多，为毕业生创造了很好的就业环境。同时，近些年公路、铁路建设蓬勃发展，人才需求形势看好，各勘查院对人才的需求稳中略有走强趋势，其他行业对工程地质人才的需求减弱，而对岩土钻凿工程技术人才的需求增加。

地质类专业的毕业生出国读研、出国工作的比例均较低，国内升学率较高，这是因为我国经济正处于平稳快速发展期，对矿产资源的依赖程度仍然较高，导致国内对地质类毕业生的需求量较大。加之国内的就业环境和待遇也比过去有了明显改善和提高，岗位含金量和吸引力有了很大提升。

此外，随着我国资源“走出去”战略的实施，加强了地质领域与国外的合作和交流。国内不少企业在国外都已取得采矿权；国内职工同样可以选择外派至国外工作，国企与外企的待遇差距也逐渐减小，不少尖端人才在选择岗位时也开始倾向于前者。

该专业类毕业生可在资源勘查、工程勘察、设计、施工、管理等领域从事资源勘查与评价、管理、各类工程建设地质等方面工作。具体工作内容包括地质调查、油气及固体矿产资源的普查勘探与评价、大型工矿企业和水利水电建设、公路和铁道建设、工程地质、水文地质、地质环境及地质灾害的调查、勘察及监测等。

**推荐就业单位：**国土资源管理局、各省地质矿产勘查局、冶金地质勘查局等各地勘查局、中国冶金地质总局等各省勘察院、中国地震局各省分局、中国铁道建筑总公司、东软集团有限公司、华东冶金地质勘查局测绘总队、广州南方测绘仪器有限公司等。

# 十五、矿业类

矿业是人类社会最古老的行业之一，是人类社会赖以生存和发展的基础产业。我国是矿业大国，已经有几千年的开采历史，目前仍是世界上矿物开采产量最高的国家之一。全国有很多城市以矿业为主导产业，有几千万人在这一领域从事各种工作。[1]

我国在 3000 多年前就开始凿井开采铜矿，2000 多年前已有较规范的采选技术。明代末年的《天工开物》一书已经具体记述了当时采矿、选矿的情形。西方国家在进入工业社会和 18 世纪中叶第一次工业革命后，矿业工程学科成为随工业发展而较早出现的学科之一。我国的矿业工程学科则是在新中国成立后才真正奠定基础和逐步发展起来的。改革开放以来，我国采矿业取得了举世瞩目的成就，矿业学科也进入了一个新的蓬勃发展时期。

## （一）专业类简介

矿业是当代社会的命脉，被誉为“工业之母”。矿产资源主要包括能源矿产、金属矿产、非金属矿产和水气矿产四类。我国是世界上矿产资源最丰富、矿种齐全配套的少数几个国家之一，目前已发现的矿产有 171 种。矿业资源为国家经济建设、社会发展和人民生活水平的提高做出了巨大贡献。

矿业类学科是研究矿产资源开发和利用的学科，目的是研究如何将矿产资源从地壳中经济合理而又安全地开采出来并进行有效加工与利用。由于自然界矿藏及矿业生产地质条件的多样性、复杂性，矿业工程学科发展至今已是学科综合度和交叉关联度很高的一门工程科学。

由于矿产资源赋存状态的差异，其开采利用所采取的方法有很大不同，因此，矿业类专业主要包括以下几个专业：采矿工程、石油工程、矿物加工工程、油气储运工程、矿物资源工程、海洋油气工程。采矿工程是研究固体矿产（包括煤炭、金属矿产和非金属矿产）开采的学业类别；石油工程是研究油气资源开采的学业类别；矿物加工工程是研究固体矿产（包括煤炭、金属矿产和非金属矿产）的加工利用的学业类别；油气储运工程是研究油气储存与输送的学业类别；矿物资源工程是研究矿物资源开发与利用的学业类别；海洋油气工程是研究海洋油气资源开采的学业类别。

矿业在世界主要经济体国家都具有举足轻重的战略地位，美国、俄罗斯、日本、德国等国家的政府均视矿业为国家发展命脉，并牢牢控制对本国矿业开采的绝对话语权。在中国，根据“十四五”规划发展布局，我国将持续推进工业化和城镇化进程，在此过程中，矿产资源需求总量还会不断提高。科学、合理的开采要求使我国对掌握矿产资源开采知识及采矿工程技术的高质量人才的需求愈加迫切，因此，掌握采矿工程技术的人才必将在我国未来能源战略发展规划中大有建树，就业前景非常广阔。[2]

**参考文献：**

［1］楚轲．第三只眼挑大学［M］．南京：凤凰出版社，2011：92～94.

［2］教育部高等学校教育指导委员会．普通高等学校本科专业类教学质量国家标准［M］．2018年3月第一版．北京：高等教育出版社，2018：409.

## （二）本科专业介绍

根据《普通高等学校本科专业目录（2020年版）》所列，矿业类（0815）专业类下设4个基本专业和2个特设专业。基本专业介绍如下。[1]

### 1. 081501 采矿工程

**培养目标：**本专业培养具备固体矿床（煤、金属及非金属）开采的基本理论和方法，具备采矿工程师的基本能力，能在采矿领域等方面从事工程设计与施工、矿山安全工程、矿山经营与管理等工作的复合型工程技术专门人才。

**培养要求：**本专业学生主要学习矿山地质、岩体力学、采矿原理与开采设计、矿山安全工程的基本理论和基本技术，接受采矿工程师的基本训练，掌握矿山规划与开采设计、岩层控制技术、矿山安全技术方面的基本能力。

毕业生应获得以下几方面的知识和能力：

（1）具有爱岗敬业、艰苦创业的品质和良好的工程职业道德以及丰富的人文科学素养；

（2）具有从事采矿工程工作必需的自然科学、工程科学知识以及一定的经济管理知识；

（3）掌握扎实的矿山开采方法与技术、矿山压力及岩体工程监测、矿山灾害预防及应急救援等技术，了解固体矿产资源开采技术的前沿及发展趋势；

（4）具有较强的创新意识和先进的生产组织和技术管理基本能力，以及新工艺、新技术研究和开发的基本能力；

（5）熟悉国家有关固体矿产资源勘探、开采、利用、安全生产和矿山环境保护的技术标准以及行业政策、法律和法规；

（6）掌握利用计算机及网络等工具进行文献检索、资料查询的基本方法，具备现代信息获取与加工处理以及职业发展学习的能力；

(7) 具备团队合作、组织协调、竞争与合作的初步能力，以及较强的沟通交流、环境适应以及应对危机与突发事件的能力；

(8) 具备一定的国际视野和跨文化交流能力。

**主干学科：**矿业工程、安全科学与工程

**核心知识领域：**地质学、工程力学、测量学、采矿学爆破工程、矿井通风与空气调节、井巷工程、采掘机械等。

**核心课程示例：**

示例一：理论力学 B（64 学时）、材料力学 B（64 学时）、流体力学（32 学时）、工程测量（48 学时）、矿山地质与工程地质（40 学时）、岩体力学（48 学时）、金属矿床地下开采（72 学时）、凿岩爆破工程（56 学时）、井巷与隧道工程（40 学时）、矿井通风与空气调节（48 学时）、露天采矿技术（40 学时）。

示例二：工程力学 A（1）（72 学时）、工程力学 A（2）（80 学时）、测量学 A（32 学时）、流体力学及流体机械（32 学时）、煤矿地质学（56 学时）、矿山岩体力学（40 学时）、采矿学（80 学时）、采矿系统工程（40 学时）、井巷施工技术（32 学时）、矿山压力及岩层控制（或边坡稳定）（48 或 40 学时）、矿井通风与安全（或露天采矿工艺）（56 或 40 学时）、采掘机械（或露天矿用设备）（32 或 48 学时）。

示例三：理论力学（72 学时）、材料力学（80 学时）、测量学（32 学时）、流体力学及流体机械（36 学时）、矿山地质学（60 学时）、岩体力学（48 学时）、煤矿开采学（80 学时）、矿山压力与岩层控制（48 学时）、矿井通风与安全（48 学时）、井巷工程（40 学时）、非煤矿床开采（30 学时）、采掘机械（48 学时）、矿井特殊开采（32 学时）。

**主要实践性教学环节：**地质实习，金工实习，采矿认识、生产及毕业实习，计算机应用及上机操作，课程设计（机械零件、采矿学、矿井通风与安全等），毕业设计（论文）等。

**主要专业实验：**各类专业课程实验。

**修业年限：**四年。

**授予学位：**工学学士。

### 2. 081502 石油工程

**培养目标：**本专业培养适应我国石油发展战略需要，德、智、体、美、劳全面发展，具有良好的基础理论、实践技能、外语和计算机应用能力，掌握石油工程系统理论，接受石油工程领域工程师的基本训练，具有一定的国际视野、创新意识以及结合石油工业实际提出和解决问题的能力，能在石油工程及相关行业从事工程设计与施工、科技开发和经营管理等方面工作的工程技术人才。

**培养要求：**本专业学生需具有科学、工程和人文三方面的综合素质。本专业学生主要学习油气井工程、采油工程和油气田开发工程所必需的基本理论和基本知识，接受必要的石油工程设计方法、施工管理方法和科学研究方法的基本训练，具有较好的

科学素养，具备科学运算与科学实验、工程设计与施工等方面基本技能，具备运用所学的专业知识分析解决石油工程实际问题以及科学研究和进行组织管理的基本能力。

毕业生应获得以下几方面的知识和能力：

（1）具有良好的文化素质、道德修养和高度的社会责任感；

（2）具有扎实的数学、力学基础，并具有地质学、机械设计、电工学、油层物理、传热学、油田化学等方面的基础知识，基本掌握一门外语，能熟练阅读专业外文书刊，并具有较强的听、说、读、写、译的能力；

（3）掌握本专业所必需的工程科学基础理论和专业知识，初步了解本学科科技发展的趋势及应用前景以及与石油工业直接相关的知识领域，包括油气钻井与完井工程、采油工程、油藏工程储层评价和石油技术经济等；

（4）接受严格的石油工程师基本训练，具有应用基础理论和基础知识进行油气井钻采工程设计和油气田开发方案设计的初步能力，具有分析和解决石油工程实际问题、进行技术改造、科技开发和应用的初步能力；

（5）掌握一定的社会主义市场经济知识和管理知识，具有工程的质量和效益观念以及对技术工作进行组织管理的初步能力；

（6）培养学生的国际化视野和团队工作精神以适应我国石油工业国际化战略发展需要；

（7）具有较强的自学能力、工作适应能力和较熟练的计算机操作能力；

（8）具有良好的安全、环境、职业健康意识。

**主干学科：**石油与天然气工程。

**核心知识领域：**工程力学、机械设计、石油地质、油田化学、石油工程基础理论及技术、石油经济、石油 HSE 知识等。

**核心课程：**理论力学、材料力学、工程流体力学、渗流力学、机械设计原理、油田开发地质学、油层物理、油藏工程、钻井工程、采油工程。

**主要实践性教学环节：**专业实习（地质实习、金工实习、认识实习、生产实习）、课程综合设计和毕业设计（论文）等。

**主要专业实验：**课程实验（大学物理实验、油气渗流物理实验、计算机应用等）、油田化学实验、钻井工程实验、采油工程实验等。

**修业年限：**四年。

**授予学位：**工学学士。

### 3. 081503 矿物加工工程

**培养目标：**本专业培养德、智、体、美、劳全面发展，接受基本工程训练，基础扎实、知识面宽、能力强、素质高、有创新意识和创新能力，在矿物加工领域内从事生产、管理、工程设计、科学研究等方面工作的复合型工程科技人才。

**培养要求：**本专业学生主要学习数学、物理、化学等基础知识和矿物加工专业基本理论知识，接受与矿物加工工程专业相关的实验技能、工程实践、计算机应用、科学研究与工程设计方法的基本训练，掌握综合运用所学理论知识，分析解决矿物加工实际问题的基本能力，具备进行技术革新和新技术、新工艺研究的初步能力，具备一定的生产组织、技术经济管理能力。

毕业生应获得以下几方面的知识和能力：

(1) 具有良好的矿物加工职业道德、强烈爱国敬业精神、社会责任感和丰富的人文科学素养；

(2) 具有从事矿物加工工程所需的自然科学知识、工程科学基础知识和一定的经济管理知识；

(3) 掌握矿物加工过程的基本理论、生产工艺知识及矿物材料科学的基本知识，具有综合运用所学科学理论分析和解决实际问题及应对生产管理过程突发事件的能力；

(4) 掌握矿物加工试验设计与优化方法、数据分析与处理方法，具有初步的科学研究和实际工作能力；

(5) 掌握矿物加工工程设计理论与方法，矿物加工工艺优化及分析评价方法，具有一定的工程设计与工程实践能力；

(6) 具有技术经济分析与组织生产管理的基本能力；

(7) 具有较强的创新意识和进行技术革新与新技术、新工艺、新设备研究开发的初步能力；

(8) 具有良好的表达、沟通、交流能力，具有环境适应能力和团队合作能力，具有一定的跨文化环境下的交流、竞争与合作的初步能力；

(9) 熟悉国家关于矿物加工工程专业安全、生产、设计、研究与开发、环境保护等方面的方针、政策和法规，具有良好的产品质量、矿区环境、职业健康、生产安全和服务意识；

(10) 了解国内外矿物加工工程领域的理论前沿及发展动态，具有一定的国际视野，具有信息获取和职业发展提高的能力。

**主干学科：**矿业工程。

**核心知识领域：**化学、力学、机械基础、矿物学、矿物加工方法、理论与设备、工程设计、试验研究方法。

**核心课程示例：**

示例一：物理化学（64学时）、工程力学（64学时）、流体力学（32学时）、矿石粉碎工程（32学时）、矿石学（含岩矿鉴定）（48学时）、矿物物理分选（32学时）、浮选（32学时）、烧结球团学（64学时）、矿物加工研究方法（32学时）、矿物加工理论与工艺（32学时）、矿物加工工程设计（32学时）。

示例二：工程图学（48学时）、工程力学（80学时）、电工技术与电子技术（80学时）、有机化学（32学时）、无机与分析化学（64学时）、过程流体力学（48学时）、物理化学（64学时）、选矿机械设计基础（48学时）、矿物加工学1（64学时）、矿物加工学2（64学时）、选矿厂设计（56学时）、试验研究方法（32学时）、矿物岩石学与煤化学（48学时）、选煤厂管理（32学时）、矿物加工机械（48学时）。

示例三：现代工程制图（72 学时）、工程力学（80 学时）、无机化学（56 学时）、物理化学（64 学时）、电工技术（48 学时）、电子技术（48 学时）、流体力学（48 学时）、机械设计基础（56 学时）、重力选矿（56 学时）、浮游选矿（40 学时）、矿物加工机械（48 学时）、矿物加工工程设计（48 学时）、矿物加工自动控制（48 学时）。

**主要实践性教学环节：**金工实习、矿物加工认识实习、生产实习、毕业实习、各类课程设计、矿物加工计算机实践、矿物加工毕业设计（论文）、科研创新、社会实践等。

**主要专业实验：**专业课程实验、矿物加工实验技术、试验研究专题实验。

**修业年限：**四年。

**授予学位：**工学学士。

## 4. 081504 油气储运工程

**培养目标：**本专业培养适应我国社会主义现代化建设和科学技术迅速发展要求，德、智、体、美、劳全面发展，知识结构合理、基础理论扎实、专业知识系统、专业技能良好，具有实践能力与创新精神及国际视野，从事油气储运和燃气输配系统的规划、设计、施工管理、运行管理、科学研究、技术开发和应用的高级工程技术人才。

**培养要求：**本专业学生主要学习高等数学、大学物理、大学化学等课程，具有宽厚的理论基础。学生通过学习工程力学、流体力学、工程热力学与传热学、电工电子学、泵与压缩机等专业基础课以及输油管道设计与管理、输气管道设计与管理、油气储存与装卸、油气集输、城市燃气输配等专业课，接受油气储运工程师的基本训练。

毕业生应获得如下几方面的知识和能力：

（1）具有良好的数理基础；

（2）掌握原油、成品油、天然气经营销售的基本知识；

（3）较系统地掌握矿场油气集输、长距离油气管道输送、油气储存与装卸、城市燃气输配等方面的专业知识；

（4）具有从事矿场油气集输系统、长距离油气管道、油气储存与装卸系统、城市燃气输配系统的规划、设计、施工管理与运行管理的初步能力；

（5）具有在油气储运工程领域进行科学研究与技术开发的初步能力；

（6）能较熟练地阅读本专业及相关领域的外语文献，并具有外语听、说、写的基本能力；

（7）具有较强的计算机应用能力，能熟练运用相关工程计算软件进行油气储运工程工艺计算；

（8）具有较强的自我知识更新能力和创新能力。具有较好的人文社会科学素养、较强的社会责任感、语言文字表达能力和团队合作精神，具有一定的组织管理能力和良好的职业道德；了解与油气储运工程相关的法律、法规，具有环境保护和可持续发展等方面的意识，具有一定的国际视野。

**主干学科：**油气储运工程。

**核心知识领域：**电工电子学、工程图学、工程力学、流体力学、泵与压缩机、热力学、传热学、输油管道设计与管理、输气管道设计与管理、油气储存与装卸、油气集输、城市燃气输配等。

**核心课程示例：**

示例一：画法几何与机械制图（72学时）、工程力学（双语）（80学时）、流体力学（72学时）、电工电子学（56学时）、工程热力学与传热学（80学时）、泵与压缩机（64学时）、城市燃气输配（40学时）、输油管道设计与管理（48学时）、油气储存与装卸（40学时）、油气集输（双语）（40学时）、输气管道设计与管理（48学时）、储罐与管道强度（32学时）、腐蚀与防腐（32学时）、储运工程制图课程设计（3周）。

示例二：画法几何与机械制图（96学时）、理论力学（48学时）、材料力学（48学时）、电工电子学（72学时）、工程热力学（48学时）、工程流体力学（64学时）、油罐及管道强度设计（48学时）、泵与压缩机（48学时）、腐蚀与防腐（32学时）、传热学（56学时）、输气管道设计与管理（32学时）、油气集输（48学时）、输油管道设计与管理（48学时）、油库设计与管理（48学时）。

示例三：物理化学（48学时）、电工与电子技术基础（80学时）、工程力学（64学时）、工程流体力学（64学时）、工程制图（48学时）、机械设计基础（48学时）、工程热力学基础（48学时）、传热学（48学时）、油气集输与矿场加工（64学时）、输油管道设计与管理（64学时）、油库设计与管理（64学时）、储运工程最优化基础（32学时）、计算机绘图（AutoCAD）（32学时）、泵与压缩机（32学时）。

**主要实践性教学环节：**金工实习、课程实验、课程设计、生产实习、科技创新与社会实践、毕业实习、毕业设计（论文）等。

**主要专业实验：**工程力学实验、流体力学实验、工程热力学与传热学实验、电工与电子技术实验、仪表与检测技术实验、输油管道运行控制实验、油气储存与装卸实验、油气集输技术实验、流变学测量技术基础实验、液化天然气技术基础实验。

**修业年限：**四年。

**授予学位：**工学学士。

**参考文献：**

[1] 中华人民共和国教育部高等教育司．普通高等学校本科专业目录和专业介绍[M]．2012年10月第一版．北京：高等教育出版社，2012：222-227.

## （三）未来职业发展

### 1. 地质勘探技术人员

**职业定义：**利用专业地质知识，从事探测地球的内部结构、组成、构造特征、地层分布和地貌等地质情况及矿产资源的调查、评价、勘探等工作的技术人员。

工作内容：

（1）开展地质矿产基础调查，例如矿产普查勘探、水文地质调查和环境地质调查；

（2）在项目工程开始前，首先要对工作区域的位置、交通、区域地质概况、岩土结构等进行调查，并做初步的规划；

（3）项目开始后，要开展勘探工作，适时监督检查工作中的问题，保证记录数据的真实性、完整性、准确性；

（4）项目结束后，及时汇总项目成果并制作项目报告。

能力要求：

掌握与应用地质学相关理论和知识；熟练使用地质勘探相关信息技术工具和软件；选择和使用地质勘探工作现代工程工具；基于科学原理对复杂问题进行试验设计、信息采集、数据处理和成果解释等分析和研究；具有文字归纳总结能力、沟通协作能力、外文资料文献查阅与综述能力、野外生活能力、自主学习和终身学习的意识与能力、团队合作能力。

### 2. 选矿工程师

**职业定义：**对矿山进行实地考察，负责选矿技术、工艺流程、项目管理、设计外联及相关制度建设，实地考察地质情况，对矿产资源进行评估等的技术人才。

工作内容：

（1）负责地质技术，对新项目开展技术经济分析；

（2）对矿山进行实地考察，形成考察报告；

（3）协助公司进行矿权梳理和各类报件的审查工作；

（4）负责选矿技术、工艺流程、项目管理、设计外联及相关制度建设；

（5）实地考察地质情况，对矿产资源进行评估。

能力要求：

熟练掌握选冶工艺流程、堆浸和浮选工艺；能对化验数据、工艺系数进行分析监控；熟悉选矿设备和仪器的维护管理；具备一定的选矿生产计划制作能力；能长期出差；能适应野外作业；要求从业人员具有吃苦耐劳的意志力。

### 3. 采矿工程师

**职业定义：**熟悉固体（煤、金属及非金属）矿床开采的基本理论和方法，具备采矿工程师的基本能力，能在采矿领域等方面从事矿区开发规划、矿山（露天、井下）设计、矿山安全技术及工程设计、监察、生产技术管理科学研究的高等工程技术人才。

工作内容：

（1）参与矿山重大设计的审查，负责编排矿山采掘进度计划，指导矿山编制采掘计划、参与编制公司采掘计划，并监督计划实施；

(2) 主持实施采矿施工设计，选择合适的采矿方法；

(3) 负责矿山采掘施工现场的技术指导、监督管理及安全管理；

(4) 负责各矿山采矿生产技术管理，生产任务完成情况，技术更新改造的监督、检查；

(5) 负责矿山采矿生产成本控制、技术经济指标控制；

(6) 组织制定矿山采矿方面新工艺、新机械、新技术的推广运用及开发计划工作；

(7) 负责监督和控制矿山安全生产体系，落实安全生产责任书的各项指标，确保安全生产；

(8) 参与矿山采矿方面的生产、技术问题会诊，提出指导性意见；

(9) 协助处理矿山采矿方面的生产技术事故，负责采矿技术资料的整理、归档。

能力要求：

掌握采矿学科的基本理论和基本知识；掌握矿区开发、矿井开采、巷道开拓的设计方法；掌握矿山压力及岩体工程监测、矿井通风与空调、矿山安全以及矿井灾害预防等技术；具有先进的生产组织和技术管理基本能力以及新工艺、新技术研究和开发的初步能力；熟悉国家有关采矿工业的基本方针、政策和法规；掌握文献检索、资料查询的基本方法；具有一定的科学研究和实际工作能力；身心健康；具有吃苦耐劳的精神和踏实负责的态度以及团队合作精神、组织协调能力。

### 4. 矿物加工工程师

**职业定义：**从事矿物（金属、非金属、煤炭）分选加工和矿产资源综合利用领域内的生产、设计、科学研究与开发及技术改造与管理的高等工程技术人才。

工作内容：

(1) 研究矿物中金属、煤等含量情况；

(2) 研究使用重选、浮选、磁选等物理、化学方法将矿物精选的生产工艺方法；

(3) 研究提高选矿品位、最大限度合理回收有用矿物的方法；

(4) 研制新的选矿工艺方法；

(5) 设计洗煤、选矿生产工艺、生产布局；

(6) 制定精矿品位、杂质含量、金属收得率等选矿技术指标；

(7) 根据原矿情况变化，调整操作方法、技术规程、生产工艺；

(8) 制定选矿药剂等介质的配制方法；

(9) 进行选矿企业的生产组织、调度；

(10) 分析处理生产技术问题，指导生产人员作业。

能力要求：

有矿物加工、冶金相关专业本科及以上学历、矿业权评估师资格证；具有良好的沟通能力、学习能力、组织协调和团队精神。

### 5. 安全工程师

**职业定义：**通过注册安全工程师职业资格考试并取得《中华人民共和国注册安全

工程师执业资格证书》，经注册后的专业技术人员，主要从事安全评估、咨询、论证、检测、检验、教育、培训及其他安全生产的专业服务工作。

工作内容：

(1) 制定安全生产规章制度、安全技术操作规程和作业规程；

(2) 排查事故隐患，制定整改方案和安全措施；

(3) 制订从业人员安全培训计划；

(4) 选用和发放劳动防护用品；

(5) 生产安全事故调查；

(6) 制定重大危险源检测、评估、监控措施和应急救援预案；

(7) 其他安全生产工作事项。

能力要求：

掌握丰富的安全知识；熟悉国家相关法规；了解所服务的企业生产或施工专业知识；有强大的应急处理能力和解决问题的能力；有坚定的原则和强烈的责任心、良好的身体心理素质、协调沟通能力以及自学能力等。

### 6. 石油、天然气技术人员

**职业定义：**运用科学的理论、方法、技术与装备，高效地钻探地下油气资源、最大限度并经济有效地将地层中的油气开采到地面，安全地将油气分离、计量与输运的工程技术领域从业人员，包含油气井工程、油气田开发工程等方面。

工作内容：

(1) 负责组织、参与、完成油田采油、气工艺技术应用研究及技术服务工作；

(2) 负责采油、气工程及采气工艺技术，进行工艺适应性分析及方案编制、委托设计工作；

(3) 先进技术的引进、研究；以科研项目的形式论证、攻关，完成新技术的掌握与应用，解决生产问题；

(4) 熟悉采气工艺设计和管理，具备较强业务技术能力，能独立或组织相关人员完成采油、气工艺措施的实施及监督；

(5) 负责编制油水井酸化、解堵、化学防砂等设计的编写、会审、上网、安全技术操作规程及管理制度。

能力要求：

善于应用油气田开发类软件以及设计类软件等；熟练应用 pipesim 等专业流体模拟软件，能模拟油气井流态、节点分析、管网设计模拟；熟练掌握石油与天然气开发行业相关标准、法规等；掌握石油工程、石油地质、测试、作业技术行业知识等相关行业知识；熟悉采气工艺设计和管理，具备较强业务技术能力；能独立或组织相关人员完成采油工艺措施的实施及监督；善于思考发现理论和现场生产中存在问题，并能就发现的问题，提供合理可行的解决方案；善于学习先进的工艺技术，包括软件、硬件；

具备英语沟通能力、公文写作能力等。

### 7. 管道与油气储运工程师

**职业定义：**从事油气田集输、油气长距离管道输送、储存、装卸与城市输配以及油气储运设施、管道的结构、施工、安全及防护等工作的工程技术人员。

根据工作性质和分工不同，分为室内工作和室外工作，室内工作主要在办公室进行，室外工作主要在项目现场，联合站内和相关的配水间、污泥干化场及注水井场，地理位置偏僻，野外或工业园区内，条件相对艰苦。

工作内容：

(1) 主要从事天然气处理、天然气净化、气田集输等方面的设计工作。主要涉及的方面为项目投标、方案编制、科研编制、初步设计编制、施工图设计及后续的施工现场支持工作。

(2) 油气处理站内生产参数统计、报表整理，油气处理站内工艺流程操作、工艺设备监控及检维修。

(3) 设备管理。定期检查设备使用、保养、维护状况，保证设备无安全隐患或带病运转情况；对损坏设备组织维修或上报。

(4) 管道工程施工生产一线工作的安装、调试、保养、维修、管理等工作。

能力要求：

掌握管道工程与油气储运相关专业知识以及了解石油地质等专业知识；会使用相关油气储运与管道工程工艺模拟、计算软件等；良好的设备管理能力，如泵类设备、加热炉、三相分离器、罐类的原理、构成、使用、管理等；会熟练使用二维或三维绘图软件、office办公软件等；具有一定的沟通、协调能力；具有一定的英语听说读写能力、文字写作能力等。

## （四）就业方向

近几年来，随着国家建设的持续发展，资源短缺成为制约经济发展的瓶颈，地质环境灾害、安全问题日益突出，采矿工程类的毕业生供需比不断升高，就业的选择范围也不断扩大。

矿业类毕业生具体就业方向如下：

采矿工程：本专业学生毕业后可到采矿领域等从事矿区开发规划、矿山（露天、井下）设计、矿山安全技术及工程设计、监察、生产技术管理科学研究的工作。

石油工程：本专业学生毕业后可到石油工程领域从事油气钻井与完井工程、采油工程、油藏工程、储层评价等方面的工程设计、工程施工与管理、应用研究与科技开发等方面的工作。

矿物加工工程：本专业学生毕业后可从事矿物（金属、非金属、煤炭）分选加工和矿产资源综合利用领域内的生产、设计、科学研究与开发及技术改造与管理的工作。

油气储运工程：本专业学生毕业后可加入省、市的发展计划部门、交通运输规划与设计部门、油气储运管理部门等从事油气储运工程的规划、勘查设计、施工项目管理和研究、开发等工作。

**推荐就业单位：**冶金地质勘查局、中国冶金地质总局等各省勘察院、中国地震局各省分局、中国铁道建筑总公司、各省地质矿产勘查局等。

# 十六、纺织类

人类使用天然纤维作原料纺纱织布已有很多年的历史。中国在春秋战国时期已经使用手摇纺车纺纱，到了宋代已经发明了30多个锭子的水力纺车。随着科学技术的发展，第一次工业革命首先出现在英国的棉纺织业。1733年，英国机械师凯伊发明了“飞梭”，大大加快了织布的速度。1785年，英国人E·卡特赖特发明动力织机；同年英国建成世界上第一个用蒸汽机为动力的棉纺织厂，这是纺织工业由工场手工业向大工业生产过渡的一个转折点。19世纪末人造纤维问世，拓宽了纺织机械的领域，增添了化学纤维机械一个门类。人们对合成纤维需求的增长，推动合成纤维纺丝设备向大型化（纺丝螺杆直径达200毫米，单台纺丝机的日产量达到100吨）和高速化（纺丝速度达3000～4000米/分）方向发展。新的工艺方法孕育着新的纺织设备，新的纺织设备成熟与推广，又促使纺织工业进一步向前发展。进入21世纪以后，多样化的市场需求推动纺织科学与工程不断提高经济价值、美学价值，使纺织学科进一步向高分子材料领域进军[1]。

## （一）专业类简介

纺织科学与工程是建立在纤维材料基础上，多尺度、多层次地研究纤维及其集合体的形态、结构与性能，加工工艺与设备，纤维制品的功能、性能与美学特征等要素及其相互关系和规律的学科。

纺织产业是我国传统支柱产业、重要民生产业和创造国际化新优势的产业，是科技与时尚融合、生活消费与产业应用并举的产业，在美化人民生活、增强文化自信、建设生态文明、带动相关产业发展、拉动内需增长、促进社会和谐等方面发挥着重要作用。纺织类专业是推动纺织产业发展和升级的主干专业，承担着我国纺织产业专门人才培养的重任。

纺织类专业包括纺织工程、服装设计与工程两个基本专业与其他特设专业。纺织工程专业、非织造材料与工程专业涉及纺织或非织造产品的设计和制造技术、制造装备以及质量控制等要素及其相互关系，以纤维化学结构、聚集态结构和形态结构，纤维的化学、物理性质，纤维集合体几何结构及力学行为等知识为基础，面向纤维及其集合体由原材料状态向制品状态转换的设计和制造过程，注重制造过程的高效化、智能化和产品的高性能和功能化。

服装设计与工程专业涉及从服装设计、制造并延伸到销售的整个服装产业链中的工程技术和文化创意等方面的知识。通过工程与艺术、技术与创意等领域的融合，丰富服装材料开发与应用、造型与结构设计，以及工艺技术与生产管理、品牌营销与服饰文化等方面的知识。

纺织类各专业毕业生分别从事纤维结构性状、纺织品功能、纺织、染整加工技术和设备的原理及效益的研究，其中有所交叉，但各有侧重，对其基础要求也有区别。目前，纺织生产需要提高加工深度，向技术密集型转变，并向着高质量、高品质的服用纺织品、装饰用纺织品及产业用纺织品发展，各专业都需要高级技术人才。同时，由于纺织产业的发展将影响到其他相关产业，因此，未来该专业类毕业生市场需求会日益增加。[2]

**参考文献：**

[1] 中国大百科全书出版社编辑部．中国大百科全书·纺织［M］．北京：中国大百科全书出版社，1992（4）：55－57.

[2] 教育部高等学校教育指导委员会．普通高等学校本科专业类教学质量国家标准［M］．2018年3月第一版．北京：高等教育出版社，2018：418.

## （二）本科专业介绍

根据《普通高等学校本科专业目录（2020年版）》所列，纺织类（0816）专业类下设2个基本专业和3个特设专业。基本专业介绍如下。[1]

### 1. 081601 纺织工程

**培养目标：**本专业培养具备纺织工程领域的知识、能力和素质，适应纺织学科与材料、信息、机电、环境、管理、艺术、贸易营销等学科融合发展的趋势，具有创新意识、实践能力和国际视野，并在纺织领域某一方面具有专长，能在纺织领域从事技术开发、纺织品和工艺设计、生产及经营管理、商务贸易和科学研究等方面工作的复合型工程技术人才。

**培养要求：**本专业学生主要学习纺织工程方面的基本理论和专业知识，接受工程实践和科学研究的基本训练，系统地掌握纺织品的生产原理与制造技术、设计与开发方法，了解纺织品的生产及质量管理方面的内容，并具备纺织科学研究及市场开拓的基本能力。

毕业生应获得以下几方面的知识和能力：

（1）具有现代工程技术人员必需的职业道德、强烈的社会责任感和丰富的人文科学素养；

（2）具有从事纺织工程工作所需的自然科学知识以及一定的经济管理知识；

(3) 具有良好的质量、环境、职业健康、安全和服务意识;

(4) 掌握各种纺织原料的性能、纺织加工技术的专业知识和基本技能，了解染整和非织造方面的基本知识，了解纺织专业的发展现状和趋势;

(5) 具有纺织品设计和开发的基本技能，具备纺织专业项目设计、实验设计、产品检验测试和工艺操作等基本技能;

(6) 熟悉纺织领域技术标准、相关行业的政策和法规，具备从事生产管理、市场预测和商品贸易的基本能力;

(7) 熟悉文献检索的基本方法，具备较好的计算机应用能力和较强的自主学习能力;

(8) 具有较强的创新意识和工程实践能力，掌握从事科学研究工作的基本方法，具备科学研究的初步能力;

(9) 具有较好的组织管理能力、较强的交流沟通、环境适应和团队合作能力;

(10) 具有应对危机与突发事件的初步能力;

(11) 具有一定的国际视野和跨文化环境下的交流、竞争与合作的初步能力。

**主干学科:** 纺织科学与工程。

**核心知识领域:** 本专业核心知识领域涵盖工程学和纤维材料学、纺织设计学以及纺织制造等知识领域，包含的核心知识单元主要有工程设计制图、工程力学、纺织机械原理、电工与电子学、信息技术、纺织数理统计、高分子材料学、纺织材料学、织物组织学、纺织品设计学、纺织学、纺纱学、机织学、针织学等。

**核心课程示例:**

示例一：工程设计制图 (64 学时)、工程力学 (48 学时)、纺织机械原理 (48 学时)、电工与电子学 (64 学时)、信息技术 (64 学时)、织物组织学 (32 学时)、纺织品设计学 (64 学时)、纺纱学 (64 学时)、机织学 (48 学时)、针织学 (64 学时)、纺织品质量分析与控制 (48 学时)。

示例二：工程设计制图 (60 学时)、工程力学 (60 学时)、纺织机械原理 (45 学时)、电工与电子学 (60 学时)、信息技术 (45 学时)、织物组织学 (60 学时)、纺织品设计学 (45 学时)、纺纱学 (60 学时)、机织学 (45 学时)、针织学 (60 学时)、纺织品质量分析与控制 (30 学时)。

**主要实践性教学环节:** 工程设计制图课程设计、产品设计与加工训练、认识实习、生产实习、毕业实习、毕业设计 (论文) 等。

**主要专业实验:** 纺织材料实验、试纺试织综合实验、纺织品分析、纺织品质量检验实验、纺织品分析设计实验、专业综合实验。

**修业年限:** 四年。

**授予学位:** 工学学士。

### 2. 081602 服装设计与工程

**培养目标:** 本专业培养具备服装设计与工程领域的知识和能力，适应服装学科与材料、信息管理、营销贸易、人文艺术等学科融合发展的趋势，具有创新意识、实践能力和国际视野，并在服装设计与工程领域某一方面具有专长，能在服装企业、服装行业协会、政府相关部门或其他相关机构等从事产品策划和设计、工艺技术、生产和经营管理、市场营销和商贸及行业管理等方面工作的应用型专门人才。

**培养要求：**本专业学生主要学习服装设计与工程领域的基本理论和专业知识，接受服装设计、服装纸样与工艺、服装材料、服装 CAD、服装产品和营销策划等方面的基本训练，具备服装产品设计研发、服装材料应用、服装营销策划等方面的基本能力。

毕业生应获得以下方面的知识和能力：

(1) 具有良好的工程职业道德、社会责任感和丰富的人文科学素养；

(2) 具有从事服装设计或服装工程技术所需要的自然科学、人文艺术和社会科学等方面的基本理论和知识；

(3) 具有良好的质量、环境、职业健康、安全和服务意识；

(4) 掌握扎实的设计、工程基础知识及一定的经济管理知识和本专业的理论知识，了解本专业的发展现状和趋势；

(5) 掌握服装款式、纸样和工艺设计的基本原理、方法和技能，具有在本专业领域综合运用所学理论和知识提出和解决问题的基本能力；

(6) 具有较强的创新意识和从事服装产品策划、纸样与工艺、生产管理、营销贸易等工作的基本能力，能较熟练地运用计算机进行服装辅助设计和信息化管理，了解数字化服装技术发展动态；

(7) 熟悉文献检索的基本方法，具有流行趋势、行业标准等专业信息的获取能力和职业发展学习能力；

(8) 熟悉纺织服装行业的相关标准，了解服装新材料、新技术的发展动态和应用前景，了解政府和行业管理部门对服装行业的方针、政策和法规；

(9) 具有较好的组织管理能力，较强的交流沟通、环境适应和团队合作能力；

(10) 具有应对危机与突发事件的初步能力；

(11) 具有一定的国际视野和跨文化环境下的交流、竞争与合作的初步能力。

**主干学科：**纺织科学与工程、设计学。

**核心知识领域：**本专业核心知识领域涵盖艺术（服装）设计、服装结构、服装工艺、服装生产与管理、服装材料与工效、服装市场营销和服装人文科学等知识领域。

**核心课程示例：**

示例一：服装美术基础（128 学时）、服装设计基础（112 学时）、时装画技法与效果图（64 学时）、服装立体构成（64 学时）、服装 CAD/CAM（160 学时）、服装材料学（48 学时）、工业样板设计（176 学时）、服装工艺与生产管理（32 学时）、服装营销学（32 学时）、服装史（32 学时）。

示例二：服装设计基础（64 学时）、时装画技法与效果图（100 学时）、服装立体构成（176 学时）、服装 CAD/CAM（32 学时）、服装材料学（64 学时）、服装结构设计（216 学时）、工业样板设计（64 学时）、针织服装设计与生产工艺（32 学时）、服装工艺与生产管理（32 学时）、服装营销学（32 学时）、服装史（24 学时）。

示例三：服装美术基础（92 学时）、服装设计学和服装设计原理（94 学时）、时装画技法与效果图（88 学时）、服装立体构成（72 学时）、服装 CAD/CAM（52 学时）、服装材料学（48 学时）、服装结构设计（34 学时）、工业样板设计（52 学时）、针织服装设计与生产工艺（32 学时）、服装工艺与生产管理（32 学时）、服装营销学（32 学时）、服装工效学（50 学时）、服装史（32 学时）、服装纸样与工艺（104 学时）。

**主要实践性教学环节：**服装工艺实习、生产实习、市场实习、毕业设计（论文）等。

**主要专业实验：**服装结构实验、服装工艺实验、服装材料实验等。

**修业年限：**四年。

**授予学位：**工学学士或艺术学学士。

**参考文献：**

[1] 中华人民共和国教育部高等教育司．普通高等学校本科专业目录和专业介绍[M]．2012 年 10 月第一版．北京：高等教育出版社，2012：227－230.

## （三）未来职业发展

### 1. 服装设计师

**职业定义：**对服装线条、色彩、色调、质感、光线、空间等，进行艺术表达和结构造型的专业人才。

工作内容：

（1）根据市场和客户需求信息，完成服装的设计与制作；

（2）负责优秀案例、技术及资源的整理；

（3）负责提出设计产品的概念、款式、色彩的总体思路和方向，并指导和管理设计工作；

（4）及时掌握市场流行趋势和色彩、新面料的状况，应用于产品设计中；

（5）配合项目实施，加快工作进度；

（6）与版师沟通设计意图，控制样衣版型式样和进度；

（7）根据市场、生产的需要，对产品的设计提出改进方案并及时执行；

（8）制定机械设备整体综合性能测定方案与规范，确定检测的主要技术参数，测试与试验；

（9）实施市场调查、商场调查、目标品牌调查；

（10）以服装产品的旺销程度为主线，撰写市场调查报告。

能力要求：

具备服装设计、服装工艺、服装材料学等相关方面的专业知识；能熟练操作

Photoshop、Sai 等绘图软件；具有良好的审美观，丰富的创意力及执行力；有较强的设计感、绘稿能力、对品牌及客户需求的理解力；思维活跃，对服装具有敏锐的洞察力，能把握服饰的色彩、面料等流行趋势；具有独立完成款式设计的能力（从出图到样品完成）；熟悉职业装面料、职业装工艺；有敏锐的色彩感觉；同时具有良好的沟通能力、创新精神及团队协作精神。

### 2. 服装销售工程师

**职业定义：**具有极高的市场经验和敏感的市场观察力，能够独立管理和策划服装的区域销售、营销业务的高级销售人才。

工作内容：

（1）研究服装销售策略；

（2）学习与掌握相关技术知识与产品知识，培养敏锐的市场捕捉和判断能力；

（3）项目合同的策划与撰写；

（4）负责服装产品的检验、交付；

（5）系统整合客户资源，疏通销售渠道，全面负责产品的推广与销售；

（6）掌握客户需求，建设渠道，主动开拓，完成上级下达的任务指标；

（7）独立完成项目的策划与推广，建立和维护良好的客户关系；

（8）分析市场，总结销售经验；

（9）完善客户管理体系和市场竞争体系；

（10）评估、预测和控制销售成本，促使销售利润最大化；

（11）积极与相关部门沟通协调，促使生产与销售过程最优化；

（12）负责服装展销会的策划与实施。

能力要求：

具备纺织工程、纺织与服装贸易、市场营销学、纺织商品学、纺织企业管理、电子商务等相关专业的知识；熟悉服装行业动态以及市场情况，熟悉竞争对手的市场动态；掌握产品知识，懂一定的技术；掌握丰富的销售技巧以及销售知识；具备敏锐的判断能力，具备良好的沟通协调能力，并且能够在不同的场合与不同的对象采取不同的沟通方式，进而收集相关信息；具备良好的计划执行能力，能制定出具体可操作的行动方案，通过有效组织各类资源和对任务优先顺序的安排，保证计划的高效、顺利完成；同时，具备良好的人际关系处理能力、优秀的语言表达能力。

### 3. 面料研发工程师

**职业定义：**根据市场行情，利用最新织物技术和原料设计技术研发出各种新颖独特、高档舒适面料的技术人员。

工作内容：

（1）根据市场信息，进行面料新产品的研发；

(2) 利用原料设计各种新颖高档面料；

(3) 分析面料行情，进行核价；

(4) 对客户来样进行分析、报价、翻样；

(5) 协调产品面料方面的售后服务工作；

(6) 实施开展市场调研，包括服装流行趋势、色彩、面辅料等相关资讯的搜集分析，并完成市场调研报告；

(7) 实施新型技术改造规划与设计；

(8) 推广、应用新技术等。

能力要求：

具备纺织工程、服装工艺、服装材料学、纺纱学、织造学、纺织品开发及质量控制、高分子材料学、纺织材料学、织物组织学、纺织品设计学等相关专业的知识；扎实的美术专业基础；熟悉纺织市场，精通纺织服装面料知识；具有深厚的面料研制和坯布织造理论基础；了解面料研发技术发展趋势和最新织物技术；熟悉纺织生产制造工艺；具有独立开发新品的能力；同时，具有良好的创新能力、学习能力、动手操作能力、团队协作能力等。

### 4. 工艺美术设计师

**职业定义：** 运用现代设计观念、程序和方法，从事工艺美术各专业领域创作设计的专业人员。

工作内容：

(1) 研究工艺美术设计材料与加工工艺；

(2) 研究工艺品造型设计；

(3) 使用计算机辅助设计；

(4) 根据市场、生产的需要，进行工艺产品的设计和研发；

(5) 协调产品面料方面的售后服务工作；

(6) 负责优秀作品、技术及资源的整理；

(7) 做市场调查、商场调查、目标品牌调查等。

能力要求：

具备计算机、织物分析、纺织工艺与产品设计等相关专业的知识；有电工与电子学、生产实习相关的学习经验；熟悉与纺织工业有关的方针、政策和法规；熟练掌握纺织工程学科的基本理论和基本知识；掌握纺织品生产技术；同时，具有良好的学习创新能力、对于美感的把控能力、团队协作能力和沟通能力等。

### 5. 服装制版师

**职业定义：** 将服装设计师的理念转化为可现实操作的服装样式的专业技术人才。

工作内容：

(1) 负责按照设计师的要求完成每件款式的样板制作；

(2) 负责指导样衣工制作样衣；

(3) 负责解决版型与工艺质量问题；

(4) 负责做好生产款式的推档工作；

(5) 负责参与生产过程的质量控制工作；

(6) 负责跟进样品后续的生产工作；

(7) 负责过程中的审图和修改工作。

能力要求：

具备纺织材料学、织物组织学、纺织品设计学、服装工艺、服装材料学等相关专业的知识；熟悉各类服装面料特性，具备基本的服装制图技能；掌握人体造型、结构特点；熟悉行进中人体各个部分之间的尺寸规律，能领会服装设计师的基本设计意图；能够熟练使用Photoshop、Sai、CAD等设计制图软件；同时，具有良好的学习创新能力、团队协作能力、沟通能力等。

### 6. 服装质量管理师

**职业定义：**从事产品及工作过程系统的质量及可靠性设计、控制、鉴定和检验等工作的高级工程技术人才。

工作内容：

(1) 对产品质量进行规划、设计与管理；设计、改善、检验与实施质量管理体系；

(2) 研究、制定与实施质量标准并监督实施；进行质量控制、检查、检验、分析、鉴定、咨询、审核；

(3) 进行质量与可靠性信息系统的设计、实施、改进与评价等；

(4) 调解质量纠纷，组织对重大质量事故调查分析。

能力要求：

具备纺织工程、纺织与服装贸易、市场营销学、纺织商品学、纺织企业管理、电子商务、质量管理与可靠性等相关专业的知识；具有确定生产设备和各道工序的能力，熟练掌握工序检验、供应检验、最后检验和产品检验的相关知识；具备进行定性、定量的可靠性分析能力和可靠性评价能力；同时，具有良好的学习创新能力、团队协作能力、沟通能力等。

## (四) 就业方向

随着现代科学技术发展，新的纤维资源不断被开发利用，各种高性能和功能性的化学纤维不断问世，新的纤维制品加工方法不断出现，纤维制品的加工设备日益高效化、精密化、自动化和智能化，从而使纺织制品也日趋多样化和功能化，其应用领域尤其是在重要产业部门的应用不断拓宽，纺织制品与人体工程、环境保护及社会文化的关系日益密切，从而使纺织工程内涵大为拓展，与其他工程领域的交叉渗透也大为加强，新的就业岗位增长点正在不断形成。

我国是一个纺织工业大国，技术力量雄厚，在国际上具有很强的竞争力。我国对高级纺织人才的需求会更加迫切，纺织工程专业的毕业生可能出现供不应求的情况。该专业的毕业生主要进入纺织等制造行业、教育行业、材料行业、设计行业以及其他与服装、纺织相关联的行业，从事纺织品设计开发、纺织工艺设计、服装设计、材料研发、纺织行业管理、纺织生产质量控制、生产技术改造及经营管理等工作，也可以在高校从事教学与科研工作。

# 十七、轻工类

伟大的思想家卡尔·马克思说："轻工业把巨大的自然力和自然科学并入生产过程，必然大大提高劳动生产率，为人类带来便利。"

轻工业的发展可以追溯到几百年以至几千年以前，涉及人类生活的吃穿住行各个领域，在人类早期轻工业活动中，中国人的发明不仅繁多而且意义深远。东汉蔡伦改进了造纸术，为此后人类科学文化事业的发展奠定了基础。明代李时珍在《本草纲目》中已记载有79种酒和药酒的疗效。随后，欧美各国发展迅速，索尔维1861年发明了氨碱法，为纯碱和氮肥工业技术的发展做出了杰出的贡献。19世纪90年代，欧洲人从中国酒曲中得出一种毛霉，为酒精工业创立了淀粉发酵法。第一次工业革命时期，科技飞速发展，复杂的机器代替了人力从事大规模生产。从此以后，人们更加注重技术手段的研究。随着科学技术相互渗透，轻工技术正不断开拓全新的研究领域，尤其是人类掌握基因工程的方法之后，轻工技术越来越受到人们的重视。

## （一）专业类简介

轻工业是关系国民经济发展和人民生活质量提高的重要行业。轻工类专业是覆盖轻工业重要工业领域的工程技术专业，它综合应用现代科学技术研究和制造人民必需的商品，满足人们日益提高的物质、文化生活质量的需要，并为国民经济其他行业如商业、信息、医药、食品、纺织服装、军工等提供必需的原料和工业产品，在科学技术领域中占有重要地位。随着科学技术的相互交叉融合，特别是绿色化学技术、生物技术、信息科学与技术、自动控制理论、新材料及新装备等在轻工学科的日益广泛的应用，轻工类专业不断开拓着新的研究领域，并使所设置的各专业之间的内在联系更加紧密。

轻工类专业包括轻化工程专业、包装工程专业和印刷工程专业。轻化工程专业包括制浆造纸工程、纺织化学与染整工程、皮革工程、添加剂化学与工程4个方向，它是以加工和改变纤维材料性能为主要目的，以化学、化工、材料等相关学科理论为基础，研究纤维基材料的组成、结构与性能及加工过程的变化规律和方法的一门工程科学。轻化工程也是与林学、农学、生物工程、信息工程、环境工程、机械工程等学科交叉的学科，具有广阔的发展空间。

包装工程专业以保护产品、方便流通、促进销售、提高商品价值、节约资源和保护环境等为目的，主要研究产品包装的设计、材料、技术与方法、工艺及设备，包装产品的运输、贮存及销售，包装的回收、复用及废弃物处理等相关科学技术问题，同时研究相关的经贸、管理、环境、法律、心理、文化和社会等问题。因此，包装工程是材料科学、工程技术、艺术设计、食品科学、机械工程等多学科综合、交叉的工程技术学科。

印刷工程专业以传递和再现图形、图像等可视化信息为主要目的，以计算机技术、材料科学与工程、光学工程、电子信息工程、机械工程等相关学科理论为基础，研究图形图像等信息的获取、处理、传输、记录与再现过程的原理、方法和应用技术，并研究实现可视化信息再现的机械结构、数据模型、计算方法、材料制备和应用。[1]

近年来，轻工产业正朝着生产规模化、技术集成化、产品多样化与功能化、生产清洁化、资源节约化和产业全球化的方向发展。这种发展趋势对轻工类专业人才的培养提出了更高的要求，除需要掌握较系统扎实的专业知识外，还需要具备学习和应用相关学科知识的能力，如化学、化工、材料、生物技术、环境工程、计算机、自动控制、企业管理、经济贸易等，富有创新意识，具有较强的实践能力和可持续发展的理念，同时具有健康的心理和体魄。

**参考文献：**

[1] 教育部高等学校教育指导委员会．普通高等学校本科专业类教学质量国家标准[M]．2018 年 3 月第一版．北京：高等教育出版社，2018：426.

## （二）本科专业介绍

根据《普通高等学校本科专业目录（2020 年版）》所列，轻工类（0817）专业类下设 3 个基本专业和 2 个特设专业。基本专业介绍如下。[1]

### 1. 081701 轻化工程

**培养目标：**本专业培养具备数学、化学、化工及材料等方面的基础理论，掌握本专业的工艺原理及工程技术等专门知识，并且具有从事本专业至少一个专业方向（制浆造纸工程方向、纺织化学与染整工程方向、皮革工程方向、添加剂化学与工程方向）的工程技术、生产管理、质量控制、研究开发等基本能力，能在本专业相关行业的企事业单位、研究机构及高等院校等从事工程技术质量控制、产品开发、商品检验、经济贸易、企业管理及教学科研等工作的复合型专门人才。

**培养要求：**本专业学生主要学习天然纤维和合成纤维的化学成分、组织结构、性能和加工应用的基本理论和基本知识，学习化学、化工和材料等相关学科的基本理论和基本知识，接受专业教育（专业课程、专业实验与工程训练等）及通识教育、素质与创新教育的基本训练，掌握和具备分析问题和解决问题的基本方法和能力。

毕业生应获得以下几方面的知识和能力：

（1）掌握本专业的基础理论、工艺原理与工程技术，以及技术与经济分析、环境保护、清洁生产和综合利用的基本知识；

（2）掌握生产过程控制、产品质量检测的分析方法；

（3）具有独立获取知识与应用知识的基本能力，具有综合实验与工程设计的基本能力，具有与本专业相关计算机软件的应用能力；

（4）熟悉本专业相关行业的方针、政策和法规；

（5）了解本专业相关方向的国内外科技发展动态、趋势及新理论、新工艺与新设备；

（6）具有一定的科学研究和实际工作能力，具有一定的批判性思维能力。

**主干学科：**轻工技术与工程、纺织科学与工程、化学工程与技术。

**核心知识领域：**本专业核心知识领域由平台基础核心知识领域和专业方向核心知识领域组成。平台基础核心知识领域涵盖本专业通用的专业基础知识，包括无机化学、有机化学、分析化学、物理化学、化工原理、高分子化学与物理（含纤维化学与物理）等6个知识领域。专业方向核心知识领域涵盖各方向的专业知识，其中制浆造纸工程方向包括制浆造纸原理与工程、制浆造纸工程设计、制浆造纸分析与检验、制浆造纸机械与设备、造纸湿部化学及造纸助剂、纸张加工技术植物纤维化学及实验、制浆造纸环境保护等8个知识领域；纺织化学与染整工程方向包括纺织品整理、纺织品印染、染料化学、染整机械与设备等4个知识领域；皮革工程方向包括鞣制化学与理论、皮革加工工艺、皮革化学品、皮革分析与检验、皮革机械加工及原理、皮革清洁生产技术与原理等6个知识领域；添加剂化学与工程方向包括流变学基础、添加剂合成原理、添加剂化学、界面与胶体化学、添加剂生产设备及设计等5个知识领域。

**核心课程示例：**

专业基础核心课程：无机化学（48～64学时）、有机化学（64～72学时）、分析化学（48学时）、物理化学（64～80学时）、化工原理（64～80学时）、高分子化学与物理（48～64学时）、纤维化学与物理学（48～64学时）、轻化工程专业导论（16～24学时）。

专业领域核心课程：

（1）制浆造纸工程方向：植物纤维化学及实验（48＋32学时）、制浆原理与工程（48学时）、造纸原理与工程（48学时）、制浆造纸机械与设备（40学时）、制浆造纸分析与检验（24学时）、制浆造纸工程设计（32学时）、造纸湿部化学及造纸助剂（32学时）、制浆造纸工艺实验（32学时）、加纸与特种纸（24学时）、制浆造纸环境保护（32学时）。

（2）纺织化学与染整工程方向：染整工艺学（无色部分）（理论48～56学时，实践8学时）、染整工艺学（有色部分）（理论64～80学时，实践8学时）、染料化学（32学时）、计算机测色与配色（32学时）、染整设备（32学时）、助剂化学（32学时）、染整工艺实验（66～78 学时）。

（3）皮革工程方向（括号内为理论学时＋实践学时）：鞣制化学（48＋8 学时）、制革工艺学（72＋8 学时）、制革机械（48＋8 学时）、皮革化学品（56＋8 学时）、皮革分析检验（16＋56 学时）、皮革清洁生产原理与技术（32＋8 学时）。

（4）添加剂化学与工程方向：流变学基础（24 学时）、界面与胶体化学（32 学时）、添加剂合成原理（32 学时）、专业综合实验（60 学时）、材料添加剂化学（32 学时）、添加剂生产设备及设计（32 学时）。

**主要实践性教学环节：**课程实验、专业实验、创新实践或科研训练、生产实习、毕业实习、课程设计及毕业设计（论文）等。

**主要专业实验：**分析与检测实验、化工原理实验、工艺实验等。

**修业年限：**四年。

**授予学位：**工学学士。

### 2. 081702 包装工程

**培养目标：**本专业培养德、智、体、美、劳全面发展，知识、能力和素质协调统一，掌握包装防护原理和技术，具备包装系统分析、设计以及技术管理等方面的能力，能在商品生产与流通部门、包装及物流企业、科研机构、商检、质检、外贸等部门从事包装系统设计、生产、质量检测、技术管理和科学研究的高级工程技术人才。

**培养要求：**本专业学生主要学习包装工程的基本理论和基本知识，接受包装防护、包装设计与制造、包装系统集成等方面的基本训练，掌握研发包装新材料、新结构、新工艺、新设备以及制定包装工艺、合理选择包装材料和包装设备、进行包装生产与技术管理的基本能力。

毕业生应获得以下几方面的知识和能力：

（1）具有现代工程技术人员必需的职业道德、强烈的社会责任感和丰富的人文科学素养；

（2）具有从事工程工作所需的自然科学知识以及一定的经济管理知识；

（3）具有良好的质量、环境、职业健康、安全和服务意识；

（4）掌握扎实的包装工程以及相关学科的基本理论、基本知识，了解本专业的发展现状和趋势；

（5）掌握包装材料应用、包装防护技术、包装结构与装潢设计的基本技能，具备包装专业项目设计、实验设计、产品检验测试等解决工程实际问题的能力；

（6）熟悉包装领域技术标准、相关行业的政策和法规，具备从事生产管理、市场预测和商品贸易的基本能力；

（7）熟悉文献检索的基本方法，具备良好的计算机应用能力和较强的自主学习能力；

（8）掌握生产及技术管理的基本知识，具有较好的组织管理能力以及较强的交流沟通、环境适应和团队合作能力；

(9) 具备处理生产及项目中出现的异常情况及突发事件的初步能力；

(10) 具有一定的国际视野和跨文化环境下交流、竞争与合作的初步交流能力。

**主干学科：**包装工程、材料科学与工程、机械工程。

**核心知识领域：**包装材料学、包装工艺学、包装机械设计、包装结构设计理论与方法、包装力学与防护包装、包装测试技术、包装印刷技术、包装装潢与造型设计等。

**核心课程示例：**

示例一：包装结构设计（54学时）、包装装潢与造型设计（54学时）、包装CAD（36学时）、包装材料学（54学时）、运输包装（54学时）、包装工艺学（36学时）、包装印刷（54学时）、包装机械（36学时）。

示例二：包装材料学（48学时）、包装工艺学（40学时）、包装应用力学（32学时）、运输包装（32学时）、包装结构设计（40学时）、包装造型与装潢设计（32学时）、包装印刷技术（40学时）、包装机械设计（48学时）、包装系统设计（32学时）、包装工程学科前沿（16学时）。

示例三：包装工艺学（48学时）、包装机械（32学时）、运输包装设计（32学时）、包装容器结构设计与制造（72学时）、包装应用力学（40学时）、包装材料学（40学时）、包装材料学实验（24学时）、包装CAD/CAE（32学时）、包装印刷技术（32学时）、包装过程自动化（32学时）、包装装潢与造型设计（32学时）、包装测试技术（32学时）。

**主要实践性教学环节：**课程实验教学环节，独立设置的实验课、课程设计、综合设计（论文）训练以及生产实习、毕业实习、毕业设计（论文）等。

**主要专业实验：**专业基础课程实验（包装材料学实验、包装测试技术实验等）、专业课程实验（包装工艺学实验、包装结构设计实验、包装印刷技术实验、运输包装实验等）。

**修业年限：**四年。

**授予学位：**工学学士。

### 3. 081703 印刷工程

**培养目标：**本专业培养适应社会发展需求，德、智、体、美、劳全面发展，具有正确人生观、价值观和一定的人文艺术修养，具有扎实的自然科学基础，接受良好的工程训练，掌握印刷工程专业主干学科的核心基础理论和基础知识，熟悉印刷及相关产业的生产、管理和运行，了解印刷及相关产业技术的现状和发展趋势，具备较强的综合运用所学专业知识分析和解决本领域的工程技术问题的能力和创新意识，具备良好外语能力，能够在印刷及相关传媒领域的生产企业、教育和科研机构、国家行政及事业单位等从事生产、技术、管理、教育以及研发工作的复合型高级工程技术人才。

**培养要求：**本专业学生主要学习图文信息的获取、转换、处理、呈现和传播过程涉及的基本理论和基础知识，包括颜色科学与技术、图文信息处理与复制技术、印刷原理及工艺、印刷材料学、印刷质量检测及控制、印刷设备与计算机集成系统、通信与信息系统等，掌握图文信息可视化与传播的基本原理、理论和知识，了解相关学科的关联理论和知识，掌握印刷及相关媒体的策划、设计、生产、管理的基本原理、方法和技能，具有较强的综合运用所学专业知识和技能分析和解决印刷及相关传媒领域涉及的工程技术问题的能力。

毕业生应获得以下几方面的知识和能力：

(1) 掌握图文信息可视化与传播的基本原理、理论和知识；

(2) 了解相关学科与本专业关联的理论和知识，了解本专业的技术前沿和发展动态；

(3) 掌握印刷及相关媒体的策划、设计、生产、管理的基本原理、方法和技能；

(4) 具有良好的工程师素养、职业道德和较强的人文社会科学素养、社会责任感、团队精神、创新意识和本专业相关的实践技能，具备在本专业领域从事生产和管理以及相关技术性工作的能力，具有一定分析解决本专业领域工程实际问题的能力；

(5) 掌握文献检索、资料查询、计算机应用的基本方法，初步具备在本专业领域从事科学研究和技术开发的能力；

(6) 了解与印刷工程相关的法律、法规，具有环境保护和可持续发展等方面的意识，具有一定的国际视野，具有终身教育的意识和继续学习的能力。

**主干学科：**印刷工程（相关学科：计算机科学与技术、材料科学与工程、机械工程、信息与通信工程）。

**核心知识领域：**颜色科学与技术、信息获取与输出技术、印前处理原理与技术、印刷原理与工艺、信息记录材料与技术、显示材料与技术、印刷材料与适性、计算机图形学、数字图像处理、数字内容管理、页面描述语言、印刷设备、计算机集成印刷系统、信息与信息编码、通信与信息系统等。

**核心课程示例：**

示例一：印刷概论（36 学时）、色彩学（36 学时）、数字图像处理（36 学时）、图像复制原理（36 学时）、印前处理技术（36 学时）、印刷设备（36 学时）、印刷材料与适性（36 学时）、印刷原理与工艺（54 学时）、色彩管理（18 学时）、数字媒体技术（36 学时）。

示例二：印刷概论（28 学时）、颜色科学与技术Ⅰ（32 学时）、信息记录材料Ⅱ（64 学时）、印刷材料及适性（64 学时）、图文信息处理及复制Ⅰ（80 学时）、印刷原理及工艺Ⅰ（80 学时）、印刷设备概论（32 学时）、印后加工技术（40 学时）、印刷品质量检测方法与标准（32 学时）。

示例三（包括印刷技术、印刷设备及其自动化两个专业方向）：印刷工程导论（40 学时）、印刷色彩学（40 学时）、印前工艺原理与技术（56 学时）、印刷材料与适性（40 学时）、印刷信息记录材料（32 学时）、数字印刷技术（40 学时）、计算机图形学（40 学时）、印刷图像处理（40 学时）、网络出版技术（40 学时）、印刷质量检测及控制技术（40 学时）、印刷控制工程基础（36 学时）、测试技术与应用（40 学时）、印前设备与工艺（40 学时）、印刷机原理与结构（40 学时）、印后加工与表面整饰（32 学时）、印刷机设计与计算（48 学时）、印刷机械制造系统（64 学时）、印刷设备自动控制（40 学时）、印刷液压与气动技术（40 学时）、印刷企业管理（32 学时）。

**主要实践性教学环节：** 实验课程、课程设计、专业实习、毕业设计；以及项目研究、学科科技讲座和社会实践等八个环节。其中，专业实习包括认知实习、综合实习和生产实习。

**修业年限：** 四年。

**授予学位：** 工学学士。

**参考文献：**

[1] 中华人民共和国教育部高等教育司．普通高等学校本科专业目录和专业介绍[M]．2012 年 10 月第一版．北京：高等教育出版社，2012：230－234.

## （三）未来职业发展

### 1. 印刷工程师

**职业定义：** 能从事现代印刷工艺设计操作、印刷生产组织实施、印刷产品质量检测控制的高级技术应用型专门人才。

工作内容：

（1）根据各品牌产品定位，负责产品内外包装、说明书的设计与把控；

（2）与供应商沟通，跟进包装、说明书的打样、成品印制效果；

（3）负责与产品相关的宣传视觉设计、陈列展示设计；

（4）负责现有制版工艺水平提升；

（5）筹备自制 PVC 印刷电雕版项目；

（6）研究塑胶印刷工艺与设备，提升工厂印刷品质。

能力要求：

能独立处理指导印刷机操作技能；处理指导印刷机产品品控；熟悉印刷机生产工艺、印刷技术；对印刷车间的相关管理工作。

### 2. IE（工业工程）工程师

**职业定义：** 从事某个系统整体提高工作和生产效率，降低消耗的工作和程序等进行规划、设计、改进与实施等工作的高级工程技术人才。

工作内容：

（1）研究、设计与改进组织、工作方法和运营程序；

（2）优化生产工艺和生产流程以提升效率，确定生产排线及人力配置、场地安排；

（3）评估产品标准工时与产能、制造提前期及人力成本和目标人均率，推动精益生产，提升生产效率，降低生产成本；

（4）负责生产各工序 IE 及精益生产改善项目；负责生产各工序动作分析、布局；负责工厂布局规划及改善；

（5）负责组装工时测量、动作分析、生产线布局、产线平衡、物料码放，人力产能分析及现场合理化改善；负责生产所需人才以及机器的短、中期规划；

（6）标准工时制定和维护；负责制定作业标准和标准工时，包括新品的工时预测、负责产能分析及改进之方案设计，不断提高产能；

（7）负责规划生产线，进行物流设计、作业分析，努力提高工作效率，不断降低人工成本。

*能力要求：*

具备机械工程、管理科学与工程、运筹学、基础工业工程等相关专业的知识；具备观察试验和调查研究、综合分析、集成规划设计能力；有较强的协调、社交能力，能适应各种复杂局面；具有计算机中级应用能力和外语阅读能力，敢于并善于提出新见解、新思路；能够及时接受、倡导、推进暂时没有一定部门或岗位负责的新技术、新工艺、新材料、新方法；同时，具有良好的学习创新能力、团队协作能力、沟通能力等。

### 3. SMT（表面贴装技术）工艺工程师

**职业定义：**主要负责提升工艺技术、提升产品质量，组织制定工艺技术工作近期和长远发展规划，并制定技术组织措施方案的技术人员。

*工作内容：*

（1）负责产线良率的提升；

（2）对不良问题进行分析研究，提出改善报告，并进行跟踪处理；

（3）负责对批量性的不良作出处理意见，并报主管批准；

（4）负责工艺参数相关作业指导书的定义和管理；

（5）负责客户和其他部门反馈的问题处理：及时响应，组织、调查、分析原因，制定预防措施，跟踪实施过程，确认最后结果；

（6）工艺管制：稽查，记录不合格情况，制定整改措施，并跟踪执行情况，确认最后效果；

（7）定期召开工艺改良会议，实施品质改进对策，确认最后结果；

（8）根据《生产日报表》《QC 和 QA 检验日报表》《生产统计表》等管理报表，结合车间生产实际，对品质状况进行跟踪及确认；

（9）根据公司或上级的要求，以及车间的实际需要，提出改善方案及改善建议，并对已决定的改善要求进行推动和监督。

能力要求：

熟悉电器产品线路布局、设计、装配工艺；熟练工艺编制、测试技术、精通相关工装设计、具备现场改善和培训操作员的能力；熟练运用 AutoCAD；能够编写电气方面的作业指导书；认真贯彻国家技术工作方针、政策和公司有关规定；具有良好的学习能力、创新精神、团队协作能力、沟通能力等。

### 4. SMT（表面贴装技术）设备工程师

**职业定义：**从事各方面设备管理、设备管理制度建设，设备技术指导，或设备招标、评标（设备采购），设备检查，组织设备维修以及设备厂商直接销售的技术人员。

工作内容：

(1) 制定设备操作相关作业指导书；

(2) 根据技术员岗位技能要求，组织相关的设备技能培训；

(3) 指定设备保养计划和监督执行情况；

(4) 设备常用备品和耗材的请购和管理；

(5) 在部门设定目标的基础上，持续提高机器稼动率、减少停机时间；

(6) 为生产线提供技术支持，为技术员做技术培训，确保其技能不断提升；

(7) 对设备不良进行维护与月度保养；

(8) 负责设备技术改进、改造：根据加工工艺和效率的需要，进行可行性分析，制订设备改进计划，并实施和对最终结果确认；

(9) 通过计划维修、状态维修、故障诊断等手段，建立预防维修本系，保证设备完好；

(10) 制定和确定 FEEDER 维护方法和维护制度；

(11) 根据 SMT 设备使用手册，制定 SMT 各类设备操作、保养指导书，完成 SMT 操作员、技术员培训教材，建立 SMT 现场巡查，建立 SMT 经验共享库，并在实际运作过程中不断优化各类文档，提升 SMT 设备使用水平；

(12) 根据相关操作指导书与工艺文件与相关流程，对 SMT 现场操作员、技术员进行培训，通过对生产现场严格的工艺管制、生产流程的优化、线平衡的优化，提高产品品质和工作效率。

能力要求：

掌握相关行业设备的规范化操作和控制要点，设备保养点检和预防维修相关知识；熟悉国家技术工作方针、政策和公司有关规定；具有一定的设备开发和应用能力；具有良好的学习能力、创新精神、团队协作能力、沟通能力等。

## （四）就业方向

目前，轻工业作为我国实体经济的重要组成部分，保持稳定增长，有效改善供给结构和实现转型升级的任务艰巨而繁重，从行业内部来看，供给侧结构性矛盾较为突出，轻工业迈向中高端迫在眉睫。因此，轻工业在扩大高质量产品和服务供给的过程中会为广大毕业生提供了更多就业机会。

从轻工业发展前景看，新一轮科技革命和产业变革助力轻工业转型升级，以新一代技术为支撑，互联网、云计算、人工智能等技术广泛渗透于经济社会各个领域，3D打印、机器人与智能制造、超材料与纳米材料等领域不断取得重大技术突破，新技术、新产品、新业态、新模式在蓬勃发展，信息技术与企业技术的加速融合，推动制造业生产方式向数字化、网络化、智能化方向发展，以智能制造为特征的制造模式变革，为轻工业转型升级注入了巨大的活力，以上这些产业方向和相关企业都是轻工专业毕业生就业的重点单位。

该专业类毕业生可以在公司企业从事纺织品、皮革、助剂等轻化产品的工业生产，工艺设计等应用技术工作；在公司企业、技术监督、环保等部门从事轻化产品纺织品（纺织品，皮革，助剂等）性能检测分析工作；在公司企业、研究所等从事技术管理和产品研究开发工作；在公司企业进出口贸易公司从事轻化产品（纺织品，皮革，助剂等）国内外贸易工作；在国家机关、科研机关、学校等部门从事行政管理、科学研究和教学工作等。

# 十八、交通运输类

交通运输是现代社会的生存基础和文明标志，是国民经济发展的基本需要和先决条件，在整个社会机制中起着纽带作用。在现代社会，交通运输不仅是衔接生产与消费的重要环节，更是保证人民政治、经济、文化、军事等方面交往联系的手段，在整个社会机制中起到纽带作用[1]。

交通运输的历史最早可以追溯到公元前3300年，苏美尔人发明了世界上第一个轮子，大大节省了人力和畜力。1866年，德国工程师奥托成功研制出在动力史上有划时代意义的活塞式四冲程奥托内燃机，为汽车的发明解决了最关键的技术难题。随后交通运输技术不断提升，以交通运输业为对象与多种学科结合，出现了铁路运输、公路运输、水路运输、航空运输和管道运输等多种行业。信息、电子、材料、现代控制和环境工程等现代工程技术又为交通运输的发展注入了新的活力，推动铁路、公路、水运、航空等运输行业朝着高速化、重载化、智能化和环保化的方向发展。

在40多年改革开放发展历程中，交通运输成为中国步入现代社会的血脉和社会经济发展的“先行官”。1988年上海至嘉定的高速公路建成通车，结束了我国没有高速公路的历史，此后我国高速公路进入快速发展时期。2006年青藏铁路的通车改变了西藏自给自足的自然经济，为青海、西藏的发展注入了巨大的动力。

随着我国城市的经济贸易和社会活动日益繁忙，传统的道路交通设施已经不能适应现代社会的需要。交通运输专业的就业方向也有了新变化，除了铁路、公路、地铁等传统的就业领域，物流、仓储、供应链、物联网等新的领域正在崛起，带来了更多的就业机遇。

## （一）专业类简介

铁路运输、公路运输、水路运输、航空运输和管道运输是现代社会中五大交通运输方式。信息技术、电子技术、材料技术、现代控制技术和环境工程技术等现代工程技术和高新技术又为交通运输的发展注人了新的活力，推动和促进了现代交通运输业的迅速发展。

交通运输类专业包括交通运输、交通工程、航海技术、轮机工程、飞行技术等专业，培养掌握交通运输规划、运营与安全保障等基本理论与方法，以及交通运输领域某个专门方向较深入的知识与技能，能在交通运输领域从事交通运输系统规划、建设、安全高效运行、经营与管理、应急救援与指挥等相关工作的人才，以满足经济社会发展对交通运输资源的合理配置需要。交通运输类专业是一个系统理论和实践并重且多学科交叉的专业。由于科学技术的不断发展以及一系列前沿交叉学科在交通运输领城的应用，这种交叉与融合的趋势逐渐淡化了各传统专业学科间的界限，促使交通运输类专业越来越多地站在交通运输工程一级学科层面形成系统连贯的学科思维。

交通运输类专业主干学科为交通运输工程一级学科，其二级学科包括道路与铁道工程、交通信息工程与控制、交通运输规划与管理、载运工具运用工程。相关学科还包括数学、力学、经济学、管理学、系统科学、法学、机械工程、材料科学与工程、动力工程与工程热物理、信息与通信工程、控制科学与工程、计算机科学与技术、土木工程、船舶与海洋工程、航空宇航科学与技术、环境科学与工程等。与交通运输类专业相关的本科专业包括道路桥梁与渡河工程、土木工程、港口航道与海岸工程、物流工程、物流管理、包装工程、能源与动力工程、车辆工程、汽车服务工程、油气储运工程、安全工程、交通管理工程、交通管理、海事管理等。交通运输类专业特点之一是其系统复杂性，且涉及众多交叉学科；特点之二是目前我国高等学校在本专业类人才培养过程中因办学历史和特色优势，基本上是按某一运输方式或专业方向培养交通运输类专门人才。[2]

**参考文献：**

[1] 穆毅．陕西省道路交通运输服务系统［D］．西安：长安大学，2006：1-2.

[2] 教育部高等学校教育指导委员会．普通高等学校本科专业类教学质量国家标准［M］．2018 年 3 月第一版．北京：高等教育出版社，2018：436.

## （二）本科专业介绍

根据《普通高等学校本科专业目录（2020 年版）》所列，交通运输类（0818）专业类下设 2 个基本专业和 4 个特设专业、4 个国家控制布点专业。部分专业介绍如下。[1]

### 1. 081801 交通运输

**培养目标：**本专业培养德、智、体、美、劳全面发展，具备较坚实的数学、力学、管理学、计算机、外语、必要的人文社科和经济管理基础知识以及机电、土木、系统工程等工程技术基础知识，掌握载运工具运用与保障技术、交通运输系统规划、客货运输组织及调度等的基本理论、知识与技能，能在交通运输领域从事载运工具技术使用与管理、运输规划与设计、运输组织、管理和调度等工作，能在教学、科研单位从事相关教学科研工作的宽口径应用型和复合型工程技术、管理专门人才。

**培养要求：**本专业学生主要学习交通运输工程、机械电子工程、控制科学与工程、管理科学与工程等学科方面的基本理论和基本知识，接受载运工具技术运用与管理、运输线网和枢纽规划与设计、客货运输组织与管理等方面的基本训练，掌握载运工具运用与保障技术、交通运输系统规划、客货运输组织调度等系统知识，并具备能运用所学知识解决工程实际问题的基本能力。

毕业生应获得以下几方面的知识和能力：

(1) 具有良好的交通运输工程职业道德、坚定的追求卓越的态度、强烈的爱国敬业精神、社会责任感和丰富的人文科学素养；

(2) 具有从事交通运输工程工作的所需的工程数学和其他相关的自然科学知识以及一定的运输经济管理知识；

(3) 具有良好的运输安全质量、运输环境、职业健康和运输服务的意识；

(4) 掌握扎实的交通运输工程、机械电子工程、控制科学与工程、管理科学与工程等方面的基本理论、基本知识，了解交通运输的发展历史及趋势；

(5) 掌握交通运输领域常用的一般技术分析方法或设计方法，具有综合运用所学理论，分析交通运输中存在的问题，并能提出相应的解决方案，能够参与运输生产及运营系统的设计，并具有保障其稳定运行的能力；

(6) 具有较强的创新意识和进行运输系统或相关产品的开发和设计、技术改造与创新的初步能力；

(7) 掌握文献检索、资料查询的基本方法，具有较强的计算机与信息技术能力；

(8) 了解国内外关于交通运输领域的技术标准、政策和法规；

(9) 具有较好的组织管理能力，较强的交流沟通、环境适应和团队合作能力；

(10) 具有应对危机与突发事件的初步能力；

(11) 具有不少于一门的外语综合应用能力，具备国际视野和跨文化环境下的交流、竞争与合作的初步能力。

**主干学科：**交通运输工程、机械电子工程、控制科学与工程、管理科学与工程。

**核心知识领域：**运筹学、机电工程学、交通运输设备及技术使用、载运工具检测与诊断技术及其维护、运输组织学、运输经济学、交通运输安全、交通运输法规、交通运输系统规划与设计，交通运输企业管理

**主要实践性教学环节：**分为课程实验教学和专业实践教学两部分，包括驾驶实习、生产实习、课程设计、毕业实习、毕业设计（论文）、社会实践、科技训练等多种形式。

**主要专业实验：**大学物理实验、力学实验、电工电子技术实验、交通运输设备及性能实验、运输系统模拟与仿真实验等。

**修业年限：**四年。

**授予学位：**工学学士。

### 2. 081802 交通工程

**培养目标：**本专业培养具备交通运输系统分析与规划、交通设计、交通工程设施设计、施工与管理、交通系统智能化控制与管理和交通安全等方面的专业知识及能力，

能够从事本领域的规划、设计、施工、管理与运营的高级工程技术及管理的复合型人才

**培养要求：**本专业学生主要学习交通工程的基本理论和基本知识，接受到交通系统规划、设计、施工及运营管理等方面的基本训练。

毕业生应获得以下几方面的知识和能力：

(1) 掌握交通系统问题的分析方法，掌握交通工程学、交通规划与管理、交通信息与控制的基本理论和基本知识；

(2) 掌握交通及其设施的规划、设计、施工与维护管理的基本理论与方法；

(3) 具有运用交通工程学基础知识和交通运输规划、交通工程设计和交通控制系统等技术，能够解决交通系统出现的各类问题并具有开发相关系统的基本能力；

(4) 熟悉国家关于交通运输规划、建设及运营管理的方针、政策和法规，熟悉相应的标准规范；

(5) 了解国内外交通工程研究领域的发展动态；

(6) 具有一定的科学研究和实际工作能力，并具有一定的批判性思维能力。

**主干学科：**系统工程、交通工程、交通运输工程及交通规划。

**核心知识领域：**交通工程导论、交通工程系统分析、结构设计原理、力学、道路工程材料、交通规划、交通设计、交通土木工程（路基路面工程、桥梁工程等）及交通控制与管理。

**核心课程示例：**

示例一：交通运输导论（12 学时）、画法几何与 AutoCAD（16 学时）、工程测量（36 学时）、工程力学基础（16 学时）、交通工程基础（32 学时）、工程地质（24 学时）、土力学（34 学时）、水力学（38 学时）、结构力学（Ⅰ）（64 学时）、土木工程材料（32 学时）、交通规划（40 学时）、交通设计（32 学时）、交通分析（80 学时）、道路勘测设计（32 学时）、路基路面工程（40 学时）、交通控制与管理（32 学时）、道路交通安全（24 学时）。

示例二：交通工程导论（双语）（48 学时）、道路建筑材料Ⅰ（40 学时）、城市总体规划原理（32 学时）、工程地质（32 学时）、工程测量Ⅱ（40 学时）、运筹学Ⅰ（32 学时）、交通电子技术基础（48 学时）、土质土力学（48 学时）、道路勘测设计Ⅰ（48 学时）、交通信息与控制技术基础（40 学时）、交通运输系统工程（32 学时）、路基路面工程Ⅰ（48 学时）、交通规划Ⅰ（40 学时）、交通工程设计（32 学时）、交通管理与控制（32 学时）、城市道路设计（32 学时）、道路交通安全（32 学时）。

示例三：交通工程系统分析（64 学时）、工程力学（72 学时）、工程测量学（48 学时）、道路勘测与设计（56 学时）、道路工程（64 学时）、交通工程学（56 学时）、交通规划（48 学时）、交通管理与控制（48 学时）、交通工程 CAD 技术（40 学时）、施工组织与概预算（48 学时）、交通工程设施设计（48 学时）。

**主要实践性教学环节：**认识实习、测量实习、交通工程实习、工程材料实验、道路工程课程设计、交通分析课程设计、交通规划课程设计、交通控制课程设计、交通

设计课程设计、专业工程案例分析、创新实践及毕业设计等。

**主要专业实验：**工程材料实验、机电基础实验、道路工程课程设计、交通控制课程设计、交通分析课程设计、交通规划课程设计及交通设计课程设计等。

**修业年限：**四年。

**授予学位：**工学学士。

### 3. 081803K 航海技术

**培养目标：**本专业培养德、智、体、美、劳全面发展，具备船舶航行、货物运输管理、船舶与人员安全与管理、无线电通信等方面的知识，能在各港航企事业单位从事船舶驾驶、营运管理以及相关的科研和教学等工作，符合相关国际公约和国家船员适任标准要求的高级航海技术复合型人才。

**培养要求：**本专业学生主要学习船舶航行、货物积载与装卸、船舶与人员安全管理和无线电通信等方面的基本理论和基本知识，接受航线设计、船舶操纵与避碰、模拟器及实船训练等的基本训练，掌握独立指挥和组织船舶航行与营运的基本能力。

毕业生应获得以下几方面的知识和能力：

(1) 具有良好的工程职业道德，强烈的爱国敬业精神、社会责任感和丰富的人文科学素养，掌握一定的军事理论知识，具备一定的军事素养；

(2) 具有从事工程工作所需要的数学和其他相关的自然科学知识以及一定的经济管理知识，具备良好的专业英语能力，能够熟练、正确、规范地运用航海标准用语进行业务表达和交流；

(3) 具有良好的质量、海洋环境保护、职业健康、安全和服务意识；

(4) 具有扎实的工程基础知识、交通信息工程及控制、航海科学与技术的基本理论、基础知识，了解航海科技发展的现状、热点、重点及发展趋势；

(5) 具有综合运用所学科学理论分析并提出解决问题的方案，并解决工程实际问题的能力；

(6) 具有航线设计、组织船舶航行和船舶运营管理的初步能力，具备保证海上安全营运的实际操作能力及专业技能；

(7) 具有创新意识，掌握船舶操纵、导航、货物运输以及通信等基本技术，具备本专业领域研究和技术改造的初步能力；

(8) 掌握文献检索、资料查询的基本方法，具备信息获取和职业发展学习能力；

(9) 了解本专业领域的技术标准，熟悉航行安全、海洋环境保护和船舶防污染等方面的国际公约和国内法律法规；

(10) 具有较好的组织管理能力、领导能力和服从意识，具有较强的交流沟通、环境适应和团队合作的能力；

(11) 具有良好的心理素质，有一定急救知识和救护能力，有较强的海上求生能力、应变能力、调节和承受能力，具备应对危机和突发事件的初步能力；

(12) 了解国内外历史、地理、宗教、法律和法规，具有一定的国际视野以及较强的人际交往和跨文化交流能力。

**主干学科：** 交通运输工程。

**核心知识领域：** 船舶原理基础、电工技术基础、船舶电子技术基础、航路与航法、船舶结构与设备、船舶信号与通信、船舶操纵与避碰、船舶导航与信息系统、海上遇险与安全系统、船舶货运、航海气象学与海洋学、船舶安全与管理、远洋运输业务、海事法律。

**核心课程示例：**

示例一：机械制图（36学时）、（船舶）无线电技术基础（54学时）、电工学（36学时）、航海专业数学（28学时）、船舶原理（54学时）、航海力学（64学时）、船舶货运（72学时）、轮机概论（36学时）、航海英语会话与评估（36学时）、船艺训练（36学时）、航海英语阅读（64学时）、航海学（上）（100学时）、航海学（下）（含电子海图显示与信息系统38课时）（90学时）、船舶操纵（54学时）、船舶导航雷达（64学时）、船舶避碰与值班（90学时）、船舶结构与设备（36学时）、船舶安全管理（54学时）、航海仪器（72学时）、GMDSS通信设备与业务（64学时）、航海气象学与海洋学（54学时）、远洋业务与海商法（72学时）。

示例二：工程图学基础（34学时）、航海英语听说（34学时）、电路与电机（34学时）、航海学1（51学时）、航海力学（43学时）、船舶结构与设备（43学时）、航海学2（51学时）、船舶信号与VHF通信（34学时）、航海雷达与ARPA（51学时）、航海英语（51学时）、海上货物运输（34学时）、船舶原理（34学时）、船舶无线电技术基础（51学时）、航海通信英语听力与会话（34学时）、远洋运输业务与海商法（34学时）、船舶操纵（34学时）、船舶值班与避碰（34学时）、轮机概论（17学时）、航海气象学与海洋学（51学时）、航海仪器（60学时）、船舶安全与管理（34学时）、电子海图显示与信息系统（17学时）、GMDSS通信设备（34学时）、GMDSS通信业务（34学时）、航海英语阅读（51学时）。

**主要实践性教学环节：** 专业证书培训、船舶实习、货物积载与系固、GMDSS设备操作航线设计、驾驶台资源管理、航海模拟器训练等。

**主要专业实验：** 包括学科门类基础实验、专业基础实验、船舶定位、航海仪器使用、电子活力显示与信息系统、船舶操纵、避碰与驾驶台资源管理等。

**修业年限：** 四年。

**授予学位：** 工学学士。

【本专业为国家控制布点的专业】

### 4. 081804K 轮机工程

**培养目标：** 本专业培养德、智、体、美、劳全面发展，具备机械原理和轮机系统等方面知识，能在水上运输各企事业单位从事船舶轮机操纵和维修、船舶机电设备维护和管理、船舶监修和监造、船舶检验以及相关的科研和教学等工作，符合国际和国家船员适任标准的高级轮机技术复合型人才。

**培养要求：**本专业学生主要学习船舶动力装置及辅助装置、船舶电力系统与电气设备等方面的基本理论和基本知识，接受轮机设备操纵、维护与维修、技术管理、模拟器和实船训练等基本训练，具有操纵和维修船舶动力及辅助装置，履行船舶监修、监造职责的初步能力。

毕业生应获得以下几方面的知识和能力：

(1) 具有良好的工程职业道德，强烈的爱国敬业精神、社会责任感和丰富的人文科学素养，掌握一定的军事理论知识，具备一定的军事素养；

(2) 具有从事工程工作所需要的数学和其他相关的自然科学知识以及一定的经济管理知识，具备良好的专业英语能力，能够熟练、正确、规范地运用航海标准用语进行业务表达和交流；

(3) 具有良好的质量、海洋环境保护、职业健康、安全和服务意识；

(4) 具有扎实的工程基础知识、轮机工程和电气工程及其自动化方面的基本理论知识，了解轮机发展现状、前沿技术和发展趋势；

(5) 具有综合运用所学科学理论分析并提出解决问题的方案，并解决工程实际问题的能力；具有操纵船舶动力装置，实施轮机维护和修理，履行船舶监修、监造职责的初步能力；

(6) 具有创新意识，掌握轮机工程等方面的基础知识，具有本专业领域科学研究和技术改造的初步能力；

(7) 掌握文献检索、资料查询的基本方法，具备信息获取和职业发展学习能力；

(8) 了解本专业领域的技术标准，熟悉船舶安全运输、海洋环境保护和船舶防污染等方面的国际公约和国内法律法规；

(9) 具有较好的组织管理能力、领导能力和服从意识，具有较强的交流沟通、环境适应和团队合作的能力；

(10) 具有良好的心理素质，有一定急救知识和救护能力，具有较强的海上求生能力，应变能力、心理调节和承受能力，具有应对危机和突发事件的初步能力；

(11) 了解国内外历史、地理、宗教、法律和法规，具有一定的国际视野以及较强的人际交往和跨文化交流能力。

**主干学科：**船舶与海洋工程。

**核心知识领域：**工程力学与流体力学、热力学与动力工程、船舶动力装置及系统、机械设计与金属材料、船舶管理体系及防污染技术、船舶辅助设备、轮机测试与维修技术、船舶电子与电气技术、轮机监测与自动控制、轮机专业英语。

**核心课程示例：**

示例一：工程力学（72学时）、工程流体力学（36学时）、轮机工程材料（36学时）、画法几何及机械制图（72学时）、机械设计基础（64学时）、轮机热工基础（72学时）、电工学（90学时）、现代轮机监控技术（54学时）、船舶防污染技术（36学时）、船舶电气设备及系统（90学时）、船舶动力装置技术管理（72学时）、轮机维护与修理（64学时）、专业导论（轮机工程）（18学时）、船舶柴油机（90学时）、船舶动力装置测试技术（36 学时）、轮机英语（54 学时）、船舶辅机 1（64 学时）、船舶辅机 2（54 学时）、航海概论（36 学时）、轮机自动化（72 学时）。

示例二：航海类学科导论（17 学时）、工程图学基础（34 学时）、工程力学（43 学时）、机械设计基础（60 学时）、工程热力学与传热学（68 学时）、流体力学（34 学时）、电路与电子技术（34 学时）、轮机自动化基础（34 学时）、船舶柴油机 1（43 学时）、船舶柴油机 2（34 学时）、船舶辅机 1（43 学时）、船舶辅机 2（34 学时）、轮机自动化（43 学时）、轮机英语听说（34 学时）、船舶动力装置系统（51 学时）、船舶甲板机械自动化（51 学时）、轮机英语强化（51 学时）、轮机安全与管理技术（51 学时）、船舶电气自动化（51 学时）、船舶电气设备及系统（77 学时）。

**主要实践性教学环节：**金工实习、专业证书培训、船舶实习、船舶柴油机拆装、船舶电气设备管理与工艺、轮机模拟器训练、机舱资源管理等。

**主要专业实验：**学科门类基础实验、专业基础实验、柴油机实验、辅机实验、船舶电气实验、轮机自动化实验、船舶动力设备综合实验等。

**修业年限：**四年。

**授予学位：**工学学士。

【本专业为国家控制布点的专业】

### 5. 081805K 飞行技术

**培养目标：**本专业培养适应社会主义现代化建设需要，适应 21 世纪民用航空事业发展，具备德、智、体、美、劳全面素质和综合能力，符合国际民航培训标准的航线运输机驾驶高级应用型人才。本专业毕业生达到商用驾驶员执照附加多发仪表等级的知识和技能标准要求，并完成航线运输驾驶的基础训练，能够从事民航国内、国际航线运输机驾驶工作。

**培养要求：**本专业毕业生应热爱社会主义祖国，拥护中国共产党的领导，具有为国家富强、民族振兴而奋斗的理想、事业心和责任感，初步树立科学的世界观和为人民服务的人生观，掌握马克思主义、毛泽东思想和中国特色社会主义理论的基本原理，了解我国基本国情，能理论联系实际、实事求是，具有严谨的治学态度，艰苦奋斗、实干创新的精神和热爱劳动、自律谦让、文明礼貌、忠诚团结的品质，遵纪守法，具有高度的组织纪律性。本专业学生系统地学习本专业必需的基础理论、专业基础理论和专业理论，接受航空运输飞行员必需的操纵技术、航行方法和机组资源管理（CRM）等专业训练。本专业培养学生适应严格、紧张、连续工作所需的良好的心理素质及强健体魄。

毕业生应获得以下几方面的知识和能力：

（1）了解现代民用航空器的系统、动力装置及机载设备的工作原理及应用；

（2）熟悉现代航行系统、航空气象、空中交通管制和飞行安全的有关法律法规，了解航空运输知识；

（3）掌握飞机基本驾驶术和目视、仪表飞行规则的航行术；

(4) 具有适应飞行职业所需要的良好心理素质、机组资源管理能力；

(5) 达到国际民航组织对飞行人员英语语言能力的要求，具有一定的人文知识和计算机应用能力。

**主干学科：**交通运输工程、航空宇航科学与技术。

**核心知识领域：**飞行原理、空中领航、飞行英语、飞机系统、航空动力装置、航空气象、民航飞机电气仪表及通信系统、空中交通管制基础、仪表飞行程序、飞行性能与计划、航线运输驾驶员执照理论课程。

**核心课程示例：**

示例一：

飞行原理（64学时）、空中领航（72学时）、飞行英语（200学时）、飞机系统（48学时）、航空动力装置（48学时）、航空气象（64学时）、民航飞机电气仪表及通信系统（48学时）、空中交通管制基础（32学时）、仪表飞行程序（32学时）、飞行系能与计划（48学时）、航线运输驾驶员执照理论课程（112学时）、航线运输驾驶员飞行训练课程（255学时）。

示例二：飞行原理（一）（48学时）、飞行原理（二）（48学时）、空中领航学（48学时）、飞行专业英语（阅读）（64学时）、飞行专业英语（听力）（64学时）、陆空通话（64学时）、飞机构造（48学时）、航空动力装置（48学时）、航空气象（48学时）、机载设备（48学时）、空中交通管制学（48学时）、目视与仪表飞行程序设计（32学时）、飞行性能与计划（32学时）。

**主要实践性教学环节：**私用驾驶员执照飞行训练，商用驾驶员执照飞行训练，仪表等级训练、多发等级训练，高性能飞机/机组配合训练、飞行实践综合报告、航空公司实习。

**修业年限：**四年。

**授予学位：**工学学士。

【本专业为国家控制布点专业】

**参考文献：**

[1] 中华人民共和国教育部高等教育司．普通高等学校本科专业目录和专业介绍[M]．2012年10月第一版．北京：高等教育出版社，2012：234－240.

## （三）未来职业发展

### 1. 物流管理工程师

**职业定义：**从事物流运输相关行业的高级专门人才。它是一个广义的概念，包括营运管理人员、人事管理人员、IT管理人员、后勤管理岗位。这些岗位的分工不同，职位或级别不同，但工作内容都是与物流运输相关。目前物流管理专员是整个物流及快递市场最火热的职位之一。

工作内容：

(1) 按照运管局标准经营货物运输产业；

(2) 按照流程进行收货、验货、登记、包装、运输安排、货物跟踪等服务；

(3) 进行到达货物登记，通知客户签收处理；

(4) 对所有经手货物进行异常处理登记；

(5) 进行业务宣传，开发客户；

(6) 利用走货路径、走货量等信息，进行团队工作的方向规划和发展计划。

能力要求：

具备信息管理、计算机操作、车次线路规划设计、营销的相关知识；熟练使用一些临时加入的计算机系统工具；熟悉各种表格文档的使用；同时，具有良好的学习能力、团队协作能力、沟通能力和较强的抗压能力。

### 2. 汽车运用工程师

**职业定义：**从事汽车安全运行、技术维护、技术性能的检测、汽车修理与改装等的高级工程技术人才。

工作内容：

该工作主要研究在汽车的整个寿命期限内如何以最少的耗费维持和充分发挥汽车固有的性能，其核心就是汽车的“管、用、养、修”。

(1) 研究、分析在运行条件下汽车性能的变化规律；

(2) 研究、设计和试制汽车及发动机的现代测试原理、方法和测试装置；

(3) 研究、设计汽车故障诊断技术和程序，优化设计排除汽车故障的方案和程序，开发、设计和试制汽车故障诊断和排除的仪器设备和装置；

(4) 研究、设计汽车维护与修理的工艺技术，研究、设计和制造工艺装备和工具。

能力要求：

掌握机械基础、汽车运用技术、机械制造技术基础、汽车构造与原理、汽车运用工程、汽车市场营销、汽车检测与故障诊断等课程的知识；具备一定的实际操作能力；具备扎实的专业基础知识；逻辑思维条理清晰；具备在实践中自我学习的意识和能力。

### 3. 城市交通管理师

**职业定义：**从事对整个城市的交通运输系统进行合理的规划、控制、管理的高级专门人才，包括路网系统的规划与管理、交通信息系统的管理和控制，是伴随我国城市化进程加快而逐渐兴起的一门职业，具有良好的发展前景。

工作内容：

(1) 规划城市交通运输系统；

(2) 管理交通运输企业及协助管理交通港站与枢纽；

(3) 运营交通管理信息系统和发展城市交通经济。

能力要求：

掌握运筹学、交通工程学、管理学、交通规划、交通控制与管理等专业知识；能够熟练地使用编程语言；掌握部分交通规划软件和工程制图软件，例如 AutoCAD、TransCAD 等软件的具体使用方法；具有良好的团结合作能力、沟通交流能力等。

## （四）就业方向

全国铁路经过多次提速，不断刷新人们对交通运输极限的认知。“提速”不是件简单的事情，对软硬件都提出了极高的要求。要达到这些要求，离不开一个专业学科的强力支持——交通运输专业。

交通运输专业毕业的学生可在公路运输、铁路运输、水路运输、航空运输和管道运输等运输部门中及与其相关的领域中就业。交通运输专业的学生在毕业后，主要从事与运输相关的管理与组织工作。

交通运输也是联通东西部市场、提高地区经济效益的基本条件，“要想富，先修路”的观念已深入人心。根据西部 10 个省市的估算，未来几年西部地区的交通投资将达到千亿元，主要用于高级路段的公路、铁路建设和农村公路网络的普及。其中，重庆、四川的发展尤为突飞猛进。不言而喻，这么多亟待建设的道路桥梁工程以及交通设施的发展，正等待着该专业的毕业生投身到西部大开发中去。

该专业类毕业生可进入国家及省、市的交通运输管理部门、交通运输企业、城市交通规划行业、市政工程、公交管理部门等事业单位从事交通运输组织、指挥、决策，交通运输企业生产与经营管理等工作；还可以进入汽车制造业，从事汽车管理、体验、运营。

**推荐企业：**奇瑞汽车股份有限公司、中国第一汽车有限公司、东风汽车有限公司、比亚迪股份有限公司、长城汽车股份有限公司等。

# 十九、海洋工程类

美国著名军事理论家马汉在《海权论》一书中写道："谁掌握了世界核心的航道、运河，谁就掌握了世界经济和能源的运输之门，也就变相控制了世界。"当前，随着国际贸易的增长，海上丝绸之路的推进为船舶与海洋工程类专业的发展迎来了新的机遇和挑战[1]。

海洋工程专业类是面向海洋开发、海洋利用、海洋保护的综合性工程技术专业。其主干学科包括船舶工程、海洋工程、海洋技术、海洋资源开发技术四个方面。人类利用海洋已有几千年的历史。早期的开发活动主要是用简单的工具在海岸和近海捕鱼虾、晒海盐，以及海上运输，逐渐形成了海洋渔业、海洋盐业和海洋运输业等传统的海洋开发产业。船舶工程就是在这一进程中首先形成的专业学科。船舶是指用于交通、运输、捕捞水生物、开发海底矿藏、港湾服务、科学调查及测量、工程作业、救险、国防军事等的水上、水面及水下的各种运载工具。

我国的船舶工业是为国家的航运交通、海洋开发、军事国防等领域提供主要装备的战略性产业，在保障国家安全、确保国家能源安全和维护国家的海洋权益等方面起着重要作用。船舶工程学科就是为上述各类船舶的设计、建造提供支持的工程技术学科，是我国船舶工业的重要基础支撑。

## （一）专业类简介

20世纪60年代以来，人类对矿物资源、能源的需求量不断增加，开始大规模地向海洋索取财富。随着科学技术的进步，海洋开发也进入新的发展阶段，主要表现在大规模开发海底石油、天然气，建立海上风电场，建立潮汐发电站和海水淡化厂，利用海洋空间兴建海上机场、海底隧道、海上工厂、海底军事基地等方面。

海洋工程就是在上述过程中形成的一门开发和利用海洋的新兴综合专业学科。海洋工程主要是指在大陆架较浅水域的海上平台、人工岛、海底管线等工程设施，以及在大陆架较深水域的自升式平台、半潜式平台、石油和天然气勘探开采平台、浮式储油库、浮式炼油厂、浮式机场等工程设施。在深水海域还包括无人潜水器、遥控的海底采矿设施、深水海底管线及立管系统等工程设施。海洋工程产业是一项周期长、资金密集、科技密集、劳动密集型高技术产业，对综合国力提升有至关重要的影响。海洋工程学科就是为上述海洋工程设施的设计、建造、海上安装提供支持的工程技术学科。

海洋技术是开发海洋、利用海洋、保护海洋的技术基础，同时也是海洋工程的重要基础，主要是指海洋基础技术、海洋支撑技术、海洋应用技术三个方面，具体包括海洋材料技术、水下声学技术、水下作业技术、水下探测技术、海洋遥感技术、水下运载技术、海底观测技术等。

海洋资源开发技术是指海洋应用技术中面向海洋资源开发的部分，目前主要包括海洋油气资源开发技术、海洋能开发技术、海洋矿产开发技术等。[2]

**参考文献：**

[1] 张雪峰．选择比努力更重要：名师张雪峰手把手教你填报高考志愿［M］．北京：北京联合出版公司，2018：336－339.

[2] 教育部高等学校教育指导委员会．普通高等学校本科专业类教学质量国家标准［M］．2018年3月第一版．北京：高等教育出版社，2018：446.

## （二）本科专业介绍

根据《普通高等学校本科专业目录（2020年版）》所列，海洋工程类（0819）专业类下设1个基本专业和3个特设专业。基本专业介绍如下。[1]

### 1. 081901 船舶与海洋工程

**培养目标：**本专业培养具有良好的思想道德素质、较高的人文科学修养和创新意识，适应社会经济发展需要，德、智、体、美、劳全面发展，具有扎实的数学和力学基础，掌握船舶与海洋工程基本理论和专业知识，具备从事该行业工作所必需的基本技能，能够从事船舶与海洋结构物研究、设计、建造、检验、维修和管理等工作的高素质工程科技人才．

**培养要求：**本专业学生主要学习数学、物理、力学、船舶与海洋工程、海洋工程环境学等方面的基本理论和专业知识，接受工程制图、力学分析、结构设计、工艺技术、计算机辅助工程、工程管理等方面的系统训练，形成研究、设计和建造船舶与海洋工程结构物的基本能力。

毕业生应获得以下几方面的知识和能力：

（1）具有良好的工程职业道德、社会责任感、人文科学素养和创新能力；

（2）掌握数学、力学、船舶与海洋工程的基本理论和基本知识；

（3）掌握船舶和海洋结构物的力学分析方法、设计建造和施工管理等方面的专业知识；

（4）具有应用计算机进行分析、设计、制图和工程管理的能力；

（5）熟悉船舶与海洋工程领域的法规制度、行业要求、海事公约和规范标准；

(6) 了解船舶和海洋工程开发研究的学术前沿和先进设计制造理念；

(7) 具有从事船舶与海洋结构物设计、建造和开展船舶与海洋工程领域科学研究、技术创新的基本能力；

(8) 具有一定的批判性思维和良好的团队合作精神，具有良好的书面和口头表达的能力。

**主干学科：**船舶与海洋工程、力学。

**核心知识领域：**力学、工程图学、船舶与海洋结构物设计、建造工艺、结构物性能等。

**核心课程示例：**

示例一：理论力学（68 学时）、材料力学（68 学时）、工程图学（34 学时）、船舶动力系统（51 学时）、船舶与海洋工程结构设计（51 学时）、现代造船技术（43 学时）、船体构造与制图（51 学时）、船舶流体力学（68 学时）、船舶结构力学（68 学时）、船舶设计原理（51 学时）、船舶原理Ⅰ、Ⅱ（119 学时）。

示例二：理论力学（72 学时）、材料力学（64 学时）、工程图学（70 学时）、流体力学（72 学时）、船舶结构力学（64 学时）、船舶图形学（64 学时）、船舶静力学、阻力、推进、耐波性（192 学时）、船舶设计原理（56 学时）、船舶建造工艺（56 学时）、船体强度与结构设计（56 学时）、海洋平台设计原理（32 学时）。

示例三：理论力学（56 学时）、材料力学（72 学时）、工程图学（48 学时）、流体力学（56 学时）、船舶结构力学（40 学时）、船海工程构造与制图（48 学时）、船舶静力学、快速性（112 学时）、器舶设计原理（40 学时）、船舶强度与结构设计（40 学时）、船舶建造工艺（40 学时）。

**主要实践性教学环节：**专业课程设计、金工实习、专业实习、认识实习、生产实习、毕业实习、毕业设计（论文）、科技创新性实践活动。

**主要专业实验：**工程力学实验、船舶与海洋工程结构物性能试验、船舶与海洋结构物结构力学试验、专业综合性实验。

**修业年限：**四年。

**授予学位：**工学学士。

**参考文献：**

[1] 中华人民共和国教育部高等教育司．普通高等学校本科专业目录和专业介绍[M]．2012 年 10 月第一版．北京：高等教育出版社，2012：240－241.

## （三）未来职业发展

### 1. 船舶工程技术人员

**职业定义：**掌握船舶驾驶和运输等方面的基础理论和基本技能，符合国际或国家颁布的相关职业标准，能从事海洋船舶驾驶工作的高级技术应用型专门人才。

工作内容：

(1) 根据航次指令做出安全、经济航线，接收气象传真、碍航物、航道变更、军事演习等电报，与港航管理部门和他船保持良好沟通，驾驶船舶安全航行，保障货物安全运输；

(2) 对船舶机械、电力、消防等设备进行维护保养，使船舶处于满足国际规范要求的状态；

(3) 合理积载货物，控制压载水确保船舶吃水在安全范围内；

(4) 保障船舶人员安全，进行求生、消防、溢油、防海盗、密闭舱室工作的应急演习和培训；

(5) 对遇难船舶和人员进行人道主义救援。

能力要求：

熟练掌握航海基础知识；会使用航海雷达、海图、GPS、船舶无线电设备、码语、旗语；掌握海上求生、消防、医护基本技能；具备阅读英文船舶说明书的能力；能通过说明书理解机械设备的构造、运行原理并完成对航海仪器的使用、船舶设备的养护等工作。

### 2. 石油与天然气工程技术人员（管道工程与油气储运技术人员）

**职业定义：**指从事油气田集输、油气长距离输送、储存、装卸与城市输配以及油气储运设施、管道的结构、施工、安全及防护等工作的工程技术人员。

工作内容：

(1) 负责组织、参与、完成油田采油、气工艺技术应用研究及技术服务工作；

(2) 油气处理站内生产参数统计、报表整理、油气站内工艺流程操作、工艺设备监控及检查维修工作；

(3) 先进技术的引进、研究；以科研项目的形式论证、攻关，完成新技术的掌握与应用，解决生产问题；

(4) 熟悉采气工艺设计和管理，具备较强业务技术能力，能独立或组织相关人员完成采油、气工艺措施的实施及监督；

(5) 管道工程施工生产一线工作的安装、调试、保养、维修、管理工作。

能力要求：

善于应用油气田开发类软件以及设计类软件等；熟练应用 pipesim 等专业流体模拟软件，能模拟油气井流态、节点分析、管网设计；熟练掌握石油与天然气开发行业相关标准、法规等；掌握石油工程、石油地质、测试、作业等相关行业知识；熟悉采气工艺设计和管理；具备较强业务技术能力；能独立或组织相关人员完成采油工艺措施的实施及监督；善于思考、发现理论和现场生产中存在问题，并能就发现的问题提供合理可行的解决方案；善于学习先进的工艺技术，包括软件、硬件；有良好的英语沟通能力、公文写作能力等。

### 3. 船舶结构工程师

**职业定义：**是指合理地设计船舶的结构承重体系，以满足船舶的承载力、安全、稳定和使用等方面的高级专门人才。

工作内容：

（1）从事船舶与海洋工程项目或模块项目的方案、送审等设计工作；

（2）能够独立运用各种法规规范进行结构分析。

能力要求：

熟悉相关国际标准、规范和条例，如API、AISC及各船级社规范；熟练使用结构有限元分析计算软件，如MSC Patran & Nastran、Sacs等；熟练使用3D建模软件，如AVEVA Marine、E3D；具备独立分析、解决问题的能力，较强的沟通、表达与人际交往能力；具有较强的英语表达能力。

### 4. 动力工程师（水动力分析工程师）

**职业定义：**负责制定动力系统的操作流程和安全规范，在节能降耗的前提下维持动力系统的正常运行，并定期对动力系统进行保养检修的专业技术人才。

工作内容：

（1）总体性能相关的方案论证与水动力分析；

（2）总体性能相关图纸绘制；

（3）总体性能相关报告编制；

（4）海上浮动式风机基础分析设计与开发：海上浮动式基础选型，系泊系统设计，稳性、耐波性及系泊性能评估；

（5）海上运输吊装过程中的水动力分析工作：海上风机运输、吊装过程中，船舶稳性、整船水动力学分析、船舶系泊定位分析及施工方案优化改进；

（6）海上风电水动力相关关键技术研究：浮动式风机模型试验技术研究，浮动式风机基础及系泊系统设计分析方法研究，浮动基础波浪载荷预报和运动性能评估研究等。

能力要求：

具备船舶与海洋工程、土木工程、工程力学等相近专业基础知识；熟练掌握至少一种水动力分析软件，如AQWA、WAMIT、SESAM、MOSES、Orcaflex等；参与过浮动式平台、系泊系统设计，海工水动力模型试验；熟悉海工行业常用设计规范，如API、DNV和ABS等；掌握浮动式平台设计流程、水动力分析方法和要求；具备独立分析、解决问题的能力，较强的沟通、表达与人际交往能力；具有较强的英语表达能力。

## （四）就业方向

海洋工程是为水上交通运输、海洋资源开发和海军部队提供各类装备和进行海洋工程设计建造的专业类，对国民经济发展及国防建设现代化具有十分重要的意义。我国已成为世界造船大国之一，船舶制造是发展我国国民经济的重要组成部分，海洋工程建设是我国海洋开发战略的基础之一。作为新世纪高新技术之一的海洋技术近年来发展迅猛，对我国的综合国力发展有重要影响，船舶制造和海洋开发对海洋工程类专业人才的需求很大，该专业类毕业生就业前景良好。

海洋工程专业学生毕业后可前往船舶与海洋工程设计研究单位、海事局、国内外船级社、船舶公司、海洋石油单位、高等院校、船舶运输管理、船舶贸易与经营、海关、海上保险和海事仲裁等部门，从事船舶与海洋结构物设计、研究、制造、检验、使用和管理等工作，也可到相近行业和信息产业有关单位就业。

# 二十、航空航天类

中国现代美学家、哲学家宗白华先生曾在《美学与意境》中落墨："宇宙是无尽的生命，丰富的动力，但它同时也是严整的秩序，圆满的和谐。"从古至今，无数的神话传说都在运用想象力探索着宇宙中的生命。随着航空航天科学与技术的发展，人类踏上了探索宇宙的新征程。

远航和冒险，是人类精神追求的一部分；像鸟儿一样自由地在天空中翱翔，是人类自古以来的梦想。文艺复兴时期，达芬奇就对鸟的飞行和气流作用做了大量研究和实验。20 世纪初期，流体力学的发展为航空工业的发展准备了理论基础。经过无数次理论与实际的结合，莱特兄弟改进螺旋桨和发动机终于装配出拥有实用性价值的飞机，人类终于具备了进入天空的能力。

宇宙航行之父、苏联的齐奥尔科夫斯基发表了《利用喷气工具研究宇宙空间》一文，开创了变质量力学，推导出了火箭运动的基本公式，法国物理学家埃斯诺·贝尔特利计算出了第二宇宙速度，二人的研究奠定了航天技术的理论基础[1]。二战时期德国对于火箭的研究更是大大推动了航天技术发展。1961 年 4 月 12 日，苏联把宇航员加加林送入地球轨道航行 108 分钟，人类进入太空成为现实！在世界航空史中，中国也留下了浓墨重彩的篇幅，"嫦娥"探月、"神舟"升天，标志着中国成为世界航空航天强国。"墨子号"量子科学实验卫星带领人类走进神秘的量子世界，大大加强了通信的即时性和安全性。"天问"系列行星探测任务为我们揭开火星神秘面纱，中国正在朝着世界航空领军国家前进。

## （一）专业类简介

航空航天科学与技术是 20 世纪初期和中期先后创建并迅速发展的科学与技术领域，它是以数学、物理学以及现代技术科学为基础，以飞行器设计、推进理论与工程、制造工程、人机与环境工程等专业为主干的高度综合的学科体系。

航空航天科学与技术在国民经济和国防建设中具有重要的战略地位。通过对各类型航空航天器，包括飞机、直升机、浮空器、火箭、导弹、卫星、飞船、空间站、深空探测器等的研究、研制与生产，空间资源的开发与利用，人类的空间科学研究与探索等，航空航天科学与技术为人类社会的发展进步做出了巨大贡献；同时对数学、物理学、力学、机械学、生命科学、材料科学、环境科学、控制科学、能源动力技术、计算机技术、信息技术和通信技术等相关学科的发展起到了重要的推动和引领作用。航空航天科学与技术的发展，日益改变着人们的生产和生活方式，成为现代社会发展和科学技术进步的重要高技术领域。

在国防建设中，航空航天科学与技术在维护国防安全方面更是具有举足轻重的作用，是国家综合实力的象征和国防实力的具体体现，具有重要的战略支撑地位。

航空航天类专业面向人类的航空与航天科学技术活动，以航空航天器的工作原理、结构与设计、研制与生产、使用与维护等方面为主要的学习和研究对象，学科基础涉及数学、物理学、化学、机械学、电子信息学、力学等多个学科，具有理论与工程并重、专业性和系统性相结合、学科紧密交叉融合的特点。航空航天类专业承担着从事航空航天科学与技术的高素质专门人才的培养重任，为我国航空航天科学与技术可持续发展和进步对人才的需求提供保障，同时也为我国的经济建设、国防建设和社会发展培养适应能力强的多样化的高素质人才。[2]

**参考文献：**

[1] 国务院学位委员会办公室，教育部研究生工作办公室．授予博士硕士学位和培养研究生的学科专业简介［M］．北京：高等教育出版社，1999：324－327.

[2] 教育部高等学校教育指导委员会．普通高等学校本科专业类教学质量国家标准［M］．2018 年 3 月第一版．北京：高等教育出版社，2018：453.

## （二）本科专业介绍

根据《普通高等学校本科专业目录（2020 年版）》所列，航空航天类（0820）专业类下设 5 个基本专业和 4 个特设专业。基本专业介绍如下。[1]

### 1. 082001 航空航天工程

**培养目标：**本专业培养具有扎实的数学、物理、力学、计算机等基础理论，掌握航空航天领域的多学科知识，具有良好的综合能力和创新意识，具有全面的文化素质和较强的环境适应能力，能从事航空航天飞行器总体、结构与系统设计等相关工作的高级人才。

**培养要求：**本专业的学生应掌握数学、物理、动力学与控制、空气动力学、材料与结构、工程热力学、控制系统原理、飞行器总体设计、航空电子系统、飞行器制造工艺及设计、实验等方面的基础理论和专业知识，具有飞行器总体、结构与系统设计分析的能力。

毕业生应当获得以下几方面的知识和能力：

（1）掌握数学、物理、力学、计算机等基本理论和基本知识；

（2）掌握飞行器总体、结构设计的分析方法和实验方法；

（3）具有飞行器系统设计的工程能力；

（4）熟悉航空航天飞行器设计的有关规范和设计手册等；

（5）了解飞行器设计的理论前沿、应用前景和发展动态；

（6）掌握文献检索、资料查询的基本方法，具有一定的科学研究和实际工作能力。

**主干学科**：航空宇航科学与技术、力学、航空宇航推进理论与工程。

**核心知识领域**：工程热力学、空气动力学、材料与结构、自动控制原理、飞行器总体设计、航空宇航推进理论、航空电子系统等。

**主要实践性教学环节**：金工实习、生产实习、课程设计、专业实习、毕业设计（论文）等。

**主要专业实验**：力学实验、飞行器设计与创新实验、综合实验。

**修业年限**：四年。

**授予学位**：工学学士。

### 2. 082002 飞行器设计与工程

**培养目标**：本专业培养具有良好的数学、力学基础和飞行器总体设计、气动设计、结构与强度分析、试验技术等专业知识，能够从事航空航天工程、适航等领域的设计、科研与技术管理等工作的高级工程技术人才。

**培养要求**：本专业的学生应掌握飞机总体设计、飞行器结构设计、空气动力学、控制系统原理、飞行器制造工艺及设计、实验等方面的基础理论和专业知识，具有飞机总体设计、气动设计结构分析与设计、大型先进通用计算软件的应用能力及相关的处理与分析实际问题的能力。

毕业生应当获得以下几方面的知识和能力：

（1）掌握飞行器总体设计的基本理论、基本知识；

（2）掌握飞行器结构设计的分析方法和实验方法；

（3）具有飞行器结构设计的工程能力；

（4）熟悉航空航天飞行器设计的有关规范和设计手册等；

（5）了解飞行器设计的理论前沿、应用前景和发展动态；

（6）掌握文献检索、资料查询的基本方法，具有一定的科学研究和实际工作能力。

**主干学科**：航空宇航科学与技术、力学。

**核心知识领域**：结构力学、空气动力学、飞行器总体设计、飞行器结构设计等。

**主要实践性教学环节**：金工实习、生产实习、课程设计、专业实习、毕业设计（论文）等。

**主要专业实验**：固体力学实验、流体力学实验、空气动力学实验、微小型飞行器设计与创新实验、综合实验。

**修业年限**：四年。

**授予学位**：工学学士。

### 3. 082003 飞行器制造工程

**培养目标：**本专业培养具备良好数学、力学、机械设计与制造基本理论及飞行器制造工艺等方面的知识，具有创新品质和持续发展能力，能在机械工程、材料成型和飞行器制造及相关领域从事设计制造、科技开发、应用研究、运行管理和经营销售等的高级工程技术人才。

**培养要求：**本专业学生主要学习机械工程及飞行器制造方面的基本理论和基本知识，接受力学、机械设计与制造、电工与电子技术、工程材料、飞行器制造工艺等方面的基本训练，掌握制图、计算、实验、测试和制造工艺分析等方面的基本能力。

毕业生应获得以下几方面的知识和能力：

（1）掌握飞行器零部件制造、装配、机械设计与制造等学科的基本理论、基本知识；

（2）掌握飞行器制造工艺、材料成型工艺的方法和技术；

（3）具有机械设计及制造的基本能力；

（4）熟悉航空航天兵器有关技术经济和国防建设的方针、政策和法规；

（5）了解飞行器制造的理论前沿、应用前景、发展动态及行业需求；

（6）具有初步的科学研究和实际工作能力，具有一定的批判性思维能力。

**主干学科：**航空宇航科学与技术、机械工程、力学。

**核心知识领域：**机械制图、机械设计及制造、理论力学、材料力学、计算机辅助飞机制造。

**主要实践性教学环节：**金工实习、生产实习、科研训练、课程设计、专业实习、毕业设计（论文）等。

**主要专业实验：**专业课设、专业综合实验、专业实习等。

**修业年限：**四年。

**授予学位：**工学学士。

### 4. 082004 飞行器动力工程

**培养目标：**本专业培养具有良好数学基础知识、力学基础知识、飞行器动力工程基本理论，掌握发动机总体设计、结构设计、控制设计与试验能力，获得飞行器动力工程专业基本工程训练，在工程实践、信息技术和外语运用等方面具有很强适应能力的高素质工程技术人才。

**培养要求：**本专业学生主要学习飞行器动力原理、结构设计、控制系统原理及设计、专业实验等方面的基础理论和专业知识，具有参与发动机总体和结构设计、试验测试、批判性思维等方面的基本能力。

毕业生应当获得以下几方面的知识和能力：

（1）掌握飞行器动力总体设计的基本理论和基本知识；

(2) 掌握飞行器动力结构设计与强度分析的方法和实验方法；

(3) 掌握飞行器动力控制系统的设计方法和测试方法；

(4) 具有飞行器动力工程专业基本工程能力；

(5) 了解飞行器动力的理论前沿、应用前景和发展动态；

(6) 掌握文献检索、资料查询的基本方法，具有一定的科学研究和实际工作能力。

**主干学科：** 航空宇航科学与技术、动力工程及工程热物理、力学。

**核心知识领域：** 数学分析、理论力学、材料力学、流体力学、工程热力学、空气动力学、传热学自动控制原理、航空发动机原理、航空发动机结构设计。

**主要实践性教学环节：** 金工实习、生产实习、科研训练、课程设计、专业实习、毕业设计（论文）等

**主要专业实验：** 热工综合实验、流体力学实验、空气动力学实验、强度振动实验、专业综合实验。

**修业年限：** 四年。

**授予学位：** 工学学士。

### 5. 082005 飞行器环境与生命保障工程

**培养目标：** 培养具备飞行器环境控制、生命保障等方面的知识与设计研究能力，能在航空航天领域从事环境控制系统、生命保障系统的设计研究，能在民用领域从事热能利用、空调供暖等方面工作的工程技术人才。

**培养要求：** 本专业学生主要学习高等数学、大学物理、流体力学、传热学、热控理论、航空航天生理、空间环境工程、人机系统工程等基础理论和知识，接受飞行器环境控制系统、生命保障系统等方面的设计与研究的基本技能的训练，具备工程设计与研究的初步能力。

毕业生应获得以下几方面的知识和能力：

(1) 具有良好的工程职业道德、坚定的追求卓越的态度、强烈的爱国敬业精神、社会责任感和良好的人文科学素养；

(2) 掌握高等数学、大学物理、机械制图、计算机应用技术、传热学、工程热力学、气体动力学、自动控制理论、航空航天生理、空间环境工程和人机工程的基本理论与基本知识；

(3) 掌握飞行器环境控制系统和生命保障系统设计、计算与分析的基本方法和技术；

(4) 具有各类环境控制、生命保障设备与系统设计的基本能力；具有本专业领域方面基本的科学研究和实际工作能力，具有基本的创新意识；

(5) 熟悉专业领域技术标准，相关行业的政策、法律和法规；

(6) 掌握文献检索、资料查阅的基本方法，了解本专业领域方面国内外的前沿理论和发展动态。

**主干学科：** 航空宇航科学与技术、动力工程与工程热物理、机械工程。

**核心知识领域：**工程热力学、传热学、气体动力学、航空航天生理学、控制理论等。

**主要实践性教学环节：**工程制图、金工实习、课程设计、毕业实习和毕业设计（论文）等。

**主要专业实验：**飞行器环境控制系统实验等。

**修业年限：**四年。

**授予学位：**工学学士。

**参考文献：**

[1] 中华人民共和国教育部高等教育司．普通高等学校本科专业目录和专业介绍[M]．2012 年 10 月第一版．北京：高等教育出版社，2012：241－244.

## （三）未来职业发展

### 1. 机械设计工程师

**职业定义：**从事机械产品的研究、开发、设计、新技术推广与应用和标准化等工作的高级工程技术人才。

工作内容：

（1）研究和设计机械设备；

（2）研究和设计机械零部件；

（3）研究和设计流体传动与控制系统；

（4）研究和设计电力拖动和控制系统；

（5）研究和设计机电一体化系统；

（6）研究和设计机械工程成套设计；负责机械加工类、家电类、工具类产品的结构设计，包括外部、内部结构及工装设计，使产品符合可靠性、可生产性、可维修性和成本的要求；

（7）根据市场、生产的需要，对产品的设计提出改进方案并及时执行；编制机械设备整体综合性能测定方案与规范，确定检测的主要技术参数，测试与试验；

（8）推广与应用新技术；实施产品的结构件的可靠性实验，并做好零部件的评估和验证工作及产品结构风险分析；

（9）编制、推广标准；及时完成相关的设计技术文档。

能力要求：

具备机械制图、机械原理及设计、力学、机械创新设计、制造技术基础等相关专业的知识；熟练掌握制图、设计、计算、检测与控制、调研、查阅文献等技能和较强的计算机CAD应用能力；熟悉电子产品生产通用设备及工艺流程；熟悉PCB板设计软件及熟练使用Auto CAD等机械设计软件；熟悉PLC等编程控制技术；同时，具有良好的学习能力、创新精神、团队协作能力、沟通能力等。

### 2. 无线电工程师

**职业定义：**从事研究、开发、维护航空无线通信、传输设备和电子仪器、仪表，对新知识、新技术有强烈求知欲的高级工程技术人才。

工作内容：

（1）研究、开发、调试无线通信、传输设备的部件和整机；

（2）研究、开发、调试航空通信设备等视听设备；

（3）调试、维护微波通信、卫星通信、移动通信等无线通信、传输设备；

（4）负责系统无线指标测试以及相关认证等工作；

（5）参与系统的可靠性设计方案，配合可靠性试验；

（6）负责相关单板物料准备、料单整理以及相关器件代码申请等工作。

能力要求：

熟悉无线电技术及无线电测试仪表；熟悉计算机硬件与软件知识，具有较全面的计算机软件语言和硬件知识；具备一定的电工理论知识，较多的电路设计维修经验；能够熟练运用PROTEL绘制PCB板；会简单电路板打样，测试和维修；会编制电路板生产文件，产品规格书和说明书；工作勤勉踏实，责任心强，认真细致；思维敏捷，爱钻研。

### 3. 飞机制造工程师

**职业定义：**掌握机械制造的基础理论知识、飞机制造技术的专业基础理论知识，从事飞机制造领域内的设计、制造、试验和管理的高级技术应用型专门人才。

工作内容：

（1）参与飞行器产品研发的全过程，全面统筹飞行器产品及各部件的设计和制造；

（2）建立飞行器产品系统仿真数学模型，进行飞行器产品动态过程仿真；

（3）分析飞行器产品性能，确定飞行器设计参数并撰写各种相关文档；

（4）负责与导航相关的线路图、原理图的设计，导航系统故障模式的分析，以及空地勤、MMEL、适航等技术文件的编制；

（5）参与新型支线飞机的风洞试验，进行飞行器的气动分析与设计；

（6）设计并与用户协调飞行器产品的测试方法，记录测试过程，分析测试数据及结果；

（7）飞行器维护领域的技术开发。

能力要求：

掌握数学、力学、机械学、材料科学、电工与电子技术和计算机技术基本知识、飞行器工程基本理论和工程应用等方面知识；能从事飞行器（包括航天器与运载器）总体设计、结构设计、飞机外形设计、飞机性能计算与分析、结构受力与分析、飞机故障诊断及维修等；具有现代飞行器制造过程中的技术经济分析与生产组织管理基本能力；了解现代飞行器设计技术的发展动态和发展趋势；掌握相关文献检索、资料查询的基本方法；同时，具有良好的学习能力、创新精神、团队协作能力、沟通能力等。

### 4. 航空大部件制造工程师

**职业定义：** 从事航空航天制造领域内的设计、制造、试验和管理的高级技术应用型专门人才。

工作内容：

（1）协助公司复材产品的生产制造、装配流程开发，与用户沟通，做好制造支持工作；

（2）帮助协调工程、制造和供应团队，制订加工计划；

（3）识别和使用先进的制造技术提高制造加工水平，以支持产品设计和开发；

（4）使用工程制造程序原理和技术解决产品的装配、试制、配置中的问题；

（5）对产品进行成本经济性研究，协助指导产品整合和流程团队。

能力要求：

掌握机械制造的基础理论知识、飞机制造技术和航空部件制造的专业基础理论知识；熟悉飞机结构、材料学知识；掌握材料力学、理论力学基本知识，熟悉复合材料基本知识；具有基础的英语阅图能力、文字理解能力；能使用 CAD、CATIA 等工程软件。

### 5. 航空发动机工程师

**职业定义：** 从事航空发动机设计、组装和科研方面工作的高级工程技术人才。

工作内容：

（1）协助系统工程师或项目经理进行发动机仿真方案设计；

（2）负责发动机模型的仿真建模工作；

（3）负责发动机相关仿真测试项目现场调试工作；

（4）负责发动机台架测试现场支持。

能力要求：

熟练使用 UG、ANSYS 等专业软件进行有限元分析；熟悉 Simulink、proosis、GSP 等发动机建模工具，可进行稳态、瞬态、动态建模仿真；具备扎实的航空动力系统设计专业知识；责任心强，具备创新精神；爱岗敬业，具有良好的职业道德；有航空发动机动态、瞬态仿真工作经验，有相关开发经验。

## （四）就业方向

航空航天科学与技术的发展前景是非常可观的，因为在未来，航天航空将会是一个比较大的发展趋向。市场上将产生对航空航天人才的巨大需求，包括航空航天经营管理，航空航天飞机总体设计与研发、发动机研发与制造，零部件研发与设计，航空航天新材料研发、制造及总装技术、计量检测技术、航空航天电子电器设备设计开发、信息及测控技术，航空航天生物技术、航空适航管理、航空器维修改装，以及航空航天产品光电通信技术、能源系统设计、力学及环境工程、计算机、仿真、可靠性技术等领域在内的专业人才缺口巨大。

该专业人才需求定向性较强，就业面比较窄。毕业生一般前往国内的航空科研机构或者航空公司，特别是制导飞行器设计的理论研究、技术开发、总体论证、方案设计及技术管理等工作，还可以在航天科工集团和航天科技集团下属的研究院工作。

**推荐单位：**以航天科技，科工集团，航空一、二集团等为代表的航空航天类企事业单位。

# 二十一、兵器类

武器以及兵器科学与技术有着悠久的发展历史，人类早在石器时代已学会制造石刀、石斧和弓箭。随着冶金技术的发明，人类进入了冷兵器时代，中国的金属兵器曾长期处于世界先进水平。至公元 808 年以前，中国已发明黑火药，到 10 世纪初应用于军事，兵器技术进入了利用化学能源的时代。伴随着近代自然科学和工程技术的诞生和发展，冶金工业、机械制造工业和化学工业的迅速发展，推动了独立军火工业的产生，出现了专门从事兵器研究工作的科学家和工程师。20 世纪以来，特别是两次世界大战中随着火箭、导弹与核武器的出现，使兵器技术得到迅猛发展。

通常情况下，最前沿的科技会首先应用于军事领域中，从这个意义上说，兵器科学技术既是一门历史悠久的传统学科，又是一门极富时代特色的现代综合性工程技术，它在整个科学技术发展进程中占有十分重要的地位。世界各个国家陆续建立了国家规模的兵器科学与技术研究体系，出版了一系列专门著作和学术刊物，使兵器科学体系得到进一步丰富和完善[1]。

## （一）专业类简介

兵器是重要的国防武器装备，具有机动突防、快速反应、精确打击和高效毁伤等特点，是维护国家利益、国家安全、世界和平的重要手段。

兵器类专业是围绕兵器研究、设计、制造、使用而形成的专门知识和技能体系。兵器类专业包括武器系统与工程、武器发射工程、探测制导与控制技术、弹药工程与爆炸技术、特种能源技术与工程、装甲车辆工程、信息对抗技术等专业。武器系统与工程专业涉及武器系统及其子系统设计与集成的理论、方法和技术；武器发射工程专业涉及武器发射原理和技术、弹道、发射装置设计和制造；探测制导与控制技术专业涉及探测与感知、信号与信息处理、制导与控制的理论、方法和技术；弹药工程与爆炸技术专业涉及弹药、弹道、毁伤理论与技术，民用爆炸技术及应用；特种能源技术与工程专业涉及武器系统能源的设计、制造、应用的理论、方法和技术；装甲车辆工程专业涉及装甲车辆总体、驱动系统、防护系统、电子信息系统及火力系统的设计理论、方法和技术；信息对抗技术专业涉及信息与信息系统安全、对抗的理论、技术与应用。

兵器类专业的主干学科为兵器科学与技术学科，并涉及机械、电子、化工、控制、材料等领域的学科和专业。兵器类专业培养从事兵器及相关领域系统设计、技术研发、产品制造、试验测试、使用维护、技术管理等工作的工程技术人才。兵器类专业具有鲜明的国防特色，学科交叉融合度高，知识面广，技术更新快，实践性强，承担着国防领域专业人才的培养重任，具有不可替代的地位。[2]

**参考文献：**

[1] 徐健．兵器与兵器科学技术的演变 [J]．现代国企研究，2015 (10)：131.

[2] 教育部高等学校教育指导委员会．普通高等学校本科专业类教学质量国家标准 [M]．2018 年 3 月第一版．北京：高等教育出版社，2018：460.

## （二）本科专业介绍

根据《普通高等学校本科专业目录（2020 年版）》所列，兵器类（0821）专业类下设 7 个基本专业和 1 个特设专业。基本专业介绍如下。[1]

### 1. 082101 武器系统与工程

**培养目标：**本专业培养具备武器系统及其子系统综合设计、产品研制、实验测试和工程管理等能力，以及具备机械工程、自动化、电子工程和控制工程等相关民用工程技术方面的基础理论知识与工程实践能力，能够适应本专业发展的基本需要，可以继续攻读硕士学位，能在国家有关部门、科研单位、高等学校、部队、企业和管理部门从事武器系统以及机械系统设计、技术开发、产品制造、实验测试和科技管理等方面工作，具有较好的人文社科和管理知识、良好的职业道德素质、身心健康、全面发展的高素质工程科技人才。

**培养要求：**本专业学生主要学习武器系统及其子系统总体技术，以及机械工程和自动化等相关民用工程技术方面的基本理论和专业知识，接受武器系统设计、技术综合、产品研制、实验测试及工程管理方面的基本训练，具备武器系统分析与综合、工程设计与计算、计算机应用、试验检测、科技管理等方面的基本能力。

毕业生应获得以下几方面的知识和能力：

(1) 具有良好的职业道德，强烈的敬业精神和社会责任感，丰富的人文素养；

(2) 掌握兵器科学与技术、力学、机械工程、电子科学与技术、控制科学与工程等学科的基本理论和专业知识，掌握武器系统与工程的分析与设计方法及产品研制技术，熟悉国家有关技术经济和国防建设的方针、政策及法规，了解武器系统构造与工作原理、战技性能与评估、武器运用与工程保障等基本理论与专业知识，了解当代武器系统及相关民用工程技术领域的发展现状与趋势；

(3) 具有扎实的专业知识和综合运用所学科学理论，分析和解决工程技术问题的基本能力；

(4) 具有持续自主学习和一定的科学研究能力，具有一定的批判性思维和创新意识；

(5) 掌握文献检索、资料查询的基本方法，具有信息获取、知识更新和终身学习能力；

(6) 具有良好的质量、环境、职业健康、安全和服务意识，具有武器专业试验以及应对突发事件应急处理的初步能力；

(7) 具有一定国际视野，较强的交流沟通、环境适应、语言表达、团队合作和工程管理的能力。

**主干学科：**兵器科学与技术、机械工程、控制科学与工程。

**核心知识领域：**力学、机械设计与制造、电工电子技术、计算机应用技术、测控技术、武器系统与工程等

**核心课程示例：**

示例一：理论力学（80 学时）、材料力学（72 学时）、水动力学（32 学时）、机械设计（88 学时）、制造技术（48 学时）、电工与电子技术基础（48 学时）、自动控制理论（40 学时）、信号与系统（48 学时）、数字信号处理（48 学时）、通信原理（48 学时）、武器系统概论（40 学时）、外弹道学（32 学时）、制导与控制原理（32 学时）、传感与测试技术（48 学时）。

示例二：专业基础：武器专业综合课程设计（80 学时）；

(1) 火炮方向：火炮弹道学（32 学时）、火炮反后坐装置设计（32 学时）、火炮构造（48 学时）、火炮实验技术（32 学时）、火炮自动机设计（32 学时）、火炮总体设计（32 学时）、炮身设计（32 学时）；

(2) 弹药方向：爆炸力学（32 学时）、弹道学基础（32 学时）、弹丸终点效应（40 学时）、弹药概论（32 学时）、弹药设计理论（40 学时）、弹药实验技术（32 学时）、弹药制导与控制系统基础（32 学时）；

(3) 火箭弹方向：固体火箭发动机传热学（32 学时）、固体火箭发动机气体动力学[英]（32 学时）、固体火箭发动机原理（40 学时）、火箭弹构造与作用（32 学时）、火箭弹设计（40 学时）、火箭弹外弹道基础（32 学时）、火箭实验技术（32 学时）；

(4) 探测制导与控制方向：现代引信目标探测与识别（48 学时）、现代引信设计（48 学时）、引信工程基础（32 学时）、引信构造与作用［英］（48 学时）、引信实验技术（32 学时）、制导与控制原理（32 学时）；

(5) 火箭发射架方向：发射系统实验技术［英］（32 学时）、发射装置控制系统设计基础（32 学时）、火箭导弹发射装置制造工艺（32 学时）、火箭导弹燃气射流动力学（48 学时）、火箭发射系统结构分析（32 学时）、火箭发射系统设计（48 学时）；

(6) 自动武器方向：自动武器弹道学（32 学时）、自动武器弹药学（24 学时）、自动武器动力学（32 学时）、自动武器构造（32 学时）、自动武器结构设计（32 学时）、自动武器气体动力学（32 学时）、自动武器试验学（32 学时）、自动武器现代设计方法（24 学时）。

示例三：理论力学（72 学时）、材料力学（72 学时）、画法几何及工程制图（120 学时）、机械设计（72 学时）、机械原理（72 学时）、机械制造技术基础（64 学时）、工程测试技术（40 学时）、电工技术（48 学时）、电子技术（56 学时）、弹道学（48 学时）、机械制造工艺学（48 学时）、工程测试技术（40 学时）、火控概论（32 学时）。

**主要实践性教学环节：**金工实习（4～6 周）、计算机操作与工程应用软件实训（不少于 2 学分）、力学实验（不少于 1 学分）、电子技术实验（不少于 1 学分）、机械设计课程设计（3～5 周）、武器专业课程设计（2～3 周）、科技训练（不少于 2 学分）、生产实习（2～4 周）、毕业设计（论文）（不少于 14 周）等。

**主要专业实验：**机械与力学实验、电工电子技术实验、机电控制技术实验、武器测试技术实验、武器性能实验等。

**修业年限：**四年。

**授予学位：**工学学士。

## 2. 082102 武器发射工程

**培养目标：**本专业培养具备武器发射系统总体、战斗载荷发射和飞行控制技术以及民用工程技术等方面的基础理论知识和工程实践能力，能在有关科研单位、高等学校、生产企业和管理部门从事系统设计、技术开发、产品制造、实验测试和科技管理方面工作，具有较好的人文社科和管理知识、良好的职业道德素质、身心健康、全面发展的高素质工程科技人才。

**培养要求：**本专业学生主要学习武器系统及其发射、运载、飞行控制以及民用机械工程与自动化方面的基本理论和基本知识，接受到系统设计、技术开发、产品研制、实验测试及工程管理方面的基本训练，具备武器发射系统分析与综合、工程设计与计算、计算机应用、试验检测方面的基本能力。

毕业生应获得以下几方面的知识和能力：

(1) 具有良好职业道德、社会责任感和丰富的人文素养；

(2) 掌握力学、工程热物理、机械学、控制科学和系统工程学学科的基本理论、基本知识；

(3) 掌握武器系统发射工程的分析与设计方法及产品研制技术；

(4) 具有使用计算机和仪器设备解决工程技术问题的基本能力；

(5) 熟悉国家有关技术经济和国防建设的方针、政策和法规；

(6) 了解当代武器系统与发射工程领域的理论前沿、应用前景和发展动态；

(7) 具有一定的科学研究和实际工作能力，具有一定的批判性思维和创新意识；

(8) 掌握文献检索、资料查询的基本方法，具有终身学习的能力；

(9) 具有良好的质量、环境、职业健康、安全和服务意识，具有武器发射专业试验以及应对突发事件应急处理的初步能力；

(10) 具备团队合作精神，具有一定的国际视野和协调、管理、竞争与合作的初步能力。

**主干学科：**兵器科学与技术、工程热物理、力学、机械工程、控制科学与工程。

**核心知识领域：**力学、电子技术基础、机械基础、传热、武器总体、武器发射、飞行与控制、测试技术等。

**核心课程示例：**

示例一：飞行器系统概论（48学时）、流体力学基础（32学时）、结构力学（48学时）、发射系统设计Ⅰ（48学时）、发射动力学（48学时）、燃气射流动力学（32学时）、计算流体力学基础（32学时）、测试技术（48学时）、振动基础（48学时）、机电系统设计（48学时）、高等计算力学（32学时）、弹射内弹道学（32学时）、发射系统设计Ⅱ（32学时）、虚拟飞行技术基础（32学时）、系统工程导论（48学时）、可靠性工程（32学时）。

示例二：武器专业课程设计（Ⅰ）（80学时）、武器专业课程设计（Ⅱ）（80学时）、弹箭飞行控制原理（48学时）、内弹道学（48学时）、实验弹道学（40学时）、外弹道学（48学时）、计算流体力学（48学时）、武器传热学（32学时）、武器概论（32学时）、新概念武器发射原理（32学时）、导弹飞行力学（48学时）、飞行控制器件原理（32学时）、制导弹药总体设计原理（32学时）、制导飞行器概论（32学时）。

示例三：武器概论（32学时）、内弹道学（48学时）、外弹道学（48学时）、武器发射动力学（32学时）、弹箭飞行控制原理（48学时）、发射系统结构设计（48学时）、高射速武器发射原理与技术（32学时）、武器发射工程可靠性设计（32学时）、武器发射试验方法与技术（32学时）、新概念武器发射原理（32学时）。

**主要实践性教学环节：**金工实习（48学时）、计算机上机操作（32学时）、专业课程设计（64学时）、科研能力训练（32学时）、生产实习（48学时）、靶场基地实习（32学时）、专业课程设计（Ⅰ、Ⅱ，64学时）、毕业设计（论文）（224学时）等。

**主要专业实验：**力学实验（16学时）、电工电子技术实验（16学时）、模拟电路和数字电路实验（32学时）、工程应用软件（32学时）、武器发射测试技术实验（48学时）、现代测试技术实验（32学时）等。

**修业年限：**四年。

**授予学位：**工学学士。

### 3. 082103 探测制导与控制技术

**培养目标：**本专业培养在探测制导与控制技术领域基础理论扎实、专业知识系统、工程实践与技术创新能力强，德、智、体、美、劳全面发展的高素质工程技术人才。本专业毕业生具备探测制导与控制领域的基础理论和专业知识及二程实践能力，能够在相关科研单位、高等院校、生产企业和管理部门从事系统设计、技术研发、产品制造和科技与工程管理工作。

**培养要求：**本专业学生主要学习电子、通讯、控制及计算机方面的基础理论和探测、传感、制导与控制方面的专业知识，接受系统设计、技术开发、产品研制、实验测试以及工程管理方面的基本训练，特别强调坚实的理论基础、创新思维方法和创新能力的培养，具备系统分析与综合、工程设计与计算、检测与实验等方面的基本能力。本专业可根据需要按探测制导与控制技术领域内的行业分工设置相应专业方向。

毕业生应获得以下几方面的知识和能力：

（1）具有强烈的爱国敬业精神、坚定的追求卓越的态度、良好的职业道德、社会责任感和丰富的人文科学素养；

（2）掌握从事探测制导与控制技术专业工作所需的数学、电子、通讯、控制、计算机和其他相关的自然科学基础理论；

（3）掌握武器探测、制导与控制原理、系统分析与设计方法的专业基础知识和工程应用能力，并随着专业的发展，具有不断更新知识的能力；

（4）具有综合运用所学科学知识，分析、提出和解决工程实际问题的能力，具有进行产品设计、生产及技术改造与升级的能力；

（5）具有良好的质量、环境、职业健康、安全和服务意识，熟悉本专业领域技术标准，相关行业的政策、法律和法规；

（6）具有较好的组织管理能力、较强的交流沟通、环境适应和团队合作的能力，具有应对危机与突发事件的初步能力；

（7）具有一定的国际视野和跨文化环境下的交流、竞争与合作的初步能力。

**主干学科：**兵器科学与技术、电子科学与技术、信息与通信工程、控制科学与工程。

**核心知识领域：**有电子科学与技术、信息与通信工程、控制科学与工程、计算机应用、中近程探测与控制、制导与控制、机电控制与传感检测等。

**核心课程示例：**

示例一：

（1）探测与控制方向类：微机原理及应用（48 学时）、数字信号处理（56 学时）、通信电路（48 学时）、电磁波辐射与传播（48 学时）、系统建模与仿真（48 学时）、中近程探测原理（48 学时）、现代电子技术及应用（40 学时）。

（2）飞行器制导与控制方向类：微机原理及应用（48 学时）、航天器动力学与控制（48 学时）、控制元件（40 学时）、计算机控制原理（48 学时）、现代控制理论（48 学时）、嵌入式系统原理（48 学时）、飞行器制导与控制（48 学时）、探测原理（48 学时）、导航原理（48 学时）。

示例二：传感器信号处理技术［英］（48 学时）、复合探测与识别技术（32 学时）、探测制导课程设计（40 学时）、探测制导与控制综合实验（40 学时）、陀螺与惯性技术（48 学时）、无线电探测系统（48 学时）、制导与控制技术（48 学时）。

示例三：电路分析基础（56 学时）、模拟电路基础（64 学时）、数字电路基础（56 学时）、高频电路基础（48 学时）、信号与系统（48 学时）、数字信号处理（48 学时）、自动控制理论（40 学时）、单片机原理及应用（32 学时）、兵器概论（40 学时）、中近程探测原理（48 学时）、弹道学（32 学时）、制导与控制原理（32 学时）、导航原理（32 学时）、引信系统分析与设计（48 学时）、传感与测试技术（48 学时）、机电系统可靠性技术（32 学时）。

**主要实践性教学环节**：金工实习（32 学时）、电工电子实习（32 学时）、工程实践（32 学时）、计算机辅助设计软件应用实践（24 学时）、专业课程设计（32 学时）、生产实习（64 学时）、毕业设计（论文）（256 学时）。

**主要专业实验**：中近程探测原理实验、传感与测试技术实验、光学工程实验、探测与识别技术实验、现代电子学应用技术实验、自动控制技术实验、武器动态仿真实验。

**修业年限**：四年。

**授予学位**：工学学士。

### 4. 082104 弹药工程与爆炸技术

**培养目标**：本专业培养在弹药工程与爆炸技术领域基础理论扎实、专业知识系统、工程实践与技术创新能力强，德、智、体、美、劳全面发展的高素质工程技术人才。本专业毕业生具备弹药工程与爆炸技术领域的基础理论、基本专业知识和基本技能，具有良好的数学、力学、机械等基础理论和弹药设计、爆炸技术及应用、目标毁伤等专业知识，能够在相关科研单位、高等院校、生产企业和管理部门从事系统设计、技术研发、产品制造和科技与工程管理工作。

**培养要求**：本专业学生需要系统学习力学、机械、材料学等基础理论和弹药设计、爆炸技术及应用、目标毁伤等专业知识，接受系统设计、技术创新、产品研发、实验技术和工程管理方面的基本训练，注重理论基础、科学思维方法、创新能力和实践技能的培养，具备系统总体分析与集成、理论分析与数值仿真、工程设计、检测方法与实验研究等方面的基本能力。本专业可根据需要按弹药工程与爆炸技术领域内的行业分工设置相应专业方向。

毕业生应获得以下几方面的知识和能力：

（1）具有强烈的爱国敬业精神、坚定的追求卓越的态度、良好的职业道德、社会责任感和丰富的人文科学素养；

（2）具有从事弹药工程与爆炸技术研究工作所需的数学、力学、机械和材料学等自然科学知识；

（3）掌握弹药设计、目标毁伤、理论及应用等专业基础知识和工程应用能力，并随着专业的发展，具有不断更新知识的能力；

（4）具有综合运用所学科学知识，分析、提出和解决工程实际问题的能力，具有进行产品设计、生产及技术改造与升级的能力；

（5）具有良好的质量、环境、职业健康、安全和服务意识，熟悉本专业领域技术标准和相关行业的政策、法律和法规；

（6）具有较好的组织管理能力、较强的交流沟通、环境适应和团队合作的能力，具有应对危机与突发事件的初步能力；

（7）具有一定的国际视野和跨文化环境下的交流、竞争与合作的初步能力。

**主干学科：**兵器科学与技术、力学、机械工程、材料科学与工程（含能材料）。

**核心知识领域：**力学、机械工程、材料学、弹道学、弹药设计理论与技术、目标毁伤理论与技术、战斗部装药技术、爆炸技术及应用等。

**核心课程示例：**

示例一：弹性力学B（48学时）、爆炸物理学（48学时）、冲击动力学（48学时）、动态测试技术（48学时）、弹道学（48学时）、终点效应学（48学时）、弹药工程设计（48学时）、工程流体力学（48学时）、弹药概论（48学时）、应用物理化学（48学时）、炸药与装药（32学时）、工程材料学（48学时）、爆炸技术及应用（48学时）、相似理论与应用（32学时）、火箭发动机原理（48学时）、飞行器系统概论（48学时）、飞行器制导与控制（48学时）。

示例二：弹药概论（32学时）、爆炸力学（32学时）、弹道学基础（32学时）、弹丸终点效应（40学时）、弹药设计理论（40学时）、弹药实验技术（32学时）、弹药制导与控制系统基础（32学时）、综合课程设计（80学时）。

示例三：弹箭制造工艺学（40学时）、弹箭测试技术（32学时）、弹药概论（48学时）、弹道学（40学时）、弹药制导与控制原理（32学时）、弹药装药技术（32学时）、弹箭空气动力学（32学时）、火箭弹设计（32学时）、弹药终点效应（32学时）、弹丸设计理论（32学时）、弹药可靠性设计（32学时）、弹药优化设计（32学时）、爆炸与冲击动力学（32学时）、高速碰撞动力学（40学时）。

**主要实践性教学环节：**金工实习（32学时）、电工电子实习（32学时）、工程实践（32学时）、计算机辅助设计软件应用实践（24学时）、专业课程设计（32学时）、生产实习（64学时）、毕业设计（论文）（256学时）。

**主要专业实验：**弹药/弹箭设计实验、弹道学方验、战斗部威力及毁伤效应实验、弹药灵巧/智能技术实验、炸药装药性能实验、爆轰波和空气中冲击波实验、爆炸对介质/结构作用过程及效应实验、爆破器材性能特点实验等。

**修业年限：**四年。

**授予学位：**工学学士。

### 5. 082105 特种能源技术与工程

**培养目标：**本专业培养在特种能源技术与工程领域基础理论扎实、专业知识系统、工程实践与技术创新能力强，德、智、体、美、劳全面发展的高素质工程技术人才。本专业毕业生具备火药、炸药、烟火药等含能材料，火工品、烟火装置、特种电池等含能器件研究、设计和制造的能力，能够在相关科研单位、高等院校、生产企业和管理部门从事系统设计、技术研发、产品制造和科技与工程管理工作。

**培养要求：**本专业学生系统学习化学、力学、材料学等方面的基础理论，掌握含能材料与含能器件的设计、制造、安全性与可靠性技术等方面的专业知识，接受分析、测试、计算机应用、机械电子技术等综合能力训练，具备系统分析与集成，理论分析与数值仿真、工程设计、工程实践的基本能力。本专业可根据需要按特种能源技术与工程领域内的行业分工设置相应专业方向。

毕业生应获得以下几方面的知识和能力：

（1）具有强烈的爱国敬业精神、坚定的追求卓越的态度、良好的职业道德、社会责任感和丰富的人文科学素养；

（2）掌握从事特种能源技术与工程专业工作所需的数学、化学、力学、材料学和其他相关的自然科学基础理论；

（3）掌握含能材料、含能器件的专业基础知识和工程应用能力，并随着专业的发展，具有不断更新知识的能力；

（4）具有综合运用所学科学知识，分析、提出和解决工程实际问题的能力，具有进行产品设计、生产及技术改造与升级的能力；

（5）具有良好的质量、环境、职业健康、安全和服务意识，熟悉本专业领域技术标准和相关行业的政策、法律和法规；

（6）具有较好的组织管理能力、较强的交流沟通、环境适应和团队合作的能力，具有应对危机与突发事件的初步能力；

（7）具有一定的国际视野和跨文化环境下的交流、竞争与合作的初步能力。

**主干学科：**兵器科学与技术、化学、力学、材料科学与工程、电子科学与技术。

**核心知识领域：**化学、力学、材料学、含能材料合成与制造、含能器件设计与制造、可靠性与安全性、电工电子技术等。

**核心课程示例：**

示例一：爆炸物理学（48学时）、应用物理化学（48学时）、动态测试技术（48学时）、火工品设计（48学时）、烟火学原理（32学时）、火工药剂学（32学时）、火药学（32学时）、燃爆系统可靠性技术（32学时）、爆破技术（48学时）、高能炸药应用基础（32学时）、炸药与装药（32学时）、火炸药基础化学（32学时）、可靠性工程（32学时）。

示例二：炸药理论（48学时）、安全技术（32学时）、含能材料（Ⅰ）（48学时）、含能材料（Ⅱ）（32学时）、含能材料实验（48学时）、火工技术（32学时）、火药装药设计（32学时）、烟火学（32学时）。

示例三：无机化学（64学时）、有机化学（64学时）、物理化学（64学时）、工程力学（48学时）、电工与电子技术（48学时）、高分子物理与化学（64学时）、爆炸物理学（48学时）、燃烧学（48学时）、含能化合物合成化学与工艺学（48学时）、特种能源设计与工艺学（48学时）、起始与中继能源元器件设计（48学时）、燃烧与爆炸测试技术（40学时）、电池技术（32学时）、可靠性工程基础（48学时）、特种能源安全与环保技术（32学时）。

**主要实践性教学环节：**金工实习（32学时）、电工电子实习（32学时）、工程实践（32学时）、计算机辅助设计软件应用实践（24学时）、专业课程设计（32学时）、生产实习（64学时）、毕业设计（论文）（256学时）。

**主要专业实验：**电工电子技术实验、工程应用软件实验、化学实验、现代测试技术实验、含能材料实验、特征感度测试实验、爆炸性能测试实验、火工品性能测试实验。

**修业年限**：四年。

**授予学位**：工学学士

## 6. 082106 装甲车辆工程

**培养目标**：本专业培养具备工程力学、机械设计、机械振动、电工电子、自动控制以及装甲车辆总体、动力传动、行动装置及行驶控制等方面的知识，基础扎实、素质全面、有工程实践能力和创新意识的高素质工程科技人才，能够从事理论研究、工程设计、产品开发、教学和管理等方面工作。

**培养要求**：本专业学生主要学习工程力学、机械设计、机械振动、电工电子、自动控制以及装甲车辆总体、动力传动、行动装置及行驶控制等方面的基本理论和基本知识，接受计算机应用、机械设计、机械加工、机械设计 CAD、机械产品生产管理和工艺实施、装甲车辆及主要部件的拆装和设计等方面的基本训练，掌握进行装甲车辆总体及各分系统或主要部件设计、分析和调试等方面的基本能力。

毕业生应获得以下几方面的知识和能力：

(1) 具有良好职业道德、社会责任感和丰富的人文素养；

(2) 掌握自然科学、人文和社会科学、工程力学、动力机械及工程、机械工程学科的基本理论、基本知识；

(3) 掌握装甲车辆总体及主要分系统或部件的设计方法、分析方法和调试方法；

(4) 具有进行装甲车辆总体及各分系统或主要部件设计、分析和调试的基本能力；

(5) 熟悉国防工业的方针、政策和法规，以及本专业技术领域相关的质量、环境、职业健康安全等的管理体系、法规和法律；

(6) 了解装甲车辆总体、动力传动、行动装置及行驶控制系统等技术的理论前沿和发展动态；

(7) 具有一定的科学研究和实际工作能力，具有一定的批判性思维能力；

(8) 具有较好的组织管理能力、较强的交流沟通、环境适应和团队合作能力；

(9) 具有一定的国际视野和跨文化环境下的交流、竞争与合作的初步能力。

**主干学科**：机械工程、动力机械及工程、工程力学。

**核心知识领域**：机械设计基础、电工电子技术基础、力学基础、机械制造基础、装甲车辆设计分析基础、装甲车辆设计制造理论、装甲车辆总体技术、装甲车辆传动技术、装甲车辆行动技术、装甲车辆动力传动操纵技术、装甲车辆防护技术、装甲车辆火力控制技术等。

**核心课程示例**：

示例一：工程材料基础（32 学时）、机械振动基础 A（32 学时）、自动控制理论基础（32 学时）、流体力学 B（32 学时）、坦克学Ⅰ（构造）（32 学时）、车用发动机构造与原理（32 学时）、液压与液力传动（48 学时）、坦克学（Ⅱ）（原理）（48 学时）、坦克学（Ⅲ）（设计）（48 学时）、车辆制造工艺基础（32 学时）、现代车辆试验技术（32 学时）、坦克学课群综合设计（16 学时）。

示例二：理论力学（72 学时）、材料力学（72 学时）、机械原理（72 学时）、机械设计（72 学时）、机械振动学（32 学时）、控制工程基础（32 学时）、发动机构造与原理（32 学时）、车辆传动技术（48 学时）、装甲车辆构造与原理（48 学时）、机动武器系统概论（48 学时）、车载武器发射动力学（48 学时）、机动武器平台设计（48 学时）、车辆综合电子与信息技术（32 学时）、机械制造工艺学（48 学时）。

**主要实践性教学环节：**机械 CAD（1）（16 学时）、专业认知实习（16 学时）、制造技术基础训练（64 学时）、拆装与驾驶实习（64 学时）、生产实习（48 学时）、坦克装甲车辆创新设计（16 学时）、毕业设计（256 学时）。

**主要专业实验：**车辆动力性实验（2 学时）、双流传动转向性能实验（2 学时）、车辆平稳性能实验（2 学时）、车辆加速性实验（2 学时）、车辆换挡特性实验（2 学时）、车辆悬挂特性实验（2 学时）、车辆通过性能虚拟实验（2 学时）、车辆综合电子系统实验（2 学时）。

**修业年限：**四年。

**授予学位：**工学学士。

### 7. 082107 信息对抗技术

**培养目标：**本专业培养具备信息系统安全、信息对抗、信息安全工程、信息安全管理的基本原理、技术、方法等方面的知识和技术综合能力，基础扎实、素质全面、具有良好的工程实践能力和创新意识，能在军民领域的科研单位、高等学校、信息产业、国防建设及其管理部门从事科学研究、系统设计、技术开发、操作管理等方面工作的信息安全与对抗学科的高素质工程科技人才。

**培养要求：**本专业学生主要学习信息系统安全防御、攻击发现、应急处理、安全对抗、工程实践等方面的基本理论和基本知识，接受信息安全系统分析、系统设计、系统实施、技术开发、操作管理的基本训练，更要使学生能够利用系统的观点分析、处理信息安全与对抗等方面的科学技术问题，掌握信息安全、信息对抗、信息安全工程、信息安全管理等方面的基本能力。

毕业生应获得以下几方面的知识和能力：

（1）具有良好的工程职业道德、坚定的追求卓越的态度、强烈的爱国敬业精神、社会责任感和丰富的人文科学素养；

（2）具有从事工程工作所需的数学和其他相关的自然科学知识以及一定的经济管理知识；

（3）具有良好的质量、环境、职业健康、安全和服务意识；

（4）掌握扎实的工程基础知识和信息对抗技术专业的基本理论知识，了解信息对抗专业的发展现状和趋势；

（5）具有综合运用所学科学理论分析、提出和解决问题的方案，并解决工程实际问题的能力，能够参与生产及运作系统的设计并具有运行和维护能力；

(6) 具有较强的创新意识和进行产品开发和设计、技术改造与创新的初步能力；

(7) 具有信息获取和职业发展学习能力；

(8) 了解信息对抗技术专业领域技术标准，相关行业的政策、法律和法规；

(9) 具有较好的组织管理能力、较强的交流沟通、环境适应和团队合作的能力；

(10) 具有应对危机与突发事件的初步能力；

(11) 具有一定的国际视野和跨文化环境下的交流、竞争与合作的初步能力。

**主干学科**：信息与通信工程、电子科学与技术、计算机科学与技术。

**核心知识领域**：电路分析基础、数字信号处理、数据结构、面向对象程序设计、信号与系统、模拟电路基础、数字电路基础、控制理论基础、通信电路与系统、数字通信原理、信息论、微波工程、电磁场理论、计算机原理与应用、信息网络技术、信息系统及安全对抗理论、信息系统安全与对抗技术、无线电定位系统与技术、操作系统原理、高性能嵌入式系统设计、软件工程设计与实践、多核计算机体系结构、近代电子测量技术、电子对抗技术、信息隐藏理论与技术、信号检测与估计、计算机软硬件设计等。

**核心课程示例**：

示例一：面向对象程序设计（32 学时）、数据结构（$C^{++}$ 描述）（32 学时）、信号与系统 A（64 学时）、模拟电路基础（56 学时）、模拟电路实验（24 学时）、控制理论基础（48 学时）、数字电路（56 学时）、数字系统设计与实验（32 学时）、电磁场理论（64 学时）、数字信号处理（48 学时）、通信电路与系统（64 学时）、通信电路与系统实验（24 学时）、数字通信原理 B（48 学时）、微波工程导论（48 学时）、计算机原理与应用（56 学时）、信息系统与安全对抗理论（48 学时）、信息网络技术（32 学时）、信息系统安全与对抗技术（48 学时）、无线电定位系统与技术（40 学时）、操作系统原理（32 学时）、高性能嵌入式系统设计（32 学时）、网络攻防技术实践（32 学时）、软件工程设计与实践（32 学时）、多核计算机体系结构（48 学时）、信息论（32 学时）。

示例二：GPS 原理及应用（32 学时）、电子对抗（48 学时）、宽带数字接收技术（32 学时）、雷达技术及应用（48 学时）、信息保密与安全技术（32 学时）、信息对抗导论（32 学时）、信息对抗技术综合实验（40 学时）、信息对抗课程设计（40 学时）、DSP 应用技术（48 学时）、传感器信号处理技术［英］（48 学时）、单片机应用技术（32 学时）、嵌入式系统技术（32 学时）、天线与电波传播（32 学时）、通信原理（32 学时）、制导与控制技术（48 学时）。

示例三（分方向设立）：电路分析基础（104 学时）、数字逻辑（32 学时）、数字逻辑实验（16 学时）、低频电子线路（64 学时）、低频电子线路实验（32 学时）、数字电子技术（32 学时）、数字电子技术实验（8 学时）、高频电子线路（56 学时）、信号与系统（64 学时）、随机信号分析（48 学时）、数字信号处理（48 学时）、数字图像处理（40 学时）、通信原理（56 学时）、信息论基础（40 学时）、传感器原理及应用（48 学时）、光电子技术（32 学时）、电子测量技术基础（40 学时）、遥感遥测技术（32 学时）、微机原理及接口技术（72学时）、单片机原理与应用（48学时）、嵌入式技术及应用（40学时）、专用集成电路设计（32学时）、DSP原理与器件（40学时）、WINDOWS编程（56学时）、数据结构（48学时）、计算机网络（40学时）、路由器原理及路由协议（48学时）、汇编语言（32学时）、网络编程（40学时）、操作系统（40学时）、Matlab原理与应用（32学时）、电磁场与电磁波（56学时）、天线理论（32学时）、微波技术基础及线路（64学时）、电磁兼容技术（48学时）、雷达原理（48学时）、雷达系统（40学时）、软件无线电技术（32学时）、信息对抗技术专业导论（32学时）、计算机对抗原理（48学时）、电子对抗原理（48学时）、信息系统与安全对抗（32学时）。

**主要实践性教学环节：**军事实践训练（24学时）、军事理论教学（16学时）、社会调查、研讨（16学时）、人文社会实践（24学时）、生产实习（2周）、课程设计（2周）、专业实习（2周）、毕业设计（论文）（16周）、开放实验（1项）、技术竞赛（1项）、大学生创新项目（1项）。

**主要专业实验：**信息安全与对抗硬件平台实验、信息安全与对抗软件平台实验、信息安全与对抗系统实验、信息网络实验、计算机及嵌入式系统硬件实验、编程语言实验、电工电子实验、通信工程实验、信号处理实验、微波工程实验等。

**修业年限：**四年。

**授予学位：**工学学士。

**参考文献：**

[1] 中华人民共和国教育部高等教育司．普通高等学校本科专业目录和专业介绍[M]．2012年10月第一版．北京：高等教育出版社，2012：244-254.

## （三）未来职业发展

### 1. 兵器科学家、工程师（非军人）

**职业定义：**从事武器系统及军事技术器材的实验、研发、系统分析、工程设计、技术运用、工程保障及效能评估等内容的特殊工程师群体。

该领域科学家、工程师主要从事军工类的科研工作。代表岗位有电子对抗工程师、无人机控制工程师、无线通信工程师、卫星网络架构师、射频工程师等。

### 2. 职业军人

**职业定义：**这是对在国家军队中服役的军职人员的称呼，包括战斗人员和后勤等非战斗人员。其职责是保卫国家安全，保卫及守护国家边境、政府政权稳定、社会安定，有时亦参与非战斗性的包括救灾等工作。

## （四）就业方向

兵器类专业多开设于军校，毕业生多前往部队或军工企业工作，从事装备研制等工作。

**推荐升学院校：**北京航空航天大学、中国工程物理研究院、装备指挥技术学院、装甲兵工程学院、海军装备研究院、中国人民解放军炮兵指挥学院、军械工程学院、中北大学、沈阳理工大学、海军大连舰艇学院、南京航空航天大学、中国人民解放军徐州空军学院、南京理工大学、解放军炮兵学院、解放军电子工程学院、海军航空工程学院等。

# 二十二、核工程类

两弹元勋邓稼先先生说："我不爱武器，我爱和平，但为了和平，我们需要武器。假如生命终结后可以再生，那么，我仍选择中国，选择核事业。"正是老一辈科学家奠定的核事业基础，为我国带来了长期的和平。

核工程从诞生之日起就与人类社会的生存和发展密切相关，它不仅属于高科技领域，也是国家核心利益和实力的具体标志之一，在国民经济中具有重要地位。20 世纪 30 年代，人类发现了中子和核裂变，推动了核武器的发展与核能发电的广泛应用，并产生了原子核科学技术，包括核物理、核化学与放射化学、裂变堆工程技术、粒子加速器、核安全、辐射防护技术等[1]。

核工程是 20 世纪初兴起的一门新型科学技术，其形成和发展是人类对物质微观结构及其运动规律的认识和对核能发现、开发、利用的一个飞跃。原子核结构的揭示和核能的开发应用是人类征服自然过程中的重大突破，具有划时代的意义。21 世纪以后，核科学技术作为一门前沿学科，始终保持旺盛的生命力，深受国际社会的重视与广泛关注，世界各国对其投入的研究经费更是有增无减[2]。

目前，我国已形成一整套核工业生产、科研与教学体系，核能和核技术应用已发展到工业规模的阶段。核工程与核技术在向深度和广度发展的同时也促进了其他学科与高科技的发展。

## （一）专业类简介

核科学是一门由基础科学、技术科学及工程科学组成的综合性很强的尖端科学。其主要研究核能科学与工程、核燃料循环与材料、核技术及应用、辐射防护及环境保护。

我国的核工程类专业是一个与"核"相关的多专业的综合专业类，以认识微观世界的核物理为基础，包括一系列与核能和核技术相关的科学研究及工程应用领域。目前，核工程类下设核工程与核技术、辐射防护与核安全、工程物理、核化工与核燃料工程 4 个专业。

从 19 世纪末发现放射性元素开始仅仅经历了百余年的发展，人类已经开创了一个应用核能与核技术的新时代，产生了核电、核武器、核动力等影响人类发展进程的重大成就，核技术在国民经济与人们生活中也获得了越来越广泛的应用。从 20 世纪 50

年代我国创建核工程类专业以来，各相关高校为国家培养了大批急需人才并在国防建设中创造了令人骄傲的业绩。近年来随着核科学技术的迅猛发展，特别是国家对清洁能源的迫切需求，核工程类专业出现了蓬勃发展的新局面。

核工程类专业以“核”的认识和研究为基础，对数学、物理基础有较高要求，学生要学习较多的专业基础课程，具有理工结合的专业特色。在核工程类的各专业中，可以选择研究核与辐射的相关技术，推进其在国民经济各领域的广泛应用；也可以选择研究核能的产生、核燃料循环全过程，开发利用核裂变、核聚变等清洁新能源；当然，核能与核技术应用中的辐射防护、环境保护以及核安全也是必要的专业领域。

核工程类不同的专业领域有着共同的基础和方法，同时有各自不同的专业重点，因此具有基础深厚、领域开阔、学科交叉、重点有别的特点。核工程类专业的学生未来所从事的职业常常与国家需求相联系，直接为国家大企业、大工程服务，任务重、要求高、涉及面广，因此对实验动手能力、设计创新能力以及团队管理能力的学习训练也提出了较高的要求。[3]

核工程类专业培养的学生应该具有比较系统的数理基础和专业基础知识，具有在各自专业领域进行研究、设计、应用和维护的基本能力，富有创新意识和实践技能，要满足基础深厚、适用面宽、工作能力强等工作要求。

**参考文献：**

[1] 中国科学技术协会．核科学技术学科发展报告（2014—2015）[M]．合肥：中国科学技术大学出版社，2016：3－6.

[2] 中国科学技术协会．核科学技术学科发展报告（2007—2008）[M]．合肥：中国科学技术大学出版社，2008：3－8.

[3] 教育部高等学校教育指导委员会．普通高等学校本科专业类教学质量国家标准[M]．2018 年 3 月第一版．北京：高等教育出版社，2018：468.

## （二）本科专业介绍

根据《普通高等学校本科专业目录（2020 年版）》所列，核工程类（0822）专业类下设 4 个基本专业。基本专业介绍如下。[1]

### 1. 082201 核工程与核技术

**培养目标：**本专业培养具有核工程与核技术基础知识，能在相关领域从事核工程与核技术方面的研究、设计、制造、运行、应用和管理工作，并具有创新意识的科技人才。

**培养要求：**本专业学生主要学习核工程、核技术及相关专业的基础理论，接受核工程及核技术方面的实践训练，具有开展核工程、核技术相关研究、实验、设计建造、运行、管理的能力。

毕业生应获得以下几方面的知识和能力：

(1) 具有较扎实的自然科学基础，较好的人文社科和艺术素养及外语综合运用能力；

(2) 较系统地掌握本专业领域宽广的技术理论基础知识，了解本专业发展现状、趋势和需求；

(3) 了解本领域的法律、法规、标准和导则，具备良好的工程职业道德和职业素养；

(4) 通过较系统的专业实验和实践训练，初步具备解决工程实际问题的能力。

**主干学科：**核科学与技术、物理学、动力工程与工程热物理。

**核心知识领域：**原子核物理、核反应堆物理、核反应堆热工水力学、核电厂系统与运行、辐射探测及核信息处理、核电子学、辐射防护与核安全。

**主要实践性教学环节：**金工实习、电工实习、电子实习、专业认识实习、生产实习、社会实践、课程设计、毕业设计（论文）等。

**主要专业实验：**核物理实验、辐射探测实验、反应堆热工水力实验、控制与测量仪表实验等。

**修业年限：**四年。

**授予学位：**工学学士。

### 2. 082202 辐射防护与核安全

**培养目标：**本专业培养具有较扎实的自然科学基础知识、较好的人文知识和文化素质，能在核工程、核技术应用、核医学等方面从事辐射防护与核安全研究、设计、开发、生产和管理、具有创新意识的科技人才。

**培养要求：**本专业学生主要学习核物理及其实验方法、核工程与核技术、辐射防护与核安全的基础知识，接受核工程、核技术应用、辐射防护与核安全等方面的专业训练，具有辐射防护与核安全研究、设计与应用开发的能力。

毕业生应获得以下几方面的知识和能力：

(1) 具有较扎实的自然科学基础，较好的人文社科和艺术素养及外语综合运用能力；

(2) 较系统地掌握本专业领域宽广的技术理论基础知识，了解本专业发展现状、趋势和需求；

(3) 了解本领域的法律、法规、标准和导则，具备良好的工程职业道德和职业素养；

(4) 通过较系统的专业实验和实践训练，初步具备解决工程实际问题的能力。

**主干学科：**核科学与技术、物理学。

**核心知识领域：**原子核物理、核辐射探测学、辐射防护与核安全、核工程原理、核技术应用、核信息获取与处理。

**主要实践性教学环节：** 金工实习、电工实习、电子实习、专业认识实习、生产实习、社会实践、课程设计、毕业设计（论文）等。

**主要专业实验：** 核物理实验、辐射探测与测量实验、辐射剂量学实验。

**修业年限：** 四年。

**授予学位：** 工学学士。

### 3. 082203 工程物理

**培养目标：** 本专业培养具备辐射物理、加速器物理、辐射探测、核信号处理、粒子信息分析及核技术应用等基础知识，能在各相关领域从事射线分析应用技术等方面的研究、设计、开发、应用和管理的具有创新意识的工程科技人才。

**培养要求：** 本专业学生主要学习核物理、加速器物理辐射探测、核电子学、信号处理数字技术、辐射防护、核技术应用的基础理论，接受核技术应用方面的实践训练，掌握辐射测量、核分析核技术的实验研究、设计开发、应用管理的基本能力。

毕业生应获得以下几方面的知识和能力：

（1）具有较扎实的自然科学基础，较好的人文社科和艺术素养及外语综合运用能力；

（2）较系统地掌握本专业领域宽广的技术理论基础知识，了解本专业发展现状、趋势和需求；

（3）了解本领域的法律、法规、标准和法则，具备良好的工程职业道德和职业素养；

（4）通过较系统的专业实验和实践训练，较好掌握工程技术分析、应用系统开发及计算机应用能力，初步具备解决工程实际问题的能力。

**主干学科：** 核科学与技术、物理学、仪器科学与技术。

**核心知识领域：** 核物理、量子力学、统计力学、加速器物理、辐射探测、核电子学、信号处理、粒子信息获取与处理、辐射防护。

**主要实践性教学环节：** 金工实习、电工实习、电子实习、专业认识实习、生产实习、社会实践、课程设计、毕业设计（论文）等。

**主要专业实验：** 核物理实验、辐射探测实验、核电子学实验、核数据获取处理实验、辐射防护实验等。

**修业年限：** 四年。

**授予学位：** 工学学士。

### 4. 082204 核化工与核燃料工程

**培养目标：** 本专业培养具备宽厚的理论知识、扎实的专业技能、能把基础理论应用于解决科学和工程问题，能在相关领域从事研究、设计、制造、生产和管理等工作并具有创新意识的科技人才。

**培养要求：** 本专业学生主要学习数学、物理、化学、机械、计算机、核专业知识等方面的基本理论和基本知识，接受数理、工程、实验、计算机等方面的基本训练，掌握把基础理论应用于解决科学研究和工程实际问题的基本能力。

毕业生应获得以下几方面的知识和能力：

(1) 具有较扎实的自然科学基础，较好的人文社科和艺术素养，较好的外语运用能力；

(2) 比较系统地掌握本专业的理论基础和技术知识，了解本专业发展现状、趋势和需求，了解本专业相关的法律、法规、标准和导则；

(3) 具备一定的科学研究和解决工程实际问题的能力；

(4) 具有自学能力和创新意识。

**主干学科**：核科学与技术、化学工程与技术。

**核心知识领域**：核燃料循环概论、同位素分离原理、化工原理、核燃料后处理及核废物处置、核材料工程等。

**主要实践性教学环节**：金工实习、电工电子实习、专业认识实习、社会实践、课程设计、毕业设计（毕业论文）等。

**主要专业实验**：相关的专业实验。

**修业年限**：四年。

**授予学位**：工学学士。

**参考文献**：

[1] 中华人民共和国教育部高等教育司．普通高等学校本科专业目录和专业介绍[M]．2012年10月第一版．北京：高等教育出版社，2012：254－256.

## （三）未来职业发展

### 1. 核安全工程师

**职业定义**：掌握核安全专业知识，能够进行核安全评价与分析、核辐射安全监测、核事故应急处理，具备核与辐射安全工程方面的设计、研究、评价、监察和管理能力的专业技术人才。

工作内容：

(1) 对接国家核安全监管单位，组织落实核安全监管要求和各类信息传达和反馈；

(2) 负责核安全监管单位对公司的各类现场监督检查活动的组织迎检工作等；

(3) 协助公司开展 HAF601 取证工作；

(4) 负责公司 HAF601 资质维护及信息报备的组织工作；

(5) 配合项目要求完成进口民用核安全设备 HAF604 核检工作；

(6) 负责公司核安全文化培育和建设的组织工作，如培训考核、文化评估、宣传贯彻等。

能力要求：

熟悉质量管理体系要求；熟悉 HAF003 或 NQA－1 等核质保要求；了解核安全法规要求；掌握自动化、计算机、控制工程、核工程与核技术相关知识；具有较强的沟通协调能力；身体健康；责任心强；具备良好的文字能力。

### 2. 核物理工程师

**职业定义：**从事核物理学、核科学与核技术及相关学科领域的研究、教学、新技术开发应用、工程管理工作的专业人才。

工作内容：

（1）直线电子加速器总体物理设计；

（2）承担直线电子加速器的调试调束工作；

（3）参与完成加速器的运行维护工作。

能力要求：

懂得加速器物理专业、核科学与技术的基础理论知识；具有加速器物理设计经验；有较强的英语沟通能力及写作能力；有较强的团队合作精神；能够熟练使用 PARMELA、GPT 等常用束流动力学模拟软件及 superfish、HFSS 等电磁场计算软件；熟练使用 FLUKA、MCNP 等蒙卡模拟软件。

## （四）就业方向

毕业生可前往企业、科研部门、高等学校从事核物理的研究工作，或在核工业所属的厂矿企业从事产品研发、生产技术和辐射防护工作，也可从事机械、冶金、电力、核电站、石油、煤炭、地质、农业、医学和环境保护等涉及核科学与技术应用领域方面的工作，也可以继续攻读原子核物理学、核技术应用或相关学科的硕士学位。

**推荐升学院校：**清华大学、中国科学技术大学、北京大学、西安交通大学、哈尔滨工程大学、上海交通大学、四川大学、兰州大学、南京航空航天大学、南京大学、天津大学、武汉大学、吉林大学、中国工程物理研究院等。

# 二十三、农业工程类

农业工程在20世纪70年代发展成一门学科，而作为一种工程技术其历史悠久。中国古代为了促进农业生产，特别是粮食生产，早就有农业工程的应用，主要是农田水利和简单农具的应用。蔬菜阳畦、水利及风力设施、农村住房建筑等也是古代就有的农业工程。自春秋战国以来，最突出的水利工程是公元前256年至前251年兴建的四川省灌县都江堰水利工程，具有防洪、灌排、航运等功能，经过修缮，沿用至今，仍是川西平原农业旱涝保收的关键设施，而且灌溉面积较初建时增加了1倍[1]。

在原始农业工程阶段，农具以石、木、贝壳为材料制作，舍饲等建筑物的结构十分简陋，农田的开发和整治刚刚起步，排灌设施也很简单。传统农业工程始于公元前400年前后，主要特征是普遍使用了铁制畜力农具。1910年内燃拖拉机的问世，标志着现代农业工程的开始。但“农业工程”一词在1900年前使用次数很少，至1906年美国衣阿华州立大学设置了农业工程系，接着于1907年美国成立了农业工程师学院。直到20世纪中叶美国有44所农学院和世界其他国家的40余所农学院相继建立农业工程系，社会上才开始承认农业工程是工程上的一个分支。“农业工程”一词也才为世界各国所使用[2]。

## （一）专业类简介

农业工程是综合应用工程、生物、信息和管理科学原理与技术，为农业、农村的发展与资源合理利用服务的工程技术学科。它以生物体、有机物、农业资源环境及有关工程装备技术为主要研究对象，研究农业生物繁育、生长与产后处理工艺所需的机械与装备、设施及环境、资源科学利用、现代生产技术的集成与管理以及检测与自动化控制技术的应用等。通俗地理解农业工程类专业，就是用工程的方式来解决农业生产的问题。

在《普通高等学校本科专业目录（2020年版）》中，农业工程类在原来的农业工程、农业机械化及其自动化、农业电气化、农业建筑环境与能源工程、农业水利工程5个基本专业的基础上，新增土地整治工程、农业智能装备工程2个特设专业，共7个专业。

农业工程是综合应用各种工程技术，为农业生产提供各种工具、设施和能源，目的是创造最适于农业生产的环境，改善农业劳动者的工作、生活条件。农业工程是其他农业工程类专业的综合应用：农业机械化及其自动化的研究范围是关于农业的机械化生产系统和机械化及自动化控制装置的设计、制造；农业电气化解决的是与农村、农业有关的电力系统及其自动化、生产过程电气自动化及应用电子信息技术方面的问题；农业建筑环境与能源工程以农业生产性建筑、设施农业工程、农村新能源开发利用等方面为研究对象；农业水利工程侧重于农业水利工程的勘测、规划、设计、施工、管理；土地整治工程，顾名思义，是专门研究土地整治问题的专业；农业智能装备工程属于新工科专业，主要研究智能化装备在农业工程方面的应用。

农业工程科学技术的范围除上述7个方面外，从20世纪70年代开始，农业工程师还把新的科学理论和研究成果应用于农业工程之中，以促进农业工程科学技术的发展。主要包括以下几方面：一是计算机技术在农业工程上，主要被用于数据处理和贮存、计算、控制以及预测预报等方面，大大提高了工作的效率和质量。二是固体力学、流体力学和热力学已成为研究农业工程的重要理论基础。流变力学以及农产品物理特性的研究，为田间作业、农产品短距离运输、农产品加工和其他农业工程的研究、设计、制造（施工）和使用管理提供了理论依据。传热学和传质理论在农业工程上的应用，提高了农业工程中能量转换效率。三是系统工程已用于土地或垦区的规划和设计，农业工程的系统分析和各种设备、设施的配套方案的制订，以及农业企业的经营管理等方面。四是人机工程学又称人类工程学、人体工程学，其研究成果已被应用于拖拉机和自走式农业机械驾驶室的设计，使之具有隔音、防震、防尘、调温和安全等功能；各种仪表、操纵杆和座位的布置、结构也能符合驾驶员安全、舒适和操作方便的要求，从而提高工作效率，降低从业者职业病的发生率。[3]

**参考文献：**

[1] 中国农业工程学会．农业工程：农业现代化的桥梁［J］．科技和产业，2002(2)：40.

[2] 中国科学技术协会．农业工程学科发展报告（2014—2015）［M］．合肥：中国科学技术大学出版社，2016：3-17.

[3] 教育部高等学校教育指导委员会．普通高等学校本科专业类教学质量国家标准［M］．2018年3月第一版．北京：高等教育出版社，2018：475.

## （二）本科专业介绍

根据《普通高等学校本科专业目录（2020年版）》所列，农业工程类（0823）专业类下设5个基本专业和2个特设专业。基本专业介绍如下。[1]

### 1. 082301 农业工程

**培养目标：**本专业培养具有现代科学技术知识和工程实践能力，能从事农业工程科学研究设计规划、开发建设和管理以及农业设施与环境、农业资源开发与利用、现代农业生产技术集成与管理、自动控制与检测等方面工作的高级复合型工程技术人才。

**培养要求：**本专业培养学生系统地接受自然科学基础理论和工程技术的基本训练，掌握生物生产系统、农业工程机具装备、农业设施与环境、信息与自动化技术以及农业工程项目规划设计管理等方面的知识，培养具有合理的知识结构和系统综合能力的复合型高级工程技术人才。

毕业生应获得以下几方面的知识和能力：

（1）掌握农业工程学科的基本理论和基础知识；

（2）掌握现代设计方法及工程制造技术，具有基本的工程专业素质；

（3）掌握现代农业生产工程中设施或设备的使用、维护等基本技能；

（4）掌握农业工程中产品的经营检测、鉴定及技术服务等方面的技能；

（5）掌握通过现代技术获得最新科技信息的方法，了解农业工程发展的最新动态，具有一定的调查研究与决策能力、组织管理能力，具有较强的语言表达能力；

（6）具有熟练使用计算机系统解决实际问题的基本能力，掌握一门外语。

**主干学科：**农业工程、环境科学与工程。

**核心课程：**工程力学、机械设计基础、电工电子技术、工程测试技术、液压与气压传动、农业机械与装备、农产品加工工程、设施农业工程工艺、机电系统驱动与控制。

**主要实践性教学环节：**机械综合设计、农业机械装备生产实习、农工综合实习、植物生产综合实践、科研训练。

**主要专业实验：**机械电子基础系列实验、电工电子技术实验、生物学基础实验、机械化农业生产实验。

**修业年限：**四年。

**授予学位：**工学学士。

### 2. 082302 农业机械化及其自动化

**培养目标：**本专业培养具备农牧学、机械学、自动化控制技术及经营管理学等基本理论，具备农业机械及其自动化装备的构造原理、使用管理及农业生态环境方面的基本知识，接受农业生产过程机械化自动化工艺设计及相关装备的设计制造、试验鉴定、选型配套、设备维护、技术推广、经营管理方面的基本训练，掌握农业生产机械化系统的规划设计、农业机械设计、企业经营管理和农业机械及其自动化控制装置的科研和推广技能的高级工程技术人才。

**培养要求：**本专业学生主要学习农学、机械学、自动化技术及经营管理学方面的基本理论和基本知识，接受农业产前、产中、产后生产过程机械化及其自动化工艺及相关装备性能设计制造、试验鉴定、选型配套、使用维修方面的基本训练，具有农业生产、机械化系统的规划设计、企业经营管理和农业机械化及其自动化装备的研究开发、推广运用等基本能力。

毕业生应获得以下几方面的知识和能力：

（1）掌握农学、机械学、自动化控制技术及经营管理方面的基本理论和基本知识；

（2）掌握农业机械化及其自动化装备的性能设计、试验鉴定、选型配套、使用维修等方面的知识和技术；

（3）具有农业生产机械化系统的规划设计和经营管理的能力；

（4）具有农业机械化及其自动化新工艺、新装备、新技术的科研、开发、推广的能力；

（5）熟悉我国农业机械化的方针、政策和法规；

（6）了解国内外农业和农业机械化及其自动化的科学前沿和发展趋势。

**主干学科：**农业工程、机械工程。

**核心课程：**工程力学、机械设计基础、机械电子学、电工电子技术、控制工程基础、工程测试技术、农业机械学、农业机械化学、农业生物环境工程。

**主要实践性教学环节：**机械综合设计、农业机械试验与性能检测实习、农业装备使用与维护实习。

**主要专业实验：**机械基础系列实验、电工电子技术实验、农业机械学实验。

**修业年限：**四年。

**授予学位：**工学学士。

### 3. 082303 农业电气化

**培养目标：**本专业培养德、智、体、美、劳全面发展，具有扎实的电学、自动控制、计算机应用方面的基础知识，掌握电力系统、自动化技术、信息处理技术、计算机应用技术方面的专业技能，能在电力系统、用电管理部门、电子信息产业相关部门、数字农业等领域从事理论研究、工程设计、施工管理、新产品开发等方面工作的高级工程技术人才。

**培养要求：**本专业要求学生有为国家富强、民族昌盛而奋斗的志向和责任感。本专业学生主要学习电路理论、电子技术、电力系统、计算机应用技术、信息处理和企业管理方面的基本理论和基本知识，接受电力系统与自动化工程规划设计和科研开发、信息处理等方面的基本训练，具有从事电力系统及其自动化、计算机应用、信息处理、企业经营管理等领域工作的基本能力。

毕业生应获得以下几方面的知识和能力：

（1）掌握电气与控制工程方面的基本理论，掌握应用电子技术与计算机技术方面的基本知识；

（2）系统掌握电力系统及其自动化工程的分析计算、工程设计方法和农业电气化及其检测控制技术；

（3）了解电力技术、自动化技术、信息处理技术的应用前景和发展动态；

（4）掌握文献检索、资料查询的基本方法，具有一定的科学研究和实际工作能力；

（5）有较强的调查研究与决策能力、组织与管理能力、口头与文字表达能力，具有独立获取知识、信息处理和创新的基本能力。

**主干学科：** 农业工程、电气工程。

**核心课程：** 电路原理、模拟电子技术、数字电子技术、电机与拖动、自控控制原理、单片机原理及应用、电力系统分析、电力系统继电保护、变电工程设计、高电压技术。

**主要实践性教学环节：** 变电站与线路认识实习、电气设备拆装与检修实习、电气测量与电气控制实习、输变电工程设计等。

**主要专业实验：** 电学基础实验、电力系统分析实验、接口与控制实验等。

**修业年限：** 四年。

**授予学位：** 工学学士。

### 4. 082304 农业建筑环境与能源工程

**培养目标：** 本专业培养具备现代设施农业工程、可再生能源工程、生物环境工程、城乡建设与区域规划等方面的基本理论、基本知识和基本技能，能在工厂化高效农业系统、可再生能源开发与利用和城乡规划建设等相关领域，从事建筑工程规划设计与施工管理、环境调控技术装备研究与开发以及教学和科研等方面工作的高级工程技术复合型人才。

**培养要求：** 本专业学生主要学习可再生能源工程、农业生物环境工程、农业建筑工程及环境工程等方面的基本理论和基本知识，接受建筑制图、建筑工程测量、建筑构造设计、建筑结构设计、设施农业工程工艺及建筑设计、设施环境工程设计、新能源工程设计、城乡建设规划设计以及专业社会实践能力等方面的训练，掌握可再生能源开发利用、设施农业工程及环境工程的设计、规划、运行管理和科学研究的基本能力。

毕业生应获得以下几方面的知识和能力：

(1) 掌握农业建筑环境与能源工程学科的基本理论、基本研究方法及相近专业的基础知识；

(2) 掌握农业建筑、农村新能源开发利用工程的规划设计、施工及管理的基本知识；

(3) 掌握建筑工程 CAD 的设计方法；

(4) 了解本专业领域及相关学科的学科前沿和发展趋势；

(5) 熟悉本专业有关的方针、政策和法规；

(6) 掌握文献检索、资料查询、规范及手册使用的基本方法。

**主干学科：** 农业工程、土木工程、环境科学与工程。

**核心课程：** 建筑制图、工程力学、城乡与区域规划原理、建筑结构、建筑施工、农业生物环境原理、设施农业工程工艺、新能源工程、农业建筑设计、生物环境测试技术等。

**主要实践性教学环节：** 专业认识实习、温室工程拆装实践、专业制图实践、金工实习、建筑工程测量实习、专业社会实践、毕业实习、毕业设计等。

**主要专业实验：**土力学与地基基础实验、建筑材料实验、流体力学实验、热工基础实验、农业生物环境原理实验、生物环境因素测试技术实验、农业生物环境工程实验。

**修业年限：**四年。

**授予学位：**工学学士。

### 5. 082305 农业水利工程

**培养目标：**本专业培养具备坚实的自然科学和人文社会科学的基础知识，具备外语和计算机应用技能，掌握坚实的农业水利工程学科的基础理论和基本知识，掌握农业水利工程勘测、规划、设计、施工、管理和科学研究等方面的专业技能，能在农业水利领域各单位从事农业水利工程和城市水利工程等方面工作的高级工程技术人才。

**培养要求：**本专业学生主要学习农业节水灌溉技术、城市园林灌溉技术、农业水资源高效利用、农业水土环境、城市水利工程等方面的基本理论和基本知识，接受水文地质和过程地质、工程测量、节水灌溉与水利工程方面的设计和施工等方面的基本训练，具备节水灌溉与水利工程方面的实践动手能力和科学研究的基本能力。

毕业生应获得以下几方面的知识和能力：

（1）掌握水利工程学科的基本理论和农业水土工程学科的相关知识；

（2）掌握农业水利以及水电工程勘测、规划、设计、施工、管理、试验研究的基本技能；

（3）具有从事农业水土资源开发利用与保护和乡镇供水工程的规划、设计能力；

（4）了解国内外水利工程学科、农业工程学科及相关学科的学科前沿和发展趋势；

（5）熟悉国家在农业水利工程建设、水资源开发与保护方面的有关方针、政策和法规；

（6）掌握文献检索、资料查询的基本方法，具有初步的科学研究和实际工作的能力，具有一定的批判性思维能力。

**主干学科：**农业工程、水利工程。

**核心课程：**工程水文学、水力学、土力学与地基基础、工程力学、水利工程测量、工程地质与水文地质、水利工程施工、灌溉排水工程学、水工建筑物、排灌机械与泵站

**主要实践性教学环节：**专业认识实习、工程和水文地质实习、工程测量实习、水利工程施工实习、毕业实习、毕业设计（论文）等。

**主要专业实验：**水力学实验、土力学实验、材料力学实验、水文学实验、工程地质及水文地质实验、电工学与电气设备实验、建筑材料实验、土壤学与农作学实验等。

**修业年限：**四年。

**授予学位：**工学学士。

**参考文献：**

[1] 中华人民共和国教育部高等教育司．普通高等学校本科专业目录和专业介绍[M]．2012年10月第一版．北京：高等教育出版社，2012：257-260.

## （三）未来职业发展

### 1. 水利水电施工工程师

**职业定义：**从事水库、水电站、排灌工程等施工的工程技术人才。这些岗位的分工不同，职位或级别不同，但工作内容都是与农业工程的施工相关。

工作内容：

(1) 研究江河湖海水文、水力情况及水利建筑特性；

(2) 研究水能运用、农田水利运用；

(3) 水库、水电站、水利枢纽、灌排系统等水利水电工程施工；

(4) 制定水利工程施工相关技术规程；

(5) 分析处理水利水电工程施工技术问题，指导操作人员作业。

能力要求：

具备水力学、结构力学、材料力学、岩土力学、水工建筑物、工程水文学、水电站建筑物、水利工程施工等相关专业知识；熟练掌握水利工程现代CAD技术；能使用先进的施工手段进行水利水电工程的建造；同时，具有良好的学习能力、团队协作能力、沟通能力等。

### 2. 农业工程师

**职业定义：**是运用工程技术和生物学知识解决电力、机械、电气化、水土保持、结构和农产品加工等农业问题的技术性人才。

工作内容：

(1) 运用计算机辅助设计技术设计农业机械零部件和设备，并测试农业机械和设备的性能；

(2) 设计庄稼存储、动物栖息的建筑结构，设计的过程中要考虑到建筑的实际应用性能；

(3) 设计测量、记录或其他用于研究动植物生命的机械设备；

(4) 计划或指导建构乡村的水电配给系统，以及农业灌溉、排水、防止水土流失的洪水控制系统；

(5) 为计划的项目或系统准备相应的施工报告、草图、施工图以及说明书等，并做出相应的项目预算；

（6）设计并监督农业和相关工业的土地开垦工程；

（7）与客户会面，确定他们的需要，以便制订相应的计划，并根据客户的要求及时对计划进行修改；

（8）定期参加与农业相关的国内国际会议、论坛，获取更多农业方面先进的前沿的技术或知识。

能力要求：

具备农业技术学、土壤学、机械工程、力学、农田工程等相关专业知识；熟悉设施农业的基本作业流程；具备独自开发育苗和基质种植工艺的能力；能够编制作业指导书，指导合作基地生产人员规范作业并对农作物生产质量进行独立评价；具有较强的行业调研能力；具备试验设计与试验统筹能力；具备较强的团队合作与沟通能力；熟练使用 AutoCAD、Photoshop 等绘图软件、设计软件和 Office 办公软件。

### 3. 农业机械设计工程师

**职业定义：**从事农业机械产品的研究、开发、设计、新技术推广与应用和标准化等工作的高级工程技术人才。

工作内容：

（1）研究和设计机械设备和机械零部件；

（2）研究作物种植业和畜牧业生产；

（3）研究和设计流体传动与控制系统；

（4）研究和设计电力拖动和控制系统；

（5）研究和设计机电一体化系统；

（6）研究和设计机械工程成套设计；负责机械加工类、畜牧机械类、工具类产品的结构设计，包括外部、内部结构及工装设计，使产品符合可靠性、可生产性、可维修性和成本的要求；

（7）根据市场、生产的需要，对产品的设计提出改进方案并及时执行；制定机械设备整体综合性能测定方案与规范，确定检测的主要技术参数，测试与试验；

（8）推广与应用新技术；实施产品结构件的可靠性实验，并做好零部件的评估和验证工作及产品结构风险分析；

（9）编制、推广标准；及时完成相关的设计技术文档。

能力要求：

具备种植业、畜牧业、机械制图、机械原理及设计、力学、机械创新设计、制造技术基础等相关专业的知识；熟练掌握制图、设计、计算、检测与控制、调研、查阅文献等技能和较强的计算机 CAD 应用能力；熟悉电子产品生产通用设备及工艺流程；熟悉 PCB 板设计软件及熟练使用 Auto CAD 等机械设计软件；熟悉 PLC 等编程控制技术；具有良好的学习能力、创新能力、团队协作能力、沟通能力等。

## （四）就业方向

农业工程是建设现代农业和社会主义新农村、实现农业现代化的重要保障和关键科学技术领域之一。农业工程专业类各专业在促进农业生产发展，推动农业发展方式和农民生活方式转变，保护生态环境，高效利用生产资源和生产要素，实现社会经济可持续发展等方面均有不可替代的重要作用。

当前，我国正处于从传统农业向现代农业转变的关键时期。随着工业化、城镇化、农业现代化和信息化加快推进，农业产业结构的调整和优化，农村劳动力结构和农民的劳动观念正发生深刻的变化，农业与农村发展对农业工程科学与技术的依赖越来越强。与此同时，信息化、国际化、市场化深入发展，使农业生产形式、农产品供求格局和农业发展的外部关联度均发生了变化，这些变化为农业工程类专业毕业生提供了广阔的就业空间。

本专业类毕业生可前往农业工程领域的有关企业、农业生产部门、农业行政管理部门、科研院所、农业教育机构以及有关的企事业单位，从事与农业生产中工程技术装备有关的性能设计、企业运行、管理营销和教学科研等方面的工作。

# 二十四、林业工程类

林业工程是人类最古老的工程技术之一，早在远古时代，我们的祖先就懂得如何利用森林资源来满足人类生存的需要。从西周到清末，我国历代有书目可查的林业著述共计180余种，其中《齐民要术》堪称中国古代的一部农业百科全书。此后，元代王祯的《农书》、明代徐光启的《农政全书》、宋应星的《天工开物》等历史名著中都有对林业资源利用的论述，至今仍有重要的参考价值。由此可见，林业工程伴随人类文明的进步而不断向前发展。

进入20世纪30年代，随着我国林业生产、林产品加工业迅速发展，科学研究和应用技术的不断进步，机械化程度逐步提高，拓宽了研究领域，促进了林业工程类专业的发展，逐渐形成了集木材采运、林产品加工技术于一体的林业工程专业类。我国林业工程学科源远流长，经几代人辛勤耕耘，形成了相对独立的学科体系[1]。

## （一）专业类简介

林业工程类专业是实现森林资源抚育与收获，对林产品及其衍生制品实现可持续高效开发、加工、生产与应用，并提供相关支撑理论与技术的综合性应用专业，属工学门类，包含森林工程、木材科学与工程、林产化工3个基本专业。

林业工程是在多学科交叉融合的基础上发展起来的，学科涵盖面广，涉及林学、生物学、化学、物理学、机械工程、控制科学与工程、化学工程与技术、设计学、美学、材料科学、土木工程、管理学、计算机科学与技术、医药学等，其主干学科包括森林工程、木材科学与技术、林产化学加工工程等。作为一个综合性的传统学科，林业工程学科近年来取得了新的发展，已形成了以林业工程建设一体化、连续性和集成性为优势，生物质资源培育、加工利用产品开发、环境工程等多学科交叉融合的可持续发展模式。

森林作为陆地生态系统的主体，具有巨大的生态效益；同时，森林作为可再生的资源，通过开发又是国民经济建设中的重要原材料，通过深加工又能获得满足人民生活需求的各种林产品。木材和各种人造板是建筑和装饰行业、矿业、能源、运输等行业的重要材料；松香、橡胶、香料、生物活性物质等各类林化产品已广泛应用于化工、电子、轻工、医药、环保、食品等工业部门；而家俱、纸张等需求量，随着人民生活质量的提高，一直呈大幅度增长的态势[2]。因而林业工程类专业同国民经济建设和社会文化发展均有着密切的关系，该专业类毕业生未来职业具有广阔的发展前景。

**参考文献：**

[1] 江泽慧．中国林业工程［M］．北京：中国林业出版社，2002：1-5.

[2] 教育部高等学校教育指导委员会．普通高等学校本科专业类教学质量国家标准［M］．2018 年 3 月第一版．北京：高等教育出版社，2018：480.

## （二）本科专业介绍

根据《普通高等学校本科专业目录（2020 年版）》所列，林业工程类（0824）专业类下设 3 个基本专业和 1 个特设专业。基本专业介绍如下。[1]

### 1. 082401 森林工程

**培养目标：**本专业培养社会主义现代化建设和发展需要的，德、智、体、美、劳全面发展，掌握森林工程机械、林区土木和运输等方面的专业知识和实践技能，具有森林资源开发与利用、森林工程生产组织和管理能力，能够在机械、路桥及木材生产企业、高等院校、科研机构等相关领域从事生产技术和管理工作的应用型高级工程技术人才。

**培养要求：**本专业学生主要学习木材生产技术与管理、计算机应用、工程力学、机械工程、路桥工程、运输工程等方面的基础理论和专业知识，接受机械设计、路桥设计、运输组织、木材生产与组织等方面的基本训练，掌握森林工程的生产实践、技术开发、经营管理和科学研究的基本能力。

毕业生应获得以下几方面的知识和能力：

（1）掌握计算机应用、物理学、工程力学、运筹学、测量学的基本理论和知识；

（2）掌握森林工程规划设计、森林工程机械设计、林区路桥设计的基本方法和技术；

（3）具有木材生产组织与管理、森林机械应用、林区路桥施工的基本能力；

（4）熟悉森林工程领域的方针、政策和法规；

（5）掌握森林工程领域现代信息和国内外发展动态；

（6）具有一定的森林工程领域科学研究和实践工作能力，具有一定的创新性思维和分析判断能力。

**主干学科：**林业工程。

**核心课程：**木材生产技术与管理、森林工程机械与装备、起重输送机械、道路工程、森林工程规划设计。

**主要实践性教学环节：**森林工程规划设计、道路工程与森林工程机械的课程设计、生产实习、社会实践、毕业实习、毕业设计（论文）等。

**主要专业实验：**油锯切削实验、森林工程机械检测实验、森林工程规划实验、路桥检测实验等。

**修业年限：**四年。

**授予学位：**工学学士。

### 2. 082402 木材科学与工程

**培养目标：**本专业培养具备木材及木质复合材料的结构、性能、加工利用等方面的基础理论知识，掌握木制品与家具制造原理、方法和木构造工程，了解木材科学与工程相关领域的现代信息，具有较强的利用现代科技手段分析、解决实际问题的能力，能在木材及木质复合材料加工、利用，木制品生产技术领域从事科学研究、工艺技术、产品研发、经营管理等方面的高级技术人才。

**培养要求：**本专业学生主要学习木材科学与工程、机械、电子、计算机应用技术等方面的基本理论和基本知识，接受木材及其产品性能测试、木材干燥、木质复合材料、木制品与家具设计制造等方面的基本训练，掌握独立从事木材科学与工程方面的生产实践技术开发、经营管理、市场营销和科学研究的基本能力。

毕业生应获得以下几方面的知识和能力：

（1）掌握机械、电子、计算机、木材学、材料学的基本理论和基本知识；

（2）掌握木材干燥、木质复合材料、胶料与涂料、木制品生产技术；

（3）掌握木材加工、人造板生产、木质产品性能测试等实验技能；

（4）具有独立获取知识的能力；

（5）熟悉木材科学与工程领域的国家路线、方针、政策；

（6）掌握木材科学与工程领域现代信息和国内外发展动态；

（7）具有一定的木材科学与工程领域科学研究和实践工作能力，具有一定的创新性思维和分析判断能力。

**主干学科：**林业工程。

**核心课程：**木材学、木材干燥学、胶黏剂与涂料、人造板工艺学、木制品工艺学、木材加工等。

**主要实践性教学环节：**专业认识实习、机械设计课程设计、教学实习、综合设计、毕业实习、毕业设计（论文）等。

**主要专业实验：**木材学实验、胶黏剂与涂料实验、木材干燥学实验、人造板工艺学实验、木制品工艺学实验等。

**修业年限：**四年。

**授予学位：**工学学士。

### 3. 082403 林产化工

**培养目标：**本专业培养从事以森林资源为主的植物资源化学与生物化学加工

及相关领域内产品的开发和生产过程的设计，在林产品化学加工、林产品生物化学加工、林产品精细化工、植物提取物化学与工程、生物质能源与材料制浆造纸等专业方向，在天然香料和色素、萜类化学加工与利用、生物质能源与化学品、活性炭及炭材料、植物提取物与生物活性物质、制浆造纸科学与技术、林产精细化学品等领域，具有产品开发、技术服务、科学研究和管理等工作能力的复合型专业技术人才。

**培养要求：**本专业学生主要学习无机化学、有机化学、化学工程、植物纤维化学及分析化学等方面的基础知识和技能，系统学习和掌握林产化工相关的基本理论和专业知识，了解和熟悉森林植物资源的化学组成、性质、化学转化和生物转化的基本理论和基本知识，接受林产品化工工艺及设备设计、原料及产品分析检测等方面的基本训练，具有运用林产品化学加工工程及相关学科的基础知识、基本理论和基本技能，具有进行森林植物资源化学及生物化学加工新产品、新技术、新设备的研究与开发以及生产经营管理和市场营销的能力，能独立从事本专业领域的相关工作。

毕业生应获得以下几方面的知识和能力：

（1）掌握化学、计算机、化学工程、植物纤维化学等方面的基本理论、基本知识；

（2）掌握林产品化学加工、林产品精细化工、植物生物活性物质、生物质能源产品生产技术；

（3）掌握林产化学品、树木提取物及活性成分、生物质能源产品的分析测试等实验技能；

（4）具有独立获取知识的能力；

（5）熟悉生物质化工领域的国家路线、方针、政策；

（6）掌握林产化学加工领域现代信息和国内外发展动态；

（7）具有一定的林产化工领域科学研究和实践工作能力，具有一定的创新性思维和分析判断能力。

**主干学科：**林业工程、化学工程与技术、生物工程。

**核心课程：**化工原理、天然产物化学、植物资源化学、林产化学工艺学、生物质能源与化学品、林产精细化学品工艺学等。

**主要实践教学环节：**专业教育、课程设计、专业实验、毕业实习、毕业设计（论文）。

**主要专业实验：**木材化学实验、天然树脂加工实验、木材水解和热解实验、提取物化学实验、生物质能源实验等。

**修业年限：**四年。

**授予学位：**工学学士。

**参考文献：**

[1] 中华人民共和国教育部高等教育司．普通高等学校本科专业目录和专业介绍[M]．2012年10月第一版．北京：高等教育出版社，2012：260－262.

## （三）未来职业发展

### 1. 园艺师

**职业定义：**具备园艺科学的基本知识与技能，从事果树栽培、育（制）种、良种繁育、商品化生产、病虫害防治、产品贮藏加工及应用性科技试验、农业技术开发与推广等工作，并具有一定生产管理和经营能力的高级技术应用型专门人才。

工作内容：

(1) 对林内土壤进行耕耙、休整、改良；

(2) 建造、维修、管理温室、花房及其他园艺设施；

(3) 进行树木育苗、良种繁殖、选纯复壮；

(4) 进行商品化生产和农业技术开发与推广等工作；

(5) 进行病虫害防治，培育免疫种；

(6) 依据公园设计理念，结合公园实际和定位，提出绿化养护、调整的方案并组织实施；

(7) 明确年度养护、调整方向与重点，指导养护单位有效工作。

能力要求：

熟悉各种树木类型、品种特性；熟悉其栽培和病虫害防治技术；具有较强的视觉搭配能力；熟悉苗木生长习性，对苗木日常管理及养护、栽培、修剪有一定经验，对园林绿化有一定的了解；具有组织能力、协调能力等。

### 2. 林业工程师

**职业定义：**具备相关林业知识，从事森林培育、森林资源监测、森林防火、森林病虫害防治等工作的高级人才。

工作内容：

(1) 从事林业规划设计、森林资源调查、建设项目相关报告编制等工作；

(2) 监控包商采伐、造林质量，监督肥料、苗木使用情况；

(3) 熟悉林地，统计林地造林、抚育、护林等各种信息；

(4) 负责经办项目设计过程中的协调工作，并负责现场管理；

(5) 根据项目需要，开展野外调查工作；

(6) 适应外业作业，参与部门内项目跟踪，包括与甲方确定项目节点。

能力要求：

系统掌握本专业基础理论和专业技术知识；熟练掌握本专业有关法规、标准、规程；熟悉相关专业知识，及时了解本专业国内外最新技术状况和发展趋势；能将新技术成果应用于工作实践；具有丰富的专业技术工作经验；能运用先进的理论和技术，独立解决生产或科研中的复杂疑难技术问题；有培养专门技术人才和指导工程师工作的能力；熟练运用外语获取信息和进行学术交流；有良好的职业道德和敬业精神。

### 3. 林业防护工程师

**职业定义：** 是指担负起护林防火虫害等工作的职责并有宣传林业法律法规任务的森林防护专业人员。

工作内容：

(1) 认真巡查，制止一切野外非法用火，及时消除火灾隐患；
(2) 发现火情及时上报，并负责扑救和后期搜集线索的任务；
(3) 巡查并报告管护区内森林病虫害发生情况和防治情况；
(4) 制止乱采滥挖和乱捕滥猎国家和省级重点保护的野生动植物；
(5) 负责封山育林区域巡查，制止野外放牧；
(6) 保护好管护区内各种林业服务标志、标牌、广告等公益性林业标志设施；
(7) 制止乱砍滥伐和毁坏林木、非法收购和无证经营加工木材、乱占林地、毁坏开垦、毁坏珍贵树木等破坏森林资源的行为。

能力要求：

身体健康；有较强的吃苦耐劳精神；了解林业相关的法律法规；有较好的口才和沟通能力；具有较高水平的护林防火、安全防范专业技术；有较强的事业心和责任心；遵守国家纪律；具有良好的组织性；服从安排。

### 4. 植保工程师

**职业定义：** 从事预防和控制有害生物对农作物、森林、树木及其产品的危害以及保护林业安全生产的人员。

工作内容：

(1) 负责田间林间调查，整理数据并及时、准确传递病虫害信息；
(2) 利用抗性品种等实施综合防治措施；
(3) 根据实际情况按比配药，正确地对林木施用农药；
(4) 通过数据分析对病虫害进行精准预测，确定防治时间；
(5) 指导科学用药，制订药剂防治计划；
(6) 调查检疫对象，对疫情进行封锁控制，并对危险病虫消毒处理；
(7) 负责责任区内有害生物的定点监测工作。

能力要求：

具有作物及林木草病虫鼠害调查与测报基础知识；有害生物综合防治知识和植物检疫基础知识等；能够利用农药及药械应用基础知识进行积极防治；踏实肯干，有责任心；有优秀的沟通能力；能够有效地进行林业技术推广。

## （四）就业方向

随着中国可持续发展战略的推进，中国的林业发展进入了快车道。六大林业重点工程稳步推进，生态建设规模在连续几年大幅度扩张之后，开始转入稳定发展阶段。林业产业快速发展，营造林业、木材生产及林产工业、森林旅游业继续保持良好发展态势。林业种苗繁育、森林防火、森林病虫害防治等各项基础设施建设成效显著，林业科技、林业教育成果不断增加，林业基层建设不断推进，林业国际交流成绩显著。

我国林业建设进入了新的发展时期。随着环境保护政策的不断出台，林业工程毕业生必将获得更多的发展机遇。

本专业类学生毕业后可在林业、农业、环境保护等部门从事森林培育、森林资源保护、森林生态环境建设的岗位工作。此外本专业毕业生还可以胜任景观设计师、林业技术员、GIS 销售经理、景观工程师、苗圃技术员、销售经理、林业工程师、苗木采购员、农业仪器销售助理、园艺园林设计师、技术支持工程师等。

**推荐就业单位：**林业规划设计院、林业局、林场、林业站、营林企业、林业公司等。

# 二十五、环境科学与工程类

著名生物学家达尔文说过：“只有服从大自然，才能战胜大自然。”绿水青山就是金山银山，生态环境的质量与人类生存息息相关。

环境科学与工程的基本任务是揭示人类环境系统的实质，掌握它的发展规律，进而调控人类与环境之间的物质和能量交换过程，改善环境质量，促进人类与环境之间的协调发展[1]。

20世纪50年代以来，由于经济的恢复和发展，生产和消费规模日益扩大，许多工业发达国家对环境造成了严重的污染和破坏，“环境问题”或“公害”的概念应运而生，用以概括和反映人类与环境系统关系的失调，并开辟了专门的科学领域进行研究。20世纪60年代，环境科学在人类保护和改善生存环境并同环境污染做斗争的过程中逐步形成。

## （一）专业类简介

环境科学与工程类专业是20世纪70年代以来，随着环境问题的凸显和演变，在自然科学、工程科学和人文社会科学等的基础上，发展起来的新兴的综合性交叉学科专业。

环境科学与工程类专业是研究人与环境相互作用及其调控理论、技术、工程和管理方法的专业，具有问题导向性、综合交叉性和社会应用性三大基本特征。环境科学与工程类专业的主要任务是研究环境演化规律、揭示人类活动和自然生态系统的相互作用关系，探索人类与环境和谐共处的途径和方法；研究控制环境污染、保护环境与自然资源的基本理论、技术、工程、规划和管理方法，是保护生态环境，实现社会、经济、环境、资源协调发展的主干专业。

由于环境问题的复杂性和综合性、人与环境相互作用的广泛性以及环境污染防控目标和方法的多样性，环境科学与工程类专业同自然科学、技术科学、工程科学、人文社会科学等学科专业之间相互交叉、渗透和融合。随着经济社会和人类文明的发展，环境问题的内容、形式也不断变化，环境科学与工程类专业的内涵不断丰富，外延不断拓展，在社会发展中的地位越来越重要，对其他学科专业的渗透和影响也越来越深入。[2]

环境保护是我国的基本国策，可持续发展和生态文明建设是我国的发展战略。我国快速发展过程中生态环境问题的特殊性和解决环境问题的紧迫性，形成了对环境科学与工程类专业人才的巨大需求，环境科学与工程类专业毕业生具有广阔的就业前景。

**参考文献：**

[1] 许兆义，李进．环境科学与工程概论［M］．北京：中国铁道出版社，2010：1－7.

[2] 教育部高等学校教育指导委员会．普通高等学校本科专业类教学质量国家标准［M］．2018年3月第一版．北京：高等教育出版社，2018：488.

## （二）本科专业介绍

根据《普通高等学校本科专业目录（2020年版）》所列，环境科学与工程类（0825）专业类下设4个基本专业和3个特设专业。基本专业介绍如下。[1]

### 1. 082501 环境科学与工程

**培养目标：** 本专业培养具备环境科学与工程的基本知识、基本能力和专业素养的环境学科复合型人才，能够在高校及研究机构攻读硕士或博士学位，或进入企业、研究院所、高校、政府等部门从事环境保护相关工程、科研、教学或管理工作。

**培养要求：** 本专业学生主要学习社会科学、自然科学、文体艺术、经济管理方面的通识教育基本知识，以及环境科学与工程方面的基础理论知识和专业知识，接受科学研究和工程设计的基本训练，掌握认识环境问题、解决环境问题的基本能力，具备良好的科研素养、工程职业道德、追求卓越的态度和强烈的社会责任感。

毕业生应获得以下几方面的知识和能力：

（1）掌握环境科学与工程方面的基础理论知识，包括数学类、物理类、化学类、工程类课程知识，以及环境科学与工程方面的专业知识，包括认识环境问题的环境科学类知识、解决环境问题的工程类知识和环境管理类知识；

（2）掌握环境科学与工程专业的科学研究的方法和工程设计的方法；

（3）熟悉环境领域的方针、政策和法规；

（4）了解国内外环境科学与工程专业的理论前沿、工程技术和产业发展动态；

（5）具有认识环境问题、解决环境问题的基本能力；

（6）具有一定的交流沟通能力；

（7）具有创新思维能力。

**主干学科：** 环境科学与工程。

**核心知识领域：** 环境学导论、环境监测、环境生物学、环境工程原理、环境化学、水处理工程、大气污染控制工程、固体废物处理与处置、物理性污染控制、环境评价。

**核心课程示例：** 环境学导论（32学时）、环境监测（48学时）、环境生物学（48学时）、环境工程原理（48 学时）、环境化学（48 学时）、水处理工程（64 学时）、大气污染控制工程（48 学时）、固体废弃物处理处置（32 学时）、物理性污染控制（32 学时）。

**主要实践性教学环节：** 专业实习、水处理工程课程设计、大气污染控制课程设计、固体废物处理与处置课程设计、创新实践项目、毕业设计（论文）（含毕业实习）等。

**主要专业实验：** 环境监测实验、环境生物实验、环境科学与工程实验等。

**修业年限：** 四年。

**授予学位：** 工学学士。

## 2. 082502 环境工程

**培养目标：** 本专业培养具备可持续发展理念，掌握污染防治和环境规划和资源保护等方面的知识，具有进行污染控制工程的设计及运营管理、制定环境规划和进行环境管理的能力，具有从事环境工程方面的新理论、新工艺和新设备的研究和开发能力，能在政府部门、规划部门、经济管理部门、环保部门、设计单位、工矿企业、科研单位、学校等从事规划、设计、管理、教育和研究开发方面工作的高级应用型人才。

**培养要求：** 本专业学生主要学习数学、物理学、化学、生命科学等方面的基本理论和基本知识，学习工程技术基本理论和基本知识，学习环境生物学、环境工程原理等专业基础基本理论和基本知识，学习污染控制工程方面的专业基本理论和基本知识，掌握分析与解决环境问题的基本能力。

毕业生应获得以下几方面的知识和能力：

（1）掌握环境工程的基本理论和基本知识；

（2）掌握水污染控制、大气污染控制、固体废物处理与处置、物理性污染控制、生态工程等工艺及工程的设计方法，掌握环境影响评价、环境规划、环境管理的基本方法，掌握环境监测技术；

（3）具有良好的外语能力、工程设计及表达能力、综合运用知识解决问题能力、综合实验能力、工程实践及工程综合、自学能力等基本能力；

（4）熟悉环境保护的方针、政策、法律法规、环境质量和污染物排放规范；

（5）了解环境科学与工程的理论前沿、污染控制理论与技术的应用前景及发展动态、环境保护产业发展的需求，了解清洁生产的基本原理及方法，了解环境保护设备的设计与开发，了解污染控制设施运营及管理；

（6）具有初步的科学研究和实际工作能力，具有一定的创新能力和批判性思维能力。

**主干学科：** 土木工程、化工与制药工程、生物工程。

**核心知识领域：** 环境监测、环境生物学、环境工程原理、水污染控制工程、大气污染控制工程、固体废物处理与处置、物理性污染控制工程、环境评价、环境规划和管理。

**核心课程示例：**

示例一：环境学导论（32 学时）、环境监测（48 学时）、环境工程微生物学（48 学时)、环境工程原理（64 学时)、水处理工程（80 学时)、固体废物处理处置工程（64 学时)、大气污染控制工程（64 学时)、环境数据处理与数学模型（64 学时)、环境物理性污染与控制（32 学时)、环境评价与工业环境管理（32 学时)。

示例二：环境学（32 学时)、环境工程微生物学（48 学时)、环境工程原理（48 学时)、土壤学（32 学时)、环境监测（32 学时)、大气污染控制工程（32 学时)、固体废弃物处理与处置（32 学时)、水污染控制工程（64 学时)、物理性污染控制（32 学时)、环境影响评价（32 学时)。

示例三：环境工程原理（96 学时)、环境监测（32 学时)、环境工程微生物学（32 学时)、环境化学（32 学时)、化学反应工程（48 学时)、水污染控制工程（96 学时)、大气污染控制工程（96 学时)、固体废物处理与处置（32 学时)、物理性污染控制（32 学时)、环境影响评价（32 学时)、环境规划与管理（80 学时)。

**主要实践性教学环节：**专业认识实习、专业生产实习、毕业实习、水污染工程课程设计、大气污染控制课程设计、固体废物处理与处置课程设计、环境影响评价、毕业设计（论文）等。

**主要专业实验：**环境工程原理（化学工程原理）实验、环境分析化学实验、环境监测实验、环境生物学实验、水污染控制实验、大气污染控制实验、固体废物处理与处置实验、物理性污染控制实验等。

**修业年限：**四年。

**授予学位：**工学学士。

### 3. 082503 环境科学

**培养目标：**本专业培养掌握环境自然科学、环境技术科学和环境人文社会科学等方面基础知识，具备环境科学的基本理论和基本技能，能在政府、企业与科研单位从事环境保护及相关领域工作以及继续深造的专业人才。

**培养要求：**本专业学生主要学习环境科学的基本理论和基本知识，接受环境科学专业技能的基本训练，培养系统地识别、分析与解决环境问题的素质和能力。

毕业生应获得以下几方面的知识和能力：

(1) 了解环境自然科学、环境技术科学与环境人文社会科学的理论前沿；

(2) 掌握全面扎实的环境科学专业的基本理论和基本知识；

(3) 掌握环境科学专业实验的基本技能；

(4) 具有运用多学科知识，发现、分析与解决环境问题的素质；

(5) 具有一定的科学研究和实际工作能力，具有一定的创新性思维能力。

**主干学科：**环境自然科学、环境技术科学、环境人文社会科学。

**核心知识领域：**环境学、环境化学、环境生物学、环境工程学、环境监测学、环境影响评价、环境管理学、环境法学、环境经济学、环境规划学。

**核心课程示例：**

示例一：环境问题（48 学时)、环境科学（64 学时)、环境工程学（64 学时)、环境管理学（64 学时）、环境化学（48 学时）、环境监测（48 学时）、环境数据分析方法（32 学时）、环境经济学（48 学时）、环境法学（32 学时）、环境规划学（32 学时）、环境与发展（32 学时）。

示例二：环境化学（32 学时）、环境监测（40 学时）、环境生物学（32 学时）、环境工程原理（40学时）、环境规划与管理（64 学时）、环境影响评价（48 学时）、水污染控制工程（56 学时）、环境学（32 学时）。

示例三：环境学基础（24 学时）、环境地学基础（48 学时）、环境微生物学（48 学时）、环境分析化学（64 学时）、环境生物学（48 学时）、环境监测（56 学时）、环境工程学（64 学时）、环境规划学（32 学时）、环境管理学（48 学时）、资源与环境经济学（32 学时）、环境系统分析（48 学时）。

**主要实践性教学环节：**环境学实习、环境地学实习、环境监测实习、环境污染控制实习、环境管理实习、毕业设计（论文）等。

**主要专业实验：**环境化学实验、环境监测实验、环境生物实验、环境工程实验、环境物理实验等。

**修业年限：**四年或五年。

**授予学位：**工学学士或理学学士。

### 4. 082504 环境生态工程

**培养目标：**本专业培养具备生态学、环境科学和工程设计等方面基础知识，掌握环境生态学基本理论、基本知识和工程治理基本技能，能够在环境与生态保护相关的企、事业单位或教育部门从事环境生态学研究、生态修复与建设、生态规划与设计等方面工作的复合型人才。

**培养要求：**本专业学生主要学习人类社会生产活动影响下生态系统所发生变化的过程、退化机理、影响评估以及生态系统保育及修复技术等方面的基本知识，接受生态学学科思维、生态环境问题分析方法与技术以及生态修复技能等方面的基本训练，掌握保育生态系统、治理生态环境问题的基本能力。

毕业生应获得以下几方面的知识和能力：

（1）掌握数学、化学、生物学等相关学科的基本理论和基本知识，具有较扎实的生态学环境科学和工程设计科学的基础知识；

（2）掌握环境要素、生态因子效应分析的方法，生态规划、生态工程设计方法，以及生态修复和环境治理工程使用的常规技术；

（3）具有熟练阅读本专业外文文献、较强实验和野外实践能力以及良好的计算机运用能力，初步具备独立开展修复受损生态环境相关工作的能力；

（4）熟悉国家环境保护、生态建设、产业发展的方针、政策和法规；

（5）了解本学科的发展前沿及其相关理论、方法和技术的发展趋势和应用前景；

（6）具有善于合作的团队精神和敢于质疑的批判性思维，具有独立从事科学研究的基本素质和初步能力，具有健康的体魄、良好的心理素质。

**主干学科：** 生态学、环境科学与工程。

**核心知识领域：** 环境生态学、恢复生态学、生态工程学、产业生态学、环境工程学原理、生态毒理学、生态规划与管理、生态经济学、生态监测与评价、流域生态工程学。

**核心课程示例：**

示例一：生理生态学（40 学时）、种群生态学（32 学时）、群落生态学（32 学时）、生态系统生态学（32 学时）、景观生态学（32 学时）、遗传生态学（40 学时）、植被生态学（32 学时）、生态工程学（32 学时）。

示例二：环境学（48 学时）、生态学导论（32 学时）、景观生态学（48 学时）、生态监测与评价（40 学时）、生态工程学（48 学时）、环境工程学（64 学时）、保护生物学（48 学时）、产业生态学（32 学时）。

示例三：生物统计与实验设计（64 学时）、普通生态学（80 学时）、地理信息系统导论（48 学时）、遥感导论（48 学时）、环境监测（48 学时）、景观生态学与生态园区设计（48 学时）、环境影响评价（32 学时）、生态工程（32 学时）。

**主要实践性教学环节：** 课程实习、毕业实习、毕业设计（论文）。

**主要专业实验：** 理论课实验及野外实习、见习。

**修业年限：** 四年。

**授予学位：** 工学学士。

**文献综述：**

[1] 中华人民共和国教育部高等教育司．普通高等学校本科专业目录和专业介绍[M]．2012 年 10 月第一版．北京：高等教育出版社，2012：263－266.

## （三）未来职业发展

### 1. 环保工程师

**职业定义：** 从事环保专业工程设计及相关业务活动的高级工程技术人才。

工作内容：

（1）环境污染控制工程设计、技术咨询、设备招标和采购咨询、项目管理、施工指导等各类工程服务活动；

（2）研究、开发和改良保护环境、减少污染的控制技术及方法；

（3）保养及管理环境污染控制工程完工后的工程设施；

（4）管理及监督有关环境污染控制的工作；

（5）研制开发环境污染控制装备；

（6）针对空气、水、废物和噪声污染及能源耗用等进行调查、测试及样本分析；

(7) 监督污染控制工程施工和安装，确保工程依照设计、财政预算及工作进度进行，开展环境污染控制工程的环境监理。

能力要求：

掌握本专业所必需的自然科学和技术基础理论知识，以及该领域的专业知识、相关的工程技术知识；具备实验研究、分析测试、工程设计、规划管理等技能；具有独立获取知识、分析问题和解决问题的基本能力和较强开拓创新精神；具有吃苦耐劳的精神；具有较强的沟通能力和团队协作能力。

### 2. 环境评价工程师

**职业定义**：从事环境监测与环境现状评价和管理工作的高级专门人才。

工作内容：

(1) 环境影响评价；

(2) 环境影响后评价；

(3) 环境影响技术评估；

(4) 环境保护验收；

(5) 环境调查、评价、预测；

(6) 环境功能区划、环境规划目标建立、环境规划方案设计；

(7) 环境规划方法的选择；

(8) 环境计划的管理；

(9) 环境质量的管理；

(10) 环境技术的管理。

能力要求：

了解环境工程专业领域的技术标准以及相关行业的法律法规；具备环境评价、规划与管理的基础知识和专业知识；了解本学科的国际先进技术现状和发展趋势；具有较强的团队精神和合作意识。

### 3. 环境监理工程师

**职业定义**：从事环境监理和管理工作的高级专门人才。

工作内容：

(1) 环境污染控制与保护技术的研究与开发；

(2) 环境污染控制与保护技术实验研究及其机理分析；

(3) 参与解决环境污染控制与保护生产过程中所遇到的技术难题。

能力要求：

具有环境监理工程师证书或相关经验；立足较高的研究起点和学科发展的前沿；具有强烈的社会责任感；治学态度严谨；具有创新能力与过硬的专业素质；具有良好的语言表达能力、沟通能力和较强的写作能力。

## （四）就业方向

环境科学与工程类专业毕业生的就业去向主要有三种：国家各级环保部门和科研单位，需要解决污染问题的工矿企业以及各类环保公司。从当前对环境工程专业学生的市场需求情况来看，进入政府环保部门、规划部门、建设管理部门的人数不多。因此，该专业毕业生主要就业方向是环境工程公司、环境监测部门、工矿企业、设计单位或部门，从事环境工程设计、施工管理、环保项目运行管理、环境监测等基础性、技术性工作。

环境科学与工程专业的工作实操性强，各大企业对人才的需求都非常明确，即需要能在环保工程的设计、施工及运行调试、技术开发、环境质量管理等方面迅速产生实效的技术性人才。因此，环境科学与工程专业的毕业生可以通过经验的积累，获得行业认可，实现个人发展。

**推荐行业：** 环保、化工、冶金、能源、交通、轻工、医药、农业、军工等行业。

**推荐就业单位：** 北京轻工业环境保护研究所、各省水利水电勘测设计院、国土资源厅、各省（市）的环保部门以及各大再生能源利用公司、电力环保公司、新能源汽车公司等。

# 二十六、生物医学工程类

生物医学工程这个概念最早出现在美国，兴起于20世纪50年代。早在1953年，沃森与克里克就发现了脱氧核团核酸（DNA）结构，为生物医学两次革命奠定了基础。1958年美国成立国际医学电子学联合会，1965年该组织改称为国际医学和生物工程联合会，即后来国际生物医学工程学会的前身。20世纪末，生物技术迅速发展，医用分析仪的研究不断深入，并在实际应用方面成果斐然。生物医学工程作为一门信息学科，近十年来发展迅速，目前已形成了庞大的产业领域。

随着生物学科的纵深发展，生物技术涉及的领域日益庞大。生物医学工程技术被越来越广泛应用于医疗健康领域，发挥了巨大的经济效益与社会效益，并于20世纪末被正式列为生物医学工程学科（BME）。从早期温度计、脉搏计到现代心脏搭桥、血管支架，工程和材料技术不断发展。生物医学工程也经历了一个由简单到复杂，由单一医学诊断到多元综合运用的发展过程[1]。

生物医学工程是一门新兴的边缘学科，它综合工程学、物理学、生物学和医学的理论和方法，在各层次上研究人体系统的状态变化，提出基本概念并运用工程技术手段控制变化。同时其利用从分子水平到器官水平的生物知识，开发创新的生物医学制品、材料、植入物、器械，并将成果用于疾病预防、诊断和治疗[2]。

## （一）专业类简介

生物医学工程是运用工程学的原理和方法解决生物医学问题，提高人类健康水平的综合性学科。生物医学工程类专业具有多学科融合的特点，它在生物学和医学领域融合数学、物理、化学、信息与计算机科学，运用工程学的原理与方法获取和产生新知识，促进生命科学和医疗卫生事业的发展，从分子、细胞、组织、器官、生命系统各层面丰富生命科学的知识宝库，推动生命科学的研究进程，深化人类对生命现象的认识，为疾病的预防、诊断、治疗和康复，创造新设备，研发新材料，提供新方法，实现提高人类健康、延长人类寿命的伟大使命。

生物医学工程类专业涵盖领域十分广泛，包括基础学科（数学、物理学、化学、生物学、医学等）和工程学科（电子、机械、材料、信息、计算机科学等）各个方面，涉及面宽，基础性强，应用性广，知识更新快。

生物医学工程类专业的主干知识体系和技术领域包括：生物医学电子学、生物医学仪器、生物力学、医学影像学、生物医学光子学、生物医学信息工程、生物医学材料、矫形工程、人工器官、神经工程、生物医学传感器、生物医学建模和仿真、组织工程、临床工程、康复工程、医学纳米技术等。[3]

生物医学工程在国家发展和经济建设中具有重要战略地位，是医疗卫生事业发展的重要基础和推动力量，其涉及的医学仪器、医学材料等是世界上发展迅速的支柱性产业。高端医学仪器和先进医学材料成为国家科技水平和核心竞争力的重要标志，是国家经济建设中优先发展的重要领域，这些领域的快速发展需要大量专业人才，本专业类毕业生可以在以上领域和产业大展身手。

**参考文献：**

[1] 杨飞．关于对生物医学工程发展现状与未来发展趋势分析［J］．商情，2012(27)：122-122.

[2] 董秀珍．生物医学工程学导论［M］．北京：科学出版社，2004：9.

[3] 教育部高等学校教育指导委员会．普通高等学校本科专业类教学质量国家标准［M］．2018 年 3 月第一版．北京：高等教育出版社，2018：495.

## （二）本科专业介绍

根据《普通高等学校本科专业目录（2020 年版）》所列，生物医学工程类（0826）专业类下设 1 个基本专业和 3 个特设专业。基本专业介绍如下。[1]

### 1. 082601 生物医学工程

**培养目标：**本专业培养具备良好的人文素养和团队合作精神，系统地掌握生物医学工程的基础理论、基本知识和基本技能，能在医疗器械、医疗卫生等相关行业的企事业单位从事工程技术开发、服务、管理和教育等工作或攻读研究生，具有较强的知识更新能力和创新能力的生物医学与工程科学相结合的复合型高级专业人才。

**培养要求：**本专业学生主要学习生命科学、电子技术、计算机与信息科学、医学仪器、生物医学材料的基本理论和基本知识，接受严格的科学实验、技术研发训练和初步的科学研究训练，掌握工程技术在生物医学中应用研究、产品开发和管理的基本能力。

毕业生应获得以下几方面的知识和能力：

（1）掌握较扎实的自然科学知识，具有一定的人文、艺术和社会科学基础知识；

（2）掌握一定的生理学和医学知识；

（3）掌握生物医学电子与信息技术的基本原理及应用、生物医学信息检测及处理的基本理论和分析方法、生物医学材料基本原理及设计方法等；

(4) 了解生物医学工程的学科前沿和新技术的发展动态；

(5) 了解医疗器械行业标准和相关法规；

(6) 具有创新意识，具有一定的科学研究、科技开发和组织管理能力；

(7) 具有外文文献的检索、阅读与翻译能力，具有科技外语写作能力和语言交流能力。

**主干学科：**生物医学工程。

**核心知识领域：**医学基础、工程生理学、电子技术基础、计算机原理与应用、生物医学传感器、现代医学仪器、生物医学信号处理、医学成像与图像处理、生物医学光学、生物力学、生物医用材料等。

**主要实践性教学环节：**生产实习、临床见习、毕业设计（毕业论文）、课外科研训练等。

**主要专业实验：**电子技术基础实验、计算机技术实验、生理学实验、医学仪器实验、生物医学传感实验、生物医学信号处理实验。

**修业年限：**四年或五年。

**授予学位：**工学学士或理学学士。

**参考文献：**

［1］中华人民共和国教育部高等教育司．普通高等学校本科专业目录和专业介绍［M］．2012 年 10 月第一版．北京：高等教育出版社，2012：267.

## （三）未来职业发展

### 1. 生物医学工程师

**职业定义：**生物医学工程师是指应用生物学的知识和工程学的手段，解决医学中的实际问题的高级专门人才。

工作内容：

(1) 进入研发团队，负责生物样品的处理、制作，优化样品处理流程；

(2) 对生物样品进行测试，反馈信息；

(3) 按照药监局对产品的要求，制定科学的实验研究方案；

(4) 负责相关项目产品的研发；

(5) 与生物信息团队合作，解读生物信息数据；

(6) 与市场销售团队合作，优化产品设计及开发；

(7) 准备、撰写和处理相关实验记录、表格、文件以及实验报告；

(8) 与公司团队合作，申请和维护相关技术专利。

能力要求：

具有良好的理论知识和较强的动手实验能力；具备基本的分子生物学实验能力，有丰富的DNA相关技术操作经验；具有核酸检测、DNA提取、RNA提取工作经验；了解DNA测序技术；具有二代基因测序（NGS）经验；具备良好的英文阅读写作能力、文献查阅能力。

### 2. 医疗装备工程师

**职业定义：**从事医疗装备设计、医疗装备的技术营销、医疗装备的售后支持等工作的高级专门人才。

工作内容：

（1）根据客户要求或市场要求设计、开发医疗装备产品；

（2）研发医疗装备中的功能模块或程序；

（3）对所研发的设备或功能模块实施综合测试；

（4）编写产品文档，管理相关产品文档；

（5）向医疗装备的用户提供产品技术解决方案；

（6）向医疗装备的用户提供产品技术支持。

能力要求：

具备电子工程、信息工程、基础医学等相关专业的知识；熟练掌握电子设计工具；熟练掌握编程技能；熟悉相关医学装备性能；具有良好的学习能力、团队协作能力、沟通能力等。

### 3. 临床工程师

**职业定义：**利用现代科学和工程技术知识、方法及技术手段与临床医学紧密结合，保障与医疗装备有关的一切医疗活动的高级专门人才。

工作内容：

（1）发展、构建和执行医疗装备管理方案；

（2）协调医疗需求，发展、管理或设计架构医疗装备；

（3）向临床医生和医学装备生产企业提供医院医疗性工程技术咨询和支持；

（4）根据临床需求，独立或参与医疗装备研发；

（5）进行临床和基础医学研究；

（6）对医疗机构的装备进行医疗性工程科技评估。

能力要求：

具备电子工程、信息工程、基础医学等相关专业的知识技能；熟练掌握电子设计工具；熟练掌握编程技能；熟悉相关医学装备的原理、性能、使用和维护；具有良好的学习能力、团队协作能力、沟通能力等。

## （四）就业方向

生物医学工程是理科、工科、医科的相互交叉的学科。生物医学工程的学科特色是以生物检查诊断、生物医用材料为主体，辅以有源器械，兼顾质量、安全检测与评价为内涵。因此生物医学工程学科毕业生在医疗器械、制药等方面有着广阔的就业前景。随着科学技术的不断发展和进步，人们对健康和医疗的重视程度逐渐加大，各类大型医用设备在医院中的应用越来越广泛，因此各大医院及公司对这种能够操作、维修及管理大型医用设备的人才也是求贤若渴，生物与医学工程毕业生也随之变得越来越受欢迎，毕业生就业率呈现持续增长的趋势。

毕业就业的主要去向为医疗器械领域的企业，比如迈瑞、联影、强生、GE、飞利浦、西门子等知名企业，也可以在医院的设备、影像科、临床工程、信息中心等相关科室工作。

除了以上去向，生物医学工程毕业生也可以从事数学算法，医学电子、生物医学信息学等方面的研究工作，还可以在政府从事公共医疗类的管理服务工作。

# 二十七、食品科学与工程类

我国著名农学家贾思勰在《齐民要术·杂说》中曾评价："五谷者万民之命，国之重宝。"人类生存、经济腾飞、社会进步与国家发展皆离不开食品，故食品相关科学知识的重要性不言而喻。

"民以食为天。"随着世界人口的增长、经济社会的发展和生存环境的改变，人类对食品供给、营养、健康、安全、美味、方便的关注度不断提高。食品消费水平在现代社会已成为经济发展、文明程度提高的主要标志。这对生命科学的研究、食品营养素的多样化、食品安全的监控提出了新要求。为满足不同层次的食品需求，食品科学与工程这一学科应运而生，并成为社会经济发展、文明程度提高的标志之一。

从世界范围来看，目前食品产业已经成为世界上的第一大产业。食品消费是人生存权的最根本保障，食品产业的发展直接关系人民生活、社会稳定和国家发展。近几十年来，特别是进入 21 世纪以来，食品产业已成为我国三大支柱产业之一，在国民经济中的地位和作用日益显著，并且成为国民经济快速发展的重要增长点。

食品科学与工程具有多学科交叉渗透的特点，它涉及化学、物理、生物、农学、管理等多个学科领域，是生命科学与工程科学的重要组成部分，也是衔接生命科学与工程科学的重要桥梁。食品科学与工程利用基础科学及工程知识研究食品的相关性质及加工原理，并将本学科领域内的新技术、新方法应用在传统食品学科中，同时利用本学科在生产过程中不断提高效能、优化农业产业结构、推动农业经济的跨越式发展[1]。

在我国，食品加工产业具有非常悠久的历史，早在青莲岗文化时期就已见雏形，古代食品加工技艺一直是以"学徒"的形式在民间流传。1927 年这个局面被打破，在北大校长蔡元培等教育先驱的提议下，政府实行大学区制，将部分农业技校并入大学改为农学院，并初设了与食品相关的农产制造科。20 世纪后半叶，食品科学与工程第一次在全球范围内作为一门真正的独立专业出现于大学中，后逐步达到大学本科知识教育层次[2]。

## （一）专业类简介

食品在发展我国经济、保障人们健康、改善生活水平方面发挥着越来越重要的作用。随着我国工业化建设、城镇化建设的不断发展以及消费市场的日益扩大，食品产业的发展潜力巨大，对食品科学与工程的人才需求将会不断增加。

食品科学与工程专业大类包括食品科学与工程、食品质量与安全、粮食工程、乳品工程、酿酒工程、葡萄与葡萄酒工程、食品营养与检验教育专业。

食品科学与工程专业的主干学科是食品科学与工程一级学科，涵盖食品科学、粮食油脂及植物蛋白工程、农产品加工及贮藏工程和水产品加工及贮藏工程 4 个二级学科。它是一门将化学、生物学、物理学、营养学、工程学等学科知识在食品科学中综合应用的多学科交叉学科，主要研究食品成分的组成、性质和在加工贮藏过程中的变化，以及加工对食品品质的影响；开发和创造满足消费者对食品营养、健康、美味、安全、方便等需求的新型食品；将高新技术应用于食品工业化制造。相关学科涉及农学、轻工技术与工程、公共卫生与预防医学。[1]

食品质量与安全专业与国计民生息息相关。随着工农业的快速发展，环境污染加剧，食品中各种化学性、生物性、物理性危害的风险不同程度地存在或增大，影响人民群众的身体健康与生命安全、国家的经济发展与社会稳定；同时，各种与食物有关的慢性疾病不断增多，人们对食品的营养、品质和安全提出了更高的要求。本专业担负着培养食品质量与安全相关人才的重任。

粮食工程专业是培养具备粮食工程领域基本理论、基本知识和基本技能，可从事与粮食工程研究领域和生产行业相关工作技术人才的本科专业。粮食工程专业立足于粮食产后贮藏、加工和利用研究，是粮食产后加工和研究及其后续产品研发的基础与核心，主要研究粮食成分的组成、性质以及在贮藏、加工过程中的变化，贮藏、加工对粮食及其制品品质的影响；开发粮食行业发展需要的新技术、新工艺。

乳品工程专业培养掌握食品化学、生物化学、微生物学和营养学等食品科学的基本规律，乳品工艺与工程的基本理论与技术方法，具备乳品科学研究、乳制品生产与精深加工、乳品安全与质量控制、乳品保藏与物流、乳品机械设备与工厂设计的能力与技能，熟悉乳品企业管理和食品安全法规与标准，基础知识扎实、实践能力突出、国际视野开阔、具有创新创造创业能力与技能，知识、能力和素质协调发展的高素质专门人才。

酿酒工程是以化学、生物学和工程学为基础，研究酿酒原料、微生物、酒类发酵机理、生产工艺、工程设计和质量控制等的理论与实验并重、传统与创造共存的综合性专业。它是生物工程和食品科学与工程的重要组成和综合体现。酿酒科学与技术为人类社会的发展做出了巨大贡献，在国家经济发展和人民生活中占据重要地位。[3]

食品科学与工程类专业具有理工结合的特点，覆盖食品科学研究与产品开发、工程设计与生产技术管理等方面的基本理论和基本实验方法；涉及产业面广，包括食品原料生产、加工、流通、销售、服务等在内的第一、第二和第三产业；该专业类毕业生可在食品行业或与食品相关的医药、化工、环境、材料等行业开展工作，就业面广、社会需求量大。

**参考文献：**

[1] 邓立倩．食品科学与工程学科的作用与前景分析［J］．现代食品，2019(21)：32-33.

[2] 肖赟，王园静，夏欣欣．对食品科学与工程历史及发展趋势的思考 [J]．食品安全导刊，2018 (21)：47.

[3] 教育部高等学校教育指导委员会．普通高等学校本科专业类教学质量国家标准 [M]．2018 年 3 月第一版．北京：高等教育出版社，2018：503.



## （二）本科专业介绍

根据《普通高等学校本科专业目录（2020 年版）》所列，食品科学与工程类（0827）专业类下设 5 个基本专业和 7 个特设专业。基本专业介绍如下。[1]

### 1. 082701 食品科学与工程

**培养目标：** 本专业以扎实的科学理论、工程技术和实践训练基础为支撑，培养具有良好的政治文化素质，具有外语及计算机应用的基本能力，系统掌握食品科学与工程领域的基本知识和基本技能，能在食品的生产、加工、流通及与食品科学与工程有关的教育、研究、进出口、卫生监督安全管理等部门，从事食品或相关产品的科学研究、技术开发、工程设计、生产管理、品质控制、产品销售、检验检疫、教育教学等方面工作，具有宽广知识面、多领域适应能力的食品科学与工程专门人才。

**培养要求：**

(1) 具有良好的工程职业道德、坚定的追求卓越的态度、强烈的爱国敬业精神、社会责任感和丰富的人文科学素养；

(2) 具有从事工程工作所需的数学和其他相关的自然科学知识以及一定的经济管理知识；

(3) 具有良好的质量、环境、职业健康、安全和服务意识；

(4) 掌握扎实的工程基础知识和食品科学与工程专业的基本理论知识，了解食品科学与工程业的发展现状和趋势；

(5) 具有综合运用所学科学理论提出和分析解决问题的方案，并解决食品工程实际问题的能力，能够参与食品生产及运作系统的设计并具有运行和维护能力；

(6) 具有较强的创新意识和进行食品开发和设计、技术改造与创新的初步能力；

(7) 具有信息获取和职业发展学习能力；

(8) 了解食品科学与工程专业领域技术标准、相关行业的政策、法律和法规；

(9) 具有较好的组织管理能力、较强的交流沟通、环境适应和团队合作的能力；

(10) 具有应对危机与突发事件的初步能力；

(11) 具有一定的国际视野和跨文化环境下的交流、竞争与合作的初步能力。

**主干学科：** 食品科学与工程。

**核心知识领域：** 食品工程制图基础知识，食品机械工程基础知识，食品加工单元操作的基本原理、基本方法、基本技术；食品原料与成品中各种成分的化学性质、生理功能体内代谢机制；食品加工与贮藏过程中所发生的化学变化、微生物变化、物性变化；食品各种危害因素及其检测和控制的基本概念、基本原理、基本技术；各类食品加工基本技术及质量安全控制技术、加工机械与设备、食品工厂设计与环境保护。

**核心课程示例：**

示例一（括号内为含实验学时数）：食品生物化学（60学时）、食品微生物学（70学时）、食品营养学（60学时）、食品安全学（食品安全与卫生学）（40学时）、食品工程原理（70学时）、食品化学（60学时）、食品分析（60学时）、食品工艺学（70学时）、食品机械与设备（40学时）、食品工厂设计与环境保护（食品工厂设计）（30学时）。

示例二（括号内为含实验学时数）：食品生物化学（基础生物化学A）（72学时）、食品微生物学（56学时）、食品营养学（32学时）、食品安全学（食品安全与卫生）（56学时）、食品工程原理（56学时）、食品化学（56学时）、食品分析（24学时）、食品工艺学（80学时）、食品机械与设备（56学时）、食品工厂设计与环境保护（食品工厂设计基础）（32学时）。

示例三（括号内为含实验学时数）：食品生物化学（生物化学与分子生物学）（104学时）、食品微生物学（96学时）、食品营养学（营养与食品卫生学）（32学时）、食品安全学（32学时）、食品工程原理（食品技术原理）（32学时）、食品化学（32学时）、食品分析、食品工艺学（64学时）、食品机械与设备（48学时）、食品工厂设计与环境保护。

**主要实践性教学环节：**食品科学与工程专业认识实习、金工实习、食品专业社会调查、食品工艺实习、食品工艺设计、食品工厂设计课程设计、毕业实习、毕业设计（论文）。

**主要专业实验：**食品生物化学实验、食品微生物学实验、食品营养学实验、食品安全学实验、食品工程原理实验、食品化学实验、食品分析实验、食品工艺学实验、食品机械与设备实验。

**修业年限：**四年。

**授予学位：**工学学士或农学学士。

## 2. 082702 食品质量与安全

**培养目标：**本专业培养系统掌握食品质量与安全领域的基本知识和基本技能，具有扎实的专业基础和良好的政治文化素质、外语及计算机应用能力，能在食品生产、加工和流通企业，食品检验机构、监督管理部门和科研院所等相关部门从事生产管理、质量控制、产品销售、分析检测、检验检疫、安全评价、监督管理、技术开发、教育教学、科学研究等方面工作的专业技术和管理人才。

**培养要求：**

（1）具有良好的职业道德、强烈的爱国敬业精神、社会责任感和丰富的人文科学素养；

（2）具有相关的化学、公共卫生知识以及一定的管理学知识；

（3）具有良好的质量、环境、职业健康、安全和服务意识；

(4) 掌握扎实的食品科学基础知识和食品质量与安全专业的基本理论知识，了解食品质量与安全专业的发展现状和趋势；

(5) 具有综合运用所学科学理论提出和分析解决问题的方案，并解决食品质量与安全实际问题的能力；

(6) 具有较强的创新意识和创新的初步能力；

(7) 具有信息获取和职业发展学习能力；

(8) 了解食品质量与安全专业领域技术标准、相关行业的政策、法律和法规；

(9) 具有较好的组织管理能力、较强的交流沟通、环境适应和团队合作的能力；

(10) 具有应对危机与突发事件的初步能力；

(11) 具有一定的国际视野和跨文化环境下的交流、竞争与合作的初步能力。

**主干学科：**食品科学与工程、生命科学、管理学。

**核心知识领域：**食品工程制图基础知识，食品机械工程基础知识，食品加工单元操作的基本原理、基本方法、基本技术；食品原料与成品中各种成分的化学性质、生理功能、体内代谢机制；食品加工与贮藏过程中所发生的化学变化、微生物变化；仪器分析检测的基本原理和技术；食品加工及成品中各种危害因素及其检测、检疫、控制的基本概念、基本原理、基本技术，食品安全评价与风险分析的基本原理及技术，食品质量管理与控制，食品标准与法规。

**核心课程示例：**

示例一：食品生物化学（生物化学）(56 学时)、食品微生物学（食品微生物学基础）(40 学时)、食品营养学（营养生理学基础营养学、应用营养学）(共 96 学时)、食品安全学（食品卫生学）(24 学时)、食品工程原理、食品化学 (40 学时)、食品毒理学 (24 学时)、食品免疫学（食品病原学）(24 学时)、食品工艺学（食品工艺学概论）(40 学时)、食品质量检验技术 (32 学时)、食品质量管理与控制（食品生产管理与法规）(24 学时)。

示例二：食品生物化学（基础生物化学 A）(72 学时)、食品微生物学 (72 学时)、食品营养学 (32 学时)、食品安全学（食品安全与卫生） (56 学时)、食品工程原理 (40 学时)、食品化学 (56 学时)、食品毒理学 (48 学时)、食品免疫学、食品工艺学 (72 学时)、食品质量检验技术（食品安全检测技术）(32 学时)、食品质量管理与控制（食品品质管理）(40 学时)。

示例三：食品生物化学（生物化学）(109 学时)、食品微生物学（食品微生物学检验）(62 学时)、食品营养学（营养生理学） (30 学时)、食品安全学（食品卫生学）(30 学时)、食品工程原理、食品化学 (30 学时)、食品毒理学 (30 学时)、食品免疫学（食品免疫学及技术）(32 学时)、食品工艺学 (75 学时)、食品质量检验技术（食品质量安全快速检测原理及技术）(62 学时)、食品质量管理与控制（食品质量安全监督和管理）(30 学时)。

**主要实践性教学环节：**食品质量与安全专业认识实习、食品质量与安全专业社会调查、食品工艺实习、食品安全检验实习、食品质量管理与控制课程设计、毕业实习、毕业设计（论文）。

**主要专业实验：** 食品生物化学实验、食品微生物学实验、食品营养学实验、食品安全学实验、食品工程原理实验、食品化学实验、食品毒理学实验、食品质量检验技术实验、食品工艺学实验。

**修业年限：** 四年。

**授予学位：** 工学学士。

### 3. 082703 粮食工程

**培养目标：** 本专业培养德、智、体、美、劳全面发展，政治素质好，知识结构合理，具有粮食专业技术知识和能力，具有一定的数据分析处理、实验室操作技能、工程与机械知识与技能、粮食化学与分析检验、企业经营等能力，具备较丰富的粮食加工和质量管理及其他食品领域的知识，能在粮食企业、科研机构、质检、工商、食品药品监督等相关部门从事粮食加工、新产品开发、粮食科学研究及质量检验、粮食深加工和质量管理等方面工作的知识、能力和素质协调发展的工程技术人才。

**培养要求：**

(1) 具有良好的职业道德、坚定的追求卓越的态度、强烈的爱国敬业精神、社会责任感和丰富的人文科学素养；

(2) 具有从事粮食工程工作所需的数学、化学和其他相关的自然科学知识以及一定的经济管理知识；

(3) 具有良好的质量、环境、职业健康、安全和服务意识；

(4) 掌握扎实的工程基础知识和粮食工程专业的基本理论知识，了解粮食工程专业的发展现状和趋势，具备从事粮食安全生产、粮食产品分析检验、粮食质量管理、粮食贮藏加工设计和粮食国际贸易等方面的基本能力；

(5) 具有综合运用所学科学理论提出和分析解决问题的方案，并解决粮食工程实际问题的能力，能够参与粮食生产及运作系统的设计并具有运行和维护能力；

(6) 具有较强的创新意识和进行粮食食品开发和设计、技术改造与创新的初步能力；

(7) 具有信息获取和职业发展学习能力；

(8) 了解粮食工程专业领域技术标准、相关行业的政策、法律和法规；

(9) 具有较好的组织管理能力、较强的交流沟通、环境适应和团队合作的能力；

(10) 具有应对危机与突发事件的初步能力；

(11) 具有一定的国际视野和跨文化环境下的交流、竞争与合作的初步能力。

**主干学科：** 食品科学与工程。

**核心知识领域：** 食品工程制图基础知识，粮食工程单元操作的基本原理、方法等；粮食与制品加工、贮藏过程中所发生的化学、微生物、物性等变化；粮食加工工艺与装备、通风除尘与物料输送、粮食工厂供电与自动化、粮食工厂设计。

**核心课程示例：**

示例一：生物化学（普通生物化学）（60学时）、食品化学（40学时）、微生物学

(微生物学B)(54学时)、食品营养学、食品工程原理(72学时)、粮食品质分析(粮食与制品分析)(40学时)、粮食加工工艺与装备(小麦加工工艺与设备、稻谷加工工艺与设备)(共10学时)、通风除尘与物料输送(64学时)、粮食工厂供电与自动化(粮食工业电气与自动化)(30学时)、粮食工厂设计(46学时)、粮食加工副产物综合利用(20学时)。

示例二：生物化学(食品生物化学)(70学时)、食品化学(粮油加工学)(48学时)、微生物学(工业微生物)(60学时)、食品营养学(48学时)、食品工程原理(60学时)、粮食品质分析(粮油产品分析与检测)(48学时)、粮食加工工艺与装备(系列)(粮食加工机械)(32学时)、通风除尘与物料输送(粮食贮藏学)(48学时)、粮食工厂供电与自动化、粮食工厂设计(粮食工厂设计概论)(40学时)、粮食加工副产物综合利用(玉米深加工及综合利用)(32学时)。

**主要实践性教学环节：**粮食工程专业认识实习、粮食工程专业社会调查、粮食加工工艺设计及实习、食品工程原理课程设计、粮食工厂设计课程设计、毕业生产实习、毕业设计和论文。

**主要专业实验：**生物化学实验、食品化学实验、微生物学实验、食品工程原理实验、粮食品质分析实验、粮食加工工艺学实验、通风除尘与物料输送实验、粮食工厂供电与自动化实验。

**修业年限：**四年。

**授予学位：**工学学士。

### 4. 082704 乳品工程

**培养目标：**本专业培养德、智、体、美、劳全面发展，政治素质好，知识结构合理，具有乳品专业技术知识和能力，具有一定的数据分析处理、实验室操作技能、工程与机械及微生物知识与技能、食品化学与分析检验、企业经营与经济分析等能力，具备较丰富的乳品加工和质量管理知识，同时具有一定的其他食品领域的知识，能在乳品企业、科研机构、质检、工商、食品药品监督等相关企事业部门从事乳品加工、新产品开发、乳品科学研究、乳品质量检验、乳品深加工和乳品质量管理等方面工作的知识、能力和素质协调发展的工程技术人才。

**培养要求：**

(1) 具有良好的职业道德、坚定的追求卓越的态度、强烈的爱国敬业精神、社会责任感和丰富的人文科学素养；

(2) 具有从事乳品工程工作所需的数学、化学和其他相关的自然科学知识以及一定的经济管理知识；

(3) 具有良好的质量、环境、职业健康、安全和服务意识；

(4) 掌握扎实的工程基础知识和乳品工程专业的基本理论知识，了解乳品工程专业的发展现状和趋势，具备从事乳品安全生产、乳品分析检验、乳品质量管理和乳品国际贸易等方面的基本能力；

(5) 具有综合运用所学科学理论提出和分析解决问题的方案，并解决乳品工程实际问题的能力，能够参与乳品生产及运作系统的设计并具有运行和维护能力；

(6) 具有较强的创新意识和进行乳品开发和设计、技术改造与创新的初步能力；

(7) 具有信息获取和职业发展学习能力；

(8) 了解乳品工程专业领域技术标准、相关行业的政策、法律和法规；

(9) 具有较好的组织管理能力、较强的交流沟通、环境适应和团队合作的能力；

(10) 具有应对危机与突发事件的初步能力；

(11) 具有一定的国际视野和跨文化环境下的交流、竞争与合作的初步能力。

**主干学科：**食品科学与工程。

**核心知识领域：**乳品工程制图基础知识，乳品机械工程基础知识，食品加工单元操作的基本原理、基本方法、基本技术；乳品原料与成品中各种成分的化学性质、生理功能、体内代谢机制；乳品加工与其贮藏过程中所发生的化学变化、微生物变化、物性变化；乳品与其制品各种危害因素及其检测和控制的基本概念、基本原理、基本技术；乳品加工基本技术及质量安全控制技术、乳品加工机械与设备、乳品工厂设计与环境保护。

**核心课程示例：**

示例一：食品生物化学（56 学时）、食品微生物学（72 学时）、食品营养学（32 学时）、食品安全学（56 学时）、食品工程原理（40 学时）、乳品化学（109 学时）、乳品工艺学（75 学时）、乳品分析与检验技术（62 学时）、乳品机械与设备（32 学时）、乳品厂设计与环境保护（40 学时）。

示例二：食品生物化学（56 学时）、食品微生物学（40 学时）、食品营养学（96 学时）、食品安全学（24 学时）、食品工程原理（40 学时）、乳品化学（109 学时）、乳品工艺学（40 学时）、乳品分析与检验技术（62 学时）、乳品机械与设备（32 学时）、乳品厂设计与环境保护（40 学时）。

**主要实践性教学环节：**专业认识实习、专业社会调查原料奶生产实习、乳品检验与品控实习、乳品机械与设备实习、乳品生产工艺实习、乳品工厂设计实习、毕业生产实习、毕业设计（论文）。

**主要专业实验：**食品生物化学实验、食品微生物学实验、食品营养学实验、食品安全学实验、食品工程原理实验、乳品化学实验、乳品分析与检验实验、乳品工艺学实验、乳品机械与设备实验。

**修业年限：**四年。

**授予学位：**工学学士。

## 5. 082705 酿酒工程

**培养目标：**本专业以扎实的科学理论、工程技术和实践训练基础为支撑，旨在培养具有良好的政治文化素质、外语及计算机应用的基本能力，具备生物学、化学、微生物学、工程学和管理学等基础理论与基本知识，系统掌握酿酒工程的基础理论、专业知识和专业技能，能在酿酒的生产、加工、流通及与之相关的教育、研究、进出口贸易、卫生监督、安全管理等部门，从事酿酒或相关产品的科学研究、技术开发、产品研发、工程设计、生产管理、质量控制、产品销售、文化推广、检验检疫、教育教学等方面工作，具有宽广知识面、多领域适应能力的高级工程技术人才。

**培养要求：**

(1) 具有良好的工程职业道德、坚定的追求卓越的态度、强烈的爱国敬业精神、社会责任感和丰富的人文科学素养；

(2) 具有从事工程工作所需的数学、化学和其他相关的自然科学知识以及一定的经济管理能力；

(3) 具有良好的质量、环境、职业健康、安全和服务意识；

(4) 掌握扎实的工程基础知识和酿酒工程专业的基本理论知识，了解酿酒工程专业的发展现状和趋势；

(5) 具有综合运用所学科学理论提出和分析解决问题的方案，并解决酿酒工程实际问题的能力，能够参与酿酒生产及运作系统的设计并具有运行和维护能力；

(6) 具有较强的创新意识和进行产品开发和设计、技术改造与创新的初步能力；

(7) 具有信息获取和职业发展学习能力；

(8) 了解酿酒工程专业领域技术标准、相关行业的政策、法律和法规；

(9) 具有较好的组织管理能力、较强的交流沟通、环境适应和团队合作的能力；

(10) 具有应对危机与突发事件的初步能力；

(11) 具有一定的国际视野和跨文化环境下的交流、竞争与合作的初步能力。

**主干学科：**食品科学与工程、园艺学、生物学、化学。

**核心知识领域：**食品工程制图基础知识，食品机械工程基础知识，食品加工单元操作的基本原理、基本方法、基本技术；酿酒原料与制品中各种成分的化学性质生理功能、体内代谢机制；酿酒原料与制品贮藏过程中所发生的化学变化、微生物变化、物性变化；酿酒原料与制品各种危害因素及其检测和控制的基本概念、基本原理、基本技术；酿酒基本技术及质量安全控制技术、酿酒机械与设备、酿酒工厂设计与环境保护。

**核心课程：**食品生物化学（56学时）、食品微生物学（72学时）、食品营养学（32学时）、食品安全学（56学时）、食品工程原理（40学时）、食品化学（60学时）、酿酒工艺学（75学时）、酿酒机械与设备（32学时）、酿酒工厂设计与环境保护（40学时）。

**主要实践性教学环节：**酿酒工程专业认识实习、酿酒工程专业调查、酿酒工艺实习、酿酒工艺设计、毕业实习、毕业设计（论文）等。

**主要专业实验：**食品生物化学实验、食品微生物学实验、食品营养学实验、食品安全学实验、食品工程原理实验、食品化学实验、食品分析实验、酿酒工艺学实验。

**修业年限：**四年。

**授予学位：**工学学士。

**参考文献：**

［1］中华人民共和国教育部高等教育司．普通高等学校本科专业目录和专业介绍［M］．2012年10月第一版．北京：高等教育出版社，2012：267－273.

## （三）未来职业发展

### 1. 食品工程师

**职业定义：**从事食品生产技术管理、品质控制、产品开发、科学研究、工程设计等方面工作的高级工程技术人才。

工作内容：

（1）研究各种食品原料来源，开发动植物食品资源；

（2）根据营养学和人体健康原理，利用各种天然资源和人造资源开发新型食品；

（3）研究罐头食品、烘焙食品、发酵食品、饮料等的营养卫生知识；

（4）研究、设计食品加工工艺，并进行加工技术指导；

（5）进行食品营养、卫生检测和分析；

（6）完善生产体系流程，制定相关食品安全标准；

（7）研究、开发食品包装材料；

（8）研究、开发食品储运技术并指导应用。

能力要求：

熟悉食品安全法；具有创新精神及创造性思维，负责公司新产品的研发及研究；具有系统的食品学、食品营养学理论知识；掌握食品加工工艺和食品储运养护工艺；熟练使用食品工艺相关工具、仪器设备；具备良好的协调能力、良好的团队合作精神，高度敬业；具有较强的观察力和应变能力；动手能力强；吃苦耐劳。

### 2. 食品研发工程师

**职业定义：**从事食品新技术研发和新产品的开发，且不断引入、运用和实施食品研发新技术及新检测方法并对所研制的食品进行质量跟踪的高级专门人才。

工作内容：

（1）根据产品开发计划，制订研发项目推进计划；

（2）根据新产品研发项目书制定样品工艺，确定所需的原料及辅料；组织和实施样品制作，对样品质量进行把关；

（3）制定产品工艺、生产工艺文件、工程文件；

（4）进行工艺过程的全面培训、现场指导和生产过程追踪；

(5) 组织样品的展示和品尝，统计并分析品尝结果，提出改善方案；

(6) 负责原有产品的技术改良升级及工艺改进工作。

能力要求：

具备食品专业的相关知识和实际操作能力；熟悉所在食品领域的行业产品及市场动态等；掌握所研发类食品的相关及自己产品的最新资讯；有食品研发的经验；工作责任心强；具备良好的沟通能力及团队协作能力；具备持久的研发热情；具有较强的学习能力、创新能力、动手能力；具有良好的英文听说读写能力。

### 3. 食品销售工程师

**职业定义：**从事独立管理和策划食品销售推广业务，并具有极高的市场经验和敏感的市场观察力、分析力的高级人才。

工作内容：

(1) 学习掌握相关食品技术知识与产品知识，培养敏锐的市场捕捉和判断能力；

(2) 负责指定区域的市场开发、客户维护和销售管理等工作，系统整合客户资源，疏通销售渠道，全面负责产品的推广与销售；

(3) 负责所属区域的产品宣传、推广和销售，掌握客户需求，建设渠道，主动开拓，完成上级下达的任务指标；

(4) 负责项目的策划与推广，建立和维护良好的客户关系；

(5) 项目合同的策划与撰写，以及负责产品的检验、交付；

(6) 完善客户管理体系和市场竞争体系，稳固老客户，发掘新客户；

(7) 评估、预测和控制销售成本，促使销售利润最大化；积极与相关部门沟通协调，促使生产与销售过程最优化；

(8) 根据企业整体销售计划与战略，制定自身的销售目标与策略；

(9) 负责展销会的策划与实施；提供优质的服务；提高产品的附加值。

能力要求：

熟悉食品行业产品市场，有相应食品产品销售的经验；了解食品行业技术；熟悉市场发展动态；精通渠道建设、产品策划；具备较强的沟通能力；具有良好的团队协作精神；学习能力强，有挑战精神；具有良好的英文听说读写能力。

### 4. 食品质量工程师

**职业定义：**从事食品行业技术质量和服务质量等的研究、管理、监督、检查、检验、分析、鉴定等工作的高级专业技术人才。

工作内容：

(1) 食品作业指导书、工艺配方、标准手册、产品看板、技术标准（包括原料、半成品、成品等）等技术资料的形式审核；

(2) 负责产品开发中的产品配料的标准性和安全性审核工作、产品标识标签的审核工作，以及产品包装的彩稿审核；

(3) ERP原料代码编制，条形码设置和备案，添加剂、配料申报、备案及信息维护；

(4) 原料质量要求表编制及原料相关标准收集。

能力要求：

熟悉食品行业生产工艺和研发内容；能够独立组织质量调查和分析；了解ISO9000、ISO22000、ISO14001体系管理知识；熟悉食品企业QS审查通则和细则；沟通能力和组织能力强；有亲和力，诚实可信，认真负责，严谨仔细；有团队协作精神。

### 5. 质量检测工程师

**职业定义：**从事编制质量检验标准文件、质量检验程序文件，定期更新产品检验规程，对产品生产过程的质量进行抽检，并就质量问题提出建议的高级专门人才。

工作内容：

(1) 负责对原材料、包材、成品进行检验并出具检测报告，保障物料质量合格，并对合格情况进行统计分析，督促对不合格物料及时改进；

(2) 负责生产过程的品质跟踪和检查，随时巡查生产车间，监督和指导生产工人规范操作；

(3) 协助和参与公司品质改进方案的制定工作，并配合落实改进方案；

(4) 负责公司产品质量标准、程序管理的编制、修订；

(5) 根据客户需求，结合生产能力，组织相关部门进行测量、评估、确定执行标准。

能力要求：

熟知食品法律法规、检测标准、产品标准，以及残留在食品中的限量；熟悉食品行业ISO9001和ISO22000等质量管理体系；能熟练操作微生物、理化标准检验；熟练操作各种检验设备；具有检验员资格证书；具有很强的分析、判断、归纳能力，工作责任心强；有良好的团队合作精神；吃苦耐劳，积极上进。

### 6. 品保工程师

**职业定义：**从事公司质量及食品安全管理体系和计量管理体系的规范和完善，确保进出场产品质量受控，在品质管理体系中实施并根据需要进行证实的有计划和有系统的活动的高级技术人才。

工作内容：

(1) 负责公司质量及食品安全管理体系的日常运行管理工作，并对体系运行提出改进提升的建议；

(2) 负责公司计量管理网络的建立，确保公司计量设备处于受控状态；

（3）负责供方（包括租赁的外仓）管理工作的开展；

（4）负责公司所有来料检验工作和成品出厂检验及放行工作；

（5）负责公司虫害防治工作的组织开展；

（6）负责公司所有产品的报检工作、委外检测工作的开展。

能力要求：

熟知食品法律法规、检测标准、产品标准，以及残留在食品中的限量标准；熟悉ISO22000体系；熟悉食品行业相关法律法规；持有检验证、内审员证等相关证件。

## （四）就业方向

随着世界人口增长带来的粮食危机不断加剧，以及食品领域大工业化时代的到来和人们对食品营养与卫生的关注加深，食品科学与工程专业在食品行业内的工程设计领域、营养健康领域、安全检测领域、监督管理领域发挥着越来越重要的作用。

食品科学与工程专业类毕业生主要进入快速消费品行业、医疗保健、环境保护、生物技术、医药、食品加工制造业以及公共管理、社会保障和社会组织行业，工作内容包括各类食品生产企业的食品工程设计、新产品开发、食品营养研究、质量检测、品质控制、技术管理、技术监督、食品机械设备管理、食品包装设计、食品贮藏管理、食品运输管理、企业经营管理、食品的科学研究和成果推广工作。

毕业生亦可在食品质量监督、海关、商检、卫生防疫、进出口、工商等部门从事产品分析、检测、技术监督、执法、管理等工作，或者在相关的国家机关、大专院校、科研院所进行教学科研工作。

# 二十八、建筑类

著名的美籍华人建筑师、土木学家贝聿铭曾经说过："建筑是一种社会艺术的形式，而空间与形式的关系是建筑艺术和建筑科学的本质。"

黑格尔曾言："就存在或出现的次第来说，建筑是一门最早的艺术。"建筑被誉为石头的史书，它用砖石承载着人类文明前进的轨迹。从人类最早栖息的洞穴、茅草建造的简易房屋，到后来木石结构亭台楼阁，再到如今钢筋水泥为骨具有现代设计感的摩天大楼，人类在认识世界的过程中，总结经验，不断地创新并改造世界，逐渐形成了建筑学。古代的建筑历史跨度很长，早在公元前3500年，聪明的埃及人就掌握了力学结构，建造出举世闻名的金字塔。可由于技术和材料有限，一直到中世纪，建筑学的发展都较为缓慢。17世纪以后，力学和构建理论的发展，促成建筑学快速成长为一门独立、专业的学科。同期，产业革命的兴起也为建筑业提供了更多新兴材料，为现代建筑学发展奠定了基础。二战后至今，现代科学技术迅速发展和不断涌入的全新设计理念在很大程度上推动了建筑学的发展，更为其未来的前进方向提供了更多可能[1]。

## （一）专业类简介

建筑学是研究建筑物及其环境的学科，旨在总结人类建筑活动的经验，研究人类建筑活动的规律和方法，创造适合人类生活要求的形态环境。建筑学在广义上包括建筑物、建筑群、室内外环境、人居环境、城市与村镇、风景园林的规划设计，建筑技术科学及建筑历史与理论的研究。

与建筑类学科密切相关的城乡建设和建筑业在国家建设以及社会经济发展中常常占有支柱性的重要地位。伴随人类文明进步和城镇化进程，今天的建筑类学科已经涵盖了自然地景、城乡土地、建筑环境的规划设计和场所营造的广袤对象。通过科学、人文与艺术结合的建筑设计及其环境营造、城乡规划、风景区规划设计等，建筑类学科为人类生存和发展及人居环境做出了重大贡献。在我国，建筑类学科所依托的基础理论、技术方法及丰富的工程实践将会在未来新型城镇化和城乡环境可持续发展中发挥关键性的重要作用。

建筑类专业主要培养面向社会有较强执业实践能力的专门人才，其教学有别于诸多文理学科较系统的知识学习和运用，而多采用"案例式研究学习"和"案例式模拟实践"等重实践应用与技能培养的方式。建筑类专业教学通常以执业实践中代表性的具体个案条件作为教学模拟课题设置的依据，通过小组师生间单独或小组的评改、研讨等组织形式，综合运用核心专业与相关专业的知识完成课程练习。教学评价标准可有功能使用、形象审美、空间体验、经济效益、社会效益和环境影响等不同的角度，鼓励学生在掌握专业知识的基础上开拓创新。在遵循共性科学原理基础上，建筑类专业的教学方式及课程成果常呈现多元多样而且丰富的特点。[2]

**参考文献：**

[1] 中国科学技术协会．2016—2017 学科发展报告综合卷［M］．合肥：中国科学技术大学出版社，2018：18.

[2] 教育部高等学校教育指导委员会．普通高等学校本科专业类教学质量国家标准［M］．2018 年 3 月第一版．北京：高等教育出版社，2018：548.

## （二）本科专业介绍

根据《普通高等学校本科专业目录（2020 年版）》所列，建筑类（0828）专业类下设 3 个基本专业和 4 个特设专业。基本专业介绍如下。[1]

### 1. 082801 建筑学

**培养目标：**本专业培养适应我国社会主义经济发展和现代化建设需要，德、智、体、美、劳全面发展，掌握建筑学科的基本理论、基本知识和基本设计方法，接受建筑师基本训练，具备基本的建筑知识和较强的设计能力，具有创新精神和开放视野，能在城市建设领域从事建筑与城市设计、城市规划和风景园林规划设计、科学研究和管理工作的复合型专门人才。

**培养要求：**本专业学生主要学习建筑学基本知识和理论，接受建筑设计和城市设计技能的基本训练，掌握建筑设计和相关规划设计的基本理论和方法。

毕业生应获得以下几方面的知识和能力：

（1）具有必要的人文社会科学和自然科学的理论知识和素养；

（2）具有建筑学的专业基础知识，了解中国和外国古代及近现代建筑历史，了解建筑设计城市规划与景观设计的基本原理，掌握空间形体表达方法，掌握建筑结构、建筑力学、建筑构造、建筑材料的基本知识，掌握建筑物理环境（声、光、热）、建筑设备（水、暖、电）的基本知识；

（3）具有建筑学的专业知识，具有建筑设计和城市设计的基本能力，掌握建筑设计和相关规划设计的分析方法和设计技能；

（4）了解土木工程、建筑设备、环境保护、建筑经济等相邻学科基本知识；

（5）熟悉建筑设计和相关规划设计的方针、政策和法规，了解建筑学的理论前沿和发展动态；

(6) 具有一定的建筑学领域科学研究和实际工作能力，具有一定的创新思维和能力。

**主干学科：** 建筑学、城乡规划、风景园林。

**核心知识领域：**

建筑设计与实践：建筑设计是建筑学专业核心知识领域的主干；建筑历史与理论：古今中外建筑历史与理论为主体的知识构成建筑学专业的理论平台；建筑技术与建筑师执业：建筑数学、建筑物理、建筑结构、计算机应用等方面知识成为建筑学专业的技术支撑；城市设计：城市设计理论以及城市规划、风景园林等方面的基础知识成为建筑学专业的拓展知识领域。

**核心课程示例：**

示例一：建筑设计（832 学时）、外国建筑史（64 学时）、中国建筑史（64 学时）、建筑设计概论（48 学时）、建筑设计基础（32 学时）、城市规划原理（48 学时）、景观学原理（32 学时）、空间形体表达基础（32 学时）、建筑技术概论（16 学时）、CAAD 方法（32 学时）、建筑结构（64 学时）、建筑物理环境（48 学时）、素描水彩（192 学时）、建筑师业务实践（208 学时）、建筑构造与设备（80 学时）、实习环节（240 学时）、毕业设计（240 学时）。

示例二：建筑设计（788 学时）、建筑设计基础（256 学时）、视觉设计基础（288 学时）、建筑制图（32 学时）、建筑学概论（16 学时）、建筑设计基础理论（16 学时）、计算机辅助设计（32 学时）、城市规划原理（32 学时）、居住环境与住宅设计原理（16 学时）、专业外语（64 学时）、建筑力学（48 学时）、中国建筑史（64 学时）、外国建筑史（64 学时）、建筑结构（48 学时）、建筑构造（96 学时）、建筑物理（64 学时）、建筑设备（48 学时）、建筑设计理论（64 学时）、实习环节（288 学时）、毕业设计（256 学时）。

示例三：建筑设计（752 学时）、室内设计及原理（32 学时）、景观规划与设计及原理（32 学时）、城市设计及原理（32 学时）、城市规划原理（32 学时）、建筑力学（48 学时）、材料与工艺学（32 学时）、建筑构造（48 学时）、建筑结构（64 学时）、建筑物理环境（96 学时）、建筑设备（48 学时）、建筑学概论（16 学时）、中国建筑史（32 学时）、外国建筑史（64 学时）、画法几何与阴影透视（64 学时）、美术（128 学时）、工程制图（32 学时）、设计初步（144 学时）、建筑师业务实习（280 学时）、毕业设计（300 学时）。

**主要实践性教学环节：** 建筑基础和认识实习、建筑测绘实习、建筑师业务实践、毕业设计。

**主要专业实验：** 建筑设计模型实验、建筑物理实验、计算机建模和绘图实验等。

**修业年限：** 四年或五年。

**授予学位：** 工学学士。

## 2. 082802 城乡规划

**培养目标：** 本专业培养具备坚实的城乡规划设计基础理论知识与应用实践能力，

具有社会责任感、团队精神、创新思维和可持续发展理念，尊重地方历史文化，能在专业规划设计机构、管理机构、研究机构从事城乡规划设计及其相关的开发与管理、研究与教育等工作的高级专门人才。

**培养要求：**本专业学生主要学习城乡规划的基础理论与基本知识，接受城乡规划的原理、程序、方法以及设计表达等方面的基本训练，掌握适当处理城乡规划与自然环境、社会环境、历史遗产的相互关系，并具备将这些关系统一表现在规划设计上的基本能力。

毕业生应获得以下几方面的素质和能力：

(1) 具备高尚的职业道德素养和正确的价值观、扎实的自然科学和人文社会科学基础、良好的专业素质和身心素质；

(2) 具有调查分析和研究能力、规划编制和管理能力、规划设计与创新能力、交往沟通与表达能力；

(3) 具有外语应用能力和计算机应用能力；

(4) 具有自我学习和职业发展的能力。

**主干学科：**城乡规划。

**核心知识领域：**城乡与区域发展、城乡规划理论、城乡空间规划、城乡专项规划、城乡规划实施。

**核心课程示例：**

示例一：城市规划原理（136 学时）、城市总体规划（136 学时）、详细规划设计（136 学时）、控规与综合性城市设计（136 学时）、城市道路与交通（102 学时）、城市工程系统与综合防灾（68 学时）、城市经济学（34 学时）、城市社会学（34 学时）、城市地理学（34 学时）、城市生态和环境保护（34 学时）、中外城市建设史（64 学时）、城市分析方法（34 学时）、地理信息系统（34 学时）、城市规划管理与法规（34 学时）。

示例二：经济地理学（54 学时）、城市生态学（36 学时）、美术与制图（54 学时）、中外城市发展与规划史（36 学时）、建筑设计（72 学时）、城市地理学（54 学时）、城市规划原理（54 学时）、城市社会学（36 学时）、城市经济学（36 学时）、城市园林绿地系统规划设计（72 学时）、城市道路与交通规划（54 学时）、城市设计（72 学时）、土地利用规划与房地产开发管理（36 学时）、城市规划系统工程学（36 学时）、社区空间规划与设计（72 学时）、区域规划（36 学时）、城市总体规划课程设计（54 学时）、城市基础设施系统规划（54 学时）、城市遗产保护与规划（36 学时）、城市旅游与游憩规划（54 学时）、景观规划与设计（54 学时）、详细规划课程设计（72 学时）、城市规划管理与法规（36 学时）。

示例三：建筑设计基础（160 学时）、建筑设计原理（32 学时）、建筑设计（304 学时）、城市规划概论与原理（96 学时）、城市规划设计基础（128 学时）、城市规划设计（296 学时）、中外国建筑史（48 学时）、城市建设史（48 学时）、城市道路与交通（72 学时）、城市规划调查研究（40 学时）、城市经济学（32 学时）、风景园林规划与设计（48 学时）、区域经济分析与规划（32 学时）、城市环境与生态学（32 学时）、城市基础设施规划（48学时）、城市政策法规与管理（40学时）。

**主要实践性教学环节：**城乡认识调查、城乡总体规划实践、城乡设计实践、规划管理实习、毕业设计（论文）等。

**主要专业实验：**人居环境模型制作、城乡生态系统模拟实验、城乡发展动态模拟实验、规划设计成果数字化实验等。

**修业年限：**四年或五年。

**授予学位：**工学学士。

### 3. 082803 风景园林

**培养目标：**本专业培养适应社会主义现代化建设需要，德、智、体、美、劳全面发展，掌握风景园林学科的基本原理和基本知识，能胜任风景名胜、城乡绿化、城乡规划、环境和生态保护、旅游发展、建筑设计等各类风景园林工程的技术与管理工作，具有扎实的基础理论、宽广的专业知识、较强的工程实践能力和创新能力以及一定的国际视野，能面向未来的高级专门人才。

**培养要求：**本专业学生主要学习风景园林保护、规划、设计、建设和管理的基本理论和基本知识，接受风景园林的现场调查分析、空间规划设计、植物等材料应用、工程技术与建设管理、文字图纸表达等方面的基本训练，具备能在风景园林保护、规划、设计、施工、管理、教育、科研、投资和开发等相关部门从事技术和管理工作的基本能力。

毕业生应获得以下几方面的知识和能力：

（1）具备较高的职业道德与人文素质、具备良好的专业素质和身心素质，具有自然科学、人文科学和文化艺术基本素养，并掌握一门外国语；

（2）了解本专业的历史、现状和发展趋势；了解与本专业相关的建筑学、城乡规划、生态、园艺、地质、土壤、水文、地理、计算机应用、社会、艺术、管理等学科专业知识，具备融会贯通多学科专业知识的能力；

（3）掌握风景园林现场调研、数据分析与图文表达的方法技术，具备识别分析风景园林现状问题的能力；

（4）掌握风景园林规划设计的基本原理和分析方法，具有风景园林规划、园林与景观设计的基本实践能力；

（5）了解风景园林工程材料的基本性能和选用原则，掌握工程测绘和工程制图的基本原理和方法；

（6）掌握风景园林植物的基本知识，具有植物应用的基本能力；

（7）了解自然和文化遗产保护的基本知识，具有从事风景园林遗产及各类自然与人文风景园林资源保护的基本能力；

（8）了解与风景园林相关的法律法规、公共政策和技术标准；

（9）具有较强的沟通协调、环境适应和团队合作能力。

**主干学科：**风景园林、城乡规划、建筑学。

**核心知识领域：**风景园林规划与设计知识，包括风景园林保护规划、设计等构成风景园林专业知识领域的主干；园林历史与理论，包括古今中外风景园林历史与理论知识成为风景园林专业的理论平台；风景园林技术，包括风景资源学、园林植物、园林结构、计算机应用等知识成为风景园林专业的技术支撑；建筑与城乡规划知识，包括建筑设计、城市设计、环境艺术设计、城乡规划、旅游规划、资源与环境保护、生态、园艺、艺术等方面的基础知识构成风景园林专业的拓展知识。

**核心课程示例：**

示例一：景观学概论（34 学时）、中外园林史（51 学时）、建筑史（34 学时）、风景园林文化与美学（34 学时）、风景资源与遗产保护（34 学时）、景观游憩学（34 学时）、设计基础（102 学时）、建筑设计基础（204 学时）、建筑设计（102 学时）、景观规划设计原理（34 学时）、城市规划原理（34 学时）、建筑设计原理（34 学时）、景观设计（136 学时）、景观详细规划（136 学时）、景观总体规划（136 学时）、风景区规划原理（34 学时）、城市绿地规划设计原理（34 学时）、景观生态学（34 学时）、园林植物与应用（68 学时）、种植与生态专项设计（68 学时）、建筑力学（51 学时）、建筑结构与构造（68 学时）、景观工程与技术（68 学时）。

示例二：素描基础（56 学时）、制图基础（64 学时）、造型基础（120 学时）、风景园林艺术原理（48 学时）、中国园林史（24 学时）、西方园林史（24 学时）、生态景观规划（40 学时）、风景区规划（24 学时）、园林树木学（48 学时）、园林花卉学（32 学时）、城市绿地系统规划（56 学时）、园林植物景观设计（80 学时）、风景园林建筑设计（160 学时）、风景园林设计（176 学时）、风景园林工程（136 学时）。

示例三：风景园林概论（16 学时）、风景园林设计原理（32 学时）、设计基础（156 学时）、中国园林史（32 学时）、外国园林史（32 学时）、园林植物基础（48 学时）、绘画（72 学时）、风景园林规划与设计 1—8（包含：场地设计、公园设计、城市公共空间设计、城市设计、风景区规划等）（共 512 学时）、环境行为学（32 学时）、形式认知与材料试验（16 学时）、景观工程（48 学时）、植物配置（32 学时）、城市设计理论与方法（32 学时）、城市绿地系统规划与设计（32 学时）、景观生态学（32 学时）、风景园林规划设计理论与方法（32 学时）、风景园林规划实务（16 学时）、风景园林管理与法规（16 学时）。

**主要实践性教学环节：**实验实习、设计和社会实践以及科研训练等形式。实习包括认识实习、课程实习、生产实习和毕业实习 4 个环节；设计包括课程设计和毕业设计（论文）2 个环节。

**主要专业实验：**户外建成与自然环境模拟、模型制作、GBS 等。

**修业年限：**四年或五年。

**授予学位：**工学学士或艺术学学士。

**参考文献：**

[1] 中华人民共和国教育部高等教育司．普通高等学校本科专业目录和专业介绍[M]．2012 年 10 月第一版．北京：高等教育出版社，2012：273－276.

## （三）未来职业发展

### 1. 建筑师

**职业定义**：从事以建筑设计为主要职业，且受过专业教育或训练，依法取得注册建筑师资格证书的高级专门人才。

工作内容：

（1）与建筑委托人研究、协商建筑物的类型、风格和规模，并准备有关设计、材料、建筑费用和建筑时间的资料；

（2）收集有关土壤、结构、电学、力学等技术资料；

（3）研究、设计建筑物的布局、内部设置、设备安放、水电系统、环境美化等；

（4）绘制建筑设计图。

能力要求：

具备建筑设计、建筑力学、建筑结构、素描、色彩、美学等相关扎实的专业知识和丰富的人文素养；熟练掌握使用一些绘图软件；同时，具有良好的学习能力、创新能力、设计能力、创作技巧、团队协作能力、沟通能力等。

### 2. 城镇规划设计师

**职业定义**：从事城镇布局总体规划、设计城镇土地利用、空间布局，制定施工方案，并进行管理工作的高级专门人才。

工作内容：

（1）研究、规划城市建设发展用地、空间形态和布局结构；

（2）研究、规划、设计城市综合交通体系、对外交通设施和道路布局；

（3）研究、规划、设计市政工程管线系统及主要工程设施布局；

（4）研究、规划、设计城市河湖水系和绿地系统的布局；

（5）研究城市环境保护和防灾规划的原则、标准。

能力要求：

具备城市规划、城市设计、城市道路与交通、城市工程系统规划、城市生态与环境保护、城市开发与房地产策划、城市规划管理与法规等相关专业的知识；熟练使用一些绘图软件；同时，具有良好的学习能力、设计能力、创作技巧、团队协作能力、沟通能力。

### 3. 城市规划师

**职业定义**：经全国统一考试合格，取得《城市规划师执业资格证书》并经注册登记后，从事城市规划业务工作的专业技术人员。

工作内容：

(1) 收集和调查基础资料，研究满足城市发展目标的条件和措施；

(2) 研究城市发展战略，预测发展规模，拟定城市分期建设的技术经济指标；

(3) 确定城市功能的空间布局，合理选择城市的各项用地，并考虑城市空间的长远发展方向；

(4) 提出市域城镇体系规划，确定区域性基础设施的规划原则；

(5) 拟定新区开发和旧城区利用、改造的原则、步骤和方法；

(6) 确定城市各项市政设施和工程设施的原则和技术方案；

(7) 拟定城市建设艺术布局的原则和要求；

(8) 根据城市基本建设的计划，安排城市各项重要的短期建设项目，为各项工程设计提供依据；

(9) 根据建设的需要和可能，提出实施规划的措施和步骤。

能力要求：

对土地使用和场地规划的研究调查有自己独到的理解，并了解环境法规、建筑法规和相关的法律知识；具有能够独立分析经济和环境数据的能力；具有优秀的组织能力和管理技能。

### 4. 土地规划师

**职业定义：**具有相关规划知识，通过专业资格考试，从事国家城镇土地使用规划的高级专业人员。

工作内容：

(1) 负责土地规划项目现场的踏勘；

(2) 负责土地规划项目法律法规及相关资料的收集；

(3) 负责土地规划产品的整理、装订、提交和归档工作；

(4) 负责土地规划成果报告的编制，自查；

(5) 负责重点项目土地预审、土地报批和标准农田置换（核减）方案编制等；

(6) 负责土地利用总体规划局部调整类项目的开展和实施；

(7) 参与土地规划、整治、复垦、基本农田划定类相关项目；

(8) 参与单体设计与土地整治项目耕地质量评定等工作；

(9) 现场调研，负责项目可研编制、规划设计编制与图件绘制以及预算编制工作。

能力要求：

具有一定的计算机专业知识；具备较强的沟通协调能力和写作能力；熟悉国家相关标准及规划编制流程；具备吃苦耐劳、踏实肯干的优秀品质；同时能够在工作中充分发挥主观能动性与工作热情；具有较强的团队协作精神和一定的组织能力。

### 5. 景观设计师

**职业定义：**从事景观规划设计、园林绿化规划建设和室外空间环境创造等方面专业设计工作，且掌握多方专业知识及技能的高级专门人才。

工作内容：

（1）景观规划设计；

（2）园林绿化规划建设；

（3）室外空间环境创造；

（4）景观资源保护；

（5）废旧工厂改造设计；

（6）旅游、度假景点规划设计。

能力要求：

熟悉景观特性；熟悉景观空间分析语言；掌握表现手段，处理好景观设计与建筑、文学、艺术等的关系；掌握基本的制图软件；具备近现代景观史、景观学概论、景观设计初步、景观资源学、人文地理学、景观植物、景观规划设计原理、景观规划设计（场地规划设计、城市景观设计、景观建筑设计、风景区规划设计、旅游规划、自然保护规划、公园规划设计）、景观工程与技术、种植设计等专业知识；掌握美学、绘图、设计能力；同时，具有良好的学习能力、设计能力、创作技巧、团队协作能力、沟通能力。

### 6. 风景园林工程师

**职业定义：**从事以园林艺术、环境生态、园林建筑和园林工程为基础，对各类型城镇园林进行总体规划和设计、施工的高级工程技术人才。

工作内容：

（1）研究、开发景观生态、园林艺术、风景园林建筑和工程应用；

（2）进行风景名胜区的规划与设计；

（3）进行总体规划图、鸟瞰图模型及地形、地貌、水体设计和园林绿地设计等城市公园总体设计；

（4）进行园林建筑、园林工程设计；

（5）对风景园林工程进行施工管理。

能力要求：

掌握基本的制图软件和建模软件；具备美学、绘图、设计、勘测、文化、历史、心理学、造价预算等各方面知识；熟悉景观特性，熟悉景观空间分析语言；掌握表现手段，处理好景观设计与建筑、文学、艺术等的关系；具备近现代景观史、景观学概论、景观设计初步、景观资源学、人文地理学、景观植物、景观规划设计原理、景观规划设计、景观工程与技术、种植设计等专业知识；掌握美学、绘图、设计能力；同时，具有良好的学习能力、设计能力、创作技巧、团队协作能力、沟通能力。

**7. 旅游规划师**

**职业定义：**为旅游地的旅游项目定向、定位，旅游景区规划与开发提供全程策划服务，并通过策划师资格考试，取得相应等级策划资格证书的专业人才。

工作内容：

(1) 负责旅游规划、策划以及营销方案及旅游区总体规划的编制工作；

(2) 负责与各主题活动的设计、资源对接与落地实施；

(3) 参与项目策划、专题研究、案例研究等工作；

(4) 参与与合作方的沟通交流，准确把握对方诉求，并在项目规划中加以体现；

(5) 参加项目考察、调研等活动，负责项目规划、图件制作等；

(6) 根据国内旅游产品需求调查分析，开发有特色的旅游产品；

(7) 配合后期旅游产品宣传，协同进行产品推广。

能力要求：

了解当前旅游市场趋势；具备较强的专业能力、较强的文字驾驭能力和优秀的沟通协调能力；精通各类旅游规划及策划规范要求；能在项目制作中独立承担多项重要内容，有一定的理论研究水平和解决问题的能力；能充分实现并表达项目理念和设计内容；协助项目经理进行项目的计划和分工，负责项目团队内部、团队与项目实施人之间的沟通、协调工作；保证项目在可行、有序的环境中进行控制和指导项目日常工作。

## （四）就业方向

建筑专业作为建筑行业中最重要的一个专业类，其重要地位一直颇受重视，建筑类专业一直是就业率较高的专业。在这几年里，随着国民经济的发展、社会市场的繁荣、人民生活水平的提高、人们对居住环境要求的提高，建筑类的热度居高不下。其中建筑类专业的几个分支，像室内设计、园林设计、城市规划等专业的毕业生的需求量更是大增。

建筑类专业毕业生主要有四个就业方向：建筑设计研究院和建筑设计事务所等建筑行业的设计单位，主要从事建筑物的设计和有关建筑的研究工作；硕士生和博士生大多留任高校从事科学研究与教学工作；在城建部门从事管理规划工作也是不错的选择；此外，进入了房地产行业从事房地产开发也是行业选择之一。

# 二十九、安全科学与工程类

安全是人类永恒的主题。著名心理学家马斯洛认为，安全是人得以生存的第一要素。

人类在与自然做斗争的过程中，不断受到环境条件威胁，从而本能地对这些威胁进行斗争。在原始社会时代，威胁人类安全的主要因素是来自自然界的各种灾害。随着生存力的发展，人类开始学会使用较复杂的一些工具，因而威胁人类安全的主要因素就由自然逐渐转化为人与工具。随着工业时代的到来，劳动者常常被机器致病、致伤和致死，于是劳动者开始了各种斗争与抗衡，迫使各个国家开始展开安全方面的研究，产生了诸多成果，如 1893 年美国颁布《铁路安全生产法》、1879 年法国成立“安全保卫中心”[1]。

随着世界各国工业化进程的不断加快，安全问题越来越突出，在煤炭、化工、建筑等传统工业、食品卫生、环境及其他新兴工业领域，安全问题日益凸显，传统的单一学科已经难以解决这些问题。安全科学与工程发展成综合理、工、文、法、管、医等学科的交叉学科，应用领域涉及社会文化、公共管理、行政管理、检验检疫、消防、土木、矿业、交通、运输、航空、机电、食品、生物、农业、林业、能源等行业乃至人类生活的各个领域，并且与上述学科都有交叉。

## （一）专业类简介

安全科学与工程类专业是以安全学原理为基础，以信息论、系统论、控制论为先导，包括安全科学理论、工程技术和管理在内的一门宽口径综合性科学技术，主要内容包括人类在劳动生产和防御各种灾害的过程中所采用的、以保证人的身心健康和生命安全、减少物质财产损失、降低事故风险为目的的安全技术理论及专业技术手段。

安全科学与工程学科的主要任务是研究人类生产和社会活动中面临的共同的安全科学理论、技术问题，目的在于揭示安全科学的一般规律，直接指导安全科学与工程技术的研究和发展。

我国的安全科学与工程类专业本科教育始于 20 世纪 50 年代，部分高等院校开始培养矿山通风与安全方向的专门人才，此后经多次本科专业目录调整，安全科学与工程类专业也不断整合，安全工程成为综合性专业，不仅为矿山行业培养人才，而且开始为各行各业培养安全人才。教育部《普通高等学校本科专业目录（2020 年版）》，将安全科学与工程单列为一个类，下设安全工程专业、应急技术管理专业和职业卫生工程专业。[2]

**参考文献：**

[1] 董锡明．轨道交通系统安全工程［M］．北京：中国铁道出版社，2014：36-43.

[2] 教育部高等学校教育指导委员会．普通高等学校本科专业类教学质量国家标准［M］．2018年3月第一版．北京：高等教育出版社，2018：559.

## （二）本科专业介绍

根据《普通高等学校本科专业目录（2020年版）》所列，安全科学与工程类（0829）专业类下设1个基本专业和2个特设专业。基本专业介绍如下。[1]

### 1. 082901 安全工程

**培养目标：** 本专业培养掌握安全科学、安全技术、安全管理和职业健康基本理论、基础知识和基本技能，具备专门从事安全工程设计、研究、检测、评价、监察和管理等工作能力的高素质复合型工程技术专业人才。

**培养要求：** 本专业学生在学习工程专业基础、人文社科知识的基础上，主要学习安全科学与工程基础理论、安全工程技术及安全管理相关课程，接受校内外实践环节、专业相关课程的课程设计和毕业论文与毕业设计的基本训练，具备注册安全工程师基础知识、专业能力和素质，具备服务于建筑、化工、冶金、矿业、机电、能源、交通运输、保险、职业健康等各个行业的安全健康业务，并具有在安全健康行政管理、安全中介等机构中工作的能力。

毕业生应获得以下几方面的知识和能力：

（1）具有较好的人文社会科学素养、较强的社会责任感、工程职业道德和服务意识；

（2）具有从事安全专业所需的自然科学知识和一定的经济管理知识；

（3）具有一定的国际视野和跨文化交流、竞争与合作的能力；

（4）具有工程制图、计算机辅助设计和应用计算机进行数据处理及分析的能力；

（5）掌握文献检索及运用现代信息技术获取相关信息的基本方法，了解本专业的发展现状和趋势，了解本专业领域技术标准、相关行业政策、法律和法规；

（6）掌握安全科学、安全工程、安全管理、职业健康的基本理论、基础知识和基本技能；

（7）具备从事安全工程方面的设计、研究、检测、评价、监察和管理等工作的能力；

（8）具有综合运用所学知识分析并解决安全工程问题的基本能力以及从事特定行业安全新工艺、新技术开发与设计的初步创新能力；

(9) 具有一定的组织管理能力、较强的人际交往能力和团队精神；

(10) 具有应对危机与突发事件的能力。

**主干学科**：安全科学与工程。

**核心知识领域**：工程理化基础、机电工程设备安全技术、安全人机工程、事故致因理论、安全管理及其系统方法、通风及火灾爆炸控制技术。

**主要实践性教学环节**：集中实习、课程设计、工程实践、毕业设计（论文）等。

**主要专业实验**：机电工程设备安全技术类课程实验、通风及火灾爆炸控制类课程实验、安全人机工程、事故致因理论、安全管理及其系统方法类课程实验等。

**修业年限**：四年。

**授予学位**：工学学士。

**参考文献**：

[1] 中华人民共和国教育部高等教育司．普通高等学校本科专业目录和专业介绍[M]．2012 年 10 月第一版．北京：高等教育出版社，2012：277－278.

## （三）未来职业发展

### 1. 注册安全工程师

**职业定义**：注册安全工程师是指通过注册安全工程师职业资格考试并取得《中华人民共和国注册安全工程师执业资格证书》，在生产经营单位从事安全生产管理、安全技术工作或者在安全生产中介机构从事安全生产专业服务工作的专门人才。

工作内容：

(1) 建立工具和平台，使安全态势量化和可视化；

(2) 负责信息安全相关制度、流程、规范定义、遵循和持续改进；

(3) 内部安全系统的相关架构设计与开发，安全工作的自动化；

(4) 监控、防护、安全服务系统的设计与开发；

(5) 公司安全相关系统如扫描器、Waf、4A 系统、入侵检测、安全大数据分析平台开发、建设；

(6) 恶意软件行为分析、主机入侵溯源等；

(7) 负责工程项目日常安全检查，对存在的隐患及时整改，及时采取预防措施，消除不安全因素；

(8) 监督检查各级人员安全责任制的落实，各项安全规章制度和上级有关安全工作指示的贯彻执行；

(9) 参加制定安全规章制度，安全施工操作规程、应急预案等的指导学习、培训工作；

(10) 参与新建、改建、扩建的建设项目安全设施的审查，负责审查承包承租单位相关资质证照和资料；

(11) 建立健全特种设备管理档案及其他方面的安全资料档案；

(12) 按照国家及公司有关规定，负责对领用劳动防护用品的审核，并对使用情况进行监督；

(13) 定期向单位主要负责人报告安全运行情况。

能力要求：

熟悉操作系统、网络基础原理；熟悉 TCP/IP、HTTP 等协议；具备良好的编码能力；熟练使用 Python、Shell、Lua 等语言；熟悉闭环风险管理思路，针对数据风险有丰富的实践；有数据敏感度；有大型企业数据安全管理及落地实施的工作经验；有大型数据系统、产品的建设经验，熟悉企业级数据理论；熟悉企业的操作风险及技术风险；具有全业务线数据安全风险的识别、协同、跟踪、改进优化及事后评估的能力；熟悉数据脱敏算法、差分隐私等。

### 2. 安全评价师

**职业定义：**采用安全系统工程的方法与手段，对建设项目和生产经营单位生产安全存在的风险进行安全评价的专业人员。

工作内容：

(1) 负责安全评价项目现场勘察、危险源辨识、风险分类分级，并按相关规范编制安全评价报告、安全生产事故应急预案等；

(2) 负责协助企业申请安全生产许可证，并解答主管部门就安全评价报告和企业现场提出的问题；

(3) 指导企业对生产现场存在的问题进行整改，以达到安全生产许可证核发要求；

(4) 负责完成安全评价、安全应急预案、安全风险评估、安全生产标准化咨询与考评、第三方安全检查等相关工作；

(5) 对现场进行实地勘查，收集有关资料；

(6) 对存在的危险有害因素进行辨识和分析；

(7) 进行定性、定量评价；

(8) 依据安全生产法规及评价结果，提出降低风险的安全对策；

(9) 对评价结果进行跟踪服务。

能力要求：

具有制造型企业生产一线技术或管理岗位工作经历；从事过建设项目设计、施工工作、港口码头工程建设工作经验；具有工程师以上技术职称，如一级安全评价师、二级安全评价师、三级安全评价师、注册安全工程师、高级工程师等。

### 3. 安全员

**职业定义：**安全员按照《国家安全生产法》在车站、车内、超市、医院、学校、企业、会场出入口或电梯口，为班组长和作业人员做好安全生产的日常看管、排查、点检、培训、整改、预防、除尘保洁、安检、防火防盗防爆防中毒、设备维修保养管理、安全提示等工作，并持证上岗，做好定期与不定期的安全提示排查，控制安全和事故的发生的工作人员。

工作内容：

(1) 持证上岗，主动组织排查各类有关安全隐患，并制定合理方案或填写排查记录；研究本部门主要安全问题，在思想上引起重视，认真研究落实公司各项安全规章管理制度的可行性措施，确保本部门顺利实行安全生产工作；

(2) 定期开展日常安全管理培训，建立控制、完善公司突发性事故制度，参与编制事故应急救援和演练工作方案，特别在重大节日、重大假期中进行；

(3) 定责定片管理，做到在开工前，对环境设备排查，消除重大安全隐患，组织、制度、防范措施落到实处；

(4) 定时排查，全面履行安全职责，确保员工无违法犯罪行为；

(5) 积极开展创建“文明施工”活动的宣传，使人人知晓创建活动和积极参加；

(6) 巡查有毒有害危险品管理，实验室对化学物品严格管理，做到“五双”严格手续，定期排查，账物相符；

(7) 负责跟班中的安全生产隐患的排查治理，排查现场管理中存在各项不安全因素，参与及时整改和查验；

(8) 配合管理人员和相关作业人员完成指定任务，听取群众反馈；带动全员参与安全工作，充分发挥群众安全员（群安员）的作用，积极开展群安员活动；

(9) 按照国家劳动保护、安全生产的方针、政策、法规和规定，全面落实“安全第一、预防为主、综合治理”的方针，服务大局，认真做好劳动保护、重大安全隐患排查、消防整改、培训预防等具体工作；

(10) 调查研究生产过程中的重大不安全因素，提出改进意见，参与审查安全技术措施、计划，并贯彻执行，负责整改查验；

(11) 做好安全知识培训宣传和点检管理提醒工作，参与有关施工安全组织设计和各种施工机械的安装、使用验收，看守和指导电器线路和个人防护用品的正确使用；

(12) 制定违章作业条例和控制违章作业，发现重大隐患时，当安全与进度发生矛盾时，必须把安全放在首位，有责任提醒并暂停作业，撤出人员，及时向上级主管领导报告，并提出改进意见和措施；

(13) 在施工现场发生重伤以上事故时，应赴现场组织抢救，保护现场，并及时上报事故情况，进行工伤事故统计、分析和报告，按“四不放过”原则参与事故调查处理。

能力要求：

熟悉国家各项安全法律法规；熟悉生产现场安全工作流程、安全操作规范和安全管理的程序；熟悉掌握工程施工生产过程及安全防护、临电等相关安全规章、标准和日常安全管理；具有较强的责任心、组织和沟通能力。

## （四）就业方向

该专业类毕业生可在矿山、建筑、化工、港口、市政、核电等领域从事安全科学研究、技术开发、工程设计及安全管理工作；也可在安全监察部门、教育培训机构等从事安全监察与管理、教育与培训等工作。

进入施工企业的毕业生主要从事施工现场的安全管理，以及现场的安全教育工作，该工作类型多在施工现场，相比其他工作危险系数较高；另有部分擅长安全法学等专业的同学，可以从事安全法律宣传以及安全施工方案的编制工作；该专业类毕业生就业的另一个选择是前往大型的厂矿生产型企业，进行安全管理和安全评价以及工伤事故的处理工作；另外，进入安全评价机构，帮助机构及政府、企事业单位进行风险预估和风险评估也是毕业生的一个重要选择。

除此之外，消防技术与工程研究和开发部门，如核电站、地方消防行政管理部门和消防检测机构，机场、港口、各类企业及城市消防安全管理等单位也是不错的工作选择。

# 三十、生物工程类

人类对生物的改造最初是为了解决种植的发展问题，所以生物工程的基础是遗传学，通过服务各种生物的改良，以达到更好满足人类生存所需求，促进人类更好地生存与发展的目的[1]。

生物工程发展过程大致可以划分为三个阶段：

第一阶段是19世纪末期至20世纪40年代。19年世纪末，巴斯德发现了发酵现象。20世纪初，由于第一次世界大战的需要，丙酮、丁醇、甘油等产品的工业生产大大发展，生物工程从此发展起来。

第二阶段是20世纪40年代至70年代。从青霉素生产工业的建立到DNA重组技术发明的三十年中，新技术的广泛应用与分子生物学的重大发现将生物工程推向新的历史阶段。人类在大规模培养、提纯青霉素方面取得突破，60年代还发展了易于操控、低成本的固定化酶技术。与此同时，分子生物学有了惊人的发现，人类终于揭开了DNA的神秘面纱。科学家先是明确了基因是遗传物质，接着又证实了基因的化学本质是DNA（脱氧核糖核酸），50年代提出了DNA的双螺旋结构模型，60年代提出了操纵子学说。这些发现为下一阶段生物工程的迅速发展奠定了基础。

第三阶段是20世纪70年代至今。1973年博耶等人实现了DNA重组技术，以此为突破口，生物工程迅速发展起来。1975年，沉默了18年的组织融合技术获得了新生，各种形式和各种用途的固定化酶反应器相继制造成功，1976年用基因工程生产的各种药物，如胰岛素、生长激素、干扰素、乙型肝炎疫苗等陆续问世，并先后进入临床试验应用。凡此种种，都在说明生物工程向人们展示了一个全新的五彩缤纷的世界[2]。

## （一）专业类简介

生物工程是应用生物学、化学和工程技术等方法，按照人类需要利用、改造和设计生物体的结构与功能，从而经济、有效、规模化地制造各种产品，是以生物技术研究成果为基础、借助工程技术实现产业化为基本任务的工学学科。生物工程广泛应用于化工、医药、食品、农业、能源、资源和环境等领域，是一门生物学、化学、化工、机械工程、自动化技术、材料科学等多学科交叉的新兴工程学科。

当前，人类面临如健康、资源、环境、粮食、能源等诸多亟待解决的问题，而这些问题的解决均有赖于生物工程产业的发展与支撑。生物工程产业利用不同的生物体及加工体系，既能每年几万吨大规模生产氨基酸等生物产品，也可以制备百克级蛋白质等大分子药物。因此生物工程的研究对象包括微生物细胞、动物细胞、植物细胞以及生化物质等，生物工程专业不仅涉及生物工程设备、生物生产工艺、工厂设计、自动化控制等宏观工程内容，也涵盖基因、酶、细胞、代谢途径与代谢调控等分子水平微观工程内容。上述生物工程专业内容主要可分为基因工程、发酵工程、生化工程、蛋白质与酶工程、细胞工程等部分，其中基因工程是现代生物工程的核心。

近年来，生命基础学科发展推动了诸如合成生物学、系统生物学等新兴学科的发展，也推动了基因工程蛋白质、抗体疫苗、生物制品、天然植物活性成分等产品的规模化生产需求，从而催生了新兴生物工程产业，其特点表现为高附加值、小规模、低市场容量。而以抗生素、酶制剂、维生素、有机酸、氨基酸、天然药物、大宗生化产品等产品为基础的传统生物工程产业，其生产规模仍在继续扩张，对技术转型升级提出了更高要求。[3]

生物工程产业的新发展动向要求该专业类毕业生不仅要掌握扎实的生物学、工程学基础理论和生物工程专业基础知识，而且还要接受严格的实验技能训练与工程实践环节训练，从而使毕业生具备较强的工程应用能力，成为合格的生物工程专业人才，能够适应生物工程产业的进步与发展，为生物工程相关领域发展做出贡献。

**参考文献：**

[1] 杨静玲．生物工程的现状及发展[J]．中小企业管理与科技（下旬刊），2009(6)：119.

[2] 朱朝枝．现代科学技术概述[M]．北京：中国农业出版社，2006：26－30.

[3] 教育部高等学校教育指导委员会．普通高等学校本科专业类教学质量国家标准[M]．2018年3月第一版．北京：高等教育出版社，2018：567.

## （二）本科专业介绍

根据《普通高等学校本科专业目录（2020年版）》所列，生物工程类（0830）专业类下设1个基本专业和2个特设专业。基本专业介绍如下。[1]

### 1. 083001 生物工程

**培养目标：**本专业培养具备生物学与工程学方面的基本知识以及自然科学和人文科学基础知识，能在生物技术与工程等相关领域从事生物工程产品生产、工艺设计、生产管理、新技术研究和新产品开发的学科交叉应用型人才。

**培养要求：**按照知识、能力、素质全面协调发展的要求，本专业学生主要学习生物工程产品生产相关的基础理论、基本知识和基本技能，接受科学思维与实践创新方面的基本训练，掌握生物工程产品的科学研究方法与操作技术，具备生物产品制造和研发中分析和解决相关问题的基本能力，同时根据生物制药、环境生物工程、轻化生物技术、生物材料、生物系统工程等专业方向，确立人才培养特色。

毕业生应获得以下几方面的知识和能力：

(1) 具有良好的职业道德、高度社会责任感和丰富的人文科学素养；

(2) 掌握生物学与工程技术学科的基础理论及基本知识，具有数理化扎实基础以及计算机及信息科学等方面的基本素质；

(3) 掌握生物工程产品的分析方法，生产设计方法与实验技术；

(4) 具有从事生物工程产品生产、研究开发及技术管理的初步能力；

(5) 熟悉生物工程所涉及领域的相关方针、政策和法规；

(6) 了解生物工程技术研究的前沿、应用前景、最新技术动态和行业发展趋势；

(7) 具有初步的科学研究和实际工作能力，具有一定的批判性思维能力，具有不断获取新知识的能力；

(8) 具有适应社会需求、继续深造的潜能以及应对危机与突发事件的初步能力；

(9) 具有一定的国际视野和初步的交流、竞争与合作能力。

**主干学科：**生物学、化学工程与技术。

**核心知识领域：**生物化学、分子生物学、微生物学、工程制图、化工原理、发酵工程、生物分离与反应工程、生物工程设备与设计。

**核心课程示例：**

示例一：生物化学（96 学时）、微生物学（48 学时）、细胞生物学（48 学时）、化工原理（72 学时）、发酵工程（32 学时）、基因工程（32 学时）、分子生物学基础（32 学时）、生物分离工程（32 学时）、生物工程设备与设计（48 学时）等。

示例二：化工原理（96 学时）、生物化学（64 学时）、微生物学（48 学时）、发酵工程（48 学时）、生物分离工程（48 学时）、基因工程（32 学时）、生物工程设备（48 学时）等。

示例三：化工原理（80 学时）、生物化学（80 学时）、微生物学（64 学时）、分子生物学（32 学时）、生物反应工程（40 学时）、生物分离工程（40 学时）、生物工艺学（40 学时）、发酵设备及工厂设计（48 学时）等。

**主要实践性教学环节：**工程基本技能训练、生产实习、毕业设计（论文）等。

**主要专业实验：**微生物学实验、生物化学与分子生物学实验、发酵工程实验、生物分离工程实验以及与专业方向相关的特色专业实验课程。

**修业年限：**四年。

**授予学位：**工学学士。

**参考文献：**

[1] 中华人民共和国教育部高等教育司．普通高等学校本科专业目录和专业介绍[M]．2012 年 10 月第一版．北京：高等教育出版社，2012：278－279.

## （三）未来职业发展

### 1. 医疗器械销售工程师

**职业定义：**从事独立管理和策划商品的区域销售，针对医院、学校等机构营销业务的高级工程技术人才。

工作内容：

（1）定期进行重点客户回访及其他方式的联系，建立重点客户及应用档案，并定期汇总主要产品应用反馈；

（2）仪器售后维修服务工作；接受并协助公司处理客户投诉，定期反馈市场信息；

（3）协助公司开展客户培训和产品技术讲座；

（4）参与仪器展会的部分工作。

能力要求：

具备医药相关专业的知识；具备较强的谈判能力、较强的市场开拓能力。

### 2. 生物研发工程师

**职业定义：**在基因、细胞、蛋白质和微生物等生物工程技术领域，能够轻松分析数据，拥有团队协作能力和解决问题能力，专注于研发、生产、质检等方面的专业人才。

工作内容：

（1）设计研发、项目管理以及人员管理，现场生产流程的安排管理，质量控制部主要分为取样、理化分析、微生物分析、文件管理四部分；

（2）实验方面进行跟生物工程技术相关的领域研究；

（3）同时深耕自己专业的学科，以发表论文的方式来获得商业上的合作机会；

（4）根据客户的需要来完成相应的项目，争取做到少失误；保证实验进度、机器的正常运转等，对实验过程进行监测；

（5）提供真实、准确、可靠、完整的检验数据，真实地反映各物料的质量水平；

（6）检验用于生产的原辅料、包装材料等的合格；检验生产各阶段中间产品，以便进行下一步生产；

（7）保证中间产品达到预期用途实验标准。

能力要求：

具备研发能力，包括文献查阅能力、实验设计能力；具备生产、质检类能力，较强的实验操作能力；具有创新能力，团队沟通协作能力，责任心。

### 3. 药品研发人员

**职业定义：**从事原料药的制备、药效分析、制剂生产、工艺改进等研究类工作以及新药的报批、专利申请等相关文件类工作的专业人才。

工作内容：

(1) 前期药物活性物质的鉴定分析，帮助药企寻找可应用于药品研发的活性成分；

(2) 中期包括成品药物的研发，包括化药、疫苗类药物、基因工程类药物等各种不同药物的研发工作，也包括药物制剂、药效毒性分析、制药工艺改善等重要环节的技术研发；

(3) 后期涉及的工作内容种类较多，多为辅助支持性工作，比如对成品药物的临床应用进行研究，为新药报批准备材料或者申请专利等；

(4) 对项目或部门的工作做出总体规划和任务部署，从事团队管理。

能力要求：

具备文献查阅能力、实验设计能力；具有较强的实验操作能力；具备沟通能力，能与不同的人以合适的方式交流；具备事务管理能力；熟练使用 Office 等办公软件。

#### 4. 制药工程技术人员

**职业定义**：从事药品研发制造，新工艺、新设备、新品种的开发和设计的专业人才。

工作内容：

(1) 分析用户需求并提出产品选项；

(2) 根据工作需求选择相应的设备与技术，或者根据需求对设备、技术加以改进；

(3) 对工具、设备或者系统进行安装、维护、保养、故障排除、维修；

(4) 检测中间产物、生产用水、环境监控和最终产品；

(5) 进行产品、服务或工艺的测试和检查，以评价质量或性能；

(6) 控制设备和系统的运行，并且通过查看测量仪表、标度盘或其他指示器，以确保其正常工作；

(7) 监控整个生产过程，产品放行和运输以及顾客（市场）的反馈。

能力要求：

拥有良好的专业基础知识；具备基本的实验操作技能，比如基本的药物合成的单元反应、分析仪器和数据等基础的制药工程技术基本技能；能熟练操作制剂生产设备；具备相应的文献检索能力，创新能力；具备团队协作能力、语言表达能力；具备独立处理问题的能力以及时间管理和工作规划能力。

## （四）就业方向

生物工程专业是科学领域的新兴行业，该专业类毕业生可前往科研机构或高等学校从事科学研究或教学工作，也可以进入工业、医药、食品、农业、林业、畜牧、渔业、环保、园林等行业的企业、事业单位和行政管理部门从事产品研发、生物制药、技术开发、药物检测、产品培育、去病毒技术、发酵工程、转基因技术等工作。

目前该专业类毕业生的主要就业方向如下：

从事对口研发工作，拥有较高科研能力和较强生物专业技能的本科生，毕业后留任高校或前往生物技术企业，如制药公司、基因公司等。这要求毕业生具备较高的科研能力，因此该专业毕业生多以升学尤其是读博为目标。国内一流学府对生物工程专业的硕博士生要求也很严格，必须具备过硬的英文文献阅读能力。

此外，还有一部分毕业生进入食品、药品行业从事质量检测工作，也有部分毕业生转行到销售等岗位。

# 三十一、公安技术类

中国特色的人民公安史，包括人民公安的思想理论与警务实践两个部分。中国特色的人民公安思想与实践，是中国共产党领导下的新民主主义革命和社会主义建设事业的重要组成部分，经历了四个历史阶段：第一阶段是新民主主义革命时期的人民公安思想实践探索；第二阶段是社会主义建设时期的人民公安思想形成及建设实践；第三阶段是改革开放以后的人民公安思想发展；第四阶段是新时期的人民公安思想创新实践[1]。

党中央、国务院高度重视公安工作和公安改革，在多次深化改革中，公安与新技术的结合日趋紧密，从而诞生了智慧公安的概念。根据现代公安工作的性质特点及未来警务发展演变的趋势，智慧公安是以互联网、移动互联网、物联网、云计算、智能引擎、视频技术、数据挖掘、知识管理等信息技术为支撑，以信息化为核心，通过互联化、物联化、可视化、智能化的方式，促进公安系统各个功能模块高度集成、协调运作，实现以警务信息“强度整合、高度共享、深度应用”为目标的警务发展新理念和新模式[2]。

## （一）专业类简介

公安技术类本科专业是国家控制布点专业。

公安机关是人民民主专政的重要工具，人民警察是武装性质的国家治安行政力量和刑事司法力量，承担维护社会大局稳定、服务经济社会发展、保障人民安居乐业的重大职责，“对党忠诚、服务人民、执法公正、纪律严明”是对公安工作和公安队伍建设的总要求。面向公安机关培养公安专业人才，适应公安工作和公安队伍建设的专业化、职业化、正规化要求，提高公安专业人才的实战应用能力和创新能力，既是维护国家安全和社会稳定的内在需要，也是预防和打击违法犯罪活动的客观要求，更是建设平安中国、法治中国的国家战略需求。

公安技术学科是从维护国家安全和社会治安秩序、保障公民权利的目标出发，以预防、控制、鉴识、处置违法犯罪的原理和技术为主要研究对象，在多学科交叉融合基础上形成的一门综合性应用学科，隶属于工学学科门类。研究领域主要包括刑事科学技术、安全防范技术、视频图像侦查技术、网络安全与执法技术、交通安全执法技术、消防技术、抢险救援技术、公安通信技术、公安指挥技术等。

公安技术学科的人才培养设有博士、硕士授权点以及公安技术类本科专业。公安技术类本科专业的人才培养坚持立德树人，以“突出忠诚教育，加强综合素质，打牢专业基础，强化实战能力”为指导，遵循高等教育规律，把握公安职业特色，适应公安实战要求，实行“教、学、练、战一体化”人才培养模式，建立与公安实战部门协作共建、协同育人机制，实行警务化管理，为公安机关培养政治坚定、业务精通、作风过硬、素质优良的公安专业人才。[3]

**参考文献：**

[1] 曹英．公安学基本理论与中国视角［M］．北京：中国人民公安大学出版社，2015：12-14.

[2] 张兆端．智慧公安大数据时代的警务模式［M］．北京：中国人民公安大学出版社，2015：42-43.

[3] 教育部高等学校教育指导委员会．普通高等学校本科专业类教学质量国家标准［M］．2018 年 3 月第一版．北京：高等教育出版社，2018：575.

## （二）本科专业介绍

根据《普通高等学校本科专业目录（2020 年版）》所列，公安技术类（0831）专业类下设 11 个国家控制布点专业。部分专业介绍如下。[1]

### 1. 083101K 刑事科学技术

**培养目标：**本专业培养具有良好政治素质、法律素质、业务素质、身体素质、心理素质，具有严明的组织纪律观念、良好的职业道德和较高的科学素养，掌握警务实战技能，系统掌握刑事科学技术专业的基本理论、基础知识和基本技能，具有较强的实践能力和创新精神，适应现代刑事学技术需要，能够在公安、国家安全、检察院、法院及部队保卫机关从事本专业（或相关专业）实际工作或教学、科研工作的高级应用型专门人才。

**培养要求：**本专业学生主要学习痕迹检验、文件检验、刑事影像技术、法化学、侦查学法学等方面的基本理论和基本知识，接受刑事科学技术相关技能的基本训练，掌握案（事）件现场勘查刑事物证及其他证据检验方面的基本能力。

毕业生应获得以下几方面的知识和能力：

（1）掌握社会科学和自然科学等相关基础知识；

（2）熟悉和掌握与本专业有关的法律、法规；

（3）系统掌握公安工作的基础理论、基本知识和基本技能；

（4）熟悉侦查学、治安学、法医学和犯罪学等相关领域的基础理论和基本知识；

（5）掌握痕迹检验、文件检验、刑事影像技术、法化学等刑事科学技术学科的基本理论和基本知识；

（6）掌握刑事物证及其他证据的发现、固定、提取、分析、检验、鉴定的方法和技能；

（7）具有警械武器使用、驾驶和查缉等警察技能；

（8）具有一定的英语听、说、读、写、译的能力和较强的计算机操作能力；

（9）了解刑事科学技术及相关学科的理论前沿，具有从事刑事科学技术工作的基本能力；

（10）具有独立获取知识的基本能力和开拓创新精神，具有一定的实践能力和初步的教学、科研能力。

**主干学科：**公安技术、公安学。

**核心知识领域：**手印学、足迹学、工具痕迹学、枪弹痕迹学、公安图像技术、摄影摄像技术、文件检验学、微量物证与毒物检验、犯罪现场勘查。

**主要实践性教学环节：**实验教学、综合训练、社会实践、军事训练、公安见习、毕业实习、毕业论文（设计）等。

**主要专业实验：**手印学实验、足迹学实验、工具痕迹学实验、枪弹痕迹学实验、公安图像技术实验、摄影摄像技术实验、文件检验学实验、微量物证与毒物检验实验、现场勘查实验等。

**修业年限：**四年。

**授予学位：**工学学士。

**【本专业为国家控制布点的专业】**

### 2. 083102K 消防工程

**培养目标：**本专业培养适应公安消防部队建设和业务工作需要，德、智、体、美、劳全面发展，基础理论扎实，专业知识深厚，实践能力强，富有创新精神，能在公安消防部队从事消防监督检查、建设工程消防设计、审核和竣工验收等方面工作的专业技术警官和工程技术人才。

**培养要求：**本专业的学生主要学习火灾科学基本理论、消防技术基本原理、消防工程基本方法、消防政策法规等，接受消防监督检查、建设工程消防设计、审核和竣工验收等方面的训练，具有依据消防法律、法规完成建设工程设计、审核、验收及消防监督检查等相关专业技术工作的能力，并具备开展消防科学研究的初步能力。

毕业生应获得以下几方面的知识和能力：

（1）掌握马克思主义、毛泽东思想和中国特色社会主义理论体系的基本理论，熟悉公安消防部队建设的基本理论和基本知识，掌握公安现役警官自我修养的理论和知识；

（2）树立正确的世界观、人生观、价值观，具有坚定的政治立场，忠于党、忠于祖国、忠于人民、忠于法律，具有较高的政治理论素养、强烈的社会责任感、良好的思想道德和高尚的职业道德；

(3) 具备较强的政治鉴别能力，具有对各种影响公共消防安全因素的敏锐反应能力，具有开展基层政治工作的能力和自我教育的能力；

(4) 掌握火灾基础理论、火灾预防与控制、消防监督管理、火灾调查、灭火指挥等消防专业知识和技术；

(5) 熟悉国家消防工作政策、法律、法规以及技术标准；

(6) 具有从事消防监督检查，建设工程消防设计、审核、验收等消防工作的能力；

(7) 了解国内外消防科技的理论前沿及发展动态；

(8) 具备自觉的纪律意识和保密意识，能够适应紧张、艰苦、危险工作环境的强健体魄和健康心理；

(9) 具有基层组织管理能力和一定的社会工作能力；

(10) 具有较强的社会观察能力、科学思维能力、独立获取知识的能力、一定的创新能力和初步的科学研究能力。

**主干学科：** 安全工程、公安技术、公共管理。

**核心知识领域：** 本专业的力学知识领域由工程力学、流体力学等知识单元组成；化学的知识领域由无机化学、有机化学、化工安全等知识单元组成；工程学基础知识领域由建筑技术基础、建筑结构、建筑耐火设计、工程制图等知识单元组成；消防知识领域由火灾基础理论、建筑防火、建筑消防设施、消防监督管理、灭火救援技术、火灾调查、工业企业防火等知识单元组成。

**核心课程示例：**

示例一：消防燃烧学（54 学时）、建筑灭火设施（46 学时）、防排烟技术（36 学时）、建筑防火（54 学时）、工业企业防火（54 学时）、电气防火及火灾监控（64 学时）、消防监督管理（54 学时）、建筑结构与耐火设计（54 学时）。

示例二：工程流体力学（48 学时）、工程热力学与传热学（48 学时）、安全系统工程（48 学时）、燃烧学（48 学时）、建筑防火工程（48 学时）、火灾动力学（48 学时）、灭火工程（48 学时）、火灾识别与联动控制（48 学时）、建筑防排烟工程（48 学时）。

**主要实践性教学环节：** 课程实验、课程实践与实训、实习、专业演练、毕业设计（毕业论文）、科技创新等。

**主要专业实验：** 工程力学实验、无机化学实验、有机化学实验、消防燃烧学实验、化工安全技术基础实验、电气防火及火灾监控实验、建筑灭火设施实验。

**修业年限：** 四年。

**授予学位：** 工学学士。

【本专业为国家控制布点的专业】

## 参考文献：

[1] 中华人民共和国教育部高等教育司．普通高等学校本科专业目录和专业介绍[M]．2012 年 10 月第一版．北京：高等教育出版社，2012：279－281.

## （三）未来职业发展

**人民警察**

**职业定义：**人民警察是国家维护社会秩序和治安的武装力量，包括公安机关、国家安全机关、监狱、劳动教养管理机关的人民警察和人民法院、人民检察院的司法警察。

工作内容：

根据《中华人民共和国人民警察法》所列出的条目，警察有以下职责：

(1) 预防、制止和侦查违法犯罪活动；

(2) 维护社会治安秩序，制止危害社会治安秩序的行为；

(3) 维护交通安全和交通秩序，处理交通事故；

(4) 组织、实施消防工作，实行消防监督；

(5) 管理枪支弹药、管制刀具和易燃易爆、剧毒、放射性等危险物品；

(6) 对法律、法规规定的特种行业进行管理；

(7) 警卫国家规定的特定人员，守卫重要的场所和设施；

(8) 管理集会、游行、示威活动；

(9) 管理户政、国籍、入境出境事务和外国人在中国境内居留、旅行的有关事务；

(10) 维护国（边）境地区的治安秩序；

(11) 对被判处管制、拘役、剥夺政治权利的罪犯和监外执行的罪犯执行刑罚，对被宣告缓刑、假释的罪犯实行监督、考察；

(12) 监督管理计算机信息系统的安全保护工作；

(13) 指导和监督国家机关、社会团体、企业事业组织和重点建设工程的治安保卫工作，指导治安保卫委员会等群众性组织的治安防范工作；

(14) 法律、法规规定的其他职责。

能力要求：

具备公安管理、公安法制、公安情报、犯罪学、刑事科学技术、治安、警务指挥战术、侦查、网络安全与执法、安全防范工程、交通管理、涉外警务、警犬等相关专业背景；了解法律法规、公安业务知识、公安应用写作、警事技能、公安科技常识；在射击、格斗、盘查、缉捕、堵截、解救人质和处理突发事件、群体事件方面有一定经验；良好的政治、业务素质和良好的品行；身体健康。

## （四）就业方向

公安技术类专业毕业生主要就业方向如下：

1. 刑事科学技术专业。能够从事公安、国家安全、检察、审判等国家机关的刑事技术和司法鉴定工作，以及刑事侦查、刑事执法、预防遏制和揭露犯罪等实际工作的应用型高级专门人才。随着我国民主与法制建设的不断发展，公、检、法等部门对刑事科学技术专业的人才需求不断扩大，本专业显现出良好的发展前景和就业前景。

2. 消防工程专业。毕业生可以在消防工程技术和开发部门、消防部队、消防行政管理部门、各级规划设计院、消防工程施工安装部门以及大型企事业单位消防事务管理部门等，从事消防工程技术的研究、设计、评价、监测、教育与培训，以及消防设备、仪器研究、设计、开发与制造等工作。

**图书在版编目（CIP）数据**

工科本科专业介绍与未来职业发展/丁兆罡主编．—合肥：合肥工业大学出版社，2021.12

ISBN 978-7-5650-5378-8

Ⅰ.①工…　Ⅱ.①丁…　Ⅲ.①高等学校—工科（教育）—专业—介绍—中国
Ⅳ.①G647.32

中国版本图书馆 CIP 数据核字（2021）第 143855 号

**工科本科专业介绍与未来职业发展**

丁兆罡　主编　　　　责任编辑　何恩情

| | | | |
|---|---|---|---|
| 出　版 | 合肥工业大学出版社 | 版　次 | 2021 年 12 月第 1 版 |
| 地　址 | 合肥市屯溪路 193 号 | 印　次 | 2021 年 12 月第 1 次印刷 |
| 邮　编 | 230009 | 开　本 | 787 毫米×1092 毫米　1/16 |
| 电　话 | 人文社科出版中心：0551-62903200 | 印　张 | 20 |
| | 营销与储运管理中心：0551-62903198 | 字　数 | 438 千字 |
| 网　址 | www.hfutpress.com.cn | 印　刷 | 安徽联众印刷有限公司 |
| E-mail | hfutpress@163.com | 发　行 | 全国新华书店 |

ISBN 978-7-5650-5378-8　　　　定价：47.00 元

如果有影响阅读的印装质量问题，请与出版社营销与储运管理中心联系调换。